现代出版学丛书

# 哥伦比亚
# 数字出版导论

## The Columbia Guide to Digital Publishing


威廉·E.卡斯多夫 William E. Kasdorf ◎ 主编

徐丽芳　刘　萍 ◎ 译



苏州大学出版社

**图书在版编目(CIP)数据**

哥伦比亚数字出版导论/(美)卡斯多夫(Kasdorf,W.E.)主编;徐丽芳,刘萍译.—苏州:苏州大学出版社,2007.8

(现代出版学丛书)

书名原文:The Columbia Guide to Digital Publishing

ISBN 978-7-81090-920-4

Ⅰ.哥… Ⅱ.①卡…②徐…③刘… Ⅲ.电子出版物—出版工作—研究—哥伦比亚 Ⅳ.G237.6

中国版本图书馆 CIP 数据核字(2007)第 122235 号

**著作合同登记号 图字:** 10-2005-261 号



现代出版学丛书
Contemporary Publication Studies Series

**总 策 划**

吴培华

**策　　划**

李寿春

**哥伦比亚数字出版导论**

The Columbia Guide to Digital Publishing

**主编**

威廉·E.卡斯多夫

**译**

徐丽芳　刘　萍

**责任编辑**

李寿春

**出版发行**

苏州大学出版社

(苏州市干将东路 200 号　邮编　215021)

**印　　刷**

丹阳市民生印务有限公司

(丹阳市西门外陵川绿岛南首　邮编　212300)

**开本**　787mm×960mm　1/16

**印张**　41.25　**字数**　693 千

**版次**　2007 年 8 月第 1 版　2007 年 8 月第 1 次印刷

**书号**　ISBN 978-7-81090-920-4

**定价**　55.00 元

现代出版学丛书

# 目录

Contents

## 4 组织、编辑和链接



## 5 数据获取和转换



## 6 排版、设计和图形

## 7 可访问性



## 8 数字印刷



## 9 多媒体出版

## 10 内容管理与网络出版



## 11 电子书和开放电子书出版结构



## 12 存 档

## 13 法律框架：版权和商标



## 14 国际问题



## 15 数字权利管理

# 前言

当今的数字图景令大多数出版人觉察到了危险。技术以惊人的速度演进，新发展层出不穷。这迫使我们重新思考出版业究竟要去往何方，而同时一些广为人知的障碍又羁绊了我们前进的步伐。信息风暴模糊了我们的视线，往往地图还没有画出来，道路已然改变。

我们需要指引，这正是编写《哥伦比亚数字出版导论》的初衷。本书力图做到有益、权威而且全面，作者们都是专家，拥有与其写作的主题相关的丰富学识。

一本好书可以帮助你达成目的。本书并不是一般的手册或指南，它并不是告诉你"如何做"，而是帮助你探索、发现最适合你的道路。它展示了众多相关的主题和看法，经过精心设计的结构使其超越了对具体问题的快速回答，而能够将答案置于更有意义的上下文中，并引导你思考许多也许你尚未意识到的问题。

数字革命最深远的影响是扩大了出版商这一角色的内涵与外延。在模拟时代，对"出版商"的定位是很清楚的——尽管普通人常常混淆了"出版商"和"印刷商"。尽管那时出版过程也涉及许多相关人员——作者、社外编辑和设计人员、生产人员、服务人员、印刷商、经销商、零售商——但是他们之间是彼此独立的，通常并不卷入也不需要了解其他人的工作。顾客也一样：我们将他想象成在火炉边的摇椅上悠闲地翻阅小说的人，而忘记了购买出版物的广大教师、学生、商人及其雇员、各种公私立机构（尤其是图书馆）。然而在数字时代，所有人——从创造出版物的作者、编辑和设计人员，到生产出版物的排版人员、印刷商和网站开发人员，再到帮助人们获取图书的书店、企业和图书馆——都联结在一起：他们所做的事情既会影响到别人，也受到别人的影响。本书的目的是要帮助所有这些人。

尽管我们鼓励作者们对各种手段和观念兼收并蓄，但同时也鼓励他们采用合适的立场。好的向导不会说:“好吧,要上山有两条路,A 路和 B 路,你想要走哪条?”导游的责任是指出走 A 路要多花一倍时间,但是沿途有壮丽的瀑布和优美的风景,或者指出许多选择 B 路的人丢掉了性命。在出版领域,人不会因为走错路而丧命,但是公司会。

本书的作者们在写作过程中不约而同地达成了某种一致。有许多共同的主题,通常是作者在阐述某一个话题的时候自然地延伸过去的,这种一致性并非仅仅是要吸引读者的注意力。大多数作者认为未来会有多种形式的出版物,包括印刷的和电子的。大多数作者承认出版正变得越来越民主、越来越国际化,他们强调更新工作流程的重要性,建议采用创作、编辑、生产和发行环节高度整合的流程;他们还看到了可扩展标记语言 XML(Extensible Markup Language)是达成上述目标的基础;他们认为技术的发展能够同时促进生产工艺和产品,而且随着时间的推移会日益提高两者的效率和有效性。这就是所谓的“殊途同归”。

一本好书应该使用读者习惯的语言。尽管讨论的主题是技术性的,但是本书的作者们仍用出版和相关领域里的大多数人都能理解的语言来写作。权威性是本书的追求之一,作者的目的是要清楚地解释数字时代与出版有关的诸多话题。一名读者可能是数字出版某个方面的专家,但是需要通过本书来了解其他方面的情况。一位经验丰富的图形设计师早就了解了本书所说的图形文件格式,但是也许打算更多地了解 XML 和元数据。一名编辑也许已经掌握了上述知识,但是对于 TIFF、JPEG 和 SVG 这三种图形文件格式的区别不甚明白。如果本书不仅能给那些人提供必要的信息,而且可以指明其他可用的印刷和网络资源,那么本书的编写目的也就实现了。

本书帮助出版工作者在遇到问题时快速地查找答案,但同样本书也是用来“读”的——如果你不仅需要信息,同时还需要某种洞察力的话。它不是无所不包的百科全书(尽管术语表部分提供了这样的帮助);它的章节之间互相联系、彼此观照,共同构成了内容丰富的文本整体。下面的部分讨论了使用本书的一系列方法。本书同时出版印刷版和网络版并非偶然:这两种版本互相配合,既提供了动态的、链接丰富的电子资源,也方便读者将印刷品当做方便查询的手册和可详细阅读的书籍。

最后,本书将一路伴随着你。本书在出版过程中努力的目标是既充分地利用数字出版的技术与技巧,同时要使书本身成为这些技术与技巧的极佳例证。创作、编辑和生产本书印刷版与电子版的整个过程都是数字化的,这不仅仅是“赶时髦”，而是想强调今天能够获得的技术的实际应用。在“如何使用本书”部分，对此将有更为详细的介绍。

本书的基本特点就是将持续地扩充和更新。尽管并不打算成为新闻和产品信息源，但是本书将提供数字时代影响出版的技术进步、行业发展和市场变化的最新信息。网络版的用户可以看到最近更新的版本；在有足够需求的时候，也将定期地发行本书的印刷版。这意味着本书的印刷版本“过时”了吗？应该说，编辑和制作本书的数字工艺是非常高效的，这就意味着一旦决定要印刷新版本，很快就可以把刚刚出版的内容“快照”下来以制作成书；而且本书的重点在于讨论和解释数字出版的根本问题和核心问题，而不是进行新闻报道，因此它会有长久的生命力。

## 如何使用本书

我们提供了很多使用本书印刷版和网络版的方法。首先，本书是以前后连贯的章节形式写作的，因此从头至尾阅读是理解每一个章节所讨论的主题的最佳方法；同时，每一章又被设计成足够小的“粒度”，它包含四级标题，以便读者能够方便地浏览并快速定位于某个专门的主题。

另一个很好的入口就是术语表。其中每个术语都有简短的定义。术语表的每一个词条都包含了本书中涉及到它的章节的序号，以方便读者回头参阅上下文。

还有，本书同时为印刷版和网络版的用户提供了更多的信息源。文中包含许多统一资源定位器（URL），以方便读者访问本书引用的网站（当然，在网络版本中可以直接点击进入）。

此外，每章末尾还提供了很多印刷资源和网络资源的书目信息。对于网络版本来说，随着时间的推移，不断增加的书目信息资源将会具有很高的价值。

## 本书的形成

如果说数字时代的出版有什么特点的话，那就是合作。本书的创作、编辑、生产和出版，就是在出版商哥伦比亚大学出版社，排版公司图书与期刊印制服务公司，内容管理系统开发商，开放图书系统（OBS）公司这些机构之间动态合作的例子，它生动地展示了当今数字技术的实际应用。我们不是因为一种技术本身的原因而去尝试它和使用它，而是要利用当今大多数出版商可以获得的方法和工具，来尽可能高效地、经济地和有效地生产本书的印刷版和网络版，同时要保证以一种适应未来技术发展的方式使用今天的技术。

在这个项目背后有两个关键技术:OBS 开发的内容管理系统,以及印制服务公司开发的 XML 基础架构(利用相关的编辑和排版工具)。这两方面的结构和功能则是 OBS、印制公司和出版社之间从最初提出概念到最后实施期间持续不断合作的结果。在传统的工作流程中,这三方的工作相对独立,一般既不了解也不关心其他环节的方法和工艺。但在本书的形成过程中,各方工作人员不仅要了解,也要持续地参与他方的工作。

本书的原始内容是用 Word 软件写作的,使用的定制创作模板提供了一系列对应于本书各种元素的样式,以及方便实现这些样式的定制工具条;其次,编辑模板——与印制公司为哥伦比亚大学出版社开发的编辑系统配合使用——被用于清除作者文件中不符合规则的内容,它为编辑提供了更多功能,并且能够制作最终的 XML 结果文件。(与一般认为由编辑使用这些模板比作者使用更好的看法一致,全部编辑都大量地使用编辑模板,但是只有一半作者利用了创作模板的功能。)

本书使用了四种 XML 文档类型定义(Document Type Definition, DTD)。它们之间的区别是有启发性的。

首先,Word 模板的输出结果叫做结构良好的 XML(Well-Formed XML)。基础文档类型定义(Base DTD)是开始时的评估工具,它非常简单、随意,可以容纳很多章内容,而且可以容许结构上的不规则。在将内容输入内容管理系统(Content Management System, CMS)之前,使用对文本结构要求更高的输入文档类型定义(Import DTD)来分解文件,同时允许编辑在内容进入系统以前修订所有不符合规则的地方。在 CMS 管理内容的时候,不是为内容加标签,而是将内容组织进一个数据库。这为系统提供了强大的功能。CMS 在段落水平上跟踪内容,提供了修改、添加内容,以及管理一系列元数据和结构关系的机制,如本书副标题的号码、交叉引用链接和术语表链接等。它同样管理对内容的访问权限:章作者只能修改他/她自己的章节(通过万维网浏览器访问);一般编辑可以访问所有章节;而哥伦比亚大学出版社的责任编辑不仅可以访问所有内容,而且可以批准内容的最终出版。这些错综复杂的结构都由第三种文档类型定义即档案文档类型定义(Archival DTD)来描述。如果要把本书的内容从该 CMS 输入到其他系统,档案文档类型定义将会帮助定义所有的元素是什么,它们间的相互关系怎样。它也是生成其他形式出版物的基础,如未来可能的电子书版本等。

到了制作印刷版本的时候，CMS 生成由第四种文档——排版文档（Composition DTD）定义的 XML。设计这种 XML 的目的是要充分利用本书所使用的基于 XML 的高端排版系统的能力。该系统可以将标签丰富、高度结构化的 XML 文件作为输入代码，而排版 DTD 要求本书内部复杂的关系表达为处理章节号码、交叉引用等元素的属性。XML 处理结构；排版系统利用 XML 来显示设计者预先规定的内容和结构。利用 CMS 生成的排版 XML 文件可以高效地对章节进行排版，因为它是百分之百的编码，而且 DTD 保证了编码的正确性。

本书的打样过程也是完全数字化的。排版过程产生的 PDF 文件利用文件传输工具（File Transfer Protocol, FTP）传给哥伦比亚大学出版社，并通过电子邮件发送给一般编辑和作者，后者检查并订正以后发给出版社。出版社的责任编辑在 CMS 系统中完成所有的修改后，输出正确的排版 XML 文件并用 FTP 传给印制公司。版面确定后，将最终的 PDF 文件再用 FTP 传给图书制造商爱德华兄弟公司（Edward Brothers）。

本项目另一个有趣的方面是索引。它使用印制公司开发的一种专门工艺，使得专业索引人员能够用高端索引软件来创建索引（对于本书，是 CINDEX™），而且可以在流程的任意阶段完成索引（本书是在第一次排版以后的校样阶段完成的）。索引以 XML 或文本形式独立保存在 CMS 中，不是在 XML 中嵌入索引条目，而是在 CMS 保存的内容中包含特定的标记，该标记描述了索引条目的出处——不是页码，而是相关的正文部分——无论是一段还是几页。然后这种整合索引（Intergrated Indexing™）工艺在排版系统分页结束以后，从 XML 文件中为特定版本的书籍生成索引。这不仅使得本书的索引与时俱进，也使它能够适应不同的文件格式和分页系统。

数字技术不仅用于写作、编辑、生产和在线出版，同时它还用于本书的印刷出版。数字时代为出版商提供了一系列选择。对于本书来说，由于对印刷版的需求量较高，因此采用胶印是合理的（尽管充分利用了现代的数字印前技术）。由于爱德华兄弟公司提供了胶印和数字印刷相结合的方式，因此有可能通过优化印刷技术来适应环境。本书的后续版本将会根据需求情况少量印刷——也是通过 PDF 文件——在爱德华兄弟公司的数字图书中心。

## 致谢

为了发扬本项目的合作传统，我要感谢在此过程中作出贡献的许多人。

哥伦比亚大学出版社的斯蒂芬·斯特恩斯(Stephen Sterns)是本项目完美的编辑:懂技术(他对 DTD 的理解比我强),工作勤奋(术语表主要由他完成,在许多最后期限来临前加夜班),总是精神饱满,给人鼓舞,而且最重要的是,他掌握这本书的愿景。同样在哥伦比亚大学出版社,琳达·塞艮达瑞(Linda Secondari)从头至尾大力支持本项目,将团队团结在一起共同前进;她是一切活动运转的稳定的轴心。最后,要感谢詹姆士·雷米斯(James Raimes),他在退休前构想并启动了这个项目。在开放图书系统公司,劳拉·菲尔莫(Laura Fillmore)的贡献远远超过了公司 CMS 的要求;她的洞察力和经验在本书出版过程中的各个方面都发挥了重要作用,本书的成功是与她的创造力和灵活性分不开的。她的工作团队中特别要提到的三个人是:大卫·卡斯蒂(David Cassidy),他以令人惊叹的专业精神和良好的工作状态来管理本项目,迪·兰德格兰恩(Dee Landergren)和萨尼·格里什(Sunny Gleason)在系统设计和编程方面作出了贡献。在印制公司,戴维·尼尔森(David Nelson)不知疲倦地为基础架构工作,随着项目的形成和发展,他反复写作 DTD,总是希望将工作做得更好。我所了解的数字时代的出版,尤其是 XML 方面的知识,是从戴维和他的同事那里学来的;其中四位贡献最大的人是戴维·尼亚加斯(David Niergarth,他的专家意见和富有思想性的见识是无价的)、丹尼尔·格罗斯伯格(Daniel Grossberg,他与两个戴维一起对书目作出了贡献)以及克里斯蒂娜·苏考斯基(Christina Sulkowski)和贾森·凯维拉(Jason Kivela)对网络版的案例作出了贡献,还要感谢克里丝·考特(Chris Cott)无可比拟的 XML 排版技能。我还要感谢克里斯蒂·品特(Christie Pinter)和詹尼弗·盖博(Jennifer Gibeaut),在本项目中充分显示了他们的才干。当然我最最要感谢的是创作了本书内容的作者们:他们是一群知识渊博的人,非常感谢他们能在百忙之中抽出时间来与我们分享他们的知识和远见。

比尔·卡斯多夫(Bill Kasdorf)

2002 年 11 月 10 日

# 1 引论：数字时代的出版

威廉·E. 卡斯多夫(William E. Kasdorf)

当今，几乎所有的出版都在某种程度上数字化了，无论最后它是以电子的方式还是印刷的方式来传播内容。但是具体到每一类出版，则有它自己数字化的方式与道路。像学术期刊出版商和参考资料出版商，它们已经在电子出版的道路上走得很远，几乎要开始放弃印刷出版了。其他的，如大众杂志出版商和商品目录出版商，它们更加关注数字化生产技术；还有报纸出版商，它们则集中精力整合印刷出版和网络出版的工作流程。电子书尽管具有很强的优势，这一点对教科书出版商和学术出版商来说尤其如此，但它仍然处于实验阶段。在本书的引言部分将主要审视当今出版的方方面面，并就数字时代出版的许多问题提出看法，这些观点将在本书随后的章节中更深入地加以探讨。本章的最后部分将就当今出版商必须特别关注的重大技术问题提出建议。

## §1.1

## 数字出版既是已知条件也是发展目标

对出版的数字革命人们一方面估计过高，一方面又估计不足。

如果与谷登堡时代的革命相比——一般也倾向于做这样的比较——人们的期望值很高。但是现实并不符合这样的期望。人们蔑视现在的电子书并且宣称他们不想通过屏幕来阅读，尽管我们中的许多人都花费了许多的时间在做这件事情。我们中的大多数人更喜欢阅读纸介质的报纸和杂志

(我们的孩子们情况可能不同);同时我们也理所当然地认为万维网是最现成的信息源,无论我们是要查询股票价格、统计数据,还是要寻找一条轰动的新闻或者一件衬衫。当我们购买以数字形式出版的内容时,无论它是故事、歌曲、电影还是一本书,我们都希望能够轻松享用它而不必为已经存在或者即将发明的数字设施支付任何额外的费用;尽管我们认为为同样的音乐作品购买CD、磁带乃至黑胶唱片都是顺理成章的事情。对于如今的大多数人来说,“数字”就意味着“免费和容易”。然而一旦碰到障碍,无论是技术障碍、法律障碍还是商业障碍,我们都会将之作为证据,来证明数字革命并没有大家说的那么好。

我们并没有充分理解数字革命对印刷型出版物的生产方式造成的深远影响。我们惬意地带到床上或者带去海滩阅读的纸介质图书——那也许是我们通过万维网发现和购买的——很可能是作者在电脑上用文字处理软件创作出来的。图书的页面排版几乎肯定也是数字化的。具有讽刺意味的是,由于全数字化的工作流程并没有充分普及,很可能是先对作者纸介质的手稿进行编辑,然后在印度或者菲律宾扫描或重新录入稿件——作品以数字化的方式穿越了半个地球以后又回到了美国。尽管有些书连印刷也是数字化的,但带到床上或者海滩阅读的书更有可能是通过胶印机印刷的,至于将墨水由印版转印到纸上之前的整个印前过程则都已经数字化了。每天阅读的报纸和杂志也是如此:我们今天早上在安阿伯或者奥马哈阅读的《纽约时报》,它的所有文字和图片都是昨晚以数字文件的方式从卫星上下载的——当然,如果我们是和万维网一起成长的一代人,那么我们很可能直接在线阅读报纸。

### 1.1.1 真正的革命已经来临

真正的革命已经来临,最根本的变化就是内容与承载它的物理载体的分离。虽然,这两者本来就是相互独立的;但是,直到数字时代我们才充分地认识到,文章或者书并不一定要和一堆纸张联系在一起。

这是深刻的解放。

它导致两种后果,每一种都包含许多选择和许多机会,即:有许多新内容可以出版;有许多新方法来出版它们。

即使我们只打算出印刷版本,数字出版也提供了许多方式,而且这些方式之间并不像以往一样互相排斥。有时候，我们想要用不同的方法来出版一些从字体、图片、版式到其他特征都一模一样的页面——把它们用纸张印出来，进行数字印刷，或者让读者直接通过万维网阅读（Adobe 公司的便携式文件格式 PDF 是它的核心技术）。还有时候，我们想要改变页面的格式——让它们以不同的形状和大小出现在万维网的浏览器中或者手持式个人数字助理（Palm PDA）上，也许有一天用电子书出版它们，或者将内容授权给其他出版商（可扩展标记语言 XML 是它的核心技术）。数字时代让我们能够用无数新方法来出版内容——也让我们对用于创造这一切的数字文件有了全新的认识。

同时，数字时代也让我们从页面的束缚中彻底解放了出来——不再受油墨、纸张的表现力的限制；不再受出版物制造、储运和销售成本的制约；能够用以前印刷黑白图片的成本来制作彩色图像；可以出版对传统的印刷媒体来说太大或者太小的作品；可以用多媒体来增强出版物的表现力，比如插入马丁·路德·金博士的演讲片段《我有一个梦》，也可以插入复杂的外科手术或者厨师烹饪的录像，或者技工修理汽车的视频片断；还可以提供与内容相关的支持性数据或者可执行软件，甚至鼓励读者用它们来创作新的内容。而在电子环境中最天经地义的事情，是将我们的出版物和其他出版物链接起来，不断丰富有益的网上知识库。

## §1.2

## 不同类型的出版商，不同的解决方案

对不同类型的出版商来说，数字革命有多种形式，而且发展速度也不一样。大众图书出版商与教科书出版商关心的问题很不相同，大众杂志与学术期刊的革命方式也大相径庭。我们出于多种原因而阅读：娱乐、寻求指导、参考和学习等。那么用不同的方式来进行出版也是顺理成章的了。数字革命以其不断丰富的可选择性创造了一个几乎无所不能的未来。今天大家熟悉的印刷媒体——图书、杂志、报纸——并没有过时；新媒体只是补充它们，而非取代它们，新媒体允许我们用新方式来出版传统媒体。我们已经进入迄今为止最激动人心的出版时代。

### 1.2.1 期刊：电子出版的试验场

数字出版源于或者说首次大规模的应用是在学术出版尤其是科技出版领域。尽管法律和参考信息检索系统可以追溯到20世纪六七十年代（律商联讯Lexis Nexis源于1966年创办的数据公司，而Medline这一重要的医学信息参考服务系统创始于1971年），最早的几种主要期刊的全文在线版本则出现于80年代早期（《内科医学年刊》和《新英格兰医学期刊》几乎于1984年夏天同时面世）。它们的出现都远远早于万维网的问世，而万维网最初恰恰就是为了交流科学论文的目的而发明的。1989年，伯纳斯-李在欧洲粒子物理学实验室（European Particle Physics Laboratory，CERN）发明了超文本标记语言（Hyper Text Markup Language，HTML）；1990年，发布万维网的超文本传输协议（Hyper Text Transfer Protocol，HTTP）；1992年，发布HTML 1.0。

"组织、编辑和内容链接"[4]一章将对数字环境中的期刊问题展开深入的探讨；此处对期刊领域的经验概述则有助于更好地了解数字时代的出版这个总课题。

#### 1. 与印刷术有关的问题

有许多原因促使期刊成为数字出版和电子传播的先锋，其中最根本的一点是：科学家对印刷术失去了耐心。他们希望，或者说他们必须迅速、通畅地交流研究成果。尽管许多科学家了解并且尊重确立已久的印刷出版系统——负责任的同行评议，细心的编辑工作，专业排版技术，用一种容易辨认的、可靠的和便于存档的方式印刷出版科学研究成果——但是这并不意味着他们喜欢它。当利用模拟技术在纸上实施所有环节时，通常要用几个月才能把纸型出版物生产出来，过程缓慢得令人沮丧。物理学家最先起来推翻传统的做法：在arXiv.org中——1991年保尔·金斯伯格（Paul Ginsparg）在洛斯·阿拉莫斯创建的电子印本仓储（E-Print Archive），2001年移交给了康奈尔大学（http://arXiv.org/）——作者一将论文写完就上传到了网上。粒子物理学领域的科学家逐渐依赖于这些能够迅速获取的最新论文，而经过同行评议、编审过程而最终出版的论文则只剩下了档案的功能。虽然其他许多学科并没有效法物理学家们的做法，但几乎每一个学科领域都感受到要实现电子出版的压力。

### 2. 尴尬的经济状况

科学期刊出版以及大多数学术出版的特性是创作者并不指望直接从出版活动中获得经济收益，而阅读者也不打算为获取出版物直接付费，通过出版，作者获得声望或者晋升，但不直接得到经济报酬。有时候，作者的论文一旦被获准出版，他们还必须支付"版面费"（形成论文的研究工作通常能够获得某种津贴）。这些论文的读者也并不自己出钱购买出版物，而是通过所属机构的图书馆或者实验室来订阅期刊。目前有两类主要的出版商出版此类期刊——大型商业出版社和学会——他们往往通过图书馆的订阅费或者会员费来获得收入。

这种错位的经济安排让各方面都有怨言：商业出版社压力很大，因为他们要同时出版期刊的印刷版和电子版并要保证利润；于是出版商提高期刊价格，这导致图书馆预算紧张，只好取消某些期刊的订阅（更不要说大量削减购买学术专著的预算了）；作者和读者——在某个学科领域，作者实际上也是读者——他们讨厌必须为获取自己的研究成果付费，何况他们认为电子出版的成本极低；最后，学会存在的目的本来是要为会员服务，加上他们没有商业出版社的资金实力和技术优势，现在他们更是被夹在中间左右为难。

### 3. 从印刷出版向电子出版迁移

压力促成变革。整个 20 世纪 90 年代，期刊出版商苦苦地寻觅解决办法。（两个先锋性的实验项目分别是，The University Licensing Program TULIP，即埃尔塞维尔出版公司与几家主要大学合作进行的试验；还有 Red Sage，即斯普林格出版社与贝尔实验室和旧金山大学的合作项目。）实际上解决办法和关键技术大多早已探明，重要的是弄清楚如何实施它们，如何让它们在商业上可行，以及如何完成从纯印刷出版到印刷-电子混合出版再到纯电子出版的过渡。尽管 90 年代中期的期刊出版商将电子出版视为一个不得已而为之的沉重负担，到 2002 年的时候，他们中的许多人则认为印刷出版才是一个沉重的包袱——而且总有一天将失去存在的必要性。

### 4. 先进的标准通用标记语言（Standard Generalized Markup Language，SGML）

今天所使用的很多技术即使不是由这些出版商发明的，但也是由他们最先使用的。科学期刊出版商是 SGML 早期的主要使用者之一，这让他们把内容从专有标记格式和文件格式的束缚中解脱了出来，从而实现了不同系统中内容的互用性。学术期刊格式一致、结构清晰，这使得某种期刊中的每篇文章都差不多，而且不同出版商出版的此类期刊从根本上看也很相似，这一点是与图书和大众杂志很不相同的。另一方面，有些此类期刊充斥着繁复的公式、表格和图片，版面复杂，无论印刷版还是电子版都是最难制作的出版物。但正是它们推动着相关技术的不断发展(芝加哥大学出版社出版的《天体物理学期刊》就是一个重要例子，它从 1994 年开始采用基于 SGML 的工作流程：当它 1995 年出版期刊的在线版本时，出版社将所有的 SGML 文件系统地转换成了 HTML 文件，三周以后几乎没有花费任何额外成本就在万维网上出版了这本大型的、复杂的期刊)。今天，学术期刊比其他出版领域更多地使用 SGML 或它的后续技术可扩展标记语言(Extensible Markup Language，XML)。

### 5. 定价与传播模式

在商业运作方面，学术期刊也走在了数字革命的前列。它尝试了多种定价模式与传播模式。一边开发和建设基于 SGML 或 XML 的基础设施，一边利用 PDF 文件提供印刷页面的电子版。尽管可以得到 HTML 全文(理想的情况是从 SGML 或者 XML 源文件获取)，但是 PDF 文件仍然广受欢迎，因为读者可以打印出与期刊一模一样的论文版面。有些期刊允许单独购买某一篇论文；还有一些则只要读者订阅了印刷版，就可以同时阅读其电子版；有些期刊为电子版额外收费，有些则不收；许多期刊只提供电子版的订阅；还有一些大型出版商与图书馆进行“大宗交易”，图书馆出一个总价就可以获取出版商的众多期刊甚至是全部期刊(这种做法通常限于电子版，而且与印刷版的订阅捆绑销售)。

由于期刊历来采用订阅方式，上述方式获得了成功。在 20 世纪 90 年代末期的网络泡沫中，许多当时雄心勃勃而今已经消失得无影无踪的公司免费提供内容以吸引“眼球”，并打算以此获取广告收入；学术期刊则以自己的方式默默地取得了成功。现在，许多学术期刊都可以通过订阅方式获取。许多读者，尤其是学术界的读者，甚至已经不再需要印刷版了，有些学术出版商正在计划逐步淘汰印刷版期刊。大多数出版商还在积极将过刊数字化——有时候仅仅是扫描的页面，还有时则是 SGML 或 XML 的全文文件——目的是让读者不仅可以获得学科领域内最新的电子文献，而且也可以获得历史纪录的电子版本，结果就是学术期刊领域在短短的时间内实现了大量文献的在线存取。

### 6. 随时随地获取文献

随着越来越多的期刊提供电子版，读者希望不仅可以用电子方式获取期刊，而且能够以电子方式查询期刊。商业出版商已经汇集了自己和其他出版商的电子内容并提供给用户；第三方集成商也能够为出版商提供电子服务（最重要的集成商之一，斯坦福大学图书馆创办的高线出版社 HighWire 就是图书馆更加积极参与出版过程的早期例证，这一趋势在未来的几年内还将加剧）；还有文摘与索引服务商为大量的学术出版物提供书目信息。当这些服务越来越丰富的时候，读者希望不仅能够链接到同一出版物或者同一馆藏中的其他资源，而且能够在不同的出版物之间也建立链接：他们希望在一篇论文末尾的参考文献上轻击鼠标，就可以立即链接到无论出版于何时、何地、被引用的文献。

读者的需求导致了两项重要革新的产生：数字对象标识（Digital Object Identifier，DOI）和交叉引用链接（CrossRef）。DOI 是用来永久地、明确地确定一种数字内容的方式［与统一资源定位器（Uniform Resource Locator，URL）不同，后者不确定也不稳定］，它提供了一种“发现机制”来锁定内容的权利所有人（即使随着时间的推移所有权发生了转移）。学术期刊出版商是 DOI 应用的主要推动者，同时也是它最早的和最重要的使用者。一些重要出版商之间空前的合作则导致了链接不同出版商内容的 CrossRef 的发明。这使 DOI 在期刊领域的使用有了爆炸性的增长。因为参与 CrossRef 的出版商用 DOI 来定义自己出版的文章，并提供元数据“头信息（header）”以便这些文章能被系统地加以搜索；而且他们还通过 CrossRef 找到论文中引用的其他出版商出版的论文的 DOI，并将其嵌入论文末尾的参考文献部分。CrossRef 提供了链接参考文献与被引用文献的机制。它首先在学术期刊中得到了应用——在最初的两年里大约有5 000 000篇论文使用了它，CrossRef 已经能够涵盖参考文献、图书和其他的内容形式了。

## 1.2.2 大众杂志与商品目录：数字图片

许多电子出版技术首先在科学期刊领域运用，商品目录与大众杂志（以及它们所刊载的广告）则极大地促进了电子生产技术的进步。尽管学术电子期刊导致的技术进步很少被该领域以外的人认识到，但是商品目录与大众杂志（以及整个商业印刷）所使用的技术几乎对每一个出版门类都产生了巨大的影响。最近已被从学术论文到假日问候信件的写作者都认为理所当然的工具,在20世纪80年代中期以前只有最专业的出版商及其供应商才会使用。技术进步的结果是出版物的质量和精美程度明显提高,而成本却显著下降。

### 1. PostScript[1] + PC[2] = DTP[3]

前述生产革命的核心技术(尽管并不是唯一的)就是PostScript;而使该技术推广的则是个人电脑的普及。PostScript和个人电脑是20世纪80年代晚期桌面出版革命的基石。(排版、设计与图形[6]一章将深入地讨论这一问题。)

在桌面出版技术发明以前,杂志或者目录排版是一个复杂的、劳动密集型的工作过程,它要求众多受过高度训练的专业人员单独执行工作任务。现在,尽管质量最好的出版物仍然由专业人士制作完成,但是他们所使用工具的成本却只及原来的1/10甚至1/100——而他们的工作却比原来做得更快更好。另外,业余人士也可以使用同样的工具。

### 2. 全新的工作方法

页面制作过程明显简化了,从专业角度来看,最重要的是工作流程更顺畅了。现在,设计人员用可以当场看到效果的真字体(truetype)来设计页面,而且可以任意调整图像的大小直到自己满意为止;可以运用任何可以想象得到的图形处理技巧来加工页面上的各种元素,获得完美的印前效果而又不超出预算。实现这一切很重要的一点是因为今天能够以20年前一套分色胶片的一半价格购买一台高质量的扫描仪——处理从扫描仪所获图像的软件也在设计人员的桌面系统中,而它们的效果在1985年要借助一套价值250 000美元的系统才可以做得出来。

---

〔1〕 PostScript是由Adobe公司开发的页面描述语言,也是一种桌面系统向输出设备输出的界面语言。PostScript将页面上的图像和文字,用数学公式的方法描述,最后通过PostScript解码器(Interpreter)翻译成所需要的输出方式,比如在屏幕上显示,或在打印机、激光照排机上输出。由于桌面系统使用的软件有图像软件、图形软件、排版软件等,它们的功能也各不相同,因此要在一起工作就必须依照某种规范格式互相交换信息。它们的共同标准就是PostScript语言。几乎所有的印前输出设备都支持PS语言,PS语言的成功也使开放式电子出版系统在国际上广泛流行——译者注。

〔2〕 Personal computer,个人电脑——译者注。

〔3〕 Desktop publishing,桌面出版——译者注。

### 3. 都跟印刷有关

与其他大多数的出版领域不同，大众杂志和商品目录是十分倚重印刷质量的。它们存在的目的并不仅仅是要告诉读者有什么，而且还要向读者展示这些东西，因此视觉效果对它们来说就是一切。其出版商经常为了引人注目而费尽心机：他们会为了两片红唇或一张樱桃馅饼的色调，或者为了用一种合适的字体来表达某种情绪或意见而煞费苦心；对于页与页、图像与文字或者文章与广告之间的过渡与衔接，他们也无不精心设计。他们需要保留在最后一分钟修改上述事物的能力，他们相信，只有每种元素都安排得很妥帖，才可以获得完美的页面效果。

这种苛刻的要求在从前是不可能做到的。大众杂志和商品目录收入的主要来源是庞大的读者群。重要杂志的发行量都以百万计，许多广告主花成千上万的钱在杂志上投放广告；他们希望自己的广告效果完美。那些嘴唇不能看起来偏粉色或者偏紫色，有一点偏色都不行。成功的商品目录也一样：当图版几乎已经送上印刷机的当口，封面上那件毛衣的制造商打电话说他们不再生产这一款式了，印刷机就会停下来，并重新设计封面。而新换的这款毛衣的颜色必须完美重现，否则会招致顾客灾难性的退货。数字技术使所有这些成为可能。

当然也不是每一个杂志出版商或目录出版商都有雄厚的资金。但这是一种对大家都有好处的情形：大玩家的需求和资源惠及中小参与者。那些用来创造优美页面、华丽色彩并保证稳定的编校与印制质量的技术一开始是十分昂贵的，但是一旦根本性的技术问题解决以后，成套的工作解决方案就会成为每一个人都可以买得起的小软件。

那么相关的技术进步都有哪些呢？

**字体和字体技术**——现在有成千上万种字体，而且可以很容易地创造出新字体，或者根据顾客需要定制字体。

**扫描技术**——获得的图像质量不断改善，成本却不断降低。

**排版软件**——桌面排版系统使每一台苹果电脑或者个人电脑都配备了专业的排版工具。

**插图和图像处理**——Adobe 的 Illustrator 软件和 Photoshop 软件遥遥领先。

**PostScript 和 PDF**——精密复杂的页面描述语言让页面显示在屏幕上，或通过打印机、激光照排机输出，它可以和专业的印前工作流程打通，而不必管是什么软件创造了这些页面。

**色彩管理系统和标准**——保证显示器、校样和印刷品的颜色更加可靠。

**打样机和印刷机**——用喷墨打印机打印高精度的图片，不需要传统的校样胶片而仍然能够保证校样的质量。

还有一些技术将在"排版、设计与图形"[6]一章中进一步讨论，它们无论是成本还是可访问性都很出人意料。虽然，它们无法让一名业余爱好者做出专业效果，但是能够同时让专业人员和业余人士做出他们所能够做出的最佳效果。

### 4. 电子出版状况

大众杂志在万维网上发展很慢，这部分是由于技术的原因（很难在线体验阅读杂志的快感，对于有许多精美图片供人浏览的杂志来说尤其如此，尽管新系统如 Zinio 等正致力于解决这个问题），部分是由于商业的原因（早期对于万维网内容免费的心理预期，加上万维网广告的表现不佳等因素）。而且，万维网的用户都希望能够进行互动并有丰富的链接可用，因此适用于科学期刊的那套工作方法对快节奏的、以收入为重的大众杂志而言是不起作用的。

另一方面，万维网对商业目录来说是十分适用的。印刷页面有物理属性上的限制。例如，图片愈大，说明性的文字愈多，一个页面所能介绍的商品就愈少，但是万维网可以使用几乎是无限的层式结构，它允许用户从最初的浏览，深入到更加详细的说明信息，再深入到真正的订购与支付系统。一旦人们改变了关于网上支付的观念——感谢我们有像亚马孙（Amazon.com）这样的商业先驱（它是从做图书生意开始的）——万维网就远比印刷型目录更能有效地抓住顾客的每一次购物冲动。

有许多技术是为了改进页面印刷效果而开发的，结果在电子出版中也非常有用。比如用来处理印刷图像的工具也可用于处理屏幕上的图像；印刷页面的设计者可以制作最适于印刷的高分辨率图片，而万维网页的设计者则要调整出现在屏幕上的图像，也许他们都要使用 Photoshop 软件。普通的桌面出版软件如 Photoshop 和 Illustrator 可以用来创作和保存各种形式的图像，而这些图像可以在线显示或者被印刷出来。

### 5. 内容管理和数字资产管理

杂志和目录也促进了数字资产管理技术的发展。即使从印刷出版的角度来看，它们也必须跟踪大量的图片。如果将这些图片数字化，必须要有一个系统来组织、存储、浏览、搜索和获取它们及其说明性的信息。市场的需求导致了数字资产管理系统（Digital Asset Management，DAM）[见6.12.12]的发展。当生产杂志和目录的工作流程更加数字化以后，不仅要跟踪图片的情况，而且还要跟踪Word文件、Quark文件或者XML文件——甚至要管理整个编辑与生产过程中的文件流。而当这些待生产的出版物不仅要出印刷版，同时也要出网络版时，就必须开发能够自动生成HTML文件并更新网站的系统了（公司市场也促进了后者的发展，因为必须提高制作与维护公司网站的效率。）我们现在正享受着众多内容管理技术带来的好处——这一点将在“内容管理与网络出版”[10]一章中详细讨论。

### 1.2.3 教科书：向电子出版艰难的过渡

教科书似乎是最应该采用电子书方式出版的，它们的制作成本很高。20世纪80年代至90年代，大中小学主要教科书市场竞争激烈，使得教科书在印刷过程中采用丰富的色彩、精心制作的版式并为教师和学生准备的大量辅助材料。加上它们篇幅长而且印量大——这使得教材的生产和储运都面临巨大的挑战。对教科书出版商来说这是一笔巨大的投资，风险极高。在一个教材使用大州，一段冒犯集团利益的文字可能导致一门主要课程的教科书不被采用，由此导致的损失将以百万美元计。晚出一两年的同类教材也是极大的威胁。最后还得解决按时出版和发送的问题：尽管大多数教材都是团队漫长工作的结果，但这个市场非常有季节性的，受到几个关键日期的支配，能否在合适的时间将足量的教材交到学生手中将决定教科书出版商的成败。

电子出版将解决其中的许多问题。在电子世界里，彩印的成本没有那么高。篇幅的长短也不成问题，因为电子书的制造成本不随图书厚度的增加而增加（尽管编辑成本和设计成本增加了），即使是最长的教科书也不会增加学生已经超重的书包的重量。并且，可以用电子方式检索图书以提高学习效率；可以与外部资源建立链接，动态地扩大知识范围；还可以利用多媒体内容加强效果，如插入金博士《我有一个梦想》的音频片断，一个实验过程的演示录像，或者一个三维的分子结构图。它们不需要实物仓储，也不用为印刷了太多复本卖不出去而发愁，储存和传播的成本很低，而且它们可以被立即传送给读者。它们可以为不同人士发送不同的版本——就像在“可访问性”[7]一章中指出的那样，美国州政府和联邦政府对可获取性的要求将首先对教科书出版商产生影响。最重要的,可以很容易地更新或者定制它们,甚至可以为一个学校或一位教授的特殊需要来量身定制课本。

### 1. 电子出版的障碍

那么,教科书为什么还不采用电子方式出版呢?最根本的原因在于尾大不掉。出版一门主课的教科书是一件大事。它要求很多人在相当长的时间内共同努力,而且它所需要的投资也很大。对出版商来说是如此,对众多从事编辑、生产、制造、推广和经销教材的供应商和合作者来说同样如此。整个过程的所有参与者都拥有完备的基础设施、专业的工作人员和固定的工作流程;他们对于工作内容和工作要求都有一定的预期;成本结构与定价政策也已经很完善。在这样的情形之下,电子出版是一种破坏性的技术,让他们骤然采用电子出版方式可不是容易的事情。

另外,教科书本身的特点也是一种障碍。有许多教科书结构非常复杂,有各种方便学生学习的练习、提示、问题以及各种补充材料;用 XML DTD[1]语言来表现它们要比描述一篇期刊论文、一条百科全书的款目或者学术著作的一个章节困难得多。另外,重要的教科书都经过精细的原创性设计,绝非模式化的工作可以胜任,因此很难自动地在各种媒体之间转换;而且,即使出版商拥有用于印刷的 PDF 页面,版权和安全问题也会随之而来,对于在一种方便拷贝、盗版和销售的媒体上发布内容,出版商必然会十分小心。

不过,这些问题并非不可克服。实际上,解决这些问题的方法和手段都已经存在。尽管调整出版方式是必然的,为此经历一些麻烦也值得,但是需要时间。庞大的印数使得教科书的电子出版问题格外引人注目。实际上,尽管生育高峰以及相应的市场景气情况不断波动,但教科书始终是一个庞大而重要的市场,而且由于包含了继续教育与培训的部分,这个市场还在不断扩大。到写作本书时为止,没有一个出版商可以大胆说他们已经完成了调整和转向;但是同时也可以肯定地说,他们中的每一位都确信必须进行调整,并且正在着手试验具体的解决方案。

### 2. 定制出版和课程资料包

教科书出版商比较领先的领域是定制出版。但是直到最近,这一创新行为主要局限于印刷形式,没有使用数字技术。定制现象主要出现在高等院校,源于教师们提供与课程相关的图书章节、期刊论文和其他复印资料的

---

[1] 为文档类型定义 Document Type Definition 的简称——译者注。

自发行为。久而久之，就在校园里出现了由本地打印社参与的所谓“课程资料包（coursepacks[1]）”的小产业。一些商家非常有诚信，主动寻找资料的原始出版商以获得授权并支付版税；也有一些从业者没有那么做，从而导致了激烈的版权争执，这种争执一直延续到现在。但是定制的需要还是存在的：教师想要创建有自己特色的课程就不会从头至尾使用一本教材，而且他们也需要其他与课程相关的补充材料。

主要的教科书出版商从中发现了巨大的商机，他们中的大多数都拥有十分丰富的资料：相关领域的教材，适合不同程度学生的教材，以及其他提供相关资料的图书和出版物。创建于 1990 年并且至今仍然由麦格劳·希尔（McGraw Hill）负责运营的普里密斯（Primis，http://www.mhhe.com/primis/）就是较早涉足这一领域的企业，以庞大的数字内容储备为基础，它雄心勃勃地打算为每一门高校课程提供定制教材。其他出版商紧随其后，而日渐完善的技术也促进了它的发展——尤其是 PDF 的出现，它允许稳定地储存页面并且很容易将页面重新组合。

最早的一批定制教材使得课程资料包这一形式看起来更加吸引人，页面完全保持原来的形式——唯一的例外可能是页码不同了。实现真正意义上的定制显然是更好的解决方案，那样第五章就可以标明为“第五章”，即使它在原来的出版物中是第八章；而且所有的参考文献和标记也将做相应的改变（例如，“见图 8.3”变为“见图 5.3”）。这并非微不足道，而且你越想彻底地量身定制，事情就越复杂。

当然，完全的解决方案是带有样式表（stylesheets）的标签丰富的 XML 文件，这样就能够根据需要自动修改页面，或者重新定义页面格式。于是，如果教师打算删除第六章的第二部分而非整个第六章，或者打算在某一章开头的学习目标列表中增加两条，就都可以很方便地做到了。当然，就量身定制教材而言，电子出版比印刷出版更容易：实际上用电子方式出版教材的最大优势之一就是定制。一旦编辑出版的整个工作流程采用了 XML，那么就更容易实现定制。值得注意的是，尽管存在多种解决方案，但要让这些方案在实践中真正得到应用需要漫长的等待。目前，由于许多编辑工作还是在纸张上完成的，而且页面排版使用 QuarkXpress 软件，因此，定制，尤其是

〔1〕 Yahoo！字典解释为“为大学某课程而从各种来源搜集的读物，而且专成一书出售，代替正常的教科书”——译者注。

自动化程度较高的定制似乎还处在幻想阶段。

### 1.2.4 挽救学术专著的按需印刷和电子书

学术专著被认为是出版领域最濒危的品种。尽管它是自然科学(以期刊论文为主)以外的领域进行学术交流的主要手段,为学者深入地思考问题提供了空间,代表了透彻的研究、详尽的记录、有创见的观点并且令人信服,但是如果以传统形式出版,它在经济上是极不合算的。这类图书受到两面夹击:一边是不断上涨的编辑、制作和生产成本,另一边读者需求逐渐减少。图书馆苦于预算缩减、刊价上涨,很难为了少数专家的兴趣而去购买学术专著。因此,这类图书的印数通常少于一千——销量则常常只有几百,经常在数年间白白占据仓库空间并占用资金。

大多数学术专著是由大学出版社出版的(还有少量勇敢的商业性学术出版社作补充)。以往这些出版社被看作所属大学完成学术使命不可或缺的组成部分,通过出版不赚钱但是有价值的图书来促进学术发展。一直以来,这些出版社大多有理想并且有崇高的目标,这一点使得它们与其商业性同行区别开来。但是在20世纪七八十年代,它们经历了图书馆预算缩减而且所属大学拨款和津贴也减少的艰难岁月。大学出版社必须开始挣钱养活自己了。它们出版了优秀的带有地方特色的出版物、大众读物,以及痴迷于畅销书的商业出版社不屑一顾的常销书——同时为了出版那些明知只能卖出300册的重要专著而苦苦奋斗。

#### 1. 按需印刷(Print-on-demand)

学术专著的需求量也许很小,但是需求的强度很大。某种书可能只有300~500名读者,但是其中有100~200名读者是必须阅读此书的。事实上也许他们不仅必须阅读它(他们可以在图书馆里完成此事),而且必须拥有它——以便能够随意地翻折书页,或在天头地脚写上评语,或从书架上随时拿出来查阅,或者转借给同事和学生。

这种情形是非常适用于按需印刷的(“数字印刷”[8]一章将详细讨论按需印刷问题)。按需印刷是以数字印刷为基础的,而数字印刷来源于复制技术。与胶印不同(学术著作通常用胶印),数字印刷机不需要制版后再把图版上的影像用纸张复制出来。相反,数字印刷的每一页在某种意义上都来源于数字文件的原版影像。尽管就大规模印刷来说,数字印刷的成本要高于胶印，但是它印刷第一本的成本与印刷第50本或者第500本的成本非常接近——因为它几乎没有什么设置成本(setup cost)。相反，胶印往往要印到几百本才能抵补其设置成本，而大多数出版商往往一次印一两千册以便降低单位成本。这就意味着学术出版商只能一次印刷过量的图书，并且在第一批的几百本售出以后，希望能够将剩余的存货慢慢销售出去。但是这种希望常常落空。

按需印刷使得出版商可以印刷很少量的图书(在特定的时段能够卖出多少就印多少)，或者就像它字面意思暗示的那样，顾客需要一本就印刷一本。这些图书的单位成本实际上要高于仓库中胶印的存货。但是它们不需占用资金、仓储空间和其他资源；出版商的风险只存在于编辑和制作成本中。由于学术著作这一小众市场的顾客都很忠诚，出版商可以将出版物的价格定高一点(对于科技和医学著作来说，这种做法是十分普遍的)。当然，并不是说这样生产出来的图书成本很低，编辑成本和制作成本还和原来一样，因此仍然需要一定的收入来抵消成本。数字印刷的优势是重新分配制造成本，减少浪费，并避免在不可预料的市场上预测图书销量。它还允许出版商的图书永远“在版(inprint)”，每卖出一本书，多少都会产生一些利润，而且不需要为保存书稿支付任何成本，因此再说绝版已经没有意义了。

### 2. 电子书

按需印刷减少了出版商的风险，并让他们能够用传统的方式来提供学术著作，但是要彻底解决学术著作出版所面临的难题，恐怕还要依靠电子书。与教材不同，学术著作在结构和版式上都很简单，更容易适应各种技术和设备。这个市场很小，很可能出现“电子垄断者(electronic master)”。储存和销售的成本很低，而且易于采用新技术。图书馆已经很擅长处理电子资源。另外，由于学术著作出版的市场如此之小，因此比其他种类的图书更少受到盗版的威胁。出版商如果能够以合理的价格向图书馆和这一领域的专家学者销售几百册图书就可以获利了，因此无需担心电子出版会危及销量。这并不是说学术出版商们不关心版权问题，但是由于收益大于风险，因此他们更愿意尝试电子出版。

随着显示技术的提高以及学术活动的日益电子化，人们对于从屏幕上阅读学术著作的抵触情绪可能会逐渐减弱。越来越多的学者在线从事研究工作；事实上，如同今日的学术期刊阅读者所做的那样，学术著作的阅读者希望得到电子版著作并在线阅读它们的那一天已经不再遥远。那样更容易

"发现"学术著作,而且它们的用处也更大。学者们并不仅仅是阅读著作,他们还对其加以研究,为著作做笔记、评述和注释,并理清其与相关著作的关系;而且他们还引述所研究的著作。用电子图书做这一切要比用印刷版图书更加容易。

一些有远见的学术出版商已经开始尝试出版电子书。大学出版社的许多图书都可以通过网络图书馆(NetLibrary)获取。网络图书馆是互联网泡沫的幸存者之一,被图书馆联盟组织 OCLC 所搭救。贝克与泰勒(Baker and Taylor)是重要的学术图书经销商,也开始销售电子书。电子图书馆(Ebrary)和 Questia 提供非常适于学术著作的系统与服务。有些大学出版社与图书馆携手为本校师生提供电子学术著作。国家科学院(National Academy of Sciences)长期以来提供其学术著作的电子版,而且发现这样做促进了印刷版图书的销售。由于许多学术著作相对来说比较晦涩,无法保证很大的市场需求,因此网络就成为一种很重要的宣传手段:倏忽之间它们就可以被在线搜索这一主题的所有人发现,这要远远胜过其不为人知地呆在书架上或者图书馆目录中的命运。最重要的是,这将使学术著作这一出版物门类起死回生。

### 1.2.5　大众图书:版权战场

学术著作要成为电子书相对容易,而对于大部分大众图书来说更加容易。小说就很简单:有时仅有的需要标记符的地方是章节段落的号码以及各处的斜体字。许多非小说也一样;它们不仅结构简单,读者的阅读方式也同样简单。学者们也许还要进行注释、链接和搜索,大众图书的读者仅仅想要阅读而已。这些图书还拥有相对庞大的市场,值得为它们投资以便采用新的出版手段——尤其当新手段能够真正地降低生产、仓储和销售成本的时候。

#### 1. 电子书试验:失败与部分成功

目前未能将大众图书大量电子化并非由于缺乏试验。早在万维网发明之前,人们就极度梦想有一种纸皮书大小的设备来储存大量可交换的图书内容并能够方便地显示它们。进步是阶段性的,而且常常是因为引入了一种特殊的设备或者技术,如 1991 年索尼公司的书人(Bookman),1998 年的软书(Softbook)和火箭电子书(Rocket eBook),1999 年的玻璃书(Glassbook,现在成为 Adobe 电子书阅读器的一部分),2000 年弗兰克林的电子书人(eBookman)

和微软的阅读器(Microsoft Reader),2001年Adobe的基于PDF的电子书阅读器(eBook Reader),但都因为人众对它们不太感兴趣而逐渐衰落了。

实际上,就像在前面“电子书”一节所讨论的那样,随着越来越多的人开始习惯在屏幕上阅读内容并乐于接受屏幕显示技术的进步(尤其随着电子纸的大量生产),从手提电脑、个人数字助理(PDA)以及类似设备阅读的可能性就会越来越大。电子书不成功的看法忽略了其已经取得成就的诸多领域:参考书、指南、计算机图书以及某些大众图书如科幻小说。电子书,尤其是掌上电子书已经拥有一个很大的读者群,并且还有增长的潜力。在谷登堡计划(Project Gutenberg)和弗吉尼亚大学电子文本中心的引领下,许多进入公共领域的图书,从经典著作到从前不知名的畅销书都用电子书的形式出版了。开放电子书论坛(Open eBook Forum)还在继续完善标准,以降低用不符合市场要求的格式生产电子书的风险。大多数出版商,尤其是最大的出版商都希望大量销售电子书的问题只是一个时间问题。

### 2. 版权论争

电子书还没有成为主流,其中的关键因素在于还没有找到具有足够吸引力又方便使用的、能够带来阅读乐趣的显示技术和设备,另一个重要因素就是版权问题。大众图书的作者靠写作为生,或者说写作是其重要的收入来源。他们收入的多少取决于图书在市场上的表现,而不像大多数非大众类图书那样版税只是次要的补充收入。因此,与其他种类的图书相比,出版大众图书更像赌博:许多图书作者为了赢利而苦苦挣扎,有时候即使是成功的畅销书,其收入在减去预付金、市场推广费用、印刷生产和销售成本以后也所剩无几。大众图书出版商的绝大部分收入来自极少的一小部分图书品种。就大众类图书而言,其作者和出版商可能赚很多,也可能赔很多。因此保护版权对他们来说是很关键的。

(1) 作者与出版商。战争首先在作者与出版商之间爆发。他们互相依赖,但是常常又更像是对手而非盟友。如今出版工作和出版合同都变得非常复杂,很少再有作者和出版商忽视对电子版权的界定。

这并不像看起来那么简单。当大部分收入来源于印刷版图书的销售,当大部分出版商都尚未建立完善的内部机制来推广和销售电子书时,电子版权就常常被当做一种补充收入,就如同对待附属权利、国外版权那样,作者与出版商五五分成。如果主要收入来源于电子书,这种做法就行不通了。尽管这在较近的将来还不可能成为现实,但是作者和出版商对潜在的可能性都有清醒认识。

(2) 出版商与读者。接下来,战斗转移到另一条战线,即出版商和他们的顾客之间。从前图书内容和载体并不那么泾渭分明,因此出版商看起来就像在销售一种产品——图书。他们制造图书、销售图书,把图书发给零售商以最终卖掉它们。购买者“拥有”图书——至少拥有他们所买的那一本——而且可以出借、赠送或者转卖给其他人(尽管他们不能复制整本书以后销售或者赠送该书)。如果买主是图书馆,那么图书主要用于借阅,但是图书馆只能借出它所购买的那一册,而且人们相信它可以保证读者一次只复印图书的一小部分。读者可以拥有一本实体图书,但是要获得数字版图书必须获得授权。与其说未来的读者是购买图书,毋宁说他们是购买与图书有关的几种权利。

(3) 完美复制的问题。电子出版使得制作和发行一本书的完美复制品变得易如反掌。复印印刷版图书的技术已经存在几十年了,但是不值得为此费事:复印得到的东西不仅质量差,而且花的钱可能比买书花的钱还多。图书馆的主要职能就是出借图书,但是对于经常被借走的图书,它们会多买几个复本。尽管二手书买卖也经常影响生意(还有作者的收益,因为他们拿不到版税了),但是在万维网直接在买卖双方之间建立联系以前,这对于教材出版商以外的出版社而言不算很严重的问题。现在出版商所害怕的是“bookster”——音乐行业遭遇的 Napster 事件在出版业的重演:个人之间广泛地交流数字图书,以及随之而来的将顾客变为敌人的一场战争。在这样的情形之下,还没有电子书能够像 MP3 一样方便使用而且广泛流传,真是出版业的幸运。

当然,这正是读者想要的——图书就像 MP3 一样。不是说大众图书就不销售印刷版了,因为很少有什么事情能够和阅读装帧精美的图书的乐趣相媲美,而且它们在书架和咖啡桌上的时候,看起来是那么美。但是毫无疑问,电子图书也有市场需求。在壁炉旁的沙发上带来愉悦感的一本有质感的厚书,到了飞机上就成了累赘;而一本有背光的、字体可调节的电子书在床上阅读也很方便。那为什么不把那本精美的印刷版图书留在咖啡桌上,而带着电子书去旅行呢?

(4) 学习如何管理电子权利。这就是所有与数字权利管理有关的事情。电子书的权利最好与印刷版图书的权利相似,包括出借的权利(但不复制它),转卖的权利(所有权从卖主那里转移到买主那里)等。就如在“电子权利管理”[15]一节中所讨论的那样，许多相关的权利管理机制都已经出现了。

事实上，数字世界提供了许多引人入胜的选择。如果图书内置一种机制，使得读者能够将自己购买的书借给朋友，让他们能够在短时间内免费地阅读此书，那么对出版商来说不是也很好吗？这种“传染性”的销售方式对某些书来说也许是好事——如果将之与数字权利管理技术（DRM）结合起来的话，而这在今天是可以做得到的。如果借来的书能够从一种设备（如手提电脑）转移到另一种设备（如 PDA）上，或者如果一本书能够被不同的设备兼容，那么对读者来说不也很好吗？这也正是开放电子书出版结构（Open eBook Publication Structure）正在努力的方向。如果能够因时制宜地买卖某种权利——短时间阅读的权利，永久阅读但是不复制、不印刷的权利，制作加密版本的权利，制作转借版本的权利等，那么对出版商和读者不是都很好吗？

在不远的将来，每一本印刷版图书都有可能同时配有数字版本。随着出版商采用全数字化的工作流程，尤其是基于 XML 和开放电子书的流程，技术方面的障碍将越来越小于商业和法律方面的障碍。接下来几年将会看出出版商是否成功地实施了良好的定价策略和数字权利管理方案。如果价格适中、使用方便，那么大多数读者将不再使用盗版；如果能够做到，那么图书业将比今天更加充满活力，而且利润更加丰厚。

## 1.2.6 参考书：元数据很重要

得益于电子存取最明显的是参考书出版部门——事实上，参考资料出版商是先锋，早在万维网诞生之前就开始销售电子资料了。与其他出版商不同，他们销售纯粹的信息，即将信息从物理载体的束缚中解放出来，尽管有时候造成一些混乱，但还是获利颇丰的。尽管只能在单色显示器上显示纯文本信息，但是计算机能够准确定位信息的能力还是很有吸引力。当然许多参考书，尤其是为学校图书馆和公共图书馆设计的百科全书，仍然是印刷生产的，但是其出版商或者已经能够或者打算提供原书的数字版本。今天有许多参考书，从百科全书、字典到法律、医学和科学参考书都只有电子版了。

### 1. 万维网上的东西不都是免费的吗

事实上，许多人认为参考资料出版商才是濒危的“物种”。现在万维网上不是什么东西都是免费的吗？“google”已经变成了一个动词，你不是可以在一瞬间找到任何你想要的东西,而且不都是免费的吗?答案当然是否定的。尽管优秀的门户网站设计精巧,用户的检索能力也日渐提高,而且在万维网上也可以获得大量的信息——但是没有中介帮助的搜索并非是信息获取的最佳途径。还有一个问题是,在万维网上找到的信息并非总是可靠的或者可以理解的。有时候值得为特别可靠的信息,或者最新的信息,或者以一种最有用的方式传递的信息付费。

### 2. 元数据:让它真正发挥作用

参考资料出版商的任务就是让销售给顾客的信息发挥更大的作用。要注意这意味着一个动态的过程:静止的信息容易消亡,也就是说隔一段时间就应该更新内容。这意味着必须更新关于内容的信息,包括内容内部与外部的联系(相互参照、链接)等。而这么做的关键就是确定元数据——关于出版内容的信息。(“标记: XML 及相关技术”[3]和“组织、编辑与链接”[4]等章节讨论元数据问题。)

当然,元数据对所有出版门类来说都越来越重要了,而且对参考资料的出版来说尤其如此。参考资料的信息通常都很零散,它们由大量的信息条目组成,这些条目再汇聚成专门领域的信息流(如本书),或者大众市场的信息流(如字典、地名词典)。元数据对于描述信息也很有用,即根据既定的标准(历史时期、地理区域和学科领域等)或控制词汇(以便系统地检索与分析)将信息分类;或者采用更加自由的方式如关键词来描述内容。揭示条目之间的关系也很重要:顺序关系、因果关系、上下级关系等。这些信息与其外部资源的关系又如何——是引用关系吗?还是进一步研究的重要信息来源?元数据在解决这些问题时都很有帮助。它也用于一些内部和后台的活动——与用户取用信息并无直接关系,如记录原始信息、编辑者、编辑时间;将信息放入可以销售的产品类或者“虚拟产品”类中;跟踪记录授权和许可的情况;管理与信息存取和信息销售相关的详细信息等。

### 3. 利用智能技术增加价值

参考资料出版商意识到元数据可以和它所描述的内容一样有价值。如果处理得当就能形成竞争优势(通常由通晓该学科领域的专业人士完成),使得存取内容更加方便,更加能够体现内容的使用价值。但这是一项永无休止的工作:不像更短命的快餐型出版物(它们寿命很短,因此无需更新和增加内容),也不像更具有档案保存价值的出版物(期刊文章或者图书章节一旦出版就几乎不再改动),参考性出版物必须经常修订,否则就会消亡——这意味着元数据也必须进行相应的更新。此外，除了极其简单的出版物类型，不可能预知所有事情：新的分类法、类目以及关键词都会出现，显然建立新的链接也很有必要。

幸运的是，可扩展标记语言 XML 及其相关技术（尤其是 Xlink，Xpointer 和 Xpath 技术，这些将在“XML：可扩展标记语言”[3.3]一节中讨论）都是为此目的而设计的。这样不仅使得定期修改内容更加容易[与内容被禁锢在私人公司拥有的数据库和标记方案（markup schemes）中时相比]，而且它们可以适应信息科学与技术的未来发展。因此当前成为参考资料出版商不仅没有危险，而且可以说恰逢其时。

### 1.2.7 报纸：把所有东西放到一起

报纸内容丰富繁杂而且时效性又高，能够按时出版真是奇迹。报纸提供各色各样的信息：国际新闻、国内新闻和当地新闻；从时髦商店的开司米毛衫到当地超市桃子的价格；从特别报道到娱乐新闻；从科学到体育；从时尚信息到周日的幽默漫画。报纸是大杂烩，提供读者感兴趣的信息，从学校董事会和市政委员会的会议到电影节目单，再到假日捡垃圾的公益活动；以及为人们找工作、买车和寻找伴侣提供服务的分类广告等。这些信息来源不同，服务的读者对象也各种各样。还有，它对时间的要求是非常高的：报纸不仅不能出版昨天的新闻，连广告也应该及时。

单单弄清楚所有事情就已经令人生畏，还要写稿、编辑、插图、排版，并且日复一日井井有条地完成所有活动，这实在是了不起的事情。而所有活动的成果就是“报纸”，既没有偶然性也无意外的正式印刷品。想要翻到体育新闻和电视节目版面的读者无需考虑今天它们会出现在什么位置。而广告主依靠与其一起出现的新闻和信息让读者逐页看完报纸的同时也能看到它。尽管报纸的许多信息都非常适合数字媒体（尤其是像电影节目单或者分类广告这样需要查找的信息），但是广告效果可不相同，因为在电子环境中它们太容易被读者跳过了。

#### 1. 数字技术使它更加容易，而不是更加复杂

好消息是报业已经采用了最新的数字出版和制作技术。通过从莱诺铸排机的热排版到照相排版和胶印的艰难转型，报纸已经开始有效地利用数字技术的优势。正如数字照相技术，当它既能保证质量又降低了成本时，胶片

照相技术就几乎在一夜之间消失了。今天，报纸上几乎所有的照片都使用数码相机拍摄，再从全世界各地传送过来。当然，文本也以数字方式传输。NewsML 是 XML 较早的具体应用之一，现在使用很广泛，而像 ICE[1] 这样的标准则帮助顺利地处理辛迪加稿件（syndicated stories）。

### 2. 从内容管理到工作流管理

但是最有意义的进步是真正数字化的工作流的发展。杂志和名录在 DAM[2] 技术上领先（跟踪所有图片和文本），企业出版则增强了大型网站内容管理技术系统的运转能力，报纸则必须两者兼备。第一个整合了整个工作流的大型系统——从创作内容、获取内容到印刷出版或者网络出版——就是用来满足这种需求的。在这样的系统中，作者的工作不局限于写作，编辑的工作也不局限于编辑，他们还要相互配合。他们不仅要正确地写作和标引内容，还需要有一个系统来告诉他们内容在页面上排版以后看起来会怎样（在还没有真正印到纸面上的时候）。然后内容与其他数字相片和数字广告一起被排入页面——页面非常大而且非常复杂。系统要允许可以在最后一刻修改页面，以便加入爆炸性新闻和动态新闻。然后编辑必须将内容传给某一家生产商，使之不仅能够印到纸张上面，而且很快出现在网站上。所有这些都必须行动迅速而且配合默契。

这些系统也许是当今使用的所有数字技术最好的真实写照——XML 和 HTML、TIFF 和 PDF、程序代码编写系统、编辑系统、排版和版式设计系统、图像系统以及万维网出版系统——它们在一起形成完整的工作流。虽然不是所有报纸都拥有这样的系统，但还是有一些已经具备条件，另外还有很多则正在朝这个方向努力。也许有一天，绝大多数出版工作都会由这样管理得井然有序的工作流来完成。

## §1.3

## 下一步是什么

尽管现在已经很清楚出版的数字革命并非仅仅是甜美梦想，但是我们

〔1〕 是 Information & Content Exchange 的缩写——译者注。

〔2〕 是数字资产管理“Digital Asset Management”的缩写——译者注。

仍然处在实现梦想的初期阶段。有些技术基础扎实而且已经发展成熟；有的还有待进一步完善；还有一些仍然是美好的梦想或程序员眼中闪烁的光芒。失败和挫折是不可避免的，从“假想”到被认为理所当然是技术进步的必经之路。下面是关于每个阶段不同技术的意见小结。

## 1.3.1 已知条件

### 1. 互联网

互联网已经是一种很自然的存在，以至于我们会忘记它并不仅仅只是万维网而已。我们每天的生活围绕它来展开，包括从日常生活中的电子邮件到生产过程中用来在全世界范围内传递印刷出版物电子文件的文件传输协议（File Transfer Protocol，FTP）。它的影响是非常广泛的，打破了阻碍世界上很多人参与其中的物理障碍，在根本上改变了我们工作的时间和空间。在某种程度上，今天几乎没有一种出版活动能够离开互联网。

### 2. 万维网

对发达国家的大多数专业人员来说万维网是已有条件，而且它也在迅速地走入其他人的生活。它是互联网展现在大众面前的部分，我们越来越多地利用它来寻找信息和乐趣。

### 3. XML

可扩展标记语言（Extensible Markup Language，XML）是为了涵纳变化而设计的。它不是静止的问题解决方案，它可以用来产生解决办法。在它问世以后短短的时期之内就成了标引各种事物的基本工具，从新闻、辛迪加稿件、科技期刊直到百科全书；同时，它也是当今电子商务和软件开发的基础。还有，它孵育了许多我们用来组织、设计、传递和链接出版内容的技术。就像经历飓风而幸存下来的棕榈树，生来就可以迎风起舞。XML 将会得到普遍的应用。

### 4. PDF

尽管不像非专有的 XML 标准那样是世界通用的，Adobe 的便携式文档格式（Portable Document Format，PDF）已经成为描述页面图像的标准，而且其中还包含越来越多的其他信息（包括标签、元数据和工作流信息）。纯粹的 XML 拥护者也许会争辩说像 XSL-FO 这样不断完善的标准将最终取代它，但无论对于排版和版式设计，对于印前和印刷工作，还是对于万维网传输和显示来说，PDF 都已经成为不可或缺的工具。尽管它还有必要进一步完善和提高，但是在可预见的将来，可以认为 PDF 是数字化生产和数字出版的已知条件。

5. DOI

虽然不像上面提到的技术那么显眼和成熟，数字对象标识（Digital Object Identifier，DOI）在现实生活中的应用和影响使它也能够成为已知条件之一。如同 XML，它也被设计成具有很强的适应性；它是唯一可以兼容其他数码方案的数码方案，而且还能很好的适应任何元数据系统。它为寻找数字资产所有人提供了一条永久性的、可靠的途径，而所有人则可藉此控制任何随之而来的交易。

6. Unicode

几乎全球通用的统一字符编码标准（Unicode）是 XML 的基础。它为世界上众多语言的字符提供了稳定而且唯一的标识符号。如同在"国际问题"[14]一节中讨论的那样，互联网具有使所有出版国际化的潜力，尽管这在目前还不是现实。统一字符编码标准居于这一切的中心地位。

## 1.3.2 发展中的工作条件

1. 个人电脑

使个人电脑成为个人电脑的是软件和硬件，以及它们之间的有序结合。现在微软的视窗系统控制着这一领域，但是游戏的规则也许会改变。不久以前，与装有软件系统的大型主机和小型计算机连接的"哑"终端还是计算机的主流。现在一种新的万维网服务方式，即应用软件安装在服务器上而非用户的个人电脑上，用户通过万维网加以存取的模式，也许更加具有某种"回到未来"的意味。从更宏观的角度来看，互联网成了一台计算机。

2. 电子书

我们今天阅读的大部分内容都是从屏幕上得来的，但是在电子书成为已知条件之前仍然需要更多的改进。与 DOI 不同，后者很可能保持其稳定性，只是需要时间来推广应用；而当前电子书的不稳定状态还会持续一段时间。可以肯定地说，电子书将成为主流，只不过无法预知具体的日期。

3. DRM

电子书要取得真正的成功，数字权利管理（Digital Rights Management，

DRM）技术必须取得相当的进步。一些最基本的问题已经确定了，还有很多也已经被注意到。从某种意义上来说，电子权利管理和电子书是连体婴儿，它们的发展以彼此的发展为前提。等到今天的中学生和大学生成年以后，对数字权利管理问题实际解决方案的要求就会变得非常迫切。

**4．链接**

尽管链接已经司空见惯（因为它在 HTML 中已经开始实施），尽管在 XML 家族中关于链接有更好的定义而且更加适用于出版，但是接下来几年在如何链接方面仍有巨大的改变。随着越来越多的链接使用 XML 技术，将使得无需在文件中内嵌链接锚点（link anchors）而能够链接文件中的指针成为可能，此外还能将"链接库"保存在链接的文件之外。

**5．元数据**

在接下来的几年内，元数据的应用将有爆炸性的增长。出版商将会发现它既是必要的（如果他们不想被淘汰出局就必须运用某些元数据），也是有用的（元数据将从强制性的应用转变为价值源）。元数据的神秘色彩也将在某种程度上褪去，它们将更广泛地用于写作程序代码、编辑、生产制作和发行等各个环节，而且也更容易被捕获。

**6．JDF**

工作定义格式（Job Definition Format，JDF）是与印刷工作有关的基于 XML 的规格说明和统计数据，包括发印单（job ticket[1]）信息、流程指令与控制信息、过程测量信息，等等。它极大地提高了印刷过程的自动化程度，在较少人工干预的情况下减少错误，并获得更加可以预期的结果。

**7．数字印刷**

自从 1990 年引进施乐公司的 Xerox DocuTech 以来已经取得了很大的进步，而且重要的研究工作和重大的发展还在继续。数字印刷对出版的影响有三点：一是使得短版书的起印点越来越低；二是使得分布式印刷成为可能（使印刷地点更加接近出版物使用地点，或者就在出版物使用地点印刷）；三是实现了内容定制和个性化。

**8．宽带**

当然，现在就能够利用宽带接入万维网，当前努力的方向是扩大其使用范围。尽管近来电信业遇到了一些挫折（部分是由于大量投资于尚无法获

---

〔1〕 也翻译成"工作单"，"工作传票"等——译者注。

得回报的光纤所致),但是宽带的使用必将变得更加普遍。大学生们已经将它看做一种理所当然的存在,而使用万维网的等待时间将会缩短。

9. 可达性(accessibility)

当前,对于有视觉障碍和有其他身体障碍的人来说,可以获得的印刷出版物往往制作粗糙,而且使用起来很费劲。当出版商采用更加系统化的工作流以后,就能够制作出结构更加一致、标记更为清晰的出版物来,而且能够生产出更加容易存取的版本。他们会发现增强可达性所需要的许多东西,包括链接清晰的文本流、统一的标记元素、用语言描述的图像等将从总体上促进出版物的发展。

### 1.3.3 一些未来的发展前景

1. 语义万维网

最近,搜索引擎在数以千兆计的缺乏组织、尚未标记的内容中寻找词语和匹配模板。随着 XML 更加广泛地用于按照内在意义来组织文件,元数据被更加有效地用来注释这些文件及其组成部分,就有可能导致语义万维网的产生,而这将使搜索、发现功能变得更加灵活和强大。

2. 万维网服务

就像上面所提到的,万维网服务包括利用万维网向用户"出租"应用软件。软件保存在中央服务器上,用户通过相似的浏览器加以存取。这样用户界面设计问题,支持多版本问题,以及一些应用方面的障碍如原始投资、人员培训等就可以减少。这不仅对于全球的微软软件是这样,而且实际上,它对于小型的专有软件开发者最有利,他们可以把它作为一种万维网服务,一方面获得源源不断的收入,同时为用户提供一种"试了再买"的选择机制。

3. XSL-FO

可扩展样式表语言-格式化对象(Extensible Stylesheet Language-Formatting Objects,XSL-FO)提供了一种通用的、非专有化的方式来表示内容,就如同 XML 在内容组织方面所做的那样。随着格式和着色引擎(rendering engines)的出现,它们可以用来解释 XSL-FO 的说明,这样就不必非要使用某种特殊的排版或者显示技术的专有编码系统了。这将使得排版的灵活性、万维网和电子书的显示效果等都有很大提高。

#### 4. 电子纸(E-paper)

电子纸与今天的阴极射线管显示器(CRT)和液晶显示器(LCD)相比有许多优点，如高对比度、高分辨率、低电耗(当图像静止时则完全不耗电)，而且可以利用轻便、灵活的材料制作出来等，它将永久性地消除阻碍当前电子书发展的诸多障碍。图像显示在自来水笔大小的设备所展开的6英寸×9英寸的屏幕上(书页的大小)，文字和图像就像印在纸上那么清晰。这种技术现在已经存在，它首先被用在标志牌和手机上，用在图书上面也就为时不远了。

#### 5. XMP

由Adobe公司开发的可扩展元数据平台(Extensible Metadata Platform, XMP)即将成为非专有标准。它提供了一种利用专门的应用软件直接将元数据嵌入二进制文件的方式，即用Illustrator创建Photoshop图像、图表文件，用InDesign进行页面的版式设计。随着越来越多的软件开发商将XMP整合入它们的产品之中，更多利用内嵌元数据的应用软件被开发出来，XMP将成为对出版商非常有价值的技术。

#### 6. SVG

可缩放矢量图形(Scalable Vector Graphics, SVG)是用XML描述图像信息的工具。与一般的位图格式文件(如TIFF和JPEG)不同，它可以根据不同分辨率的输出方式和显示设备来扩大或者缩小图像而不破坏质量。它像XML一样采用非专有的开放标准，各种类型的软件开发者都可以创造性地利用它进行工作。

#### 7. 分类系统(Taxonomies)

一旦出版商完成了描述出版物结构的任务，他们就需要考虑如何组织这些关于出版物的信息了。接下来几年，将花费大量精力来开发信息分类系统(information taxonomies)，它们将被用来系统地描述已经出版的信息，以便它们变得更加有用，也更加容易获取。

#### 8. 图示信息(mapping information)

随着我们对信息资产理解的深入，用基于文本的方式来描述它们就显得太笨拙了。拟像图示(Map Metaphor)对于这些信息的描述会变得越来越有用。图像能使用户在一瞥之间获得更多信息，如相对比例、相互关系、相似性和差异性等。它还可以清晰地显示分类法，用来组织信息的方式和查看信息的方式。希望在未来看到更多这样的图形界面，以取代传统的目录结构或者文件夹结构。

§1.4

## 开始吧

出版数字技术已经得到广泛认可,但是它不会停滞不前。尽管它一开始看起来可能令人生畏,但是实际上它既令人愉快,同时也能够提高工作效率。我们在数字世界里可以做很多事情:数字技术使我们能够出版更加丰富的内容,出版方式更加多样,而且效率也比以前大大提高。当然,并不是每一次试验都成功,也并非每一次冒险都有回报。但是如果数字技术运用得当,它可以使生活更加方便。本书正是要一路给你指点。

# 2 技术基础

克里斯·比亚米斯德佛(Chris Biemesderfer)

本章讨论了为数字出版提供技术支撑的基本硬件与软件。了解这些要素将帮助从事数字出版的人们更好地理解有关技术问题,并更有效地运用相关工具与技术。

## §2.1 概述

数字出版以计算机为先决条件,现代数字计算机的应用使出版工作成为“数字”出版。本章将对有关数字计算和网络环境的一些基本概念与要素予以介绍。

当今的计算机与网络环境涉及复杂的技术,并且发展迅速。本章将对众多代表性的技术予以归类,并围绕各个技术要素的功能来展开讨论。

以下的篇章将给出一系列重要术语的定义。尽管在第一部分中也会对一些基本术语予以说明,但其基本定义都在后面与它最相关的小节的开头部分给出。

§2.2

# 计算机架构基础

## 2.2.1 人性化的计算机

几乎在计算机出现的同时,我们就既渴望又害怕有一天计算机会真的像人一样能干。在真实生活中,我们为"智能"微波炉兴奋不已,因为它不需要我们怎么费心就能烘烤出焦黄松脆的烤鸡。而在电影中,HAL9000[1]和其同类却成为让人类惊恐的罪恶之源。

不管是好还是坏,我们都已经意识到了计算机的重要作用。因此本章将按照计算机与人类比较而显现的特点或功能来对计算机的组件进行归类,并按此思路进行说明。

### 1. 思考:处理器、存储器、处理环境

计算机在处理过程中对信息的表达进行转换,并且有时传输新的信息。这些操作都是通过装在芯片上的晶体管(微型半导体转换装置)集合体来完成的,这些晶体管集合体也被称为集成电路。

集成电路有多种用途,但与数字出版最相关的两种是作为主动转换字节的处理器和被动保存字节的存储器。

计算机通常包含有执行不同专项处理任务的芯片。主处理器有最复杂的集成电路群,被称为中央处理器(CPU)。

现今的计算机所用的存储器叫做随机存取存储器(RAM),"随机"存取是与"顺序"存取相对而言的,意思是 CPU 可以从 RAM 的任意地址中直接读取所需的数据,而不必从头至尾一一查找。这种直接的可以随机选择存储位置的存取方法,对于搜寻存储数据非常有效(这种方法也同样适用于物理存储设施,如家中的小阁楼)。

处理器处理(以及存储器存储)的字节集合按照其对应芯片的主要功能可以分为两大类:一类字节构成处理器的操作指令,指导要执行的处理或

[1] 电影《2001 太空奥德赛》中的智能电脑——译者注。

转换任务,而另一类,其大多数是数据,即被处理的信息。指令和数据的区别类似于数学中运算符和运算数字的区别。

指令通常形成指令集,当被分组执行时,就产生有趣同时也很有用的运行结果。这样的指令集被称为程序,相互协作使计算机发挥作用的程序序列叫做处理环境。

### 2. 显示:显示技术

计算机主要以两种形式向我们呈现信息:在纸上或在屏幕上。这两种技术对于出版者来说都很重要,用于显示的设备[2.4]将在下面讨论,印刷技术将在“数字印刷”[8]这章以及“排版、设计和图形”[6]中涉及。

从读者的角度来看,印刷与屏幕这两种表现形式最重要的不同之处在于与内容互动从而对其表现方式加以改变的能力。人们不能从根本上改变印刷品的表现方式,只能隐藏或销毁,在纸上呈现出来的信息是固定的。

造成这个重要区别的原因是因为计算机显示是电子控制的,所以可以快速和准确地改变显示的信息。

### 3. 保存:存储技术

从本质上来说,存储计算机信息(差不多是永久性的)的技术是磁技术或光技术。这样的存储设备很重要,因为它们在计算机关闭电源后也能几乎永久性地保存数据,这与内存或显示器不一样,这两者都需要电流支持。关于“数据存储”[2.5]将在下面详细讨论。

现代计算机存储和检索数据的能力与它们快速准确执行计算的能力至少同等重要。当信息以数字方式记录时,它们可以完全保持原样地再生,数字资料不会随着时间耗损。这种能够完美重现信息的能力所带来的结果深刻地影响了我们的文化。

### 4. 交谈:通信与数据传输

一个计算机系统由众多的设备构成;而计算机网络由众多计算机构成。所有设施都通过基于电磁技术或光技术的通信线路连接在一起。

这些线路的大部分用于多种设备间的通信,也就是说,众多设备间不同的“交谈”都要通过同一通道进行多路传输。通道要求通信遵守一定的协议,即在交换数据时必须遵从的简单规则,这样这些通道就能保持一定的秩序。更多关于“数据通信”[2.6]的说明请参见下面章节。

## 2.2.2 一些基本的术语与定义

### 1. 比特(bits)[1]与字节(bytes)

根据一个传说中的技术笑话,计算机之所以能够非常有效地进行复仇和破坏是因为它们非常愚蠢却又不可思议地迅速。它们的愚蠢主要来自于它们只懂得两样东西:1 和 0。

一个只有两种状态的系统称为二进制系统。这两种状态可以通过多种方式表现:电的(通电或断电)、磁的(N 极或 S 极)、逻辑的(真或假)。它们也可以通过数字表现,如 1 和 0,这也就是计算机表现其状态的方式——通过二进制数字,也就是"比特"。当我们把很多比特组合成组时,就可以传达更多的信息,而不仅仅只是"开"或"关"。

现代计算机一次将 8 个比特组成一组,称为"字节"。一个字节可以代表一个数值(0 ~ 255),而这些数值可以用多种方式解释。例如,作为字母表中的一个字母,或作为一幅图像里的一个灰度值。

### 2. 输入与输出

计算机通过多种方式获得多种形式的输入,也通过多种渠道进行不同形式的输出。本章主要讨论按计算资源间信息交换种类分类的输入和输出,而不是按物理设备,如键盘、鼠标、打印机以及声频设备等。虽然这些设备当然也很重要,人们通过这些设备来发出指令或生成信息,但它们与我们讨论的目的并不相关。当我们需要提到它们时,将称它们为输入/输出设备。

### 3. 数字与模拟

数字计算机技术利用了二进制机器用 1 或 0 表示其状态的原理。我们通过把比特排在一起并用所有 1 和 0 的排列组合来说明一系列状态,但最终都是有限数量状态。

然而我们在现实世界中的经验却是另一回事。我们习惯了平稳变化的事物:如煤气炉上水壶下火焰的大小,或当我们加速行驶在高速公路上时汽车的速度。这些变化以无限数量状态连续发生。我们称以这种方式运行的系统为模拟系统。

在数学里,用离散集合或函数来表示这样的概念,与连续集合或函数相反。

---

〔1〕 也称为"位"——译者注。

# §2.3

## 处理环境

用户面对的处理环境是基于计算机系统和所安装的操作系统(OS)与应用软件的类型的。尽管下面我们将分别讨论操作系统与应用软件,就好像它们互不相干一样,但实际上它们之间的区别已经没那么明晰。不过我们仍然可以这样来区别应用软件和操作系统:应用软件主要针对一些所谓的“高级”任务,而操作系统则主要用于计算机本身的操作。

### 2.3.1 操作系统

操作系统最深层次也最神秘的地方在于它如何在计算机的构件,包括处理器、存储器、以及输入/输出设备之间转移比特和字节。这些基本功能仍然是所有操作系统的核心,而一个操作系统中负责这些功能的核心部分称为操作系统的内核。内核是操作系统中与计算机硬件构架和各种构件组合最密切相关的部分。

一个完整的现代操作系统远比它的内核复杂的多,它由一系列为数众多的层次组成,这些层次组合起来提供更复杂的功能。在这些层之间的连接点称为接口,通常我们工作中的计算与网络环境就是一整套这样的接口。

应用软件就是执行更抽象层次任务的软件程序,它们处理对计算机用户来说有用的事情,并在现实世界产生具体的结果。如准备一份备忘录、决定一项预算或处理一幅数字照片等。

#### 1. Unix

Unix 是一个有 30 多年历史的操作系统。今天的 Unix 系统是由肯·汤普森(Ken Thompson)和丹尼诗·里奇(Dennis Ritchie)于 20 世纪 70 年代初在贝尔(Bell)电话实验室里发明的。Linux 系统是 Unix 的派生系统,由李纳斯·托沃兹(Linus Torvalds)在 20 世纪 90 年代初创造。Linux 在更大泛围的开发群体里发布,它在众多程序开发人员的手中不断发展,并已经被 SUN 和 IBM 等顶级公司所采用。

对这种多任务操作系统的开发工作自 20 世纪 60 年代起就已在产业界

和学术界进行。其中著名的一项是由费尔南多·柯贝托(Fernando Corbato)和他的合作伙伴在麻省理工学院(MIT)所开展的工作。他们的系统叫 Multics,是“多元信息与计算服务”的英文缩写[1]。贝尔实验室曾在早期参与 Multics 项目,但由于种种原因在 20 世纪 60 年代末期撤出。当汤普森和里奇小组在一台 Dec PDP-7 计算机上开发出它们的内核时,他们称它为 Unix,这是对 Multics 的一个戏称。

在 20 世纪 80 年代,Unix 作为“科学与工程工作站”的操作系统选择而推广开来,这种工作站是一种个人桌面型系统,在解决复杂技术问题方面比个人电脑(PC)更强。与此同时 Unix 也绽放出两支香味不同的“花朵”:一支是在 AT&T 贝尔实验室发展的系统 5(System V,V 代表罗马数字“5”),另一支是在加利福尼亚大学伯克利(Berkeley)分校开发的 BSD。NIST/IEEE 标准,即现在的 POSIX,出现于 20 世纪 80 年代末,它通过一个公共编程接口来尝试兼容这两种不同版本。

如今普遍流行的 Linux 其实并不是 Unix 的一个新品种。像现今市场上大多数 Unix 系列一样,它吸收了 POSIX 界面中好的部分,即 BSD 和 System V 界面的综合(Linux 系列更像 System V)。Linux 的技术成果是基于 Intel 的 32 位芯片组机器的有效内核。由于 Linux 与自由软件基金会 GNU 项目或类似资源提供的大量软件工具相结合,Linux 在大型和小型企业都同样受欢迎,尤其是在基于万维网的服务应用上更是如此。

### 2. Apple Macintosh

史蒂夫·乔布斯(Steve Jobs)和史蒂夫·沃兹尼艾克(Steve Wozniak)创办了苹果公司(Apple)来生产个人电脑,并于 20 世纪 70 年代在他们的第二代电脑“Apple II”上取得很大的成功。当他们在施乐公司(Xerox)的帕洛阿尔托研究中心(PARC)看到新型工作站后,开始在 80 年代左右朝着更大更复杂的机器迈进。

PARC 的科学家们开发了图形界面的系统(称为 Star 与 Alto),这些系统不是基于命令提示符后所键入的指令行。这样的计算机显示出的界面是位图,也就是说显示器上每一个像素都有单独地址,此外,除了用键盘输入,还有鼠标作为控制设备。

今天的图形用户界面(英文缩写 GUI,读做“gooey”)都应用了成形于

[1] 其英文全文为 MULTiplexed Information and Computing System——译者注。

20 世纪 50 年代的设想，这个设想由施乐的研究人员于 70 年代在 PARC 实现了。尽管 Star 与 Alto 工作站在商业上不是很成功，但 GUI 却被证明是革命性的。

苹果公司的图形工作站称为 Lisa，是颇具争议的第一代应用了 GUI 并在商业上取得成功的工作站。Lisa 在当时无疑很新潮，当然也非常昂贵。

当苹果公司的麦金塔电脑（Macintosh）于 1984 年首次亮相时，它揭开了个人电脑发展的序幕——伴随着由里德利·斯科特（Ridley Scott）执导的备受好评的广告[1]（见本章后的参考文献），它触发了商业敏感性。与 Lisa 相似，麦金塔的用户界面也是图形化的，但 Mac 在价格上却更经济一些（1984 的售价为$2 500，对应于 Lisa 的$10 000）。

麦金塔的操作系统从诞生起就只是简单地被称做 Mac OS，尽管它的官方名称是系统 N（System N，其中 N 是一个数字）。20 世纪 90 年代中期，Mac OS 被正式命名为系统 7（System 7）。

Mac OS 的持久实力在于其内核处理图形的能力，这是图形用户界面系统高效运行的必要条件。Mac OS 是基于 Motorola 68000 系列 32 位处理器设计和制造的，务求充分利用后者的性能。由于 Mac 的紧凑设计，通常会有外接设备，在早期它可以支持小型计算机系统接口 SCSI 的外围设备。

在 Mac OS 的大部分发展时期，它基本上是稳步向前迈进的，或者利用 Motorola 芯片的改进，或加强某些功能以支持更复杂的设备。1999 年，在经过数年的逐步变化至第 9 个版本以后，Mac OS X 面世了（此时苹果系统版本号从阿拉伯数字转换为罗马数字）。

Mac OS X 基于 Unix（一个兼容 POSIX 的 Berkeley 版本），保持了图形化风格，其内核增加了许多复杂功能。OS X 的内核是以基于代号为 Darwin 的 Unix 技术实现的。

### 3. 微软的“视窗”操作系统

微软（Microsoft）从事操作系统开发已经有很长时间。比尔·盖茨（Bill Gates）和保尔·艾伦（Paul Allen）经由为阿泰尔（Altair）写游戏软件进而开办了他们自己的公司，Altair 是一种基于 Intel 8080 处理器的机器，通常被认

〔1〕 1984 年 1 月 22 日，在美国国家橄榄球联盟第 18 届超级杯橄榄球赛（NFL SuperBowl XVIII）节目的转播中，播放了 Apple 的 60 秒电视广告《1984》，介绍该公司的 Macintosh 电脑——译者注。

为是第一代个人电脑。在20世纪80年代初，微软将一种基于磁盘的OS(或DOS)授权给IBM的新一代个人电脑使用。微软的DOS其实是另一个叫做CP/M(IBM无法取得它的许可)的操作系统的第三方克隆版，微软收购了这个克隆系统，这次巧妙的收购是微软取得的众多收获之一，也正是这些收获标志着微软的成长。

盖茨和他的公司具有神奇的将好的设想(自己的或别人的)转化为自己的优势并从中获利的本领。盖茨先生在20世纪70年代末期也曾进入施乐的PARC中心，因此微软也注意到在那里创建革命性的工作站。Mac OS的成功迫使DOS也需要一个图形化的界面。

Windows于1985年初次问世时，几乎就是在DOS上套的一个图形界面。随着Windows 3.1的发布，它的核心功能稳定下来，并在随后面向工作组的视窗操作系统(Windows for Workgroups, WfW)产品中增加了自身的网络功能。

20世纪90年代初，Windows的不断改进使它朝着后来的Windows 95转变，在微软的努力下，一个新的基于Intel 80×86系列32位微处理器的32位内核操作系统诞生了。这个体系的Windows成为人们所熟知的Windows NT(NT代表"新技术"，即New Technology)，并从NT 3.5(1994年)开始成为微软企业级操作系统系列的核心。

两个Windows系列沿着两条路径前进而最终殊途同归，Windows 95先成为Windows 98，然后成为Windows ME(作为千年版，很明显，它也标志着其版本号不再使用数字)，而NT 4.0紧随着NT 3.5，并最终成为Windows 2000。

Windows XP是微软各种Windows的大汇合，有家用版和企业版。家用版综合了Windows固有的易用特点和新的基于NT系列更强大的优点。企业版则延伸了NT系列，增加了微软设计的高级网络服务功能。

### 4. 其他操作系统

(1) 大型机和超级计算机。大型机以及更大规模的超级计算机是巨大而壮丽的机器，因此它们有时被称为"大铁箱"。它们之所以巨大，是因为历史上人们曾经要进行大规模计算，因此需要更多存储器和更多处理器，这些大型计算机可以相当快地解决问题。用于这些大型机的操作系统针对批处理作了优化，这与我们今天工作中使用的典型的交互式计算机环境不同。这种优化是一种权宜之计，因此工作人员通常需要在处理或计算工作开始之时指定输入、输出参数以及其他限制条件，然后让计算机解决问题，而工作人员去做其他的事情。

这种批处理或无人监管式处理在今天的许多环境下仍然存在，其中有一些就为出版业者所熟知。我们仍然使用可以成批分页、加连字符并调整间距（H&J）的系统。

另一种让计算机工作更快的方法是使用高效材料和专门设计，以利用半导体的某些属性甚至是一些物理特性。西摩·克雷（Seymour Cray）的超级计算机是圆柱形的，其中的部件呈放射状环绕在中央处理器内核与通信总线周围，这样就使信号在机器内的传输距离最小化。其他超级计算机使用液态氮或其他可以尽可能冷却机器部件的材料，因为电阻是温度的函数，与半导体温度成正比，随着它降低而减小。

超型计算资源还可以采取计算资源（单独的电脑或处理器）组合的形式，也就是这些资源为了解决一个问题而结合在一起。一种方法是在一台单机里将许多独立的处理器（芯片）联结在一起。这样的计算机叫多处理器计算机，有时也称为并行处理计算机。

还有一种方法是利用不同计算机上的处理器，这些计算机通过网络通信联结在一起。如今这种努力被称为网格计算，或分布式计算，它们被用于测定非常大的素数、扫描外部空间信号以侦测其他智力生命、以及寻找对抗疾病的新型药物。

(2) 小型机：手持式和嵌入式。当人们仍然需要大型的、大铁箱式的计算机时，当今计算设备更流行的趋势是外观更小，以及在许多情况下更专门化。这些设备要比其他计算机更有"可编程性"，尽管它们的编程界面并不一定总像典型的桌面电脑那样直接明了。举例来说，我们所熟悉的有PDA（如 Palm Pilot、Handspring Visor、Pocket PC）和手机。

还有些设备执行专门任务，这些设备的计算硬件和软件有时称做嵌入式系统。这种系统的例子可能是您汽车或游艇上的 GPS 导航仪，或者是您冰箱上的环境监控模块，也或者就是那台可以完美烹调烤鸡的聪明的微波炉。

### 2.3.2 应用软件

应用软件是那些执行高级任务及操作并产生对现实世界有用结果的程序。可以用很多方法对应用软件分类，这里我们按办公自动化规范来进行分类。

### 1. 同步计算：电子表格

电子表格是非常神奇的加法机。电子表格的设计是为了使记账员或会计在一本表格簿上实现计算工作的自动化。确实，有了它，就像表格簿上每一个小格子里都有一台加法机一样。

当在单元里指定计算公式时，可以让公式直接计算输入到公式里的数字，也可以通过指定表格中的相应单元地址让公式计算其他单元的内容。这里指定的单元内容可能本身也是其他单元的计算结果，因此就可以进行连锁计算，以实现一个复杂表格中互相关联的值的运算。

电子表格的另一个有效功能是，只要前述连锁计算中某一单元的值发生变化，其后面所有联系在一起的单元公式都会全部自动重新计算。这样，只需更改个别参数，整页数字都会相应调整。这使得电子表格成为各类计划评估、预测及建模运算的有效工具。

### 2. 存储、查找与检索：数据库

当我们想保存一系列相关事实以便以后进行比较时，我们通常会把它们记录在一张表格里。表格的每个列包含一类信息，如颜色、尺寸、材料或价格等。这样我们保存的每个项目如一件衣服或一件家具都有一行相关信息。这些事实一般都相互独立，也就是说，对一张表格中的某一事实进行改变通常不会导致其他事实也产生改变。

这种用制表的方法对数据进行组织和存储就是现代数据库的基本思想。数据库表格里每一类信息用字段表示（类似上述中的列），每一个项目的字段数据存储在表格的记录里，这与行类似。

关系数据库用不同的表格分类组织数据，这些表格通过一些叫“键”的关键要素联系在一起。当数据涉及几个不同的方面（如业务中的流程）或某些属性有很多实例时，它们就被分解到几个表格里。例如，一个书店可能会保存从书的详细商品目录（包括册数和单价等）里分离出来的书目信息（如书名和 ISBN 号）。每本书将有一个标识它的唯一键值，这个键值将用来在书目表和详细商品目录表里同时标识记录。这个键值就是两张表的关联，通过它书店主人可以找到一本书在库房里的册数。

数据库可以存储大量信息，数据库管理系统（DBMS）是我们通常用来操作数据库的程序。为了快速查找和检索相关记录，这些系统在表格里为数据建立索引。就像一本书的索引一样，这些索引的用途也是为了给信息编序，以利于查找，不过数据库表格的索引是经过复杂运算而得出的一系列数值。

在数据库里检索信息需要借助于DBMS进行查询。查询可以确定数据源,即所需要的字段,还可以为某些值设置限定条件。详细步骤可能会非常复杂,因此我们通过查询语言来与数据库系统进行交互,查询语言可以让我们精确设置查询。

数据库为许多数字出版环境下跟踪数字资产(如文本文件与图形文件)的内容管理系统[10]提供了核心功能。

### 3. 文本的处理:文字处理与排版

作为智力生命体,人类用口头和书面语言表达自己。人类还有对艺术和美的欣赏能力,因此会通过书面文字发挥我们的创造性,通过遣词造句和改变我们书写文字的外观来实现目的。也就是说,我们可以改变所写的内容,并调整其中字母、词汇和段落的表现形式。

对文本中文字(内容)的处理是一项编辑功能,用于此功能的最基本的程序也就是文本编辑器。对文本外观(形式)的修改是一项排版或编排功能,专用于此种功能的软件称为排版、编排或版面设计程序,相关内容将在"排版、设计和图形"[6.10]一章讨论。当这些功能被结合到一个软件里时,这个软件就叫文字处理器。

本书有相当一部分内容阐述了将这两项功能合理分开的好处。最常见的一项此类技术是以"标记"这种编码方式标识出需要排版的部分或排版指令本身。现在有许多种这样的标记方法,也称标记语言,因为它们与编程语言相似(有时它们就是编程语言)。标记语言——特别是XML——将在关于标记[3.3]的章节里详细讨论。

### 4. 非文本处理:图形、设计、图像/声音处理

信息以多种形式呈现。除了处理文字和数字外,我们也用计算机处理图片和声音。

图片的形式有包含许多细节的照片,帮助说明的绘图或漫画,以及在出版物中进行强调的几何或抽象图形。不论图片数据是照片的还是模拟照片的,它们都由一般称做图形处理软件的程序处理,这种软件通常结合了数字照片实验室或暗室以及特效处理部门的工作。用线条作画或绘制漫画则经常在绘画或插图程序里进行,这类程序也可以用来创建抽象图形或标志。用于一次对这许多要素进行处理的程序一般称做设计或排版软件。排版软件通常也处理文本,不过是以复杂的方式处理。关于图形的主题在"排版、设计和图形"[6]一章里详细讨论。

从最直接的录音和播放程序到复杂的数字音频编辑系统，有一系列声音处理软件：合成器软件用来创建数字波形；音序器程序以特别的顺序或根据指定的算法播放数字声音。视频和音频信息的数字化不仅限于一维或二维，其实声音的本质是三维的（音高、振幅、音长），因此，我们也可以为图形数据增加维数。通过立体图像技术，即在可视化软件里对立体数据进行处理，我们可以得到三维空间数据。当给图形数据增加了时间维时，就产生了电影或动画；再加上声音，就可以成为娱乐片。具体内容见"数字权利管理"[15]和"多媒体出版"[9]。

5. 综合：财务软件包、内容/资产管理以及其他

高级的软件程序和系统已经发展到可以使复杂的业务及工程问题自动化解决。如果以一种简单的思维来看，我们可以认为这样的系统是数学计算、数据库管理、文本和图形处理程序的高级结合。

（1）财务软件。典型的财务软件包实际上就是一系列有专门用途的电子表格与数据库功能的结合。这些电子表格用于计算盈利和亏损、缴税和扣税、收支平衡、总资产与负债等。此外，其中还有供货商、雇员、收入、支出等项数据。综合了这些功能的财务软件包成为一个系统，它能够让未经财务训练的人和职业会计同效地管理财务。

（2）CAD：计算机辅助设计。计算机辅助设计系统将绘图、数据库和电子表格功能相结合。工程师和绘图员可以通过它创建汽车或飞机等设计的图表。

CAD 系统生成的详细工程图可以与说明性文字结合起来，从而创建在线交互式飞机维修手册。这样一个系统集成了图形处理文本处理以及数据库的功能，它可以精确地从数值数据生成图表，而不必去"画"图表。

（3）内容管理。内容管理系统集成了数据库和文本处理功能，资产管理系统则综合了图片处理和数据库管理功能。两种系统都可用类似电子表格的形式来进行版本的控制管理和计算资料的老化程度。

## §2.4 显示

计算机在二维表面或屏幕上显示信息。这些设备的显示技术在本质上

可能不同,但所有的屏幕都是电子控制的,这就使得呈现给读者的信息可以改变并通常是交互式的。

### 2.4.1 术语与定义

#### 1. 位图与光栅

对术语“位图”更普通的解释是把它想象成一个覆盖在物体上由点构成的网格或矩阵,其中每个单元包含一个或几个描述物体在该点的属性值。可以把这些单元看做是图形的要素。

对一个物体进行取样从而生成单元值或矩阵的过程有时称为光栅化,但更好的术语是数字化。“光栅”这个词指电视屏幕上的扫描线,而不是一个具体的点。位图中完整的一行单元对应于一条光栅。

#### 2. 像素与分辨率

像素(pixel)是由“图形要素”(picture element)的英文简写得来的。图形要素是构成位图的行列矩阵上的一个点,不管它是在显示屏幕上还是在图形文件中。

显示屏的分辨率是衡量像素大小的尺度。分辨率指示每个点实际有多大(或多小),通常用毫米来表识,有时也被称为点阵。像素越小,在单位长度内其数量越多,从而分辨率越高(越清晰)。

显示器的像素数量通常也叫做分辨率,尽管它其实只是屏幕上有多少点的计量。

#### 3. 单色、灰度与彩色

屏幕显示彩色或黑白图形的能力取决于每个像素所记录的信息。如果一幅纯位图中的单元只包含 1 或 0,它就是单色图形。“单色”的意思是“一种颜色”,这个词指图形中的像素只有两种状态——中间没有任何渐暗或渐亮的过渡。基本的线条画或漫画就是单色图形。

当图形中的单元可以包含比 1 和 0 更大范围的值时,就可以更细致地描绘数字图片。例如,在每一个取样点如果记录了几个位,它们就可以描绘明亮度或灰暗度。我们称这样的图片显示为“灰度”。

通过调节几个(一般是三个)通道或色带的饱和度我们可以显示彩色图形。每个通道对应一个基本色:红、绿或蓝。对于计算机显示,矩阵中的每个单元包含三个值,其中的每个值将被电脑翻译为三原色中一种颜色的饱和度。

4. 平滑处理

显示屏上每个像素的大小都是有限的,可以将显示屏看做是由一系列小方块拼成的栅格。与显示器四边平行的线由行或列中排列成直线的像素组成。其他方向的线必须与行或列交叉,而由于像素的有限尺寸,每个这样的交叉会产生梯级,因此这样的线会有锯齿状的边缘。

平滑处理是一项软件技术,应用于那些不与显示器四边平行的线条或轨迹,以使这样的斜线或曲线在位图显示器上的显示有平滑的边缘。这是通过改变像素边缘值为中间值(如果是黑白图形就是灰度值)而实现的,这样眼睛就会认为在线条和它的背景间有更平滑的过渡。

## 2.4.2 显示技术概述

显示器、电脑监视器和电视通常根据它们的物理学原理划分为两大类。桌面上大而重的一种叫阴极射线管显示设备(CRT)。俗称的平板监视器以及小型手持设备的显示屏则是属于液晶显示设备(LCD)。CRT 利用了电磁学技术,而 LCD 则属于固态物理学范畴。

1. CRT:阴极射线管

CRT 融合了数字与模拟技术。尽管计算机是通过位图生成图形,但 CRT 显示屏上的图形是通过模拟电磁技术产生的。因此,在监视器里有一个执行从数字到模拟间转换的设备。

阴极是负电极。电子是含负电的粒子,因此会被阴极排斥。一束来自阴极的电子流称为阴极射线。

电子由 CRT 后端的阴极发出,并到达 CRT 的前端(屏幕)。CRT 的前端覆盖了一层荧光物质,当它被电子冲击时会释放光子。

为了准确控制电子束(阴极射线),CRT 被抽空,即抽走里面的空气而使内部形成真空。此外,电子被大量电荷加速到极高速度,当它们穿过其他控制电子水平和垂直运动的电荷时,它们的方向就被这些电荷所控制。由于 CRT 必须支持真空和极高的电压,因此 CRT 监视器比较大和笨重。

2. LCD:液晶显示

LCD 是半导体设备。液晶本身是长分子,由于它们具有一种叫“偏振”的属性,它们或者让光线通过,或者阻碍光线通过。

现今大部分计算机(尤其是笔记本电脑)和手持设备所用的显示屏叫

做有源矩阵 LCD。它们内部有三个晶体管,分别针对显示器上每个像素的红、绿、蓝色。它们由位于显示器或矩阵边缘的一种叫做接合垫的器件发出的低压脉冲控制。

这些显示屏除了有晶体管层外,在晶体管层之后还有背光层和颜色过滤层,在晶体管层之间有偏振层。所有这些器件的制造都达到显微精度,其中晶体管层通常被做成一层非晶硅薄膜,叫做薄膜晶体管(TFT)。

### 3. 触摸显示屏

触摸显示屏技术其实并不是另一种技术。触摸屏适用于不方便用键盘时应用,现在的手持设备或平板电脑都用触摸屏。对它们的操作是通过在 CRT 或 LCD 显示屏上增加的一个层来实现的,通常这个层是会对手指或触写笔产生的电阻或电容做出感应的玻璃板。

### 4. 电子墨水

电子墨水或电子纸是薄膜晶体管显示技术的逻辑延伸,不过它们应用了能在轻质柔性屏幕上进行电子控制显示的技术。这类设备的显示层是一层极薄的膜,里面分布着微小的珠子或胶囊。这些珠子里包含有一种通过变暗或变亮(或显示亮度和颜色)来对电荷作出反应的粒子。

这些胶囊里的粒子会保持在一定的位置直至有不同的电荷来移动它们。因此,即使这些设备没有通电,其上面显示的图像仍然可以保持。

### 5. 视频信号

计算机显示器和电视看起来很相像,也确实是应用了同样的物理设计来产生图像。但是,用来控制电脑显示器的信号不同于控制电视的信号,并且它们不能互换。

计算机显示器基于位图,即每一个像素都是由计算机控制的,计算机里的显示适配器发出的信号对每个像素都单独处理。电视信号与计算机监视器信号不同。电视是在数字计算机,甚至是在晶体管发明之前发展起来的,因此 CRT 的模拟技术主导电视信号控制,它们在本质上基于光栅或扫描线。在美国,其信号标准由国家电视标准委员会(National Television Standards Committee,NTSC)制订,称为 NTSC 标准,与之对应的欧洲标准为 PAL,代表逐行倒相制式。

随着我们越来越向数字通信迈进的脚步,数字电视标准(DTV)也已经出台。包括高级电视系统委员会(Advanced Television Systems Committee,ATSC)标准的一系列 DTV 标准已经通过。其中最复杂的是高清电视标准,即 HDTV。

## §2.5 数据存储

### 2.5.1 存储设备

数字资料存储在基于磁或光技术的设备上。这些设备有较大的表面积供信息编码,因此可以存储大量资料。它们表面上的每一块区域必须通过一种叫磁头的部件进行准确读写,为了读取整个设备,记录载体的表面和磁头必须能够相对移动。因此,这些存储设备有传输装置和能移动的部件,通常叫做驱动器。

#### 1. 磁介质

像磁带和许多种磁盘这样的磁介质是通过改变其细小区域的磁属性来对位进行编码。这些属性(主要是极性)由磁头侦测和设定,磁头带有电流,会引起需要的磁性作用。设置极性是写操作,侦测极性是读操作。极性在这类介质上可以反复转变而不会导致任何数据损失,因此磁盘和磁带可以反复地、无数次地擦写和存储各种信息。

#### 2. 光介质

光介质通过调整光属性来对位编码,主要是通过低功率红外激光调整其反射性。在早期光设备中,介质的反射性通过机械改变来改变——介质上有叫做凹槽的微小凹痕。它们的形状改变着激光从介质表面反射的方式,其强度的改变用 1 和 0 及其组合来表示。这些凹槽在塑性材料上形成,因此一旦被写入数据以后,它们就是只读的。

在新的可以读写数次的设备中,激光的反射强度由一种不同的介质的不同属性调节。这种材料的状态根据激光脉冲功率的大小在晶体和非晶体间变化,其中晶体反射性强一些。从晶体到非晶体的改变在固态物理学中叫相变,这种技术也就是相变记录。在这种光盘中的相变层可以经过多次相变,因此这种介质是可反复擦写的。

#### 3. 混合介质

还有一种混合存储设备叫磁-光盘,或简称 MO 设备。它们同时应用了光技术和磁技术。这种介质比光盘功能更强大,即它可以维持其状态很长时间，并可以支持很多次改变。在这些设备上位是通过磁技术编码的，因此更容易读；这些盘片还可以更高速地旋转，数据传输也就更快。

**4. 介质和格式**

存储介质只是保存数据的物理设备。存储介质有些基本的物理属性使得信息可以被保存和检索，为了实现上述功能，计算机需要通过一种叫设备控制器的装置与它们进行通信。

不同的运行环境（操作系统）处理信息的方式也有细微差别。这就要求对介质进行格式化以便特定的操作系统识别。根据运行环境，同一种介质可以用不同的方式格式化。要注意的是操作系统决定格式，而不是物理存储设备本身。

### 2.5.2 磁盘存储

磁盘有许多种尺寸（形数），但只有一种形状：扁平的圆形。对数据的存取是通过旋转磁盘并在磁盘的不同半径和位置读写进行的。磁盘有很多种分类方式，其中重要的一种是按固定和可移动的区别进行分类。

**1. 固定磁盘**

固定磁盘通常永久性地安装在计算机中。它们的特点是可存储大量数据，并可以高速地进行数据传输。存储容量通过以下方式增加：首先创建一系列独立的叫盘片的磁盘表面，它们一起围绕一根中轴旋转；然后磁头以非常精细的方式读写数据，这样磁盘以更小的数据单位磁化，磁头的位置也被精细控制。数据传输率的增加通过提高磁盘旋转速度和使用更快的设备控制器这两者相结合来实现。固定磁盘是高性能设备，它们在超洁净环境中生产出来并被密封，这意味着它们与空气和潮湿隔绝。那些快速旋转的盘片是硬质的，因此这样的设备有时称做硬盘。

**2. 可移动磁盘**

可移动磁盘是介质可以与驱动器分离的设备。早期这种设备是轻质的，由半硬质材料制成并用类似卡片的材料作外壳。因此，它们具备柔性，这类介质一般也被称做软盘。现在的大容量可移动磁盘由更硬质的材料制作，并使用具备保护性的塑性外壳，它们有时被称为盒式磁盘。可移动磁盘有许多用途，如数据备份（尤其是脱机备份）、节省硬盘空间以及在计算机间转移信息等。

### 3. 光盘

光盘有时也叫激光盘,因为我们需要用激光来从它们上面读(有时写)数据。激光有几种属性可用于数字用途。最常见的光盘是直径 521/4 英寸,像杯垫大小的光盘(CD)。

(1) 光盘与 CD-ROM。光盘(CD)是 20 世纪 80 年代初由索尼公司(SONY)开始使用的,用于音乐唱片。尽管音乐录音本身是用模拟技术制作的,但 CD 上的音乐却是用数字技术存储的。很快,人们认识到 CD 还可用来存储其他种类的数字信息。

一开始数据 CD 是用于软件或大批量数据资料(如电话号码簿)的发行。用户只能读这样的 CD,因此它们被称为只读光盘(Compact Disk-Read Only Memory,CD-ROM)。现在 CD-ROM 仍然还在使用,主要用途也一样。它们的制作通常是用机械凹槽的方法,有专门在光盘表面进行物理压槽或刻录的机器用于 CD-ROM 的大批量生产。

(2) 可记录与可反复擦写的 CD: CD-R 和 CD-RW。利用相变记录技术的新型 CD 和 CD 驱动器使得用户可以用适当的驱动器写 CD。这样的驱动器叫 CD-R 和 CD-RW,其中 R 代表"可读的"(readable),W 代表"可写的"(writable),它们已经成为现今计算机上普通的装置。充分利用相变记录技术并有对应相变层的光盘可以被反复擦写,适用于 CD-RW 驱动器。

有些光介质只能由 CD-RW 驱动器写一次,这样的光盘叫 CD-R,R 代表"只读"(read-only)(尽管它们可以被写一次)。或者还有更冗长的名称,叫 WORM 盘,代表"写一次,读多次"(write-once read-many)。

(3) DVD。与传统 CD 相比,出于用光盘发行数字影片的需要和目的,娱乐业引领光盘开发向更高容量发展。他们的努力导致了数字视频光盘(Digital Video Disc,DVD)的诞生。第一代 DVD 的容量大概是 CD 容量的 4 倍,其波形因素与 CD 一样(大小一样)。目前 DVD 还未被用于数据或软件发行,因为一般情况下 CD 就足够了。当 DVD 用于这样的用途时,它们有时被叫做数字多功能光盘。

## 2.5.3 磁带存储

磁带是可移动的磁介质。磁带本身是塑料带,外涂磁性材料,其波形因数有很多种。现在的大多数磁带系统里磁带都装在匣子或盒子里,而在过去，磁带就在卷轴上，没有外壳。磁带匣有许多形状和大小，因此也可对应很多英文缩写名称，如 DAT、DLT、Exabyte、QIC 等。

磁带上的信息从磁带头端到末端以线形的方式分布。由于磁带必须以线形方式运转，因此也必须按顺序访问存储在磁带上的数据，对它的读写操作可能要花很多时间。

由于这个原因，过去磁带是用于存档的，或更准确地说，用于数据的灾难恢复。

## §2.6

## 数据通信

出于方便，本书将把设备间的通信分为两部分，即本地的和网络的。当说本地通信时，我们描述对“直接”与计算机连接的设备进行控制的信号，也就是在计算机控制下的外围设备。当说网络通信时，我们只限于计算机之间的通信。

我们应该了解所有这些通信在本质上都是一样的，即都由两个设备间传输的电子信号组成，目的是处理事务。产生信号的技术有些细微区别，通常都有些复杂和迟滞。我们将尽量在下面的详细讨论里避免其艰深的方面。

### 2.6.1 本地设备通信

#### 1. 通信通道

对于本地设备通信，我们要重点注意的区别是通信中每次传输的位的数量。当通信通道中每次只传输一个位时，我们称通道里发生的是串行通信。每次传输几个位的通道叫做并行通道。

(1) 串行通道。串行通信通道只需要很少的电子连接或电线。因此，在相同电力下它们通常比并行通道适用于更远距离的通信。它们的主要缺点在于通信时每次只传输一个位，因此它们的速率较慢。

(2) 并行通道。并行通道可以用更高的速率传输数据，但代价是电子和技术方面的复杂性。它们需要更多的半导体来驱动信号传输，因此需要更多的电力,在电缆里还需要更多电线,终端的接口也更复杂一些。许多年以来,一些组织一直致力于发展和推广串行与并行设备通信。

### 2. 常见的设备通信标准

(1) RS-232。最早被广泛采用的串行通信标准之一是由电子工业协会(Electronic Industries Association, EIA,现在叫电子工业联盟,即Electronic Industries Alliance)于 1969 年推荐的。它简称为 RS-232,广泛用于分时设备终端与计算机主机的连接。许多打印机可以通过这种串行接口进行控制,它也被用于调制解调器与计算机的连接。因此,许多个人电脑机上的串行接口叫 COM 端口(代表"通信",从长距离通信的角度来说代表远程通信)。

(2) FiveWire。苹果公司为麦金塔系列发明了更有效的串行通道。这种最初名为 FireWire 的通用通信技术后来由电气与电子工程师协会(Institute of Electrical and Electronics Engineers, IEEE)制成标准,标准的代码是 IEEE 1394。

(3) USB。20 世纪 90 年代,一批硬件和软件制造商就改进的串行通信通道(或总线)进行合作。通用串行总线(USB)的电子信号速率比原先的串行总线要高得多,数据传输率也就更高。它还可以让设备对自身进行标识、与控制器进行约定(会话)以利用其资源,设备还可通过 USB 传输线获得电力驱动。

(4) 并行打印机。最常见的并行通信可能就是个人电脑和打印机之间的通信。起初只是由单向通道快速向打印机传输许多字节,后来 IEEE 应用了双向通信(IEEE 1284)技术,有时也简称 Bidi。

(5) SCSI。随着计算机自身的变小,也就很有必要让更多的设备放在计算机主机箱之外,并通过电缆与其连接。硬件与软件制造商针对这个问题合作开发了小型计算机系统接口(SCSI,通常读做"scuzzy")。第一个非常成功的 SCSI 标准由美国国家标准学会(American National Standards Institute, ANSI)于 1986 年采用。其后又不断地有几个 SCSI 标准问世。SCSI 是并行通信通道,主要用于计算机与存储设备间的通信,如磁盘、CD 以及磁带等。

(6) GPIB。其他种类的电子设备(除了存储设备和打印机之外)也能与计算机连接并受其控制。在这样的设备中,有一些需要与计算机服务器建立连接,如发动机和制动装置、医疗设备、以及数据采集仪器等。虽然有些设备需要专门通信,但多数这样的控制器有极大相似性,因此可以设计一个通用接口。惠普(HP)公司在20世纪60年代为自己的设备开发了一种这样的通信总线。其后在IEEE的支持下,这个接口得以通用化和标准化。IEEE 488是这个通用接口总线(GPIB)的正式标准代码。

## 2.6.2 网络通信

现代网络通信基本上都是基于20世纪70年代由施乐PARC开发的交互通信方式。这种通信协议构架称为客户机/服务器模式。

### 1. 客户机/服务器协议

传统的客户机/服务器模式有点像学生与老师的关系:客户端程序提交请求,服务器端答复请求,或者提供数据,或者报告错误。网络浏览器/服务器模式可以看做是典型的客户机/服务器服务,不过它在提供远程资源的可访问性以及其他用途方面有很大的成功。

我们现在的对等网(如Napster和Gnutella)其实就是进化了的客户机/服务器应用。这种服务既有客户端,也有服务器端,并设计在一个软件里。因此,这样的程序既可以发请求,也可以应答请求。

信息在网络中以叫做包的字节组形式传输。包经常被比做装了信的信封。其外部构成包含有控制型数据,包括起始地址和目的地址。而包的"内"部(有效负载)则是真正要传输的信息。

### 2. 网络拓扑

网络拓扑是网络中各台计算机(主机)相互连接的总体布局方式。不同拓扑之间的区别主要在于网络环路布线的本质功能不同,并且主要就局域网(LAN)而言。

局域网中常见的拓扑类型有环型、串联或总线型、星型或中心辐射型、网状型。大多数广域网(WAN)的连接是基于点对点,也可看做是一种简单的总线型拓扑结构。

## 2.6.3 连接计算机:局域网和广域网

为了实现网络中计算机间的通信,必须用一些线路把计算机连接起来,使得信号可以被传输。通信信号可通过不同载体传输,如金属线(通常是铜线)、光纤或无线电波,应用后者的也叫无线网络。有些技术在短距离传输上有优势，就被用于局域网，而其他适合于长距离传输的，就被用于广域网。

### 1. LAN：局域网

局域网(LAN)为物理距离比较近的计算机提供通信服务。LAN 可由电缆、光纤或无线技术来连接，并可采用任意一种拓扑形式。

有两种被广泛采用的协议适用于用电缆连接的 LAN，分别叫以太网和令牌网。现今以太网要比令牌网普遍得多。以太网由施乐 PARC 于 20 世纪 70 年代开发，而令牌网则由 IBM 开发。现在的以太网有一组协议，其间区别主要在于传输速度。

建立 LAN 的最普通的方式就是以电缆连接的星型以太网。网络中的每台计算机叫节点，各节点由电缆与一个叫集线器的中心点相连。集线器又可以组合连接在一起构建大型和复杂的网络。

光纤 LAN 应用的协议叫光纤分布式数据接口(FDDI)。当它最初于 20 世纪 90 年代被开发出来时，它比标准以太网要快，因此被用于带宽要求高的网络中。随着现在各种高速以太网的普及，FDDI 的竞争力已不如从前。

局域网的无线技术逐渐成熟起来，但是市场还处于变化中，因此我们只关注其代表性的方面，而不是全面阐述。在 IEEE 的努力下，已经创建了一组无线以太网的标准，这组标准的通用代码是 802.11，后面再跟一个字母 b。其中“b”标准也叫 WiFi(无线保真)，由一个名为 WECA 的工作组织大力宣传，现在已出现许多 WiFi 兼容的产品。苹果公司的无线 AirPort 系统就是与 802.11b 兼容的。

其他短距离无线技术也值得注意。爱立信(Ericsson)公司的蓝牙技术用于移动设备和桌面设备间的音频与数据传输，它并不是专门用于网络的，但它可为一些移动设备提供网络连接。HomeRF 在功能上与蓝牙相似。

专门的无线网络技术和那些由移动通信业开发的技术在用途和功能上有交叉性。下一代移动技术(现在叫 3G)很可能同时兼容 802.11b 和蓝牙技术。随着时间的推进，我们可以期待至少从操作功能来说多种“移动”设备能够融合。

### 2. WAN：广域网

广域网(WAN)涉及到商业电话和有线电视网络(与 LAN 不同，LAN 只涉及个别电缆设施)。大多数广域网技术在本质上都是基于数字的。但是，我们最熟知的广域网技术——拨号调制线路——却是个例外，它应用的是本地电话线的模拟线路。

我们将先讨论拨号线路,再阐述其他数字广域网技术。数字广域网的不同之处在于其线路中传输数据的信号处理技术不同。这些不同影响到连接的物理本质(如需要多少电线)以及在线路终端需要的设备。

(1) 拨号模拟线路与调制解调器。将计算机连接到网络最简单的方法就是用调制解调器和一条"普通"电话线。"普通"电话线是使得这种连接与其他网络连接不同的地方,因为普通的语音级电话服务(Plain Old Telephone Service,POTS,也就是普通老式电话服务)所用的信号技术是模拟的,而不是数字的。这里的模拟是指这种电路信号是基于电波的,信息的传递(如语音)通过改变(或调制)电波振幅(或频率)来实现。而计算机"太笨",还不能掌握甚至是最基本的电磁理论,因此它们不处理电波,只处理位。

为了在模拟电路中传输数字信息(一组位),数字信号被转换成波形调制信号并在模拟线路里传输,这些波形信号在接收端再被解调变成数字信号。调制解调器的名字就是源于这种调制/解调的功能。

由于调制解调器工作于模拟电话线路,有时一些非模拟线路的电话系统会阻止拨号连接。最典型的例子就是数字专用分组交换(PBX),它们主要用于集团内部电话系统,有时也被宾馆所采用。

(2) 数字线路。当电信提供商给我们提供数字线路时,多数情况下这些线路对于网络通信一直是可用的(经常是专用)。其中有些技术常见于家庭和小型办公场所,其他的则主要为大型企业所采用。

由于这些线路已经是数字的,也就不需要调制解调器了。但是,仍然需要在广域网线路和本地计算机(或网络)间通信的设备。这些设备有不同的名称,因为它们根据不同的广域网技术进行不同的转换。

在家庭和小型办公场所,常见的 WAN 技术有 ISDN、DSL 和数字电缆。综合业务数字网(ISDN)发展于 20 世纪 80 年代,不过它们在 90 年代中期以前比较少见。ISDN 有两种速度,小型办公用户一般选用低带宽的(由于它们的低价),叫做基本速率接口(BRI)。速度快些的基群速率接口(PRI)则由带宽要求更高的企业所采用。

数字用户线路(DSL)技术比 ISDN 发展得要晚一些,形式更多,对于用户来说也就有更多选择。DSL 线路可以是非对称模式,也可以是对称模式。对称 DSL(SDSL)对于用户连接的上传和下载带宽是一样的,而非对称 DSL

(ADSL)中下载的带宽要比上传的带宽大一些。非对称线路对于许多家庭上网用户更有意义,因为家用电脑下载的信息量通常都比发出(上传)的信息量大得多。

DSL 可提供很多种带宽。低带宽的选择价格也低一些,可以让用户根据他们的使用需要选择合适的支出。在 DSL 线路用户端的设备一般简称为 DSL 路由器,有时懂技术的人会叫它 ATU,代表“ADSL 接收装置”(ADSL Transceiver Unit)。

近几年,有线电视运营商已经对他们的设施进行升级,为提供数字电视(DTV)做准备。因此,有线电视公司也可以通过他们的线路提供数字数据网络服务。数字有线网络服务一般称为“有线电视网络”(Cable Internet),用户需要安装的设备叫有线调制解调器,尽管这里调制解调器这个词有些不太准确,因为有线信号已经是数字的了。

大型企业通常会与电信提供商签协议,以使用专用数据线路,这样的线路带宽更高,可靠性也更好。这些优点需要对线路更多的技术投入,也需要功能更强大的设备,所有这些也就导致更高的价位。

(3) 线路速度标号。电信公司用 64-kbps(千位/秒)的通道提供最低速率的数据传输。这样的通道服务已存在 40 多年了,也是最早长途电话服务的基础。单条 64-kbps 通道叫 DS0 通道,其中 DS 代表“数字信号”(Digital Signal),0 则表示它是很基础的服务;在 ISDN 中对应的线路叫 B 通道。这些通道可捆绑在一起形成容量更大的线路,24 条64-kbps通道构成一条 DS1 线路,672 条通道则构成 DS3 线路。

在最早的技术规格里,DS 指线路的信号标准,而对应的接入设备则以“T”命名。因此,T1 设备用于 DS1 线路。

现在“DS”和“T”间可以相互替换,因此也可以说“T1 线路”。当 24 条 64-kbps 线路合在一起时,带宽大概可以达到 1.5Mbps(兆位/秒)。

光纤的容量要比铜缆大得多,因此在光纤上传输的速率也高得多。在光纤上的传输速度称为 OC,代表“光纤载体”(Optical Carrier)。单条 OC 线路传输速率差不多是 52Mbps,相当于 28 条 T1 线路之和,比 T3 线路还多一点。光纤传输的基本速率叫 OC1,这一系列里 OC 后面的数字就是基本速率的倍数。目前许多主干网都基于 OC192,速度差不多是 10Gbps(吉兆或十亿位/秒)。各种服务的最大传输速率见表 1。

**表1　电信信道及其最大传输速率**

| 服　务 | 速　率 |
| --- | --- |
| DS0 | 64 kbps |
| DS1 (T1) | 1.544 Mbps |
| DS3 (T3) | 44.74 Mbps |
| OC1 | 51.84 Mbps |
| OC3 | 155.5 Mbps |
| OC12 | 622.1 Mbps |
| OC48 | 2.488 Gbps |
| OC192 | 9.953 Gbps |
| OC768 | 39.81 Gbps |

## 2.6.4　通信规则：协议

网络线路上的通信规则由协议规定，在不同的层次分别有不同的协议，它包括物理线路的电磁信号到高层应用的语言规定。现代网络构架体系都是基于层的，这些层相互衔接，形成协议栈。网络协议栈的标准模型叫做开放式系统互联模型（OSI）。OSI模型有7层，不过网络构架并不一定要完全按这7层。OSI模型并不属于技术规格，它更像一个抽象模型，但它很有用。

### 1. 网络协议

我们今天所熟知的网络协议起源于20世纪70年代由IBM和施乐公司开发的体系。IBM的系统网络架构（SNA）在1974年被用于其计算机系统。施乐公司的网络构架叫XNS，代表"施乐网络系统"（Xerox Network Services）。Novell公司的NetWare和Banyan公司的Vine是直接基于XNS的商业应用网络案例。

其他系列的协议吸收了网络协议栈的分层特性，它们利用其他低级协议进行数据传输和线路管理，也被称为"运行"在低级协议之上。例如，AppleTalk可以运行在以太网或令牌网上，也可以应用Apple公司自己的数据LocalTalk获取协议。Windows自带的网络传输协议NetBEUI也运行于以太网和令牌网上。

今天大多数网络所基于的协议系列叫传输控制协议/网际协议，（Transmission Control Protocol/Internet Protocol，TCP/IP），它是为美国国防部辑并放在"Living Internet Web"网站:http://www. livinginternet. com/。

如果想知道许多技术词汇和概念的定义以及那些麻烦的英文缩写的全称,CMP Media 的工作人员提供了 TechEncyclopedia:http://content. techweb. com/encyclopedia/。

**参考文献:**

Corbato, F. J., and V. A. Vyssotsky. "Introduction and Overview of the Multics Systems". 1965. http://www. multicans. org/fjcc1. html

Foster, I. "The Grid: A New Infrastructure for 21st Century Science." Physics Today 55, no. 2:42. http://www. physicstoday. org/pt/vol-55/iss-2/p42. html

InterPlaNet Project. "Interplanetary Internet Special Interest Group." http://www. ipnsig. org/home. html

Richie, Dennis M. "The Evolution of the Unix Time-Sharing System." Lucent Technologies. 1996. http://cm. bell-labs. com/cm/cs/who/dmr/hist. html

Scott, Ridley. 1984. Apple Macintosh advertisement, 1984. http://www. apple-history. com/1984. html

Webopedia. "Network Topologies." Internet. com. 2002 http://www. webopedia. com/quick_ref/topologies. html

# 3 标记：XML及相关技术

威廉·E. 卡斯多夫(William E. Kasdorf)

标记有助于识别和命名给定内容的各个部分及特征。它提供了一种方式来标注、描述和界定出版物的内容，因而处理系统能分辨它们并了解它们之间的相互联系。标记语言用来定义特殊的标记方案。在过去，标记语言是典型的专用语言，并且只能由专业人员来使用。网络的出现引发了最简单、使用最广泛的标记语言 HTML，也造就了最灵活、最强大的标记语言，即可扩展标记语言 XML。本章在简要概述早期的标记语言之后，集中讨论 XML 家族的有关技术——XML 本身，以及相关的用于定义、设计、链接、转换和标注等的标准，这些都为今天的数字出版奠定了基础。

## §3.1 概述

### 3.1.1 什么是标记

在最基本的层次上，标记被认为是插入一组特定内容来描述该内容组成部分的标签和编码。编辑利用加入章节号“CN”，章节标题“CT”，第一层副标题“H1”或“A”，以及引用块“EX”或“BQ”等符号来标记文章的纸质原稿。传统专属性标记上，这些符号为排字人员提供了一种指示，让他们插入不同的标记(一般是专用标记)来控制内容的排版，以形成特殊的格式。

### 3.1.2 结构化的标记标准的简要历史

查尔斯·F. 戈德法布(Charles F. Goldfarb)普遍被认为是 SGML 之父(也是 HTML 的教父和 XML 的始祖)。戈德法布将他职业生涯的大部分时间花在了发展 IBM 以及实现通用标记的两个关键方面上,即必须将描述文件的元素和其他特性同格式化或其他处理文件的指示分开,而且应该严格分开。戈德法布原是一名律师,他最初的动机并不是创立某种领先的文本数据库方案这样的雄心壮志,而是因他在准备法律文件时(在 20 世纪 60 年代中期,这就需要不断地重新打字),以及后期试图利用各种早期写作、编辑、存储以及排字的电子系统来交换文件时遇到了挫折偶然的机会转行到编程和出版领域(每个系统运行于操作系统互不兼容的设备上,所用的编码方案和应用程序也不同)。

#### 1. GenCode 和 GML

戈德法布很快就获得了其他人的认同来共同创建通用标记。第一个就是图形交流协会(GCA)排版委员会的主席威廉·图尼克利夫(William Tunnicliffe),1967 年他将有关文件格式从内容信息中分开的陈述导致了 GCA 的 GenCode 委员会的成立。同时,著名的书籍设计师斯坦利·赖斯(Stanley Rice)为出版物开发了详尽的标准的标记模式,从而产生了两个早期的创新软件产品,简化书籍设计规范的 AutoSpec 和自动计算版面的 AutoCast(根据原稿和给定的排字规格,估计需要多少版面)。

IBM 接受的一项任务就是要提出一种方式来使法律文件的出版一体化。1969 年,戈德法布同爱德华·莫夏(Edward Mosher)、雷蒙德·罗瑞尔(Raymond Lorie)共同开发了通用标记语言(GML,戈德法布表示那并不是为与其发明者姓氏首字母缩写一致而命名的)。在 GML 里,戈德法布不是简单地扩展图尼克利夫和赖斯的工作。他和其他人都意识到了文件有很多种类型,都要求不同的编码方案,因而他没有尝试理论上对所有文件适用的"通用编码方案",而是在 GML 中提供了一种机制来正式地定义文件类型。他也趋向于把文件结构看作嵌套的层次,并发展 GML 用来描述它们的能力。虽然在 GML、SGML 或 XML 中不要求将文件定义成嵌套式的、有层次的样式(XML 需要适当的嵌套,但这并不排除所有元素简单跟在另一个元素后面的单一层次结构,正如它们在典型的文字处理文件中一样。很多情况下,这样的非层次定义更有用),但定义嵌套结构的这种倾向在很多文件类型定义中成为一种重要的原理。

值得注意的是,IBM 最初试图将 GML 专有化,并应用在他们的文件排版工具(DCF)软件中,以实现 GML 的首次商业应用。1971 年戈德法布向 GCA 做了演示,在这次演示中技术细节被禁止讲解。1978 年,即发明 GML 差不多 10 年以后,IBM 的《DCF GML 用户指南》(DCF GML User's Guide)是第一个有关文件类型定义的正式出版物(在该指南中戈德法布所采用的例子最终应用在 SGML 标准的出版物中,并成为 HTML 的起源。)。所以虽然 GML 导致了出版领域最理想而且非专有的标准的诞生,但它也是由于文件创建中的实际问题,以及商业企业对竞争优势的渴望而产生的。

### 2. SGML:标准通用标记语言

然而,对非专有标准的需要是迫切的。1978 年,美国国家标准学会(ANSI)请戈德法布领导一项由 GCA GenCode 委员会资助的项目——在 GML 的基础上开发文字描述语言的标准。标准通用标记语言(SGML)的首次工作草案在 1980 年出版,且 GCA 在 1983 年提出将第六次草案作为工业标准,应用于美国国防部门和美国国家税务局。在三次草案之后,该项目因国际标准组织(ISO)的参与而逐渐国际化,以 WG8 闻名于世的 ISO 工作组对其进行了检查,ANSI 和 GCA 的 GenCode 委员会也积极参与了工作。当草拟的国际标准于 1985 年出版时,SGML 用户组正式成立,最后的文本 ISO 8879 在 1986 年正式出版。

要注意的是,SGML 在其发展过程中一直都在被使用。虽然它在 1986 已经成为一个稳定且国际化的标准,但在 20 世纪 80 年代,其足够清晰的概念以及强大的技术使得它在很多环境中都是有用的。它被应用到的一个重要例子就是美国出版商协会(AAP)的电子手稿项目,它首次开发了基于 SGML 的系统促进作者和出版商之间的文档交换。该工作最终导致了最重要的通用文件类型定义(DTD)之一——ISO 12083(另一个国际标准)的发展。该标准主要由埃里克·凡·赫文金(Eric van Herwijnen)编写,适用于书、期刊、文章和数学。虽然在目前的实际出版环境中很少使用纯粹的 ISO 12083,但它仍然是很多普遍使用的 DTD 的基础。另一个非常重要的通用 DTD 就是文本编码计划(TEI),实际上是定义模块的集合,在学术出版中普遍使用,也是很多出版商专用 DTD 的基础。(ISO 12083[3.3.2.3.1]和 TEI [3.3.2.3.2]都将在下文中讨论。)最后,早期最有影响的 SGML 应用是在美国国防部，它在 1988 年推出了一个出版标准即 MIL-M-28001 以及众所周知的 CALS（电脑辅助获得及后勤支援方案），通过 CALS，美国军队与其上千个承包商和供应商之间就能交换文件。CALS 表格模型很有影响力，常被合并到其他 DTD 中。

### 3. HTML：超文本标记语言

超文本标记语言 HTML 作为万维网的基本技术之一，无疑是 SGML 最普遍的应用。首先，它是基于 SGML 原则的加标策略，但是从技术上说由于缺乏正式的 DTD 因而不能说是对 SGML 的应用。它有一系列有限的但又非常有用的标记电子文本文件的标签，能够帮助浏览器将电子文本文件显示在电脑屏幕上，并能将文件相互链接。它是为同时处理复杂系统和简单系统的目的而特别设计的。HTML 的发展从 1989 年开始，由蒂姆·伯纳斯－李和欧洲核物理实验室（CERN，该机构应用了 IBM 的基于 GML 和 SGML 的文件排版工具）的其他成员发起。1992 年，HTML1.0正式发行，其强大的功能及简单性导致了它很快被采用。浏览器开发商对 HTML1.0 进行自我的变更和调整，并以各种方式来实现一些特殊性能（导致了 90 年代的"浏览器战争"）。HTML 的"官方"规范由万维网联盟（W3C）周期性修订。（HTML[3.2]对此有更深入的讨论。）

### 4. XML：可扩展标记语言

尽管 HTML 具有普及性，但由于太简单，人们很快发现它不能胜任所有要通过网页来完成的事情。作为固定的标签集，它不能给出版商和开发商很好的工具来创建适合他们需要的新标签。同时，由于 SGML 的复杂性它不能在网络环境中很容易地应用。SGML 的灵活性也是一个问题：由于任何东西都能在 SGML 中重新定义（甚至是限定代码的字符：< and > 是普遍使用的，但是 SGML 却不需要它们），SGML 文件需要很复杂的软件来翻译。

XML 是作为 SGML 的一种能在网页上较容易实现的子产品来开发的。通过删除 SGML 的一些特性和降低其灵活性来使它比 SGML 更严格，因而更容易使用，且更容易制作适用的软件。不过，有效的 XML 文件（通过 DTD 来描述的文件）也是有效的 SGML 文件，或者能够很容易地转换为 SGML 文件。（相反的转换就不那么容易了：尽管对出版商来说比较常用的结构合理的 SGML 文件通常能很容易地转换为 XML 文件，但不是所有的 SGML 文件都能转换为 XML 文件。）

XML 的开发是在 W3C 工作组的支持下从 1996 年开始的，该工作组由太阳微系统公司(Sun Microsystem)的乔恩·波萨卡(Jon Bosak)担任主席。其副编辑是蒂姆·布瑞(Tim Bray)和C. M.斯伯伯格-麦柯-奎恩(C. M. Sperberg-Mc-Queen),詹姆士·克拉克(James Clark)任技术联络员。1998年,XML1.0作为一种官方的W3C推荐标准被发布之后,被迅速而又广泛的接纳。如今XML已被认为是一种基本技术,这不仅是对传统意义上要出版的文件的标记,而且对于各种类型的信息转换,以及从数据到图像再到各种软件程序而言,都是一种基本技术。XML被普遍用于各种类型的出版和电子商务中,在下文中将深入讨论相关技术的发展。

### 3.1.3 开放式标准

出版业对标准的需要是很显然的,但是很难开发一个满足多种利益群体要求的标准。有些标准是由单个个体或是组织创建的,这些组织一般是商业组织,而变成标准是因为他们几乎被普遍接受。这些就是所谓的"事实"标准。PostScript(派生物就是PDF)发展为标准页面描述语言,但是它最初开发出来后,是与其他产品在市场中进行竞争。甚至在显示了明显的优势之后,它仍然在其发明者和所有者Adobe系统公司的控制之中。还有一些标准的开发是有共同利益的团体之间合作的结果,并合理地成为免费且公开可用的标准,这就是公认的开放式标准。

开放式标准一般更难创建和维护。相互竞争的团体之间需要共同合作,甚至确定哪个团体应该对标准有发言权也存在争议。满足足够大的一组参与者的不同需要(以及意见)来创建一个可行的标准,且使得该标准不过于复杂(尽量满足每个方面的需要)或过于简单(将每个方面的需要降低为基本需要但不太有用),是一件很难平衡的事情。从这方面来比较SGML、XML及QeB是很有意思的。

#### 1. SGML和ISO

SGML是一种虽然复杂但很稳定的国际标准。它的复杂性来源于其极度的灵活性,即实际上不管什么都可以在SGML中定制或重新定义。这使得它能适合出版任何产品的任何人的不同需要。但是它也需要更大程度上的定制,而它不只是简单的一系列随时可用的代码,其稳定性很大程度上来源于开发、修改和批准这种国际标准所需要的严谨细致的程序。SGML是由ISO管理的,ISO的任务就是通过特定的行业内所有相关团体的一致意见来发展全球化的标准。ISO 作为 140 个国家的国内标准联盟采用了非常完善的过程，标准的提出，国际间的争论，代表委员、小组委员和工作组的逐步开发以及国家之间的商议，只有当 2/3 参与了开发工作的 ISO 成员和 3/4 的投票者支持时，该标准才能出版。虽然 SGML 与 ISO 8879 一样，一直在修订（实际上，所有的 ISO 标准在不超过 5 年的时间内就要重新修订），但变更是很少的，且不会改变基本原理。较好的结果就是出版商和工具的制作者所依靠的标准不是经常改变的或改变不多。

### 2. XML 和 W3C

稳定性的对应面就是适应性。万维网以“互联网速度”运作：新思想层出不穷，发展迅速，而且当争论还在继续的时候就开始实施。所有这些对于认真而又缓慢的 ISO 程序来说都太快了。W3C 是由万维网的发明者也就是 W3C 的现任董事长蒂姆·伯纳斯－李于 1994 年创立的，它为万维网的技术进步提供一种管理，使它对技术的快速变化能够很快响应，并具备足够的代表性，以满足不同兴趣的团体。它对任何人都是开放的，并由 500 多个成员组织组成——产品供应商、服务提供商、出版商、企业、学术机构、标准团体以及政府部门，他们以工作组的方式工作，并在大多数成员认可的基础上评价和发展万维网的推荐技术，即 HTML、XML 以及许多相关规范。

为了区别他们的技术规范与 ISO 出版的真正的国际化标准，W3C 出版了“推荐标准”。这是既能获得 W3C 内部的一致意见又能获得主管正式同意的特定的技术规范。推荐标准被认为是可靠且稳定的，因此执行起来很安全。为了达到推荐标准阶段，方案首先作为“草稿”出版（正式地承认这种计划），当 W3C 委员会开始考虑该计划时，就到了“工作草案”阶段，特定的技术团体一致同意后，就出版成为“候选推荐标准”，并鼓励更为广泛的考查和测试；当成功地通过广泛的考查之后，就作为“建议推荐标准”出版，最后要成为推荐标准还需要接受更多的大众意见。这个过程比事实标准投入市场的方式更全面更正式，但是比完整的 ISO 标准的制定过程更灵活更迅速。这已被证明是一种有效的方式，用于开发和促进满足广大相关团体需要的规范；万维网的成功就是其有效性的证明。

### 3. OeB 和开放电子书论坛

电子图书业提出了很有意思的方法来解决这样一个难题：是创建简单且确定但不能适应不同需要的标准呢，还是创建对开发工具和使用者提出了更高的要求，可以处理未知的情况的灵活的标准呢？开放电子书出版结构(OEBPS)有两种形式:基本开放电子图书(Basic OEB)和扩展开放电子图书(Extended OEB)。Basic OEB 是一系列固定的标签,它很大程度上符合 XHTML(可扩展超文本标记语言),后者本身就是 HTML4.01 的 XML 应用。如果软件能够在没有更多指示的情况下解释这些标签,那么可以认为软件是适应 OeB 的。这种标签集是很有限的,它是用于显示的有用的输出格式,但是标签并不丰富使它不能很好地区分许多事物(例如,它没有<作者>或是<章>这样的代码)。虽然是以 XML 编写的,Basic OeB 仍被认为是用于"电子图书的 HTML"。另一方面,Extended OeB 使得出版商能够添加不包含在 Basic OeB 标签集中的 XML 标签(因此使得它更有效,成为"电子图书的 XML")。但是,它规定每种这样的新标签都需要提供 CSS 样式来指定格式。(OeB 出版结构在有关电子图书[见 11.6]的一章中有详细的讨论。)

OeB 规范既不是由 ISO 管理也不是由 W3C 管理,而是由叫做开放电子书论坛(OeBF)的产业集团来管理的,OeBF 最初是在 1998 年由美国国家标准与技术研究院召集(但不是控制)而成立。与 W3C 一样,OeBF 是卖方、服务提供商、出版商、软件开发商及其他对发展电子图书产业有兴趣的有关各方的一种协作。它是由集中于特定领域的许多委员会组成的,如出版结构工作组、元数据工作组、版权和规则工作组、无障碍特别主题工作组等。OeBF 的主要任务就是出版基于 XML 和 Unicode 等开放标准的开放式、非专属的电子图书标准。

## §3.2

## HTML:超文本标记语言

如果要颁布千年标记语言奖的话,毫无异议的赢家就是 HTML。在刚过去的 10 年里,从科学研究到股票价格,从教育到娱乐,从大事件到普通人在空闲时间的网上冲浪,HTML 已经成为各种信息交流的基本工具,实际上我们每天在网上看到的东西都使用 HTML,即使它们是由 XML 或是其他的一些数据形式开始的,因为 HTML 是用来告诉网页浏览器如何显示加有 HTML 标签的内容的一种标记语言。从数据库产生的不断变化的股票价格要被转换成 HTML 来观看，本书在线版本的 XML 也是一样。

HTML 的成功证明了有效而简单的解决办法的价值，这种解决办法能满足需要，或者可以认为是造成了一种需要，一种对可以解决问题但又不试图成为最终方案的办法的需要。HTML 从来不会超过它力所能及的范围：简单的一系列标签就能使它更容易标记内容，因此它不只是作为纯文本被显示。它并不需要在支持印刷方面领先（也并没有打算这样），也不需要支持复杂的信息标注和结构化（也没有这样）。实际上，它甚至有非常大的随意性，用来显示它的浏览器也有很大的随意性。XML 的创建就是为了“改正”HTML 的这些“问题”，HMTL 使得所有人之间的交流变得容易，这就是它存在的原因。

“超文本”一词是在 1965 年由泰德·纳尔逊提出来的：在“文学机器”网站 Literary Machines（Literary Machines，http://www.eastgate.com/catalog/LiteraryMachines.html）上所出版的一篇文章中，将其定义为“非连续性写作”。之后有一个称为“电子迷宫”（The Electronic Labyrinth，http://jefferson.village.virginia.edu/elab/contact.html）的研究项目将超文本定义为“信息的展示像由节点组成的网络一样，而读者可以自由地以非线性的方式航行”。在这样的环境下，新的联系、链接以及关系都在不断地发展，信息的创建者对信息的最终用户只有很少的控制或甚至是不了解的。显然，清晰、简单而又免费的普通语言比一些复杂且专属的语言更有机会获得成功。

HTML 是由蒂姆·伯纳斯－李（Tim Berners-Lee）和罗伯特·卡约（Robert Caillau）首次创建的，他们都在瑞士的国际原子能研究中心 CERN 工作。1989 年，由于各种类型的硬件和软件——从简单的基于文本的“哑终端”到复杂的图像工作站都在使用，因而即使是在他们组织内部交换文档也很困难（更不用提在组织外部了）。了解 SGML 背后的原理，并认识到只需要一个简单的应用就能跨系统工作，他们创建了 HTML 和超文本传输协议（HTTP），为网络打下了基础，因为 HTTP 和 HTML 不仅是在局域网中有用，在整个互联网中都是有用的。

由于其简单性，HTML 刺激了最初的网页激增，也打开了让所有用户成为网上信息发布者的大门，其互操作性，即在所有浏览器、所有平台和所有机器上显示的能力以及它资源的开放性，使之很快成为一种标准。伯纳斯-李很好地陈述了 HTML 的目的：“万维网是人们相互交流的一种媒介：通过共享知识来交流。为了达到这个目的,计算机、网络、操作系统和命令都要成为无形的,留给我们一个尽可能直接获得信息的界面”(《释放万维网的全部潜能》:http://www.w3.org/1998/02/potential.html)。

### 3.2.1 HTML文档的组成部分

HTML 文档的格式取决于称之为“标签”的标记代码。HTML 是一组 91 个标签,这些标签用网页浏览器所能解释的术语来定义文档的结构。每个元素名称用尖括号括起来,如 <H1>,它表示第一层标题的开始。

大多数标签都是成对使用的:开始标签指示浏览器文档元素开始了,结束标签指示浏览器文档元素结束了。它们之间唯一不同的就是结束标签在元素名称前包含一条斜杠。例如,标题的开始标签 <H1> 就与结束标签 </H1>成对。开始标签 <H1> 指示浏览器文档元素开始,而结束标签 </H1>就指示浏览器文档元素结束。HTML 随意的地方之一就是标签对大小写不敏感,<H1>可以和 </h1>或 </H1>成对。实际上,即使结束标签丢失,浏览器也可能会显示某一页,虽然有可能是不正确的(XML 就不可能这样)。另一方面,这也是一个特点,在 HTML 里,即使代码是不正确的,尽量去显示一个页面也是很重要的。

每个 HTML 文档都要以标记标签 <HTML> 开始,以标记标签 </HTML>结束。开始标签 <HTML>指示浏览器这个文档是 HTML 格式的文档。结束标签 </HTML>标记着文档的结束,且它在任何 HTML 文档中总是最后一项。每一个 HTML 文档都应该有页面头和页面主体。

**1. 页面顶端**

页面顶端紧接在 <HTML> 开始标签的后面。HEAD 元素包含当前文档的信息,如标题、对搜索引擎有用的关键词以及其他被认为是无法显示的“内容”的数据。即使不能显示,网页浏览器一般不会放弃出现在 HEAD 里面的元素。它们会通过其他机制来使得 HEAD 里面的信息可用。最常用到的页面头标签就是 <TITLE>标签。每个 HTML 文档都必须在页面顶端有一个 TITLE 元素。

虽然对页面顶端的其他元素是没有强行要求的,一些作者仍然会利用头部的 META 标签,以各种方式指定元数据(有关数据的数据,通常不在页面中显示)。

META 元素能被用来识别文档特性或其他信息(如作者、有效期、关键词列表、语言),甚至可以为这些特性赋值。这是通过创建 META 元素的属性而实现的。例如,<meta name = "author" content = "OBS">。META 元素最普遍的应用就是指定关键词,因而搜索引擎可以用它来提高搜索结果的质量。

### 2. 主体

跟在页面头后面的就是页面的正文部分,即主体。主体包括要显示的正文和对象。这个内容可以以各种方式呈现出来。例如,对于可视浏览器,可以把主体想象为显示内容的帆布,包括了正文、图像、颜色、图形等;对于音频网页浏览器,则可以把同样的内容播放出来。与页面头一样,主体有一个开始标签<BODY>和一个结束标签</BODY>。

在主体标签里面,你能找到像文本的普通段落一样的标记,它用<P>作为开始标记,</P>作为结束标记,且段落之间可以设置不同层次的文本标题。(如果文档有 6 个标题,从<H1>到<H6>,它们可以以任意顺序出现。)列表可以以各种不同的形式列出,可以是有序的列表<OL>(1,2,3 … A,B,C … Ⅰ,Ⅱ,Ⅲ)或是无序的列表<UL>,每个列出的项目之间都有圆点。可以在 BODY 中找到的其他文本元素还有:

* Tables(<TABLE>):组织复杂表格
* Images(<IMG>):在页面中插入图形
* Line breaks(<BR>):增加空格
* Anchors(<A>):链接同一页面上的其他元素

在这里,HTML 标记的特点不在于能像 Microsoft Word 这类文字处理程序一样具备所有以显示为重点的复杂功能,而在于另一方面,即强大的超链接功能,它能够将其他的外部文档或概念整合到一个线性文档中。

### 3. HTML 字符实体

某些字符,如左角括号(<)和右角括号(>),被 HTML 保存下来以表示类似 HTML 元素的开始和结束、图形字符等特殊的功能。此外,也许你还希望很多字体字符也能包含在文档中,在键盘上却没有直接的符号(比如© 和#)。对于这些特殊字符,HTML 以两种方式来表现它们,一种方式就是用一个命名后的实体(如用 &copy 表示©),另一方式就是用相关的数字字符(如用 &#169 表示©)。

#### 4. HTML 编辑工具

HTML 编辑软件可以帮助以 HTML 的格式创建文档。大多数编辑器都有类似文本处理程序的属性。HTML 编辑器的功能就是帮助你在文档中放置 HTML 标记。

由于 HTML 是一种基于文本的非专有性格式(不是哪一个公司所有),它可以由很多种工具来创建和编辑,从简单的纯文本编辑器如 Notepad 或 SimpleText,到复杂的创作工具如 Macromedia Dreamweaver、HomeSite 或 BBEdit。文本编辑器可以保证控制和速度,但是需要掌握 HTML 知识才能有效地使用。所见即所得(WYSIWYG)在线编辑器通常对初学者来说更容易使用,因为它们操作起来就像大多数的普通文本处理器一样。

### 3.2.2 网络编程

任何有关 HTML 的概述都不会漏掉网络编程。就 HTML 文档本身来说是静态的。基本上,它们代表从网络服务器到阅读者的单向的信息推动。但是很多情况下可能需要浏览器和网络服务器之间双向的数据交换。网络编程实现了这种交换。有两种程序使得使用者和网络服务器相互作用,即服务器端编程和客户端编程。

服务器端编程也指类似 CGI 的编程。CGI 是通用网关接口(Common Gateway Interface)的英文首字母缩写。它是网络服务器上运行的 HTML 页面和程序之间数据传递的标准方式。例如,假定在你的 HTML 页面上有一个表格,你想通过电子邮件把结果发给其他人,HTML 就不能执行这个操作,但你可以利用网络服务器上的程序来完成这个任务(用 Perl、Java 或 C 语言之类程序语言来写)。HTML 页面可以通过 CGI 将数据提交给程序,程序处理这个要求,发送电子邮件,然后将响应反馈给网络浏览器。

其他的服务器端编程还包括活动服务器页面(ASP)、超文本预处理器(PHP)或 Java 服务器页面(JSP)。这些页面包含传递给用户之前由网络服务器处理过的脚本(小的嵌套程序)的 HTML 页面。这些页面最普遍的应用就是连接到数据库并动态地填充数据。例如,作者可以建立 ASP 来显示公司的电话薄,文档会包含页面的头部和底部的标准 HTML 标签。但是,在页面的中间(显示电话薄信息的地方)有一个连接到数据库并能检索所有记录的脚本。这个脚本可以被浏览器格式化并显示记录,且将它们作为标准 HTML 显示在页面上。

客户端编程利用本地浏览器来解译和执行嵌套在递交的 HTML 页面中的代码。不管所应用的是 Javascript, Java applets, Flash 还是其他形式的语言,服务器都不负责处理,而是递交给客户机。当一个快速的浏览器设备和一个慢速、性能低一些的浏览器设备同时要求在快速的服务器上运行服务器端程序时,它们都会很快得到反馈结果。然而,如果同样的两个设备要执行一样的客户端程序,更快的设备会更快地得到反馈结果。

### 3.2.3 可访问性

好的 HTML 设计意味着能够让最大数量的用户访问内容。理解用户使用网页的不同方式是非常关键的。因而 HTML 文档应该以一种不管使用什么样的硬件或软件以及它们连接的速度怎样用户都能访问的方式来显示信息。

W3C 是在 1994 年 10 月创建的,目的是为了“通过开发促进其进步和保证其互操作性的共同协议使万维网发挥它的最大潜能”(http://www.w3.org/ consortium/)。W3C 促进了技术(规范、指导方针、软件和工具)的发展,并作为一个论坛来服务全世界的网络用户。它最主要的目标之一就是通用性,使得所有人都能访问网页。

有身体障碍的网民可能在使用网页时存在很多困难。因为一些人不能阅读所显示的内容,看不到画面或听不见声音,HTML 页面能为所有内容提供对应的各种文本,因此任何浏览器都能解译网站的内容并使机器可读取,从而帮助残疾用户以对他最有效的方式来获取信息。例如,如果你网站的导航条使用了图像,你就应该提供文字性的“可选标签”或为这些图像做出说明,以使得你的内容能被最大数量的用户访问。(“可访问性”[7]一章中有更深入的探讨。)

遵照 W3C 的 HTML 标准,网页创建者可使发布内容在更广泛范围内具有可访问性,不管是他们的浏览器,其他网络访问代理(声音浏览器、移动电话、汽车内的个人电脑等),还是他们在其他限制条件下所能操作的设备,按照这些标准并提供可选标签可能会帮助用户更快地找到你的信息,这是通过为搜索引擎提供更多机器可读内容而实现的。

### 3.2.4 格式和样式

设计合理的 HTML 文档应以设计的简单性来达到效果,都应是直观、连贯且流畅的,而且应该一直知道它所处的位置。一般来说,在读者看起来简单普通的设计也常常需要付出很多努力,好的 HTML 页面设计在某种意义上是无形的,它不会唤起别人对它的注意。

通过利用像段落、表格、标题、字体外形、颜色、空格以及图像等元素,作者可以控制 HTML 页面的格式和样式,可以决定内容在页面上的位置,也可以应用对齐、填充、黑体、描绘轮廓或斜体等属性。(实际上,很多网页在这些地方走向了另一个极端:特别是当利用像文本处理这样的程序自动生成时,HTML 充斥着精心使用的字体和别出心裁的缩进等大量过于琐碎的细节,从而试图重现可能原先看起来就不是很好的外观。然而好的 HTML 代码不仅要产生清楚且干净的页面,还要有清楚和结构合理的标记。)

一般原则是 HTML 文档越复杂,就越限制普遍的读取。格式和样式取决于很多方面:用户的输出设备、软件版本、链接速度以及用户偏好的配置。不像印刷媒体,HTML 文档的作者对观看者所看到的版面布局没有明确的控制。在 HTML 环境下"读者控制一切"。用户所看到的东西很大程度上取决于其机器的配置以及网页创建者为内容设置的标签。

#### 1. 层叠样式表(Cascading Style Sheets,CSS)

"层叠样式表"是将样式加到多个 HTML 文档中的一种机制。它不是将有关显示的标记直接嵌套在内容中,而是将通用的显示元素都聚集到样式表中,也就是说"不管你什么时候看到以这种名称标记的元素,都以这种方式安排格式"。通过使用 CSS,作者可以控制字形、字体大小、字体颜色、行距和长度、页边距和缩进、背景图像、颜色以及其他元素,而不用在每个文档中重复标记。CSS 区分了多媒体产品的显示形式。

#### 2. XHTML

XHTML 是对 XML 应用程序 HTML4 的改进。它基本上使用同一组元素,并设计为以同样的方式被使用,但是以 XML(本章的下一节[见 3.3]将更深入的讨论 XML。)所规定的语法来表达的。这使它更严密,并能够用 XML 工具来处理。XHTML 有三种"变形":

(1) XHTML1.0 严格型:不包括用于版面布局的标签。它用来严格描述文档结构，并假定任何显示问题会由相应的 CSS 样式表来处理。

(2) XHTML1.0 过渡型：允许某些与外观相联系的标签。它是为了确保用旧的浏览器也能看到内容，因为这些旧的浏览器不能理解样式表。

(3) XHTML1.0 框架型：它是用在使用框架的情况下。

XML 是怎样被用来为特殊的目的创建词汇表或标记语言的，XHTML 就是很好的例子。XHTML 的目的就是提供 HTML 的功能，包括 HTML 的标签集，而 XML 就远不只是 HTML 的一种再造。

## §3.3

## XML：可扩展标记语言

### 3.3.1 概述

现在，XML 已经并将继续成为数字时代最重要且最成功的技术。它不是 SGML 和 HTML 的折衷，而是超越了它们。XML 不是简单的对前两种技术局限性的回应，而是对它们的长处和成功的拓展。最初认为 XML 是“针对网页的 SGML”，因为它在很多方面的功能与 SGML 是等同的。虽然它删除了 SGML 的某些特性，但那些对大多数的用户来说都是不必要的，而且很多 XML 的进展都融合到了 SGML 标准中。大多数使用 SGML 的出版商都发现将它转换为 XML 是一件很容易的事。XML 绝对没有使 HTML 变得过时。实际上，XML 数据最普遍的使用就是转换为 HTML，以便能在网上发送。即使在 XML 和相关技术在浏览器技术中得到了充分的应用时，HTML 作为一种简单而方便的网页显示标签集仍然很重要。毫无疑问，XML 将是数字出版的基础。

HTML 的成功很大程度上归功于其简单性，但这种简单性很快变成了局限性。我们需要一种比 HTML 更强大的标记技术，来通过网络提供更广范围的内容传输以及实现超出简单传输内容的其他目的。HTML 作为主要用于设计网页的简单标签集已被证明是不够完美的。出版商、研究所、开发商、学者以及商业团体需要能够以一种对他们有意义的方式来标记他们的内容：杂志出版商需要有关文章、摘要以及组织机构的标签，书籍出版商需要有关章节、作者以及参考书目的标签,文学学者需要有关诗节、对话以及场景方位的标签,航空公司需要有关机场、起飞时间和着陆时间的标签等。虽然链接是 HTML 的核心,但很快就明显需要比 HTML 简单地指定目标链接更强大的技术:需要能链接到多个文档的多目标链接;需要双向链接;比单一的"点击该处"有更多激活方式的链接;不只是将用户带到目的地的链接;可以和任何元素联系的链接。由于网络已经成为交换和管理信息、提供和接收服务、购买和出售产品的越来越基本且动态的环境,因此需要提供比 HTML 更强大的基础设施。

SGML 是公认的解决崭新的数字世界问题的现成方法,事实上在很多方面的确是这样的。它是为管理各种信息提供灵活、健全的非专有技术的国际标准。它的原理和方法首先促使了 HTML 的产生,并广泛用于很多产业,从制药业到航空航天,从 SEC 文件归档到参考书和杂志出版的信息管理和信息交换中。

然而,正是 SGML 的灵活性和稳定性阻止它成为网络所需要的技术,因为 SGML 可以以太多的不同方式来执行,并为用户提供了很多种选择。很难创建相应的工具和软件:因为它需要记录太多的可供选择的方法,可能带来太多的附加事件。软件开发商需要它有一些限制性。(例如,SGML 里的标签对大小写不敏感性。XML 需要大小写一致,所以当 XML 看到一个元素的开始标签,它就确切地知道与之相匹配的结束标签。实际上,SGML 甚至不需要每个结束标签都被明确的表示出来,而 XML 要严格得多。这种严格性使得 XML 更容易编程。)如果要改变已经公布的 SGML 标准,需要很长时间并且很费力地按国际程序来做,SGML 的这个优点使得它极其稳定,然而这在飞速变化的数字世界是阻止它进步的一个障碍。XML 对新思想和新发展响应的能力是它快速进步和被广泛接受的主要因素。

### 1. XML 是一种元语言

在一开始,XML 最重要且最能使其与 HTML 分开的是:它不是一个标签集,一个"标记词汇表",而是定义和使用标签集的方式,是创造和执行各种标记词汇表的方式。它不只是一种标记语言,还是一种元语言,是创建标记语言的一种方式。XML 没有任何"文本"是它自己的。与 HTML 不同,在 XML 里 <Q> 可以只表示"内嵌的引用语",如果你希望的话,它还可以表示"问题"(或"系数",或其他意思,不管它是否以"Q"开头)。

XML 为创建标记方案提供了定义恰当、广为接受的语法,以满足不同环境的多种普通或特殊的要求。它使得对标签集的开发既可以针对像单本书或杂志这样的小型应用(如你正在读的书中就特别和唯一应用了《哥伦比亚数字出版导论》这个方案),又可以针对一批或一类书籍或杂志(如威利电子期刊平台 Wiley Interscience 有一个这样的方案,埃尔塞维尔的信息数据库 Elsevier's Science Direct 则有另一种类似方案);标签集还可以针对某种具体功能而开发(如交叉引用链接[4.5.5.1]这样的链接服务中的书目信息方案,或 ONIX 标准[4.4.2.3.2]中的书籍销售信息方案),甚至还可以针对某个行业应用(汽车业有这样的方案,航天业、制药业同样有,这些行业应用方案其实都源自 SGML,并且和 XML 一样都是元语言)。XML 已经成为编写、交换和应用软件的基础,如微软公司就致力于 XML 的应用,与之类似的软件开发者还在不断增加。

因此 XML 是一种被广泛接受、正式定义并出版的非专有标准,它使得按照方案标记的内容不需要任何专门的工具或软件就可以被解译,任何懂得 XML 的个人或系统都能解译它。实际上,XML 不像 SGML,它甚至不强制要求标签集的正式定义。可以根据 XML 要求的语法和结构来创建一个良构的 XML。(下文中有更多关于结构良好的 XML[见 3.3.2.5.1]的讨论。)某些字符的使用是受限的,如"<"只能用于(也必须用于)开始一个标签。元素的嵌套必须要正确:如果书的一个章节(以 <SEC> 开始)包括项目符号列表(以 <BL> 开始),那么项目列表的结束(</BL>)必须在章节结束(</SEC>)之前。这些规则以及其他类似规则都是非常直接且简单的,这也是 XML 能如此有吸引力的一个原因。(W3C 出版的有关 XML 标准的完整定义可以参见 http://www.w3.org/TR/2000/RECxml-20001006。)

### 2. XML 也是一个标准家族

虽然严格意义上讲,XML 是指可扩展标记语言(Extensible Markup Language)本身,但它也经常用来指围绕它所开发的整个相关标准家族。例如,可扩展样式表语言(Extensible Stylesheet Language,XSL)[3.3.3.3],这种先进技术是为 XML 文档定义样式表而开发的一种伴随标准。实际上 XSL 有两部分:XSLT(XSL 转换型[3.3.4.4])是用来将一个 XML 文档转换为另一个 XML 文档(可能是使它符合一种不同的定义),或者是转换为一个非 XML 文档。XSL-FO(XSL 格式化对象[3.3.3.3.2])为特定显示格式提供了一种语言,XML 路径语言(XML Path Language,XPath)[3.3.5.2]是解决 XML 文档结构的技术;XML 指向语言(XML Pointing Language,XPoint)

通过使用 XPath 来查找在 XML 文档中的特殊点,这种查找是基于 XML 文档结构和内容的;XML 链接语言(XML Linking Language,XLink)[3.3.5.1]提供了 HTML 所缺乏的很多先进的链接能力。这里只列出了 XML 家族的几个例子。以 XML 为基础的数字世界最有活力部分的就是像这样的新的相关标准还在继续开发。当它们通过了适当的检查和正式批准程序之后,就会被 W3C 列为推荐标准。

### 3. XML 在其他标准中的应用

前面的例子一般被认为是"XML 标准",且它们由 W3C 所公布。但 XML 强大的一个方面也是它被普遍接受的优点之一是,用来为各种目的创建大量的其他标准。在图书出版中通常使用的是开放电子书出版结构(Open eBook Publication Structure,OeBPS)[11.6],它是用在电子图书中标记和组织文件的基于 XML 的标准(开放电子书论坛[11.2.1.3]将讨论电子图书元数据和电子图书版权的相关标准。)。在杂志出版(并且已经扩展到了其他形式的出版)中的一个重要的 XML 应用就是 CrossRef,它是一种出版者交互链接服务,是利用 XML 为文献目录定义与之链接的文章和其他出版物。虽然 ONIX 并不起源于 XML 标准,但是作为销售书籍的元数据标准,正逐渐地通过 XML 来实现。数学和自然科学的出版者已开始使用 MathML——一种标记数学的基于 XML 的方法。报纸出版商使用 NewsML。SVG(可缩放矢量图形)是用来描述图形的以 XML 为基础的一种语言。信息和内容交换(ICE)是广泛用于企业联合组织的一种标准。简单对象访问协议(SOAP)使得软件可以在网页上被访问和执行。像这样的很多标准在很多产业中被越来越广泛的使用就是 XML 技术的强大性和普遍性的证明。

### 4. XML 和 SGML

XML 和 SGML 之间的相似点远比不同点要多。从真正意义上来说,XML 可以被认为是 SGML 在网页出现的促进下的一种自然演变。对于那些在 XML 开发之前就对 SGML 作出许诺的出版商,从 SGML 转变到 XML 太直接了,他们所存档的 SGML 文件通常很容易就可以转换为 XML。以一种专业的、一致的以及规则性良好的方式来标记的 SGML 文件通常遵守 XML 所要求的很多甚至所有规则,并且被 XML 所删除的 SGML 的很多特性通常都很少用到。

然而,XML 和 SGML 实际上是独立、不同但又联合存在的两种标准。SGML 是由 ISO 管理的一种国际标准,它在 1986 年作为 ISO 8879 标准通用标记语言而被正式采用。XML 不是一种 ISO 标准,它在 1998 年作为 W3C 的一种推荐标准而被正式公布。SGML 和 XML 都在不断演变。W3C 接受并检查了对 XML 的修改提案以及像上面所提到的 XML 相关推荐标准的创建。虽然尽可能小心地维护其基本标准的稳定性(从 HTML 的不稳定性中可以看到其必要性),XML 技术家族仍在不断地迅速演变。因为改变官方 ISO 标准(如此慎重是因为稳定性是 ISO 标准的主要优点之一)是一个非常麻烦而且正式的过程,所以 SGML 的改变不像 XML 那么迅速。但是,AnnexK 和技术勘误表(TC2)使得 SGML 标准与 XML 更协调。

上面提到了 SGML 和 XML 之间的一些区别。XML 要求标签对大小写敏感,SGML 可以让你选择是否要对大小写敏感。XML 里的每一个开始标签都要与结束标签对应,然而 SGML 具有“标签符省略”的特性,它使得标签可以在某些情况下被省略或是被隐含。创建 SGML 时,简明是一个重要原则,很多编码是人工的,且储存很昂贵,因此减少键入字符数量是有用的。XML 需要元素被正确地嵌套但不重叠(“被包含”元素必须在“包含”它的元素之前结束),SGML 则允许创建非常复杂且开放的结构,这种结构使得软件跟踪变得很困难。SGML 的“内含物”在某种意义上是自由移动的元素,并能在结构的任何地方出现。XML(当它有正式定义时)要求定义任何给定的元素可以在何处出现的详细说明。在 SGML 里,空的元素(即没有结束标签因而不包含内容的元素,如图像 <IMG>)可以和后面有应用内容的正常标签看起来没有区别。在 XML 里,空的元素必须用 <TAG></TAG> 或 <TAG/>来表示。XML 也限制了每个文档都必须是单一根(顶级的)的元素。像这样的不同规则 XML 和 SGML 还有很多。

总的来说,XML 趋向于设置更多限制,因而更简单,至少是更清楚。SGML 创建得极其灵活,SGML 甚至不需要使用特殊的字符集或特殊的分隔符。虽然大多数 SGML 标签使用 XML 所要求的分隔符“<”和“>”,但是它也可以定义字符 $ 或% 或其他的任何字符来作为代替。

#### 5. XML 和 HTML

XML 和 HTML 之间的不同点远比 XML 和 SGML 之间的不同点要多。XML 和 SGML 只是对做同样一件事采取了不同的方法,而 XML 和 HTML 基本上就是完全不同的事情。HTML 是专门用来指导网络浏览器为标记的内容安排格式并使得网站内部或网站之间成功链接的一组标签(慎重限制且简单的标签集)。XML 根本就不是一组标签,而是为标记各种内容(文本、图形、计算机代码、商业信息、智能信息)而设计的一种语言,其目的就是指定内容的组成部分,并描述它们。HTML 是一组用于显示的标签集;它是一个理想中过程的输出,被设计成查看给定内容的一种特殊方式。XML 最好的用途就是源标记,它被设计用来转换为其他可以存档或能以不同的方式使用的形式。实际上,HTML 是来自 XML 档案文件的一种常见输出。XML 保留了有关源内容中元素是什么且怎样联系的信息。HTML 通常丢失了这些信息。

如果 XML 标准不如 SGML 正式,那么 HTML 也是不正式的。在它最初被创建的时候,甚至没有一个正式的定义,它没有清楚的标准化处理过程,它经常被修正,特别是当浏览器开发商为了相互竞争而增加特性的时候。这种早期混乱的情况在一定程度上得到了控制,而 HTML 正式的定义也产生了,最正式的是 XHTML,它是用 XML 表达的 HTML4。(它是 XML 的灵活性的一个很有意思的例子:虽然它根本不是 HTML,HTML 是能够在 XML 中定义的无穷的标签集中的一个。)即使如此,HTML 被浏览器以一种很自由的方式实现了。它们容忍很多严格意义上讲并不正确的 HTML 代码。一方面,这使得 HTML 编码器很容易编码,也是 HTML 被广泛使用的另一个原因;另一方面,它产生了一种混乱,即给定文件会在某个浏览器上是一种显示(或者甚至是给定浏览器的某一个版本),但是在另一个浏览器上却是不同的显示,甚至根本不显示。XML 被设计为通常所说的"严格错误处理"模式:通过普遍的协议,如果 XML 工具(如浏览器)遇到错误编码的 XML 文件,它应该拒绝该文件,而不是设法处理这个错误。

这是不是就意味着 XML 最终会取代 HTML 呢?很可能不是。它们在根本上是不同的,因而应用于完全不同的情况。虽然在技术上是可以把 XML 文件直接展示给一些网络浏览器而不需要先转换为 HTML 文件,而且随着 XML 的壮大以及人们越来越习惯于用样式表来管理显示,这将会逐渐盛行,但是在目前以及今后的一段时间内,还是有必要把 XML 文件转换为 HTML 以利于用任何浏览器来查看文件。(即使你所阅读的图书是完全以 XML 标记的,在线版本的用户可以看到通过内容管理系统 CMS 从 XML 自动生成的 HTML。)而且 HTML 对于简单、直接且只要求显示的情况(如在网页上买卖东西)总是有用的,并不需要更先进的 XML 方法。

## 3.3.2 使用XML进行结构标记

### 1. 文档分析

对于大多数出版商,执行 XML 的第一步就是文档分析:选择要描述的各种内容,指出内容的哪些元素需要被描绘,决定怎样给它们命名,弄清楚它们是怎样联系的,辨别并编译它们的不同形式,并决定它们中的哪些非文本信息可能是有用的。有时候,这就与常见的确定编辑方针或设计备忘录等一样的简单,对于单一方案的定义,文档分析过程可能会以使用这些熟悉的工具作为起点。但是通常文档分析过程要复杂得多,文档分析过程可能会是 XML 执行过程中最复杂、最耗时并且最昂贵的一部分。

文档分析是创建正式的文档类型定义(DTD)或模式(Schema)的基础。但是即使出版商使用不带有 DTD 或模式的良构的 XML,文档分析也是不可避免的。不论是系统开发还是随意创建,也不论正式描述定义是预先就建立好的还是一组标签集随内容创建而不断完善其描述,都需要最终建立起对一组内容组成部分的描述。虽然非正式的、发展的方法可能会更有吸引力,但是大多数出版商发现,如果没有 DTD 或模式为他们的内容提供清晰、明确且一致的定义,他们是不能充分开发 XML 的潜能的。

(1) 范围。影响文档分析过程复杂性的最基本的因素就是定义的范围。大多数 DTD 或模式是为这样一类文档创建的,即共有某些特征的文档,通常这也意味着它们共享一种普通的结构。医学出版商的杂志可能需要一个定义,参考书目出版商的百科全书和字典可能需要一个定义,大学出版社某一系列的专论可能需要开发一个定义。这样 DTD 或模式的投资可能会被很多而不是一个出版商分担。更重要的是,定义成为一种以一致的方式帮助管理和发展整个主体内容的工具。

出版商常常试图扩展其定义的范围,使之包括不仅仅一种类型的文档。医学出版商可能不只出版期刊,还出版教科书、专论和外科图集,因而很多都想要一个专有而又通用的“内部 DTD”来处理这些事情。这其实是一个错误。杂志的结构与教科书或专论的结构在根本上就是不同的,所出现的相似元素甚至不能用同一个名称。杂志包含文章,每篇文章一般又有很多作者,而每个作者的联系又需要清楚的说明,文章可能从摘要、关键词和出版物的历史开始,大多数文章的结构是相同的。教科书和专论有章节,作者并不总能从文本中被识别,而一章由大量(与期刊所允许的少量元素相比)可能无序出现的元素组成,且这些元素很少会出现在给定的章节中。

为这些类型的文档如杂志的文章或专论的章节开发定义是相当简单的,但是开发同时适用于它们定义却是很困难的。结果很可能是只带有中性、普通标签并且庞大、晦涩和随意的一组元素集,对于像编辑、作者和设计者这样的人来说是很难使用的。由于不能把文章称为章节或是把章节称为文章,它们可能都被叫做"文档",内部结构可以被分为段和小段,也可以分为带有编号的几个部分(如 <DIV2> 可能从属于 <DIV1>)或者内部结构可能是"扁平"的,以嵌套在内的各种副标题或其他元素来衔接正文,没有真正的层次。虽然书的章节可能是以标记为 <CN> 的章节编号开始的,但是试图管理杂志文章的 DTD 也不能要求 <CN> 被显示。一般来说,过分宽的范围导致的定义结果要么是复杂抽象的,要么是中性且简单的。

解决办法是开发一套定义或有标准组件的定义。上面所提到的医学出版商会因为包含很广范围出版物的 DTD 或模式(有时称为存档 DTD)而振奋,这可能是内容管理系统[10]中所有智能特性的基础。这种定义必定是庞大、复杂且抽象的。几个为特定类别出版物设计的有特定目的的定义(有时称为基本 DTD)也可能会协作。那样的话,杂志编辑者对于文章标题和摘要及作者单位就可以用标签,而专论编辑者对于章节编号和章节标题也可以用标签。每一种类别的文档都可以为其唯一的结构和术语作适当的定义。

这种方式的另一个优点就是定义可以随着时间而发展变化。医学出版商可能第一次投资期刊 DTD,并针对同步印刷和在线出版进行优化从而使回报最大化,这个 DTD 甚至有可能由一系列模块或子 DTD 组成,这些 DTD 分别用于期刊正文、书评、信件以及期刊中会包括的其他类型文档。出版商可能稍后再为专论开发 DTD,也会在以后为百科全书和外科图集开发 DTD。最终,当对 CMS 的需要变得紧迫时,就会开发一个主要的存档 DTD 来将所有这些类型的出版物结合在一起。采取相反方式的出版商会试图在开始时就开发一个主方案,常常是投入了大量时间和金钱,结果却用处不大,且当出版真正文档的时候,还需要不断修正。但是,在一个没有合作性和协调性的出版社内,对分开的部分开发单独的 DTD 也可能是一个错误,各种出版社的 DTD 所共享的术语和模块越多就越好。文档分析的范围对于每个出版商最终是一个个体化的决定,也是一个非常重要的决定。

（2）粒度。另一个影响文档分析处理复杂性的因素就是粒度——被标记的详细的程度，这在电子出版的要求中已经变得最明显，因为电子环境通常比印刷出版要求粒度更小的标记。对于印刷，通常将作者的名字标记为<AU>已是足够了，但是在电子环境中将姓从名字和中间词首大写字母中分开出来是很有必要的，还应区分像 Jr. 或Ⅲ这样的后缀和像 Ph. D 和 MSSW[1]这样的学位以及像"宝贝"鲁思（"Babe"Ruth）和"巴兹"·奥尔德林（"Buzz" Aldrin）[2]这样的昵称以及像马克·吐温（Mark Twain）和乔治·艾略特（George Eliot）这样的笔名。对于印刷，参考书目部分可能只是以单个的<REF>标签开头，只需简单地以特殊的黑体样式、斜体样式以及标点符号样式的段落来处理。但是，在数字世界里却需要计算机能够区别每个相关的引用中的主要作者、杂志缩写、卷、期号以及出版时间。所有这些元素都需要清楚的标记，以保证实现高粒度标记。

在文档分析过程中，出版商需要决定怎样的粒度对他们的内容和出版物的模式是必要的且实用的。同样也要考虑编辑和出版过程的哪个阶段需要更详细的标记。要在程序上产生标记术语表中的术语和前后参照的标签并不像看起来这么简单。前后参照很难像给相关文章加标题一样确切地用短语表达，这就需要利用人工智能来阅读和理解内容。同样，如果文章中每次出现术语的地方都被特殊标记的话，则妨碍了人们阅读文章。作者和编辑者不是单纯的文本输入者，也不是编程人员或排字人员，他们具有处理以上这些事情的能力。另一方面，很多参考书目的标记通常是留在最后处理，因为这样的编码很密集，以至于作者或编辑者很难看清楚参考书目。在这种情况下，一般要编写小的自动处理程序，用它来针对排版样式去处理定稿的参考文献，并产生需要的标签。（这种自动处理的过程通常必须经过人工检查和校正，因为不是所有的参考文献都可以准确执行自动处理模式；并且自动处理的过程还有赖于对参考文献按照特定样式进行的严格编排）。有些出版商选择不做这么多的参考书目，因为在电子环境下使用某些内容是不需要这些标记的。

---

〔1〕 护理理学硕士——译者注。

〔2〕 美国宇航员，为阿波罗 11 号的成员之一，是第二个在月球漫步的人。在他还是小男孩的时候，其妹妹将"哥哥（brother）"念成"蜂鸣器（buzzer）"，简称"巴兹（Buzz）"。1998 年，他正式将自己的名字改为"巴兹"——译者注。

(3) 功能性。最后,功能是文档分析的决定性因素。如果所产生的XML主要用于或只用于印刷出版,那么和那些同时也要适合电子出版的文档相比要容易得多。对于印刷出版,能够出售的最小的单元是一整本书,章节和文章需要被编辑成书才能出版。在电子环境下,使用户能够访问更小的内容块是很重要的。同样,一些在XML中的链接[3.3.5]和元数据[3.3.6]容量在印刷环境中是没有太大意义的。

但是,只关注电子环境也不合适(特别是如果局限于目前的电子环境),因为这样产生的定义对于印刷来说是不全面的。在线出版商采用了很多印刷时不允许的做法。往往会出现图形问题(如印刷中需要的有关分页符或分散间距的信息,对在线出版却没有意义,有时需要用到特殊的字体或字符,而在网上找不到)。出版商仅会用简单的HTML或basic OEB能够提供的标签来标注,在处理过程中会丢失像<CN>、<AU>或<ABSTRACT>这样的提供重要差别的标签,因为这些标签在HTML中是不存在的。

应该认识到有些定义根本不是为出版物创建的。特别是在自然科学和学术研究中,XML模式和DTD的创建是用来帮助并加强从业人员之间的合作的。这些专业人员可能会组织内容并使用他们领域中的特有术语。虽然XML最大的好处就是可以根据定义将标记内容转换到另一个所需要的标签,但有些情况下这种转换是根本不重要的。

(4) 文档分析的原则。文档分析过程中经常忽视的一个因素就是没有考虑参与其中的所有团体。这些团体常常会有一些利益冲突。出版商已经惯于调和设计与生产人员间不同的要求。在过去只有印刷出版的时候,很多冲突都因编辑过程和生产过程的分开而避免了。在数字世界中,当这两类人员都有他们自己的术语和对内容的见解时,问题就变大了,因为他们是在交换电子文档而不只是打印文件。当前,电子出版部门也成为一个要考虑的因素,它带来了一系列新的需要并且使某些问题显现出来。电子出版物样式的丰富化,从网站到电子图书,都使得这个问题复杂化了。甚至市场部门现在也开始对电子文件的结构和编码感兴趣。当出版商想要同集成商或是其他出版商交换内容或许可内容使用时,更多的问题还会出现。当前出版商所面临的一大挑战是如何保证最终的定义会服务于所有这些顾客,而不使文档分析过程陷入复杂、依靠推测和相互矛盾的困境。

### 2. 文档类型定义(DTD)

一旦通过文档分析过程得到了内容组织方案(一般称为文档模型),那么该方案就要形式化为计算机能理解的语言。在创建 XML 的时候，可以借鉴 SGML 的某一方面，即文档类型定义（DTD）。这种语言带有非常明确的词汇表和语法，它是为严格定义而设计的。DTD 是至今为止使文档模型形式化的一种最普遍的方式，也是当前大多数 SGML 和 XML 工具所需要的一种语言。但是，它不只是这样的一种语言。XML Schema Language 是在 2001 年由 W3C 作为推荐标准而公布的，它有 DTD 中没有的特性。RELAX NG，现在是国际标准草案（ISO/IECDIS19757-2 的一部分，它也有 DTD 中没有的特性，甚至在某些方面超过了 XML Schema：它能够描述 XML Schema 所不能描述的 XML 词汇表。XML Schema 和 RELAX NG 都使用 XML 语法，而 DTD 却没有使用。Schemas 可能最终会取代 DTD 作为正式定义文档模型的主要方式。但是由于 Schema 还没有在以出版为目的的软件中普遍使用或实施，出版商当前还是需要了解和使用 DTD 的。

应该认识到"type"在文档类型定义中不是指印刷样式，DTD 定义的是文档类型。对于给定的一类文档，DTD 定义这些文档的组成部分（元素[3.3.2.2.1]，提供一种方式来描述或区别各种给定元素（通过属性[3.3.2.1.3]），并创建标准组件代码单元或可以根据命名来区分（实体[3.3.2.2.5]）信息对象（如图形文件或外部文档）。元素、属性和实体这三样就是 DTD 的组成部分。

（1）元素。文档最易辨认的组成部分就是元素，因为它和排字中用到的部分是对应的。例如，对于你所阅读的图书，章节编号是一个元素，章节标题也是；章节作者的姓名是一个元素，而作者简历是另一个元素；章节导论不仅是缩排的正文，也是一个特殊的元素；四层副标题中每一个都是元素，同样各种摘要、目录以及其他出现在印刷页面上的条目也都是元素。

在 XML 中，这些元素会通过开始标签和结束标签清楚地区别出来，结束标签与开始标签除了前者在其前面有一条斜杠外，其他都必须是相同的。在 XML 文件中本章的开始可能就是这样的：

<CN>3</CN>

<CT>标记：XML 及其相关技术</CT>

<AU>William E. Kasdorf</AU>

<AFF>印刷书籍和期刊服务有限公司总裁</AFF>

<INTRO>标记有助于识别和命名给定内容的各个部分及特征……</INTRO>

<H1>概述</H1>

<H2>什么是标记? </H2>

<TX>基本上,标记可以被认为是插入给定内容中的标签和编码……</TX>

这个简单结构的前三个元素的 DTD 编码为:

<! ELEMENT CN(#PCDATA)>

<! ELEMENT CT(#PCDATA)>

<! ELEMENT AU(#PCDATA)>

简单地翻译过来,意思就是"我声明一个元素命名为 CN,它包含解析字符数据;我声明一个元素命名为 CT,它包含解析字符数据;我声明一个元素命名为 AU,它包含解析字符数据"。(下面将给出更详细和有意义的例子。)

这个例子之所以清晰和简单,是因为元素与我们过去习惯与看到的编辑和设计元素是对应的,而且它们的结构是完全扁平化的:元素没有重叠或是一个嵌套在另一个里面。这是完全合法的 XML,上面的标签正是本书基本 DTD 中实际使用的标签。(在线版本中可以看到这个基本 XML。)

(2) 描述结构的元素。元素不是总像在上述例子中那样明显或可见。它还包含元素,就像是包含其他元素的包装材料。例如,本书就是以层次化的方式来安排结构的:章包含节,节包含分节,这样一直到第四层。副标题是所在节或是分节的一部分,而不是放在正文中孤立的、不相关的元素。同样,作者简历可能会被认为是"作者"元素的一部分,它可能包含一个"姓名"元素,我们可能会区别作者的角色和组织的名称,并想知道作者的姓是什么。正文包含这些内容作为前后参照(在印刷版本中会以黑体加以区别),并和在线版本相连接(在印刷版中则看不到)。在每部分的开始,都会有其他"不可见的"元素,如关键词和索引词。如果将这些都考虑进来,本章的开头可能是这样的:

<CHAPTER id="c12345">

<TITLE>标记:XML 及其相关技术</TITLE>

<AU><NAME><FMNM> William

E. </FMNM><LNM>Kasdorf</LNM></NAME>

<AFF><ROLE>总裁</ROLE><ORG>印刷书籍和期刊服务有限公司</ORG></AFF></AU>

<INTRO>标记有助于识别和命名给定内容的各个部分及特征……</INTRO>

<SECT level="1"><HEAD>概述</HEAD>

<SECT level="2"><HEAD>什么是标记？</HEAD>

<INDXENT>标记<SUBENT>编辑上的</SUBENT></INDXENT>

<KW>标记</KW><KW>标签</KW><KW>代码</KW>

<KW>编码</KW>

<TX>在最基本的层次上，标记被认为是插入一组特定内容来描述该内容组成部分的标签和编码。编辑利用加入章节号"CN"，章节标题"CT"，第一层副标题"H1"或"A"，以及引用块"EX"或"BQ"等符号来标记<LINKXMPL>文章的纸质原稿</LINKXMPL>。传统上，这些符号为排字人员提供了一种指示，让他们插入不同的标记(一般是<CrossRef>专属性标记</CrossRef>)来控制内容的排版，以形成特殊的格式……</TX></SECT></SECT></CHAPTER>

这比前面的例子复杂，但是功能强大。(用于本书的实际存档 XML 甚至比这个例子还要复杂，参见本书的在线版本。)这是否意味着复杂的版本就"更好"，或者说那才是定义元素的"正确"方式呢？其实不然。为内容管理系统标记数据是一种很好的方式，但是先前简单的例子对于编辑者或设计者或生产者工作起来更好一些。强迫这些人使用更丰富、更有层次的编码很可能注定是失败的，因为让人们掌握这些复杂的事情太困难了(除非提供特殊的 XML 软件工具来使工作简化)。另一方面，以我们给出的第一个例子中过分简单化的形式来存档数据的话会是一种浪费，因为这样丢失了很多在电子出版中有用的数据。这就是为什么很多 XML 实现系统会使用不止一个 DTD 的原因：因为要针对不同的环境，从像 Word 或 QuarkXPress 这种简单样式的环境到像内容管理系统这样的功能强大、自动程度高的环境，找到最优化的结构和标记。

(3) 属性。属性是元素的修饰语。如果元素在 XML 定义中是名词，那么属性就是形容词。它们是非常有用的工具。它们可以用来识别元素的实例(哪一章？——<CHAPTER no="12">)和描述元素(分段的层次是什么？——<SECT level="2">；序列是什么类型的？——<LIST type="BL">)。XML 要求属性遵循非常严格的语法。它们存在于开始标签中；必须跟在元素名称后，用空格分开(如果一个元素有多个特性，互相之间也要用空格分开);属性必须命名;属性名后必须紧跟等号,等号后必须紧跟属性值,而属性值必须放在引号里。

属性通常用于元数据。在上述例子中,章节元素是通过属性给定一个识别编号:<CHAPTER id = "c12345">的。实际上给本书设置的 ID 号是内容管理系统中独有的,代表本章,并允许在不需要改变数据的情况下将该章用在另一个情境中,或者甚至是在这一著作中的另一个地方。虽然在书写和编辑过程中使用<CN>3</CN>,但在内容管理系统中会用到更复杂、更抽象的 ID 编码,因为这样一组内容并不会总是第三章。这些 ID 通过计算机产生和管理,不需要人工干预。

属性通常也用于区别可能在一个情境中有意义而在另一个中却没有意义的变化。(它们是样式表[3.3.3]工作方式很重要的一部分,在 HTML、SGML 和 XML 中也是一样。)例如,一本书中的短语采用斜体可能只是为了强调,也可能是书的标题,或类别和物种,还可能是技术上的术语。在印刷格式中,这些可能都用斜体来表示,但是在在线版本中,书的题目可能会链接到相关参考文献中,而术语则会链接到术语表中该词的定义上(它们也可能用不同的颜色表示)。如果它们被当做不同的元素(有可能是这样),就有必要在印刷样式表中分别定义它们(即使这种定义是相同的,都只是斜体)。但是通过使用像<EMPH type = "title">或<EMPH type = "glossref">这样的编码,EMPH 元素在印刷中可能只是简单的斜体(忽略它的属性),而在在线版本中却会有所不同,虽然文档的标签是不变的。

(4) 空元素。大多比特素都是通过标记给定内容中某一元素开始点和结束点的一对标签来描绘的(如使用语法<TAG>...</TAG>)。但是,也有一种不"包含"任何文档内容的特殊元素,即空元素。它们出现在没有内容的开始—结束标签对中(<TAG></TAG>),或者是在开始标签后跟一个斜杠(<TAG/>)。(后者是 XML 比 SGML 更清楚的一个例子。SGML 允许普通的开始标签是空的,如<TAG>,这需要处理系统足够了解该标签与普通开始标签不一样,并没有任何实际"代码"跟在后面,因而系统也不会去寻找相应的结束标签。)

空元素一个普通的例子就是图像,标签仅仅标志存在于文字内容以外的图像。例如,<IGM id = "Fig_5.3"/>要求"图 5.3"出现(或引用)在正文中的这个地方,不会有结束标签(</IMG>)。另一个普遍的例子就是 HTML 中的<BR>命令,它会迫使换行,在 XML 中,这就必须是<BR/>。

空元素也经常用做元数据的“存储位置”,指没有在文章中出现但又与文章内容相关的信息。例如,有关传记的书籍可能需要记录每个人物的出生地和埋葬地,虽然这样的信息并不出现在文章中,仍可以利用空元素 <METADATA birthplace = “Boston, MA” buried = “Arlington, VA” >来加入相关的元数据。

(5)实体。实体基本上给所有的数据内容块——正文、代码、图像数据命名,并在 XML 文档中通过设定的名称来提及所指的内容块。一个图形可以命名为“Fig_3.1”;左侧双引号可以给定一个名称“ldquo”;DTD 定义一组强调选择的标准组件可以给定一个名称“emph. grp”。应用在有效文档中的实体必须在 DTD 或模式中定义,因而可以在文档中通过分隔符“&”和“;”调出相应的实体:“&Fig;_3.1;”可以调出如此命名的图形,而““”可以调出左侧双引号。(最后一个例子叫做参数实体,它是一个带有% emph. grp;语法的特殊例子,因为它只出现在 DTD 中,而不出现在文档中。)

实体是 XML 的一个有惊人作用的特性。它提供了一种灵活性,当数据块需要改变时,只需要作一次改变(在实体定义中),而不需要在数据块出现的每个地方逐一修改。是实体的这一特性把事情变得简单和清晰,否则可能会很难处理或难以辨认。

让我们用实体“&Fig;_3.1”来举个例子。实际需要调出的图形文件可能储存在计算机中名为哥伦比亚数字出版导论的一个文件夹里,在名称为 CGDP Examples 的子文件夹里,且该图形被命名为 PaperMS. tif。如果不使用实体而实际调出 XML 文件里的图形则需要像这样的“路径名”:

Bill_PowerBook:Columbia Guide to Digital Publishing:CGDP Examples:PaperMS. tif

这是必须嵌套在 XML 里的一个很麻烦的名称。通过定义实体带有这个麻烦的路径名,不管什么时候 XML 文档需要,图形都可以被称为“&Fig;_3.1;”。这不仅更方便、更清晰,同时也更灵活。如果换成作者的便携式电脑的话,那么上面所给出的路径名可能需要作相应的修改;因为名称一旦和位置分开就没有意义了(计算机需要知道在哪里能找到所指的相关文件),当 XML 文档分别被排字机或存有在线版本的主机使用时,路径名就会不同。实际上,这两个卖主甚至不会使用同样的图形文件:排字机会使用高分辨率的. tif 文件,而在线主机则会使用低分辨的. jpeg文件。如果实际的图形文件名在每次该图形出现的时候就插入到 XML 中,那么,当文件从排字机传给在线卖主或在线卖主传给排字机的时候,每一个文件名都要找出来并加以改变。事实上,因为应用了实体,卖方仅仅是将需要的路径和文件名放在实体的定义中,而且 XML 文档本身可以不作改变。在数字世界里,当内容在各种环境中交换和再利用的时候,实体提供了一种强大的适应机制。

实体的另一个普遍使用就是字符。XML 是以统一字符编码标准 Unicode[3.3.3.4.1]为基础的,Unicode 是非常庞大的标准字符编码规范,它能通过使用两个字节来描述多达 65 000 多个字符。即使是这样,相对于世界所有语言来说还是不够的;UCS——ISO 的 32 字节通用字符系统,可以提供 20 亿个字符。很多 XML 的执行系统指定 Unicode 的子集 UTF-8,它是与 ASCII 相容的不定长编码。通过采用 Unicode 标准,XML 可以明确地指定当前定义的 49 194 个字符中的任何一个。这是通过在 16 位系统中给每个唯一的字符形式(也称为字形)赋予一个数值来实现的。

参数实体是只能用于 DTD 中的一种特殊实体。它们使 DTD 模块的组成部分在写和修正时都能简化。例如,DTD 可能想要允许三种强调:斜体、黑体和黑斜体。因为 DTD 的一个功能就是指定在某种情况下能出现什么,因而有必要指定每个元素是否能包含这三种强调。但是通过创建一个参数实体,比如称为"% emph. grp"的实体,就可以简单地设定该命名组能在什么场合出现。当需要改变所创建的实体定义的时候,参数实体的优点就显现出来了。在实体定义中做一些小的改进是一件很容易的事,这一改动能使整个 DTD 中所有涉及到% emph. grp 的地方都自动调整。否则的话,必须找到每一处出现的地方并作相应的改变。这种实体对管理经常使用或调用的 DTD 的某些方面是很有用的,如允许的序列类型,或注解种类,或与图形相联系的各种元素(图形编号、插图说明、图形验证码等),甚至是一个表格的完全定义。有经验的 DTD 编写人员广泛地使用实体来使他们的工作更有效,更容易理解并且便于管理。

(6) 定义规则和分析。DTD 和模式所提供的正式定义与简单普通的标记方法的一个重要区别就是,前者不仅定义了元素及其属性,还提供了管理它们的原则。例如,它可以指定第二层次必须"被包含在"第一层次中,或者指定一个列表必须有 3 个或更多的项才是有效的。也可以指定 <CN> 必须是一章中的第一个元素,直接跟在后面的是一个且只有一个 <CT>。DTD 能许可一个或更多 <AU>,但是对于每个 <AU> 都必须要有一个且只有一个<AFF>。没有这些规则的话，一章的第一个小标题就可能也是第二层的小标题，章的编号就可能丢失，而一个作者可能有两个简历，但是在技术上文档没有任何“不合法”的地方。

分析器是一个软件程序，用来读取标记过的文档，通过指定的 DTD 或模式来分析，并标记或报告违反给定文档定义和规则的任何问题。如果 DTD 仅仅是定义元素，那么分析器所做的就是报告它找到了指定的标签和遵守 XML 标准规则的文档。但是，如果将规则添加到定义中，分析器可以检查它们是否遵守规则。用上面提及的例子，它会指出<CN>元素已丢失，在第二层前面没有第一层，而且出现了太多的<AFF>。这种类型的处理是非常有用的，特别是当需要检查大容量的数据是否与定义一致的时候。

由于这个原因，出版商通常在一开始就试图非常严格地编写他们的 DTD，以使加强系统的严格性，这一点很难依靠作者和编辑。在有些情况下，这是合适且有用的。在其他情况下，会使编辑和生产过程中增加很多不必要的规则负担。有时候，在一章中以<H2>作为第一副标题是可以的。即使出版物最终需要作者单位，但是如果创作、编辑或排版系统不允许在没有它的情况下继续，这就是一个问题。这些现实情况有时会促使出版者放松规则，或在出现例外时取消某项规则。这样就会导致 DTD 过分宽容而使它们变得不再有用。

最好的解决办法不仅要能掌握局限性与许可性之间的平衡，而且有能力在不同情况下面对不同的需求作适当的改变。这看起来与 DTD 允许其不受限制的调整的总原则是矛盾的，但是谨慎的调整是非常有用的策略。在创作和编辑阶段管理文档（严格控制环境除外，例如在出版技术文献时，作者和编辑都是出版商的员工，必须使用恒定的模式），相对灵活些的 DTD 通常是有用的，但在此之后，当必须要确定一切都是正确的时候，就该加入规则。那样的话，即使作者简历信息丢失了，也可以继续编辑章节，而不会把它传输给排字机。在实际的编辑和生产环境中 DTD 的这种操作是普遍的，也就是说在某些阶段能够以有缺陷的或不完整的文档继续进行工作，但是在其他阶段一定要找到和解决这些问题以后才能继续进行。

就像认识到分析过程的强大一样，认识到它的局限性也是很重要的。首先，分析器只能表明标签的使用是否合法，而不能表明它的使用是否正确。如果<H2>跟在 DTD 所需要的<H1>后面，分析器就会认为它是正确的，它不会知道副标题是否需要以另一个<H1>来标记。如果<SUP>

结束标签被误打为 </SUB>,从分析器的角度来看,这个错误并不是说 <SUP>没有结束标签(可能仍会有一个结束标签在后面),而是没有开始标签 <SUB>。另外,很多分析器提供的报告会十分含糊,需要更多的 XML 和 DTD 的知识来合理地解译它们。最后,现实中并不是所有的分析器都是一样的,有些会做标记,有些则不会。所以说分析器虽然是非常有用的工具,但它们只是有效的质量控制过程的一部分。

(7) 简单 DTD 的例子。让我们再次回头来看本章的开头,看它是怎样被简单而有效的 DTD 进行标记的。(用于本书的实际 XML,既是来自作者格式化的 Word 文件的基本层次的 XM,也是保留在内容管理系统中的存档 XML,都可以在在线版本中看到。)为了说明这点,下面的例子比前面的更丰富但比后者简单。

<CHAPTER id = "c12345">

<TITLE>标记:XML 及其相关技术</TITLE>

<AU><NAME> William E. Kasdorf </NAME>

<AFF><ROLE>总裁</ROLE><ORG>印刷书籍和期刊服务有限公司</ORG></AFF></AU>

<INTRO>标记有助于识别和命名给定内容的各个部分及特征……</INTRO>

<SECT level = "1"><HEAD>概述</HEAD>

<SECT level = "2"><HEAD>什么是标记? </HEAD>

<PAPA>在最基本的层次上,标记被认为是插入一组特定内容来描述该内容组成部分的标签和编码。编辑利用加入章节号"CN",章节标题"CT",第一层副标题"H1"或"A",以及引用块"EX"或"BQ"等符号来标记文章的纸质原稿。传统上,这些符号为排字人员提供了一种指示,让他们插入不同的标记(一般是专用标记[3.1.1.2])来控制内容的排版,以形成特殊的格式。在这样的系统里,章节标题的标记可能是"/CT/"或"@CT:"或"[j2]."。同样的内容如果在网上发表,则用不同的标签来标记,很可能使用超文本标记语言(HTML),在这种情况下,章节标题可能被标记为"<H2>"。在这样的例子中,标记并不是要发表的内容,而是用于指导后续工序的人员或系统如何处理或显示内容。(这本书的电子版本提供了各种类型标记的范例,它们被应用于您所阅读的文本。)……</PAPA>

</SECT></SECT></CHAPTER>

上述的 DTD 如下：

```
<?xml version="1.0" encoding="utf-8">
<!ELEMENT CHAPTER(TITLE,AU+,INTRO,SECT+)>
<!ATTLIST CHAPTER id ID #REQUIRED>
<!ELEMENT TITLE(#PCDATA)>
<!ELEMENT AU(NAME,AFF)>
<!ELEMENT NAME(#PCDATA)>
<!ELEMENT AFF(ROLE,ORG)>
<!ELEMENT ROLE(#PCDATA)>
<!ELEMENT ORG(#PCDATA)>
<!ENTITY %emph.grp"IT|B|BI|CSC">
<!ELEMENT INTRO (#PCDATA| %emph.grp;)*>
<!ELEMENT SECT (HEAD,(PARA | SECT)+)>
<!ATTLIST SECT
    level (1|2|3|4)#REQUIRED>
<!ELEMENT HEAD (#PCDATA |IT)*>
<!ELEMENT PARA (#PCDATA | LINKXMPL | CROSSREF |
  %emph.grp;)*>
<!ELEMENT LINKXMPL(#PCDATA)>
<!ELEMENT CROSSREF(#PCDATA)>
<!ELEMENT IT(#PCDATA)>
<!ELEMENT B(#PCDATA)>
<!ELEMENT BI(#PCDATA)>
<!ELEMENT CSC(#PCDATA)>
```

直译过来，这个 DTD 所表达的如下：

＊本 DTD 是一个与 XML1.0 版本一致且使用 UTF-8 中指定的字符编码的文档类型定义。

＊ 本 DTD 声明，称为 CHAPTER（章）的元素必须具有类型 ID（它必须是一个数字）的称为 id 的属性，并且必须包含且只包含一个 TITLE（标题），可以包含一个或更多个 AU（作者），紧跟着是一个而且只有一个 INTRO（引言），INTRO 包含一个或更多的 SECT。

* 本 DTD 声明,称为 TITLE 的元素包含解析字符数据。

* 本 DTD 声明,称为 AU 的元素包含且只包含一个 NAME(名字),NAME 包含且只包含一个 AFF(简历)。

* 本 DTD 声明,称为 NAME 的元素包含解析字符数据。

* 本 DTD 声明,称为 AFF 的元素包含且只包含一个 ROLE(职务),紧跟着是一个且只有一个 ORG(机构)。

* 本 DTD 声明,称为 ROLE 的元素包含解析字符数据。

* 本 DTD 声明,称为 ORG 的元素包含解析字符数据。

* 本 DTD 声明,称为 emph. grp 的实体包含元素 IT,B,BI 和 CSC。

* 本 DTD 声明,称为 INTRO 的元素包含解析字符数据或是实体 emph. grp 中的任何内容。

* 本 DTD 声明,称为 SECT(节)的元素必须具有叫做“level”(层)的属性(它必须是 1、2、3 或 4),并必须包含一个且只包含一个 HEAD(标题),HEAD 紧跟一个或更多个 PARA(段落)。

* 本 DTD 声明,称为 HEAD 的元素包含解析字符数据或叫做 IT 的元素。

* 本 DTD 声明,称为 PARA 的元素包含解析字符数据,或者一个或更多的 LINKXMPL,或者一个或更多的 CrossRef,或者实体 emph. grp 中的任何内容。

* 本 DTD 声明,称为 LINKXMPL 的元素包含解析字符数据。

* 本 DTD 声明,称为 CrossRef 的元素包含解析字符数据。

* 本 DTD 声明,称为 IT 的元素包含解析字符数据。

* 本 DTD 声明,称为 B 的元素包含解析字符数据。

* 本 DTD 声明,称为 BI 的元素包含解析字符数据。

* 本 DTD 声明,称为 CSC 的元素包含解析字符数据。

这个 DTD 明确地定义了每一个元素及它所包含或可能包含的内容,必须用到或可能用到的每个属性以及每个实体(在这个例子中只有一个)。注意它用英语来说需要的时间:DTD 的语法是为实现简洁性而设计的。XML Schema 语言是用 XML 本身来编写的。稍后会给出用 Schema 来表示同样内容的例子[3.3.2.4.3]。

在这个例子中有几个很有意思的事情值得注意。PARA 和 INTRO 元素都利用了参数实体% emph. grp,这意味着它们能包含 IT、B、BI 和 CSC(直到该实体被重新定义)，然而 HEAD 是只允许包含 IT 的。注意章节识别号码是明确定义成 ID 号的。

### 3. 标准 DTD 的作用

考虑到前面讨论中涉及到的所有复杂性，出版商经常会有疑问："可否使用标准 DTD 让工作变得简单?"答案是："能，但不会如预期的那样便捷。"有很多非常杰出的研究者通过多年研究开发出一些极具价值的通用 DTD。

标准 DTD 要么非常庞大而且复杂(又很笼统)，要么过于简单化(也很笼统)。因此，尽管实践中可以利用这些 DTD，但也可能由于它们规模庞大而不能有效地用于特定出版物和其他目的。DTD 的实质是定义文档。创建通用 DTD 的困难在于不能根据出版商的具体文档进行优化，从而满足出版商对于结构、命名、应用的要求，同时又能避免造成其他出版商对同一 DTD 的使用困难甚至是无法使用。通用 DTD 可以适用的出版商团体范围越广，文档种类就越多，这些 DTD 就不得不越笼统，因而难于在日常编辑出版中使用。即使某些 DTD 恰好适用于用户的文档，用户仍然必须进行文档分析工作，从而决定如何使用这些 DTD。在多数情况下，使编辑出版过程适应标准 DTD 比简单地根据需要定制 DTD 更有效。

标准 DTD 有两个主要作用。首先，标准 DTD 经常是出版商自身定制 DTD 的基础，它能为用户提供精心设计的、成熟的、经过时间检验的且经常有详细记载的模型。这些标准 DTD 即使不能被用户原封不动地使用，也能为用户提供相当有利的开端。其次，标准 DTD 可以作为重要的交换媒介，即使双方都不使用现成的标准 DTD，标准 DTD 也会提供一个良好定义的公用模型，既能作为提供方的已知数据目标，又能作为接收方的已知数据源。(在这方面，它们有时被称为交换 DTD 或参考 DTD。)

ISO 12083、TEI(Text Encoding Initiative)和 MEP(Model Editions Partnership)三种标准 DTD 的发展历史可以帮助我们很好地理解标准 DTD 的发展。当然，还有更多的标准 DTD，为具体行业(如汽车、航天、金融、制药等)的具体目的已开发出许多优秀和高效的 DTD。比如 DocBook 最初是为技术文件和软件编制而开发的，但逐渐被应用于其他领域。美国国防部开发的用于采购的 DTD，即 CALS(Computer-aided Acquisition and Logistics Support)模型，已经成为最为广泛使用的表格模型之一，CALS 表格模型经常被包含在其他 DTD 中。

(1) ISO 12083:具有严格结构的 DTD。有依据表明最早的标准 DTD ISO 12083 的历史可追溯到结构化标记发展之初,产生于 20 世纪 80 年代由 AAP 赞助的电子签名工程。此电子签名工程是开发可应用于书籍、期刊、文章和数学的整合的、全面的标准 SGML 模型的开创性尝试,并最终发展成为一种国际参考模型(经历了前述 ISO 复杂的采纳过程,不过主要由埃里克·凡·赫文金创建和维护),被作为一项 ISO 标准在 1993 年发行。虽然现在还是 SGML DTD,研究者正在努力将其更新为 XML。

ISO 12083 在科学期刊出版商中得到了广泛的应用。由哈佛大学图书馆(白皮书可在 http://www. diglib. org/preserve/hadtdfs. pdf 查到)的艾那瑞(Inera)在研究中发现,多数前沿科学期刊的 DTD 都是以 ISO 12083 作为模型,通过修改后使用。题为《我们是在使用 ISO 12083 吗?》的论文(http://www. press. umich. edu/jep/03-04/hicks. html)从图书出版商的角度得出了同样的结论。对于具体出版商的 DTD 来说 ISO 12083 是非常好的基础模型,但除非作为交换 DTD,否则如果不加修改地使用,ISO 12083 会显得太复杂又太笼统。

从结构的严密性和灵活性而言,ISO 12083 是结构严密的 DTD。作为一种非常理想化的 DTD,ISO 12083 将出版物当做层层相套的盒子,其基本结构是嵌套式结构,并且以一种古板、严厉教师的严格来维持这种结构。在有这样教师的学校,学生会为所学到的东西而心存感激,同时也会为毕业而感到轻松。

编辑生产过程中的障碍不只是 ISO 12083 高度等级化的结构(成熟的系统可以很好地处理这一点,但对于像文本处理器和桌面出版系统这样基于类型的环境来说会难以应付),还有作为这种结构逻辑后果的笼统的、语境敏感的元素命名。比如,副标题不是被标记为 <H1> <H2> <H3> 等,事实上,它们都被标记为 <TITLE>。书的章标题也一样需要根据所属的上下文确定其含义。在一章的开头部分,第一个 <SECTION> 之前的 <TITLE> 一定是一个章标题,而在 <SUBSECT3> 之后 <SUBSECT4> 之前的一个 <TITLE> 就是编辑或排版人员所认为的三级标题 <H3>。编辑生产者会为这种抽象概念感到迷惑,尤其是当结构有深度时,很难保持条理。而且,这种 DTD 很机械:如果在一章中,在一个 <H2> 后面有一个看似 <H4> 的元素,那么即使第三级中除了第四级外什么也没有,也必须建立恰当的等级,否则 ISO 12083 很难完成任务。如果要在段落中嵌入表,不能在表的前面用一个</P>结束文本，然后再在表后用一个像<Ptype = "no_indent">这样的标记开始文本，ISO 12083 会根据规则判断这是不正确的，并提示："这是一个段落，要直到嵌有表的整个段落完成时才能结束它。"

这种严谨有助于计算机处理。对人来说执行严格定义的结构会很困难，但对计算机却不成问题。这就是为什么对于档案系统尤其是为管理复杂的、内容多样的对象而设计的系统来说，ISO 12083 是很好的模型，因为它会跟踪所有模块原来的组合方式，也能重新组织这些模块并结合成其他结构。在副标题上加上标签<TITLE>会很方便。比如，书中的一段有一个二级副标题，当它被引用在另一本书中时，这个标题就不再是一个二级副标题，在新的语境中它是摘录内的一个小标题。如果它带有一个<TITLE>标记，并由能够应付语境敏感标记的计算机系统处理，就不需要去找到这个标记并把它改为<EXTHEAD>之类的东西了。

ISO 12083 的支持者已经意识到这些问题。1998 年这个标准在其范畴声明中提到：

> "这个国际标准代表的是一种有助各种出版物创作、交换和存储的参考文档类型定义。这种文档类型定义是通用的。这是为以印刷和电子形式出版书籍、文章、期刊和类似出版物提供一套构建模块的参考文档类型定义。这个国际标准的宗旨是要提供一种文档体系结构，来帮助创建各类具有专门用途的文档类型定义。"——(http://www.xmlxperts.com/scope.htm)

ISO 12083 也包括了应该如何修改的严格规则，大多数用户在需要修改时，都必须遵循这些规则。

(2) TEI：具有丰富选项的 DTD。如果 ISO 12083 是严格执行纪律的老师，文本编码规范(Text Encoding Initiative，简称 TEI)就是最受欢迎的老师，他让你读《尤利西斯》而不是《米德尔马奇》，或者让你写一篇比较瓦格纳歌剧与惊奇漫画(Marvel Comics)的学术论文，并且由你自己评分。TEI 完全是多元和自由的。与 ISO 12083 不同，它最初是作为文学研究的工具，主要用于人文科学。TEI 在 1987 年推出，并不断得到由四所大学——牛津、布朗、卑尔根和弗吉尼亚大学以及其他几个组织构成的联盟的维护。现在这个标准的捍卫者是弗吉尼亚大学的计算机操作与人文科学协会。目前，TEI 由起源时的 SGML 更新为 XML。

TEI 的本质是描述性的,而不是规定性的,反映了创始人用不仅计算机易于处理而且对学者来说也可用的方式描述任何文件的意图,如小说、17 世纪的经济学专著、中世纪手稿的片段、诗歌、戏剧中的场景。与 ISO 12083 关心出版物应该怎样组织不同,TEI 提供任意文件如何组织的有关描述。除此之外,如果元素的组织不是显而易见的,或者外观本身是需要记录的对象如手稿中删除的词语、作者插入的记号、被污迹遮住的词、用红色字体打印的短语时,TEI 需要提供描述元素外观的方式。

严格地说,其最后结果并不是单一的 DTD,而是用于创建 DTD 的模块化构件的巨大集合。如果试图标记的文件是戏剧作品,对于戏剧应该如何被标记,TEI 会提供精心设计好的模型,能够区分幕和场、对白和舞台指导,并会像这样给它们命名(这方面与有意中立而笼统命名的 ISO 12083 恰好相反)。同样,如果是诗歌,TEI 会提供适用于诗歌的标记;如果是旁注,TEI 也会提供标记的方式;如果所关心的是文件中被强调的语句(书名、歌剧、外文),TEI 会提供区分它们的方式;如果需要记录的是被强调语句的外观(斜体 vs. 黑体 vs. 粗体小写),TEI 也允许那样做。这完全取决于如何选择。目前在整个 TEI 模式的 31 个 DTD 片段中提供的元素有 500 个左右。不仅如此,TEI 是为定制设计的:它在提供一种正式的将各种元件组装成新的与 TEI 兼容的 DTD 的方法的同时,也允许无限使用新的属性值。这样,尽管 TEI 不知道“peculiar”是什么,像 <div type = "peculiar"> 这样的表达仍然可以作为与 TEI 兼容的的文件来正确地处理数据。

TEI 同样也考虑结构。真正的 TEI 文件以根元素 <TEI.2> 起始,被分为两个必需的部分:<teiHeader> 和 <text>。可以用多种不同的方式组织文件。最基本的方法是将其分为可选择的 front matter(前页),必选的 body(主体)和可选择的 back matter(书后的附属资料),即一本书的典型组织方式。因为 TEI 出版物经常由文件的集合构成,文件元素能被进一步细分,所以不只有一个 <body>,还可以有很多下级 <text> 元素,每一个元素又可能有它自己的 front matter、body 和 back matter。此外,由任意数量 <TEI.2> 出版物组成的全部出版物集合可以被定义成一个 TEI 资料库,其中每种出版物都用上述方式组织。文件头部分是任何出版物的重要部分,包含丰富的有用信息,包括参考书目信息、相关资源信息、修订历史和关于文件如何创建、由谁创建的信息。文件的主体可以有分级组织方式(<div0> 包含 <div1>,<div1> 包含 <div2> 等)、回归组织方式(<div> 中是 <div>,

<div>中又是<div>,如此往复)、平行组织方式(一系列平行的<div>)或其他组织方式。通过使用"type"属性,能用任何方式分类那些<div>。这种完全的灵活性又与 ISO 12083 恰好相反。这并不是说 TEI 没有结构,只是意味着可以用任何方式来定义文档,并可以像所希望的那样宽容或严格。

TEI 不仅有丰富的选择,还为它们的使用提供了指导方针,这些指导方针由官方公布并维护,现在的 P4 版本是 TEI 理事会在 2002 年推荐的,有关 P5 的工作正在进行中。出版商遵循这些指导方针,利用所推荐的构件模型(同时充分发挥它们的灵活性)创造 DTD。此时,这种 DTD 是与 TEI 相容的,并以根元素<TEI.2>开始。这是 TEI 系统的基本要求。用户也能根据实际要求使用构件,不必在各方面(比如,只是包括模块中被选择的元素而不是所有元素)都遵循那些指导方针,这样的 DTD 仍被认为是基于 TEI 的,但不是严格服从 TEI 的。最后,由于 TEI 的内容过于丰富会影响应用,研究者创造出叫做 TEI Lite 的 DTD,可以提供 500 个左右元素中的 150 个左右。TEI Lite 既是具体出版商的 DTD 的有用基础,又是基于 TEI 的系统向另一个系统传送文件的交换 DTD。

(3) MEP:可以不断充实的 DTD。MEP 是"编辑合作示范方案"(Model Editions Partnership,http://www.mep.cla.sc.edu/mepinfo/mep-info.html)的英文缩写,它最值得关注的地方在于,它主要用于解决如下问题,即所有需要应用的标记不可能由同一个人或在同一个编辑生产时段内完成。MEP 由致力于创建不同版本历史文件的 12 个编辑项目所组成的大课题组所开发,是 TEI 应用于具体目的的完美实例。MEP DTD 的种类共有 3 种,分别都是不能修改的独立文件(不像 TEI 一样是个模块的集合),按规定的方式用 TEI 模块来构建完全与 TEI 兼容的 DTD。

因为 3 种 MEP DTD 都用于同类文档,所以需要 DTD 的目的并不是用于 3 种不同的文档。实际上,它们是为标记的逐步充实而设计的。在由 MEP 处理的印刷文件中,它们能辨认哪些元素是显而易见的,哪些元素需要额外的处理工作,哪些还需要专家介入。MEP 为"逐级标记层次"提供了 3 种独立又相互关联的 DTD,而不是创造一个主控 DTD 去完成所有可能的大量编码工作。

MEP 第一级包括对文本块、字体改变的标记,还有其他方面的标记帮助对文档内容没有认识或了解的人理解文档。第一级标记完全可以由誊写员或转换服务商胜任。

MEP 第二级为注释和交叉引用添加超链接。因为需要链接的对象在印刷品上经常是不明显的,这一级标记不一定在数据获取的第一阶段完成。其中有些链接通常在用户通读全文后,通过编程设置来完成。用户不必是专家,但需要对所寻找的对象有基本了解。值得注意的是,尽管对于生产印刷版本来说并不需要应用这一级编码,但对多数电子出版物来说这一级标记是一个基本要求。

MEP 第三级为一些不明显但很重要的内容添加标记,如姓名、日期和地址、参考书目信息、强调或突出的短语、编者注释等。

MEP 让人耳目一新的地方在于,它使那些最终的理想标记不必一次完成,实际上那些标记也可能无法一次完成。出版商经常不了解 XML 是如何逐步充实他们的文件的。用这种技术可以使合适的事在合适的时间内由合适的人完成。在过去,这个过程的参与者会使用不同的文件,结果经常漏做或重复了别人的工作,XML 使他们可以在别人的基础上进行工作。

#### 4. 模式

模式在数据库领域已经被用了很多年。通常意义上,“模式”一词指的是清晰的数据库规划。对典型的数据库来说,模式可能会定义各种记录是什么,在每项记录内,各个字段又有什么作用。过去,许多字段都是设定的,特定的某些字符被分配到每个字段中。例如,模式可能会明确规定一个“订阅者姓名”记录中的前 9 个数字是社会安全保障号,接下来的 15 个是为“姓氏”保留的,接下来的 10 个是“名字”的,最后一个是“中间名首字母”等。(这样的模式常见于杂志的地址栏或其他地方的名字缩写。)在这样一个数据库中,严密紧凑是重要的特征,使得程序处理快速、准确和简单。模式语言是为提供强大的信息和数据处理功能的目标开发的。

尽管 SGML 和 XML 能用于定义这样的数据库,但在出版领域更常用于定义文本数据库。出版需要非常大的灵活性,因此 XML 标记是理想的。首先,描述 XML 文档模型(在某种意义上是模式)的唯一“合法”方式就是利用 DTD。在 XML 被出版界接受的同时,也被数据库领域接受。但数据库领域已经习惯于各种数据库模式语言中很多更强大的功能特点,因而很受 XML DTD 不足之处的限制。有几种语言都被提出来可能作为 DTD 的继承者,如 DCD(Document Content Description)、DDML(Document Definition Markup Language)、XDR(也称为 XML-Data)、SOX(Schema for Object-oriented XML)

和令人放心的 RELAX(Regular Language description for XML)。同时,W3C 也在为开发自己的 DTD 接替方案而努力,并在 2001 年 5 月将 XML 模式作为建议提出。可与 XML 模式一起供选择的,最主要的是 RELAX NG (RELAX Next Generation,日本标准 RELAX 和詹姆斯·克拉克的 TREX 的统一),它是 RELAX 的继承者,也是当前的国际标准草案(ISO/IEC DIS 19757-2)。

(1) XML 模式语言。XML 模式语言包含了 XML DTD 的几乎所有功能,同时指出了 DTD 的许多局限性。与 DTD 的第一个也是最明显的不同点是,模式是用 XML 编写的,而 DTD 使用的是单独的语法。尽管模式更加繁冗(DTD 的语法是有意简短化的),但也更具表达力并能描述一些不能用 DTD 描述的 XML 词汇。(这并不表示它们易于理解,因为用 XML 模式可能创造出非常复杂的结构。)但是模式不需要单独的专门软件,从而可以被任何能够支持 XML 的软件读取。这意味着可以用和 XML 文档同样的方式来编写和编辑,甚至可以包含 XML 编写的自身文件,而这是一个很大的优势。因为 XML 模式语言通常是有名域意识的,使用名域对创作者来说模式创作要比 DTD 创作容易得多。

XML 也提供了比 DTD 中强得多的继承机制。在实体范围之外(尽管在 DTD 中实体不被正式保留,但其功能可以通过模式实现),模式使得元素的定义可以依赖其他元素的状态、值和定义。这些继承机制通常被称为父子关系,可以很容易地通过描述性的方式来理解。例如,如果摘录(块引用)继承了正文的所有属性,但是另外在左右两边都作了缩排(这样摘录就可以视为正文的子代),那么当正文的定义改变时,摘录也会相应改变。这是在类型定义表单中经常使用的机制,用于模式定义时,会非常方便和强大。

XML 模式特别之处在于所有元素都可以有缺省值(在 DTD 中,只有属性能有缺省值)。这样可以免除大量的工作并提供良好的一致性。例如,某一出版商模式可以规定一个叫做 <publisher> 的元数据元素,并且其值默认为模式所有者。那样,名称总会被用完全一样的方式并入(是缺省的,而不必输入内容),只有当指的是另一个出版商时才需要提供元素值。

(2) 数据类型(DATATYPING)。XML 模式从数据库领域带来的最强大的特征是数据类型。这不仅使元素可以包括数据,而且还可以详细规定必须包括特定类型的数据,如整数、日期、ID、布尔表达、统一资源标识符

(URI)或很多其他类型。在 DTD 中可以通过属性用有限的方式进行数据分类,但在模式中可以对任何元素具体规定数据类型。例如,具体规定一个元素是日期,这能确保给出的元素实例是用规范的方式正确表达的,并且它首先是有效的日期。这时解析器能发现表达错误的日期(例如,有日和月但缺少年份,或者日的取值是 32),也能发现在哪些地方出现了不该使用的元素(错误地标记了根本不是日期的对象)。审慎使用数据类型能使计算机帮助找出某些类型的错误,这比人工校对要容易得多。

(3) 两个模式例子。以下是两个模式例子,它们和前面的 DTD 例子用的是同样的 XML 词汇。第一个是 RELAX NG 模式,第二个是 XML 模式。两个模式都非常繁冗,所以只显示了一些较受关注的元素。

① RELAX NG

```
<?xml version = "1.0"encoding = "utf-8"?>
<grammar datatypeLibrary = "http://www.w3.org/2001/
  XMLSchema-
datatypes"xmlns = "http://relaxing.org/ns/structure/l.0">
<start>
    <choice>
    <ref name = "CHAPTER"/>
    </choice>
</start>
<define name = "CHAPTER">
    <element name = "CHAPTER">
        <attribute name = "id">
            <data type = "ID"/>
        </attribute>
        <ref name = "TITLE"/>
        <oneOrMore>
            <ref name = "AU"/>
        </oneOrMore>
        <ref name = "INTRO"/>
        <oneOrMore>
            <refname = "SECT"/>
```

```
            </oneOrMore>
            </element>
        </define>

<define name="TITLE">
    <element name = "TITLE">
        <text/>
    </element>
</define>
<define name="AU">
    <element name="AU">
        <ref name="NAME"/>
        <ref name="AFF"/>
    </element>
</define>
…
<define name="emph. grp">
    <choice>
        <ref name="IT"/>
        <ref name="B"/>
        <ref name="BI"/>
        <ref name="CSC"/>
    </choice>
</define>
…
<define name="SECT">
    <element name="SECT">
        <attribute name="level">
            <choice>
                <value>1</value>
                <value>2</value>
                <value>3</value>
```

```
                <value>4</value>
            </choice>
        </attribute>
        <ref name="HEAD"/>
        <oneOrMore>
            <choice>
                <ref name="PARA"/>
                <ref name="SECT"/>
            </choice>
        </oneOrMore>
    </element>
</define>
…
<define name="PARA">
    <element name="PARA">
        <zeroOrMore>
            <choice>
                <text/>
                <ref name="LINKXMPL"/>
                <ref name="CROSSREF"/>
                <ref name="emph. grp"/>
            </choice>
        </zeroOrMore>
    </element>
</define>
…
</grammar>
```

② XML SCHEMA

```
<?xml version="1.0" encoding="UTF-8"?>
<xs:schema xmlns:xs=http://www.w3.org/
2001/XMLSchema
```

```
        </xs:choice>
      </xs:complexType>
    </xs:element>
    …
  </xs:schema>
```

### 5. 文档实例

一旦对给定类型文档的内容经过分析和定义，就可以根据定义来确定标记。每个被标记的文档就是一个文档实例。这不是简单的加标记而已，要成为有效的 XML 或 SGML，文档实例必须按照文档头部文档类型声明明确指出的特定 DTD 或模式的定义来标记和组织。

文档中每个使用标记都必须给出定义，并且必须按照正确的语法来使用。在 XML 中，如果有一个 <DIV1>标记，接着就必须有一个 </DIV1>，而且如果有一个 <DIV2>在两者之间，</DIV2>就必须出现在 </DIV1>之前。（这样<DIV2>元素就被正确地放在了<DIV1>元素里面。一个元素是不允许在另一个元素里面开始却在外面结束的。）这些标记不仅必须符合规则（例如，<DIV1>不能用</DIV2>来结束），也要在 DTD 或模式中被定义。如果 DTD 或模式只考虑到<DIV1><DIV2>和<DIV3>，文档又有一个<DIV4>标记，那么文档就是无效的。如果文档含有一个被标记为<FN>的元素，可能看起来很明显这是一个脚注，但除非<FN>是在指定的 DTD 或模式中声明了的，否则是不允许这样做的。

尽管这样严格看起来具有约束性又累赘，但却正是 XML 的强大所在。因为计算机能完成有些工作，从而使处理变得容易。解析器会阅读文档实例，根据具体 DTD 或模式来检验并报告找到的错误。例如<DIV4>含义很明确而可能被人轻易地忽视，但是如果处理或显示系统不知道怎么处理<DIV4>，那么错过了这个标记就会引起问题。同样，<FN>可能是"明(first name)"不是"脚注(footnote)"。如果定义明确规定它只能出现在名字（在标记<NAME>和</NAME>之间）中，解析器就会找出诸如它被用于标记注脚这样的错误。

有效的文档举例不仅必须被正确地标记和组织，还必须是完整的。如果 DTD 定义文档类型是"书"，并明确规定一本书必须包括前言、章和书后附属资料，那么单独的一章（缺少前言和书后附属资料）就是无效的，因为一章不能成为一本书。这就是为什么在现实的出版业中不可能只用一个

DTD 或模式的最主要原因之一。最基本的组成部分,像章、前言、书目和索引经常被模块化编写,然后在适当的条件下被各种 DTD 调出来。当编排单独的一章时,把这一章当做整个文档的 DTD 会很方便;但当所有的章节都编排完成,需要组装成一本书时,使用对整本书的 DTD 会更好,因为能确保标题页、目录和索引等都齐全。

(1) 结构良好的 XML 和有效的 XML。尽管好的文档模型具有明确性和原则性,以此为基础正确标记的文档也是非常有价值的,但在很多情况下,很难严格执行。与 SGML 要求每个文档都有 DTD 不同,即使一个文档没有 DTD 或模式,XML 也认可它是结构良好的。一个结构良好的 XML 文档正确使用 XML 标准所定义的语法,并且所有的元素都是合理嵌套的。从技术角度而言,如果 XML 文档不符合规则,就不会被认为是合法的 XML,或者我们可以说所有 XML 文档都是结构良好的。根据指定的 DTD 或模式标记的"有效 XML"文档自然也是结构良好的。但是"结构良好的 XML"这个词经常被用来指称没有 DTD 或模式的文档。

辨别结构良好的 XML 与有效的 XML 之间的不同是极重要的。出版商通常认为某一特定的卖主、某一特定的应用软件,或某一特定的工作流程会提供"XML"。但是如果他们不去阐明自己所需要的 XML 类型,就可能会非常失望。例如,一份以 <BOOK> 标记开始,以 </BOOK> 标记结束,并且两者之间只有 ASCII 纯文本的文件,单从技术上看是一个结构良好的 XML,但它是没有用的。一份文件的每个元素都简单地标为 <P> 或 <PARA> 同样也是没有用的。多数出版商需要将他们的文档按某一定义好的模式进行一致的标记。如果一个编辑或排版人员将摘要标记为 <ABS>,而另一个编辑或排版人员却将他们标记为 <ABSTR>,虽然他们都能传送完全合法的结构良好的 XML,但是这些文件是不兼容的。因此尽管结构良好的 XML 可能会很有用,但按照特定要求的 DTD 或模式标记的有效的 XML 对出版商来说作用会更大。

这并不是说所有结构良好的 XML 都是没有价值的。例如,当意外的元素出现时,能够添加新的标记将会很有用。尽管为描述这些元素而更改 DTD 或模式是适当的,但是只要一遇到新元素就作出更改却是不可能或不现实的。而这种情况经常发生在编写、编辑或排版过程中。结构良好的 XML 为处理这种情况提供了一个完美的机制。如果在一本书的 DTD 中不包含对食谱的定义,那么有必要创建一些像 <食谱><成分><数量><说

明 >和 <步骤 >这样的标记,并在遇到食谱的时候系统地使用它们。那样将免去接下来大量的重新标记,重新格式化的工作。同时提供了处理这些元素的方法:告知设计者有一个叫 <食谱 >的新元素,包含 <成分 ><数量 ><说明 >和 <步骤 >,这时设计者可以详细地规定用这些元素做什么,生产者也能创造一份样式表来编排格式,这些都不要求重新标记文档。同时那些元素也能被容易地定位,这是涉及到大型文档或大量文档时的一个明显优势。

### 6. 名域(Namespaces)

有时,特定的 XML 文档可以使用为其他无关文档创建并在其他 DTD 中定义的元素和属性。例如,在图书馆学领域开发的简单的都柏林核心标记集(Dublin Core)[3.3.6.3.1]是用来标记像题名、出版商和语言这样的基本元数据的。这样一套通用的标记集通常能直接拿来使用,在提供方便的同时也有益于实现数据交换。

XML 为此提供的机制叫 XML 名域。元素定义包含 xmlns 属性,将元素与特定的由 URI 确定的名域联系起来。这样元素名称有两个部分,由冒号隔开:确定名域的前缀(prefix)和元素实名的本地部分(local part)。在都柏林核心集的例子中,元素 <dc:title>说明它不仅是一个标题,而且是在都柏林核心集中定义的标题。在 DTD 或模式中需要如下的表达式 xmlns:dc="http://purl.org/dc/elements/1.1",其中都柏林核心标记集的命名空间 URI 的功能使得元素名独一无二。这样就防止了使用相似标记引起的冲突,比如标记 <title>和标记 <dc:title>就不会冲突了。(注意,确定命名空间 URI 对地址没有任何实际的影响;为了使名称精确不含糊,XML 处理器只是在进程处理时用 URI 代替"dc",但实际上并不访问那个地址。)

名域的使用使 XML 更方便、更通用,而且可灵活组合。当经过良好定义且广为人知的元素和属性集被广泛使用时,它们常作为特殊定义的一部分而使用。都柏林核心集是一个在书籍、图书馆和元数据领域很好的例子,而更为广泛使用的是 HTML 或 OeB-PS,(the Open eBook Publication Structure,开放电子书出版结构)的名域。由于可以在任意数量的 DTD 和模式中引用以前某个出版社创造的名域,因此创造结合出版商特定环境的新的名域也会很有帮助。

### 3.3.3 定义XML文档外观

XML 文档避免了纯粹与外观相关的标记,使文件的外观能适应各种显示模型,因而具有很大的灵活性。交叉引用(Cross-reference)在印刷品中可以设为小号大写字母,在在线版中却用蓝色小写字母和下划线来表示;印刷说明手册上的警告可能使用一种专门的字体并放在手册的边缘,但在网上却可以用红色显示在一个框中,或者也在电子书中呈闪烁状态。对前者的 XML 源文件来说,使用 <参照>标记比 <小型大写字母>标记更有益,而对后者来说,标记 <警告>比标记 <span style="padding:1opx 1opx 1opx 1opx; background-color: rgb(255,0,0);">更有益。

当然,在某些时候需要确定外观,因为我们不想去读 XML 本身,我们想要得到令人满意的格式。如果在纸上阅读文章,就需要排版;在网上阅读,就要告知万维网浏览器如何显示;如果是阅读电子书,就要使其适应电子书技术的特征和克服其不足之处。要达到这个目标,就需要将 XML 源文件转换成另一种类型的文件(一份排版文件,一份 HTML 文件,一份电子书文件),或者,如果利用合适的技术,用一张样式表详细规定所需要的外观,这样就只需要直接使用 XML 源文件而无需再创造其他文件。

#### 1. 转换成用于万维网显示的 HTML

现在使用 XML 文件的最常用方式是创造供万维网显示的 HTML 文件。尽管前沿浏览器的最新版本使 XML 能通过使用样式表直接显示文件,但在多数情况下,还是需要提供 HTML 文件来指定说明文章在浏览器中的显示格式。

可以通过静态或动态两种方式来实现。HTML 文件是通过 Script [3.3.4.2]和从 XML 源文件手工完成的工作相结合,产生单独的一套文件。当 XML 源文件是稳定的,并且产生的 HTML 不需要顺应各种各样的使用者(比如,书中的一章或档案中的一篇新闻文章)时,就可以满足要求。但是当文章需要改动,或外观需要定制时,用这种静态方式就会难以处理。如果有两个或更多版本的内容(一个 XML 源文件和一个或更多个源于它的 HTML 文件),保持这些版本同步很困难而且容易出错。利用更动态化的方式在需要时及时创造 HTML 文件会有很好的效果。有时这一过程是由创造静态 HTML 的 Script 完成的(尽管这些 Script 百分之百高效,不需人工干预)。内容管理系统(Content Management System,CMS)[10.2]可以提供为自动转换而设计的更简便的方案。

### 2. 层叠样式表 CSS

更成熟的指定浏览器显示文件的方法是使用层叠样式表(Cascading Style Sheet,简称 CSS)。样式表是包括了一个或一组文件的外观规范的单独文件,是一种给许多格式命名的方法。样式表可以告知浏览器使标记为 <crossref> 的元素显示成蓝色或者将标记为 <warning> 的元素放在一个框中并用红色展现。样式表能够规范字体、字号、间隔和其他外观方面,并使得这种规范与文件本身分开。

它有两个优点:一份样式表可应用于许多文件,而许多样式表也能应用于一份特定的文件。拥有成百上千文章档案的杂志出版商可能希望重新设置那些文章在万维网上的呈现方式,通过使用样式表,不必改变那些文章(前提是它们已被标记并能使用样式表)的任何标记就可以产生新的规范。举个例子,只要将作者姓名都正确地标记了,原先在文章开头部分居中并用黑体表示的作者名可以变成右对齐的斜体,如果没有一份样式表,在文章开头出现的作者姓名的"黑体,居中"的编码就必须改为"斜体,右对齐"。同样,图书出版商可以利用各种媒体来发行工具书,其中一份样式表可用于万维网外观(利用台式或便携式显示器),另一份用于 Palm 设备(可能是为黑白小屏幕设置的),其他是为各种电子书阅读器设计的。样式表是实现 XML 标记表现层中立这一好处最好的方式之一。

层叠样式表最初是为 HTML,而不是为 XML 开发的。为了能在基于 HTML 的语境中使用,通常使用 HTML 所提供的有限的一部分元素。这些是通过使用属性[3.3.2.2.3]来完成的。属性的使用只被 HTML 中如 <p> 和 <div> 的某些元素准许。例如作者名称可被看成一种专门的 <p> 而被标记为 <p class & equal;"author">。这样就可以提供一份包含以下部分的 CSS:

```
author
{
text-align:right;
margin-top: 6opx;
font-family:Palatino,Times New Roman,serif;
color: #663399;
```

```
font-size: 28pt;
font-weight:bold;
}
```

以上 CSS 实例指示浏览器将属于“作者”一类的 <p> 作为单独的块来显示,在距窗口顶部 60 个像素的地方设为右对齐,如果允许则设为 28 磅的 bold Palatino(Times New Roman 作为第二选择,如果没有,就用有衬线的字体)字体,并使用淡蓝色。这种样式规范也可以用于文件中的其他元素,不仅使得标记文档变得容易多了,也使得过后改变它们的格式时容易得多。

**3. 可扩展样式表语言(Extensible Stylesheet Language,XSL)**

CSS 是一种专为万维网和 HTML 设计的样式表语言,而可扩展样式表语言 XSL(W3C 在 2001 年 10 月首次推荐)却有更强的能力和通用性。XSL 设计目标不仅是规范 XML 文档的外观而且还有利于其转换,甚至于可以同时适应基于万维网和基于印刷的外观显示。

正像 XML 在 HTML 的局限性和 SGML 的复杂性之间搭建起了桥梁一样,XSL 联系了 CSS 和文档样式语义、规范语言 DSSSL。DSSSL 甚至是许多精通 SGML 的人也无法理解的复杂技术,一般只有专业编程人员才使用。像 XML 一样,XSL 是为了对用户更友好而且能够更方便地被用于软件工具开发而设计的。但是正如 XML 不能取代 HTML 而是建立在 HTML 之上并补充 HTML 一样,XSL 也被认为是 CSS 的补充技术,而不是一个继承的技术。事实上 XSL 最普遍的用处之一是利用 CSS 样式表来创造在万维网浏览器中显示的 HTML 文件。尤其重要的是这项工作可以由万维网服务器自动完成。CSS 和 XSL 的基本格式模型是为了兼容和互操作而设计的。

(1) XSLT 和 XSL-FO。XSL 有两个不同的方面,转换和格式化。转换是通过 XSLT(XSL 转换,在下面的[3.3.4.4]中有进一步讨论)技术来完成,格式化是通过使用 XSL 格式化对象(XSL-FO)来完成。而这两种功能(统称为 XSL)都要经过特定的 XML 文档设计样式表来完成。根本的原则是将特定的显示规范与设计应用于 XML 文档,文档首先要根据所需的格式来调整结构,新的调整过的文档才能按指定的方式显示出来。样式表给一系列特征(格式化对象)命名并规定其表现方式。XSL-FO 不仅提供了一种语言来说明在特定的显示模式中这些特定的格式化对象是什么样的,而且提供了一个具体的词汇表,即为这些格式化对象命名。

需要注意的是 XSL-FO 中的格式化指令不是“嵌”在 XML 源文档中,不能表示为“这是一个<CN>；设为 24 磅的 Frutiger 字体并将它居中放在新一页的顶部”或者“尽管其他的<H2>都是黑体，将这个<H2>特别地设为斜体加粗”。格式化指令只对 XSL-FO 明确规定的格式化对象进行操作。原来的“词汇表”（源文件中被特定的 DTD 或 Schema 定义的任何标记的集合，如<CT>或者<H2>）标记的元素需要转换（通常是用 XSLT，也可以用其他工具）成一个单独的、非常特殊的词汇表，即由 XSL-FO 详细规定的格式化对象。有时就会产生一份有格式化对象标记的新文件供 XSL-FO 样式表进行操作，而有时不需要保存文件而是即时完成。

XSL 的优点，也是相对于 CSS 的主要优势，就是可以通过重新组织文件各组成部分甚至删除或创造新的部分，来满足显示要求。假设有一份特定的 XML 文件要被作为书中的一章或杂志里的一篇文章出版，当作为书中的一章时，它有一个章节编号，作者名可能出现在章节标题后面，作者简历可能出现在书后“关于作者”的部分，而作者肖像可能出现在书前部分。当它作为杂志的一篇文章时就没有章节编号，作者名字和简历可能出现在文章末尾，插图作者说明可能以较小的字体出现在插图边上。XSL（包括 XSLT 和 XPath）能够重新排列文章的某些部分（由一份 XML 源文件创造两个“结果”文件，如书中的一章和一篇杂志文章），而且能够省去一些部分，以及创造源文件中不存在的部分（例如，书中的章节编号就是以这种方式生成的一个例子）。最重要的是，这些过程可以自动完成，而且能保持 XML 源文件完好无损，并能够屡次转换。

（2）XSL-FO 是一种规范语言，不是一个格式引擎。当人们初次学习 XSL-FO 时，经常错误地认为 XSL-FO 仅执行格式化任务。因为利用 XSL-FO 可以描述关于所需页面样式的每一个细节，人们以为只要用一份 XML 文件来执行它就能够按说明产生漂亮的格式化的 PDF 文件。然而这遗漏了整个过程中重要的部分，格式化引擎。像 XML 一样，XSL 只是一种语言，虽然它有一个具体的词汇表（在这方面它更像 HTML）。XSL 不是软件，它绝对不依附于任何软件，而是使任何人都可以开发软件来使用它。所以从一份 XML 文件到按 XSL-FO 样式表规定格式化的 PDF 文件，需要的是理解 XSL-FO 并相应地处理 XML 文件的处理引擎，能解释 XSL-FO 规范并显示文件结果的软件（无论是在浏览器中还是在排版软件中）。

#### 4. 字体和字符编码

字体和字符编码非常重要但又经常被忽视。尽管 20 世纪 80 年代的桌面出版革命使普通人也能处理字体(现在很多学生从没接触过打字机,但他们能在个人电脑上有效地制做和排印文件),然而他们并不能恰到好处地应用字体和字符。字体和字符是文章内容的窗口,一种理想观点认为,最好能使读者忽略它的存在。很少有人知道不仅保证排印的清晰度需要很大的工作量,就是为了避免显示时由于没有适当的字体或字符而对排版精良的文件造成的破坏,以致出现莫名其妙的空格、重复,或反常地把重音符号显示为新月符号等问题同样要花费不少精力。

明白字符、字形、字体和字符编码之间的不同是很重要的。字符本身是最抽象的,它是书面语言最基本的微小单元。

计算机需要通过字符编码来明确地知道每个字符是什么。字符编码是为每个字符分配一个编码,使产生它的系统和接受它的系统能同样地识别。具有特定字符编码的字符组合在一起形成字符集。最常用的是 ASCII 码(American Standard Code for Information Interchange),涉及 128 个不同的字符编码。当用二进制符号(计算机中最基本的 0 和 1)表示 ASCII 码时,不能超过 7 位数字,这决定了 128 这个数字。当用二进制符号表示时,字符 A 在 ASCII 码中是 1000001;当用十进制符号表示时是 65;用十六进制符号表示是 41,这三个数编码的是同一字符,表示在 ASCII 中码第 7 个字符 A。(这并不是规定当直观显示 A 时是什么样子;显示系统为了显示需要的字形就需要知道在这种字体系统中的什么地方找到 A。如果在字体显示系统期待找到 A 的地方是一个新月符,它就会显示那个新月符号。)

如果只针对英语包含 26 个字符的字母表时,可能 128 个字符看起来会很多,但实际上却是严重不足。首先,大写字母 A 和小写字母 a 是不同的字符,要有不同的字符编码。(印刷时代 6 位编码的电传打印机使用额外的字型转换建“shift”来区分大小写字母。)当加上数字和标点符号,以及为空格、制表符和回车这些控制符准备地方时,7 位的 ASCII 就满了。事实上,128 个位置中只有 96 个是为字符准备的,其他 32 个是为控制符准备的。尽管对多数使用英语的人来说是足够了,但编码外文重音符和特殊印刷标记时(如在法律出版中很常见的实心圆“·”、商标符号“TM”或者段落标记“§”)需要有至少另外 1 位二进制数。扩展 ASCII 码是现在经常用于计算机操作的一个 8 位字符集,可以容纳 256 个可能的编码。

并不是所有的系统都用完全一样的方式使用第 8 位。这导致在将文件从 Windows 转换到麦金塔系统时容易出现问题:尽管 7 位 ASCII 中基本的

128 个字符在扩展 ASCII 中也使用一样的编码，在两种环境下有些附加字符的编码不相同。为了避免这种分歧，可以使用 ISO 8859 国际标准的 8 位编码方案。但是，256 个字符还是远远不能满足英语出版的需要，更不能满足非拉丁语系出版系统的需要。

(1) Unicode。为满足英语出版，也为满足日语、希腊语、波斯语、乌尔都语等许多世界语言出版的需要，XML 是以字符编码系统 Unicode 为基础的。(Unicode 也是从 Java 到 Microsoft Word 等许多重要软件的核心。) Unicode 体系中由 32768 个"平面"(plane)组成，每一个平面包含 65536 个字符，其中第一个平面被称为基本多语言平面(Basic Multilingual Plane, BMP)。

尽管只正式使用了一小部分 Unicode 字符编码，但却能够在 XML 中明确编码大量字符。同时，Unicode 也包含了以前的标准：7 位 ASCII 中的 128 个字符编码与 8 位扩展 ASCII(ISO 8859 版)中的 256 个字符编码在 Unicode 中是完全相同的，这样通过简单地忽略高位的方法，不能处理 16 或 32 位编码的系统就能够使用有限的字符集进行工作了。Unicode 有巨大的容量，可以定期添加另外的编码。例如，Unicode 中添加了用于数学方面的字符集 STIX(Scientific and Technical Information Exchange)，使在万维网上必须以图形显示的多个数字字符可以用相应真实的可调整的字体来显示。

UCS-2 编码标准使用两个 8 位字节，能容纳 65536 个可能的字符；32 位版本的 USC-4 可以容纳超过 20 亿字符。(如 UCS-2 就没有足够的空间编码繁体汉字。)现在多数计算机都不使用 16 或 32 位编码，Unicode 还有称为 UTF(UCS 转换格式)的附加标准，从而可以在缩小编码规模的同时使用 Unicode。(否则，用 16 位的 UCS-2 编码来表示多数常用字符会用到很多额外的 0，例如 A 在 7 位 ASCII 中是 1000001，在 8 位扩展 ASCII 中是 01000001，在 16 位 UCS-2 中就是 0000000001000001，可想而知，在 32 位 UCS-4 中又会是什么。)UTF-8 使用必要的不超过 4 个的字节来表示一个字符，而 UTF-16 比 UTF-8 可以多使用 Unicode 中的 15 个平面。所有 XML 处理器必须支持 UTF-8 和 UTF-16 编码。虽然对人类来说难以理解，但这些明确的字符编码对计算机来说是最好不过的了。在 XML 文件中经常用到实体(entities)以方便操作。XML 能方便地用十进制或十六进制的字符标识(和实体的形式和作用是一样的，实际上就是实体的特例)，而不需要在 DTD 或 Schema 中声明。这些实体同二进制一样难以理解(A 的十进制实

体是 &#65；十六进制实体是 &#41），在 ISO 集中经常用于专门的字符（比如对应于 A 的是 &Aacute）。在 DTD 或 Schema 中必须声明这些实体，使其能在简单的结构良好的使用十进制或十六进制字符的 XML 中被引用。

### 3.3.4 转换XML文件

XML 不但具有用不同的方式显示一份文件的能力，其最大的优点是高效地将一个文件转换成其他许多文件，拥有不同的结构、标记、元素，甚至是不同的内容。这是出版商经常使用 XML 的原因。如果只是为单一目的创造文件，只需使用一次，那么就不需要用 XML 制造这些文件。但是当需要将为一种目的创造的文件用于其他不同目的时，出版商就会意识到在数据转换[5]过程中的复杂性和成本。人们迅速接受 XML 就是因为能减少和消除那些复杂性和成本。

几年前，出版商还以为可以暂缓处理这些问题。但是数字生产技术的迅速演变以及万维网的产生使其成为各类出版商面临的关键问题。虽然数字出版（如在线出版、电子书籍或 CD-ROM）存在很多问题，但是现在的出版业仍然普遍地利用数字产品（虽然不一定总是有效）。作家用电脑而不是用打字机写作；虽然有些书籍和期刊编辑仍然在纸张上编辑，但报纸和杂志编辑却必须使用计算机；排版人员不用为排版而重新输入文字，虽然印出样本进行校对，但最终会提供数字文档以便于出版。在每个阶段都有电子文件产生，但是它们相互之间几乎是不兼容的，这就需要有数据转换以及人工干预。（不仅文字是这样的，图像处理也是以数字形式，并且它们逐渐地从一开始就是数字文件了。）出版商得到用于印刷的"最终"文件并不是最后一步，现在他们需要可以用于万维网的文件、在其他出版物中可以重复使用的文件以及向其他人许可或授权用的文件等，这样就必须用到 XML 技术。

#### 1. 使用文字编辑器的人工转换

现在多数编辑和生产过程中，常用人工和相对费力的方式使文件从一种格式转换到另一种格式。更糟糕的是，产生的文件经常用于单一、具体的目的。编辑努力地将作者的文稿文件转换成适用于编辑软件的格式，排版人员则用另外的方式将编辑部的文件转换成排版时所需要的格式。在 SGML 和 XML 产生以前，很少有优化整个过程的想法。尽管现在普遍地使用了 XML(经常在排版过程的后期使用,并逐渐地在整个排版过程中使用,有时也早在编辑阶段使用),但仍然主要是用半自动的方式实现文件的格式转换。有时会用到专用的转换程序,如麦金塔的 BBEdit 和 Windows 的 UltraEdit 这样的文件编辑器来完成工作。那些经常转换文件的人最喜欢这些程序,它们简单、快速和直接,能够帮助加快工作进程。例如,它们能用不同颜色显示元素标记、属性和链接,使得处理文件很容易。这些文件编辑器也支持 HTML,为使用 HTML 标记提供很方便的机制(尽管它们并不是解析器或者编辑校验器)。现在万维网上发布的许多 HTML 就是用这样的程序创造的。

### 2. 脚本

人工转换大量的有相似标记的文件内容是十分费时和昂贵的。脚本其实是循序渐进的指令的集合,能够帮助自动完成操作者手工滚动文件的工作。非编程人员可以通过 Word 和 Excel 这样的应用程序写宏,虽然写脚本比写宏要复杂,但并没有软件工程师编写 Java 或 C ++ 语言程序那样复杂。

由于有处理文本和基于文本标记的特别能力,像 Perl 和 Python 这样的脚本语言在出版界已经成为转换的必需工具。数字数据库经常是高度结构化的而且对区域和记录有严格的规模限制,基于文本的系统需要具备处理嵌入不定长文字中任意唯一标记的能力。我们可以利用如 Perl 和 Python 这样的语言进行如下表达:“寻找一串数字,是括号中的 3 位整数紧跟 3 位整数,再加上连字符和另 4 位整数”(这可以用来寻找电话号码)或“寻找回车加 Tab,然后又加一个大写字母的字符串”,而这个表达可能在找插入的 <p> 标记时有用(但不是绝对的)。Perl 和 Python 受欢迎是因为它很有用而且免费。它们是开放软件,能简单地从互联网上下载并且不需任何成本或许可证。Omnimark 是另一种相似的(也更强大)的专为处理文本而设计的、被 SGML 和 XML 普遍使用的商业脚本语言。

### 3. 验证编辑器(Validating editor)

在有些出版环境中用专门地、支持 XML 的软件来完成编写和编辑工作是非常有益的,尤其是在那些严格控制创作过程的环境,如技术文件编制部门。在书籍出版过程中,一般在创作完成后才得到手稿,因而来不及要求作者使用特定软件和编码,这时文字编辑工作通常由社外兼职人员来完成,从而不同书的结构和编码可能会不同。另一方面,技术文件出版商有可以应用于所有项目的严格的、定义良好的结构和编码,可以由职员或其他人按照合同规定完成写作,由于内容在任何阶段都处于变化之中,编辑必须紧密联系创作和生产过程。在这种环境下,“创作和编辑指导”工具会非常有用。(内容管理系统[10.3]是更强大的方案。)杂志和报纸在这两种极端之间:尽管最开始用的是未经组织的内容,但也会从编辑和生产紧密联系的所产生的一致性中受益。

有些验证编辑器是技术文件编制体系的组成部分,如 Adobe 的 Framemaker 或 ArborText 的 Epic;其他的则是独立的应用软件,如 Corel 的 XMetal。这些软件的共同点是在一个更高水平上支持 XML 的功能,这也有别于传统的文字处理器,如 Microsoft Word。验证编辑器一般允许使用任意 DTD 或 schema 的(而不是标准、笼统的 DTD 或 Schema),然后指示用户用符合这个 DTD 或 Schema 的方式来组织和标记文件。在整个文件产生后要进行传统的解析,验证编辑器实际上是在内容被制作时进行解析。例如,DTD 可能要求装配说明书的作者使用一系列的元素,其中每个 <part> 必须包括一个且仅有一个 <quantity>, <quantity> 后接着有且仅有一个 <partname>,并且只能容纳那些元素)。如果在特定的 <part> 中省略了 <quantity>,或者试图标记两个单独的 <quantity>,系统会提出无效警告,并且也不允许在 <part> 内插入 <warning>。如果编辑使用有特定 DTD 的验证编辑器编辑书籍,DTD 要求副标题要按等级套放,当编辑试图在标题 <H1> 后插入次级标题时,验证编辑器只允许插入 <H2> 或另一个 <H1>;如果 DTD 要求这些副标题按顺序使用,验证编辑器也不会允许直接插入 <H3> 或 <H4>。

验证编辑器除了限制文件内容以符合特定的文档模型,另外还提供来自 DTD 或 Schema 的其他功能特征。例如,有了验证编辑器几乎不可能省略与特定开始标记对应的结束标记;当装配手册编写者插入“part”后,验证编辑软件很可能会让光标停在 <part> 和 </part> 之间,它甚至可能直接显示 <part><quantity> | </quantity><partname></partname></part>。这种软件通常有用户图形界面,使用户很容易看到编码结构和实现内容的多角度显示。例如打开或关闭编码,将样式用于被编码元素而使它们更易于区分并显示基本的 XML。(本书的在线版有一个实例,显示了本章开头在 Corel 的 XMetal 和 ArborText 的 Epic 中是什么效果。)

虽然验证编辑器为结构化制作和编辑提供了明显的好处,但在出版界中还没有得到广泛的应用。一方面是因为 XML 在出版界的影响还不够,另一方面也因为费用问题。很多出版商无法判断为所有创作者和编辑提供这种软件的成本是否合理,但可以期望让他们都使用像 Micorsoft Word 这样普通的文字处理器。(考虑到 Word 在市场上的主导地位,有可能 Word 最终将含有验证编辑器的特性并戏剧性地改变目前的情形。)必须承认,在多数情况下,在出版过程中的很多阶段,验证编辑器会是阻碍多于帮助。创作者不想使用限制性强的工具,出版商也很难得到像样的文字处理文件。无效的或"有待于有效化"的文件需要做大量的编辑工作,而某些验证编辑器仅能进行有效文件的正确制作而不能处理无效文件。(当这些工具逐渐升级时,在这些方面会变得更灵活。)所以除了在编制出版技术性文件这样高度结构化的环境之外,创作文件甚至编辑文件更通常地通过文字处理器来完成,文件还需要进行阶段性的转换。

#### 4. XSLT,XSL 转换

数据转换,例如从一个文字处理器转到另一个文字处理器,或转到一个排版系统的标识系统,或转到一个数据库的特别结构,或者为了进行万维网传送而转到 HTML,经常不涉及 XML。实际上,这些转换是将有一套编码和特定结构的文件转换成有不同的编码和结构的文件。如果有新的需求,一般就要进行新的转换,这会很费力而且昂贵。有时,这种转换是被禁止的,从而阻碍了新技术的实施。

XML 不仅提供了更好的文件编码方式,加速了各种外观和版次的文件的制作,而且提供了用于详细说明这种转换的语言。XSLT,或称为 XSL 转换,其设计的目的是帮助将一份 XML 文件转换成其他 XML 文件。也可用于将 XML 文件转换成非 XML 文件,比如,最广泛的应用之一是把 XML 文件转换成 HTML 文件。它也能用于创造用 Quark 来排字的 XPress 标记的文档。XSLT 是 XSL 格式化 XML 文件过程中的一个基本部分(见前面关于 XSL[3.3.3.3]的部分),用于从源 XML 文件创造新的 XML 文件,使其结构与 XSLT 样式表和它所规定的格式化对象相符合。尽管 XSLT 最初是作为 XSL 的一部分来使用的,但它是一种极有用的方法,用来规范怎样为任一目标而不仅是为外观显示来转换 XML 文件。例如,当用来转换包含员工数据的 XML 文件时,可以创造出员工姓名地址录文件、不同员工的不同商务名片文件、公司网址和联系地点文件、紧急联系单文件、甚至假期安排表(只要必需的信息存在于源 XML 文件中或者能从中产生出来)。正如 XSL-FO 需要软件来解析和处理一样(XSL-FO 仅规定了需要的格式,并不显示最后的外观结果),XSL 处理软件必须解析 XSLT 样式表并从源文件中产生需要的文件(现在最受欢迎的 XSLT 处理器是 Michael Kay 的 Saxon、Apache XML 组的 Xalan 和 Microsoft 的 MSXML)。更为有利的是 XSLT 样式表本身是 XML 文件,因此能被支持 XML 的工具创造、处理和解释。但是,由于 XSL 的冗长,当创造规模较大的样式表时,就需要专业的 XSL 编辑器或综合开发环境(Integrated Development Environment,IDE)。

XSLT 将文件视为树,其基本目标是将源树转换成结果树。XML 文件总是以根元素开始,这可以比喻成树的主干(这个比喻忽略了树在地面以下不可见的部分)。DTD 或 schema 规定树枝、细枝和树叶在特定的 XML 文件中应该怎样相互关联,XSLT 要能够处理这些树枝、细枝和树叶在具体的 XML 文件中实际上是怎样相互关联的。例如,一个 DTD 可能规定根元素 <book>必须有 3 个叫 <frontmatter><body>和 <backmatter>的树枝,元素 <body>必须有一个或更多个叫 <chapter>的分枝,每个 <chapter>必须有一个叫 <CN>的分枝,包含正文(将正文看成这个枝条末端最终的树叶),加上包含正文的叫 <CT>的分枝,加上必须包含至少一个 <section>的叫 <chaptext>的分枝,<section>可以依次包含任意量的<subsection>,其中每个<subsection>必须以<title>开始并包含一个或更多的<para>,如此等等。在符合这个 DTD 的特定 XML 文件中,<body>可能有 12 个<chapter>:第一个<chapter>可能包含一个<section>和 3 个 <subsection>;第二个 <chapter>可能包含两个 <section>,其中第一个有 5 个 <subsection>,第二个有 4 个 <subsection>,其中第四个 <subsection>可能依次又有它自己的 3 个 <subsection>;如此等等。这是特定的 XML 事实树。

XSLT 与其姊妹技术 XPath 协同工作,XPath 提供描述 XML 文件(或其一部分)实际结构的语言。XSLT 将 XML 文件看做有很多节点的树模型,节点则是一个元素从另一个元素分枝出来的地方。(下文有关于 XPath [3.3.5.2]的更完整的描述。)XSLT 详细说明怎样从一棵给定的"源树"创造出某一棵"结果树",将源树中固定的模式与模板联系起来,而那些模板规定了如何创造结果树中的特定部分。这些模式就像一块块的拼图或钥匙,有同某些节点而不是另外一些节点相符合的描述。XSLT 处理器搜索源树上的节点,测试和寻找合适的模式,当找到合适的模式时,就会用符合模式的模板按指令创造出结果树的一部分。

以上述假定的 XML 文件为例,它既有可能作为书中的一章,也可用作杂志中的一篇文章。如果使用书的样式表,XSLT 处理器可能会找到 <title>在源树中首次出现的节点(叫做当前节点),于是模块可能将元素名改为 CT。

相似地,它可能找到并将作者名标记为 < AU >,找到作者简历信息并忽略它,如此等等。另一方面,如果使用杂志的样式表,XSLT 处理器可能会在(从 XML 源文件中得出的)结果文件中,在标题的两边加上标记 < article_title > 和 </article_title >,将作者名放到文章尾端,并将“by”放到它前面,标记为 < byline >,后面相继是标记为 < authinfo > 的作者简历信息等。因此,这两份样式表会产生两棵非常不同的结果树,一棵是书中章节的,一棵是杂志文章的,有源文件中没有的标记,有为各种使用目的重新适当地加以组织的元素,并按需要产生了新文件,而这些都不需要编辑或生产人员的人工介入。并且尽管在这个例子中的结果文件是 XML 文件,它们也可以是为 Quark 排版系统准备的 XPress 标记文件或为万维网显示用的 HTML 文件。

这个例子看起来比实际简单。XSLT 采用循着直线路径用一个字符串代替另一个字符串的办法,通过 XPath,XSLT 能够用联系上下文的方法描述当前节点,即文件中在特定时间内正在处理的点,前后搜索并辨明复杂结构中当前节点的父节点与子节点、以及先前和后续节点,产生完全不同的结构。另举一个简单的例子,XPath 能够将在一个 < subsections > 中找到的 <title >元素当做一个 < H2 >,同时将在 XML 文件中找到的第一个 < title > 元素当作一个 < CT >。所谓的模式匹配并不是指简单地在文件中的特定点找到的东西(元素名、属性、实体甚至具体的正文),而是指找到的上下文。XSLT 也认识到对于特定的节点来说可能有多于一个的匹配模式,并且有一个协议来决定这种情况下应该用哪种模板。尽管具有强大的威力和复杂性,XSLT 仍然是一种相当易懂的技术,并正在迅速成为数字时代出版核心工具集的一部分。

### 3.3.5 XML中的链接

电子出版尤其是期刊和工具书出版,最大的成功和优点是链接,使其比印刷出版物更受用户青睐。用户进行资料引用时经常要从大量笼统的信息中查找某些非常具体的信息。要完成这个任务,简单的搜索机制是不够的,其结果经常不精确、不可预测,并且返回太多的命中目标,也不给用户提供任何好的方法来判断命中目标的相关性,并且过于简化的、极具误导性的命中目标排序也是基于具体词频的。用户需要用更加智能化的方式浏览信息,要么是使用户导向与搜索信息相关度越来越高的链接,要么是导向相关背景信息和其他资源链接。同样,期刊特别是 STM 期刊的读者需要查阅文章结尾参考资料部分引述的其他文献,现在的学术研究和科学基本上是合作性活动。(其实这也是互联网和万维网产生的原因:研究者交换研究信息的需要。)将这些期刊进行电子链接不仅是一种进步,也是一种需求。当电子出版在其他领域中更好地投入使用时,链接也就成为基本的要求之一。电子书的读者希望有从目录表单到所列章节的链接,技术手册的读者希望有从数据的引用到数据本身的链接,学生希望有从教材上词汇表中的词语到词语定义的链接。提供这些链接对出版商来说既是长期开发电子产品的巨大机遇,又是短期开发的巨大障碍。

我们在万维网上所习惯的单向的、由链接锚点到目标的链接可能是最简单的链接方式之一。HTML 要求把一定范围内的内容作为链接锚点进行标记并嵌入文件中,结果产生了我们通常在万维网浏览器中看到的彩色的并加有下划线的短语。除了标明这些链接锚点的开始和结尾之外,还需要提供明确的目的地作为链接标记的属性。有时这些目的地是同一个文件中的另外一点(内部链接),但经常是 URL(万维网上的地址)和另一个万维网页面(外部链接),点击链接就可以将用户带到目的地。这就是超文本的概念,即一个不固定的信息互联网络,它既是 HTML 和万维网的基本目标,也是超文本标记语言和其姊妹协议超文本传输协议的共同核心。

随着万维网的演变,需要更多更成熟的链接技术。例如,点击任一端都会将用户带到另一端的双向链接;从一个链接锚点链接到多个文件中的多个目标;除了简单地跳转到目的地之外,还能够规定关于链接的其他行为;除了点击链接锚点,用户还能够用其他方式激活链接;能包含关于链接的信息,比如给它们命名或描述它们的用途,并在链接文件外存储和管理关于链接的信息;完全不必在文件中插入链接锚点,却能在文件的任何元素间(或者甚至链接到元素内的地址或在元素内的地址之间)进行链接,并用一种高效系统的方式详细说明这些地址。为了满足这些需要,作为 XML 家族组成部分的三个相关技术已经被开发出来了,即 XLink[3.3.5.1],XPath[3.3.5.2]和 XPointer[3.3.5.3]。

### 1. Xlink:XML Link Laguage(XML 链接语言)

链接的基本目的是清晰地描述两种信息资源之间的关系。基于 HTML 链接(并使用其他重要的标准,特别是为多媒体和超媒体开发的 HyTime 标准,还有 SGML 学术性应用的基础文本编码计划 TEI),W3C 在 2001 年 7 月推荐了 XML 链接语言 XLink,Xlink 使用 XML 语法,用于描述单向链接和多向链接(链接多种数据源和链接锚点),其目的是联系元数据和链接,定义链接的启动和表现,并可以将链接及其相关信息与所链接的文件、资源分开,单独维护。此外,XLink 可以使 XML 文件中的任何元素成为链接锚点,并通过 XPath 和 XPointer 使 XML 文件中的任何一点或任何一个范围成为一个链接目标。(**注意**:尽管 XLink 链接总是存在于 XML 文档中,它们也能链接到非 XML 文档如图形文件中。)

XLink 将使用或跟踪一个链接定义为寻访(traversal),并将关于寻访的信息如往哪个方向去、怎样行为以及驱动是什么,定义为弧(arc)。(链接行为和驱动在下文讨论)弧有三种基本类型:向外的,像 HTML 的 <A> 链接锚点,从链接锚点的本地资源链接到远程资源或目的地;向内的,它们从远程资源链接到本地资源(这在从外部资源取回信息并并入本地资源中很有用,如更新产品数据库中广告的价格);第三种是,它们的两端都为远程的。第三种弧使我们可以将所链接信息(经常在我们所说的链接库中)与被链接的文件分开。

XLink 不是通过使用单独的元素(像 HTML 使用的 <A> 元素),而是通过给 XML 文档任一元素添加属性来为这个元素加上链接。在 xlink 名域[3.3.2.6] http://www.w3.org/1999/xlink 中规定了 10 种属性,即 type, href, role, arcrole, title, show, actuate, label, from, to。在使用 xlink 的 XML 文档里,必须声明这种名域,而且作为能适用于任何元素的“通用属性”,这些属性必须有前缀 xlink。因此,从词汇表中的词语到词汇表的链接可能包含以下的表达:“xlink:href glossary.xml”用于指向词汇表文件,“xlink:title Glossary”用于给链接添加标题“Glossary”。(事实上,指向词汇表中具体的词比只是指向词汇表文件本身效果要好,这也是 XPath 和 XPointer 被逐渐使用的原因。)

xlink 属性既能逐个地应用于 XML 文档(无论文档是对特定的 DTD 有效,还是对结构良好的 XML 有效)中的单个元素,又适用于定义具体文档的 DTD。通过使用 DTD,某些属性可以缺省属性值,不必像在 XML 文档中那样每一个元素的属性都必须有对应的属性值。例如,文章词汇表中的词都被标记为元素(如 <glossterm>文章中的词</glossterm >),所有将它们链接到词汇表的功能(甚至是弹出标题“词汇表”或“定义”以及通过 XPath 或 XPointer 在词汇表中找到恰当的词)都能和元素 <glossterm>一样在

DTD 中被同时定义。因此不需要每次当词汇表中的词出现时,都使用 XLink 属性,并且这些属性也能用集中方式更改。词汇表中的词不仅成为自动链接锚点(文件中不需要 <A> 元素),而且也自动指定了目的地。那些已经尽了很大努力、将 ID 和其他 HTML 链接机制嵌入文件中的出版商将会从中受益匪浅。

有两个 xlink 属性特别值得关注,即 show 和 actuate。

show 属性可以有 5 种属性值,即 new,replace,embed, other,none。

* 属性值"new"要求下载新窗口、文字框或显示栏。在上面的词汇表一例中,当用户点击词汇表中的词时,可能会在新窗口中打开词汇表。对于指向多种资源的链接,可能会弹出列出了资源标题的窗口让用户选择。
* 属性值"replace"用被链接的内容替换当前的窗口、文字框或显示栏。这种将用户送到目的地的方式是 HTML 中多数链接工作的方式。
* 属性值"embed"将链接目的地的内容嵌入链接锚点。一般不用于整个文档,而是文档的一部分,如图像或更新的价格。
* 属性值"other"留给单独标记,来控制链接行为。
* 属性值"none"不仅表示无行为,也表示不存在单独标记来控制行为。

Actuate 属性有 4 个可能值,即 onload,onRequest,other,none。属性值 onLoad 表示链接在加载本地资源的时候有效。这与 HTML 中 <IMG> 元素的显示方式一样,当浏览器打开文档时,就定位 <IMG> 标记指向的图像并显示,不需要用户做任何事(等待图像显示例外)。XLink 使这种行为对任何元素都可行,如当打开有 <price> 元素的文件时,按元素定义自动查询更新的价格。属性值为 onRequest 时,要求有某些行动来启动链接。通常这种行动就是点击链接的原始资源,但也可以是软件驱动的,例如链接被激活前的倒数计时,像 show 属性值一样,other 和 none 表示是否有控制链接启动的单独标记。

show 和 actuate 允许链接行为由链接本身来设定和控制,而不依赖于像浏览器这样的外部技术。因为能在 XML 文档内部设定这种链接行为,所以在 DTD 或者模式中,甚至在链接库中,更改和更新链接行为就不需要改变被链接的 XML 文档。数字时代中出版物本身的文件会发生改变,出版物的智能和技术环境也会不断改变。期刊出版商已经很好地意识到了这一点,即现在可以有过去所没有的从引用到被援引文章的链接。如果不利用自动化技术,更新这些链接的工作量将会是巨大的。但是各类出版商将会发现链接是出版工作中最不稳定和动态的一个方面。出版商们可能希望用一些在文件首次出版时不可能有的链接来改进文件,他们也可能希望链接到原来不存在的资源。对出版商和他们的顾客来说,链接有很多好处:能够不改变文件(例如不必插入 ID 或 <A> 锚链)而直接链接到文件或从文件向外链接;或能够链接到不属于出版商或者不在出版商控制下的文件(有时会产生严重的版权问题);或能够将链接与被链接的文件分别管理甚至出版。XLink 是数字时代各类出版者必不可少的技术。

### 2. XPath:XML 路径语言

XPath,或称 XML 路径语言(由 W3C 在 1999 年推出)是使 XLink(连同 XPointer)和 XSLT 可行的根本技术。以自身结构为基础,XLink 和 XSLT 都使用 XPath 定位具体 XML 文档中的特定部分。

正如在上文中关于 XSLT [3.3.4.4]的部分提到的,XPath 将 XML 文件模拟成节点树,在节点处一个元素会从另一个元素中分支出来。(XSLT 用这种模型来确定如何从一棵树向另一棵树转换;XLink 用这种模型在链接的起始文件或结束文件中定位。)XPath 不需要知道在具体文件中实际的标记是什么(尽管文件能使用这些标记),XPath 的威力来自能够辨别 XML 文件中的本质结构。例如,XPath 能表示哪些元素是其他元素的父元素或子元素。树的模型并不是简单和随意的,它只认可某些种类的结构而排除其他种类。一棵树从根元素开始,首先从根元素产生很多分枝,然后又有很多后继元素从这些元素分支出来,每个节点只有一个父元素(也因此有特定的祖先集,或这些父元素的父元素),并且它们的子元素就不可能是其他元素的子元素(它们的后代元素也就是这些子元素的子元素,一样不是其他节点的后代元素)。

XPath 最通常的表达方式是位置路径(location paths),对某个文件来说,位置路径详述了文件中遵照某种模式组织起来的节点集(一个或多个):父元素(和祖先)——从节点向根元素方向回溯——子元素(和后代)——从节点向远离根元素的方向延伸。XPath 语句中能使用的不仅有这些结构特征,也能使用数字(使其能计数)和布尔逻辑式(如与、或和非),还能使用元素名称、属性名称和标记的其他方面来表示 XML 文件中的特殊位置。XPath 提供了如下表达这些有用内容的方式:

* “在一个 <H1>元素中任何带有属性‘type =“italic”’的 <emphasis>元素”(比如,如果 <H1>副标题是斜体加粗的,这些强调词就会以粗体罗马字形式而不是斜体形式显示)。
* “每个不带属性‘type =“bookreview”’的 <article> 的第一个 <BLOCKQUOTE>”(这样 XSLT 在转换一份将引用和摘要都标记为 <BLOCKQUOTE> 的文件时,会找到每篇文章中第一个 <BLOCKQUOTE>并将它改成 <abstract>,在书评中出现的引用和摘要除外)。
* “元素 <glossitem>,其 <glossterm>是一个与当前 <glossref>中字符串有相同值的字符串”(始于文件中标记为 <glossref>的链接就能在词汇表中定位相匹配的定义)。

XPath 是基于文件结构而不是内容的,只能用于表示文件中作为文件树节点的位置。但是有时不仅需要定位节点,还要定位文件中其他的位置。XPointer 的开发就是要满足这些需要,尤其是链接的需要。

### 3. Xpointer:XML 指针语言

Xpointer,或称为 XML 指针语言,是 XML 技术的最新成员。它最初的设计是为了能链接到 XML 文件(或其内部解析实体)中的任何点和范围,而无论它是否是文件树上的节点。W3C XPoint 建议明确定义点是“XML 信息中的一点”,范围是“两点之间所有的 XML 信息”。XPointer 用位置一词泛泛地指点、范围或节点,并能定位这三种位置中的任何一种。(XPath 只能定位节点。)XPointer 语句在文件(称为资源)中定位的对象成为一个子资源,子资源可以跟一个点一样小或跟两个点间的任意范围一样大,而这个范围可能包括许多节点(例如,整章或被强调文字的范围),或者甚至是一组点、范围和节点。

XPointer 是为用于统一资源标识符(URI)的参考文献而专门设计的。为此 XPointer 使用了子序列,它们是一些被斜线符号分隔的整数,每个整数指明当前元素的哪一个子元素应该被紧接着定位(按“文件顺序”)。因此“/3/1/2”指的是当前元素的第三个子元素下的第一个子元素之下的第二个子元素。除此之外,XPointer 也能计算文中的字符(忽略其中的所有标记),因此能指向极其精确的位置。这样 XPointer 能指定文件中任意的字符串(而 XPath 的字符串值只能是元素中完整的被标记的内容),其范围不受文件结构(节点出现在什么地方)的限制,用户可以“抽出”由 XPointer 所描述的任意范围的内容。(**注意:**“文件顺序”不一定与“显示顺序”相同,如果有一个从右往左读的阿拉伯词被一份英文文件引用,屏幕上显示的文件顺序就是“阅读顺序”,而不是简单的从左往右的顺序。)

XPointer 所指向的路径不一定要真实存在,这使得在现实中 XPointer 是很实用的。如果 XPointer 处理器不能找到由特定的 XPointer 指定的子资源,它将移向下一个 XPointer 而不会停滞(并且它可能不会也可能会给出“找不到子资源”的信息)。在实际中可以用“指向 X,但如果找不到 X,试着指向 Y”这样的表达提供 XPointer 的多种选项。

## 3.3.6 元数据

XLink 能够链接文件,XSLT 能够实现转换,XSL-FO 能够规定外观。但若能基于标记和被标记内容之外的信息来链接文件、转换文件或确定文件的样式,那也是极有用的。关于内容和内容标记的信息称为元数据。

元数据能够在多方面加强内容或标记:

**标识** 这也许是元数据最普遍的用途。标识经常通过插入简单唯一的数字 ID 作为文件的属性来实现。例如,会员名录可能要区分多个玛丽·史密斯(Mary Smith),所以当这个名字出现在管理委员会的会员表上时,会链接到特定者的相关信息。XML 文件可能使用她的会员号:<member ID = “3982-98182”>Mary Smith </member>。会员号不会出现在显示信息中,作为元数据,它在台后工作,以明确区分各个成员。

**分类** 将信息分类经常会有很大用处。玛丽·史密斯所在的组织可能会根据成员的身份、所属委员会和其他方面来对成员进行分类。在这种情况下经常有固定的选项(会员身份可能是“现任”(new)、“前任”(former)、“在职”(active)或“退休”(retired);委员会可能只有 6 个),通过使用元数据,XML 能确保只使用并正确地使用这些选项。因此,关于玛丽·史密斯的信息输入可能是 <member ID = “3982-98182” status = “active” comm = “Rules”>Mary Smith </member>。尽管关于身份和委员会的元数据不是标记内容的一部分,但可以被 XML 使用(通过 XSL 和 XSLT)。这样,由 XML 制作出来的名录能删去身份为“前任”的成员,并在输入玛丽·史密斯时在正确的地方插入“管理委员会”。

**描述** 描述元数据通常比分类元数据更加不受限制和非结构化,虽然上例中的分类元数据是受约束的(只有某些术语可用,且要用专门的方式表述),但是通过元数据获取任何有用的信息都是可能的。例如,使用会员名录的人想知道玛丽·史密斯的兴趣爱好和专业领域。她输入的会员信息可能包括:expertise =“children’s literature, picture books, Sendak, Burkert”和“interests =“painting, photography, scuba diving, chocolate”。事先确定兴趣和专业领域并将其分类是不可能和愚蠢的,因为这会限制所包含的内容。而 XML(优于大多数专有格式)的巨大优势之一是能为所有的信息,甚至是暂无确定用途的信息提供“存储空间”。

**文件记录** 元数据不仅能包括关于内容本身的信息,还能包括开发和管理内容的过程信息。它常被用于记录内容是何时获取,何时更新,谁进行修改,用于何处,在哪里发表等。尽管出版商通常将这些信息保存在元数据库中(或作为注释放在手稿和校样的边缘),XML 能将这些信息就存放在 XML 文件中,而不是在 XML 文件之外的某个地方。期刊出版商可能要跟踪文章是什么时候收稿的、什么时候被发给同行进行评议、什么时候被接受出版,而这样的信息作为元数据可以包含在这篇期刊文章的 XML 文件中。对于给定的数据,教材出版商可能想跟踪从哪里获取,有哪些许可,为出版进行了怎样的改动以及被用在哪些书中等问题。上文例中,组织出版会员名录可能要知道玛丽·史密斯什么时候成为会员,什么时候加入管理委员会以及她的兴趣和专长最近什么时候有了变化等信息。所有这些信息都可以作为元数据包含在 XML 文件中。

将元数据存放在 XML 文件中会很有用,而将它单独存放同样有用。如果将上文例子中所有的元数据都包含在所有出现玛丽·史密斯名字的地方,会十分拙劣和难于管理。但只要明确定位(此时通过使用 ID 属性),其他元数据就可以被保存在别的地方。这种做法通常是最好的:在一个地方保存那些信息要容易得多,这样的地方通常是单独的 XML 文件或是可从中获取相关信息的数据库。一个单独的文件能够包含关于玛丽·史密斯的丰富信息,其中任何部分对于给定的实例来说都是有用的。因为需要新的信息、需要新的有用分类、需要记录更多的活动,元数据也会随着时间改变。保持单一的、维护良好的元数据文件或数据库是方便和必要的。

### 1. RDF:资源描述框架

出版商需要用各种方式使用元数据来有效地描述信息,以达到对每组信息和每条信息的最佳使用。例如,可能需要使用一些关于书籍销售的元数据

(精装书和平装书、书的开本和重量、页数、甚至一箱适合装多少本书),也需要使用一些关于编辑信息的其他元数据(比如记录作者、编辑、插图画家以及他们在何时做了什么)。会员组织可能需要有关成员信息的元数据(如身份、加入时间、所属委员会、会员 ID)。但是,元数据的关键目的不是在组织内跟踪这些信息,而是与其他的组织或个体用户交换信息。书籍出版商需要将相关售书信息传给书店和分销商,会员组织需要使用这些会员元数据来更好地与成员和其他关注本组织的人交流。这就导致了一个明显的问题:特定的组织需要能够灵活地采取任何对它们来说最合适的方式定义元数据,而组织之外的用户需要正确地找到和解释元数据。如果不知道出版商元数据的编码方式,售书商就无法找到关于某书重量的信息(用于计算运输成本)。如果不知道另一个组织元数据的编码方式,一个推销邮寄名单的组织就无法找到仍然在职的人或者某些委员会的成员。

W3C 开发了 RDF 资源描述框架为这种元数据交换提供平台。它由语法(在 1999 作为建议推出)和模式(在写这本书时仍是一个工作草案)构成。在万维网上能获取的任何资源(任何能被 URI 定位的东西、文件或文件的一部分)都能用 RDF 描述。正像 XML 只管如何详述节点而并不指定某一套节点一样,RDF 不是"通用元数据集",而是构造某套特定元数据的方式。在 RDF 中,每个资源有几个属性,这些属性又各自有值。(严格地说,属性也是资源,因为它们本身也有属性)。这些都在声明中被描述,而声明由一个谓词(属性),一个主题(资源),和一个对象(另一个资源或一个原义的值)组成。

以本书为例,资源可能是电子版的万维网地址,该资源的 RDF 属性之一是"title",title 的值为"The Columbia Guide to Digtal Publishing"。因此,一项 RDF 声明可能是"这本在线版图书(资源)"有一个叫"哥伦比亚数字出版导论(对象的,即属性的值) 的标题(资源的属性)"。这个资源的另一个属性是本章("本书[资源]有一章[属性]是'第 3 章'[对象,值] "),这一章本身也是一个资源,属性之一是它的标题,标题的值是"标记:XML 和相关技术"("这一章[资源]有一个标题[属性]是"标记:XML 和相关技术"[对象,值] ")。资源描述框架只是为组织属性提供通用的语法,并不规定这些属性必须是什么或它们的值必须是什么。给任何特定的信息指定属性的工作由该信息特定的模式完成,而属性的值由使用模式的具体实例决定。

特殊的属性集合是通过名域[3.3.2.6]定位的,这使得各个团体都能定义和分享标准属性集。(下文中有一些用于出版的标准属性集例子。)例如,都柏林核心[3.3.6.3.1]定义了对图书馆和出版商来说很重要的元数据(用像<dc:title><dc:contributor><dc:subject>这样的属性),ONIX[3.3.6.3.2]定义了对图书销售很重要的元数据(用像<Number OfPages><Weight><PackQuantity>这样的属性)。因为有些属性可以有多个值,比如这本书有多个<dc:contributor>(作者),RDF 提供了组织这种组合的三种不同方式。<Bag>是一个简单的集合,与元素的顺序无关;在 sequence(<Seq>)中同顺序有关的;<Alt>描述的是元素之间可以相互替代的集合(比如用三种语言表达的同一内容)。集合中的属性或值能被赋予唯一的名称或 ID,这样它们能一起而不是单个地被描述。

### 2. XMP:可扩展元数据平台(Extensible Metadata Platform)

2001 年秋天 Adobe 系统公司公布了 RDF 的一项重要应用,能使 XML 元数据嵌套在应用文件中。Adobe 将这个可扩展元数据平台(XMP)作为开源软件发布,开发者可以免费获取。虽然,应用文件(被文字处理程序、页面排版软件和图形处理程序等软件使用的文件)是二进制文件且只能被相关程序使用,XMP 却能使其包含 XML 元数据,并能用于任何可以使用 XMP 并支持 XML 应用软件。可扩展元数据平台可以支持用任意模式定义的、用 RDF 语法描述的元数据。XMP 最初被包含在 Adobe 的 Acrobat,InDesign 和 Illustrator 产品中,但最终会被包含在 Adobe 的所有产品以及许多其他面向出版的软件程序中。出版商拥有这样的能力,就能将创作和修订信息包含进页面排版文件中,将创作和许可信息包含进插图文件中,事实上可以包含任何需要的元数据,无论是为了身份识别、分类、描述还是文件记录。这种元数据可以被其他支持 XMP 的软件共享,并能在 XML 文件中引用或嵌入 XML 文件,结果极大地简化了编辑、生产以及出版信息的使用和互换过程。

### 3. 出版中的元数据词汇表

元数据的重要用途之一是促进信息和内容的互换,许多专用元数据词汇表已经被开发出来并作为标准发行。有时,这些词汇表是以名域[3.3.2.6]发行的,主要用于提供普遍可获取的标记,出版商可以通过引用将这个标记包含到他们的 XML 文件中。都柏林核心[3.3.6.3.1]是广泛应用的元数据词汇表的实例,起源于图书馆领域。它在开放电子书出版结构[11.6]中被用做元数据以描述电子书及其组成文件。其他情况下,元数据词汇表已经被开发应用于具体的商业目的。例如,ONIX[3.3.6.3.2]是一组可获取可选择的促进书籍销售的元数据；另一方面，CrosRef[3.3.6.3.3]要求出版商提供某些元数据后加入 CrosRef 系统。以上每种情况都提供了元数据如何在数字时代出版中被应用的例子。

(1) 都柏林核心(Dublin Core)。都柏林核心元数据促进会(DCMI, http://www.dublincore.org)是一个全球的跨学科的组织(第一次研讨会在1995年于俄亥俄州都柏林举行)，其任务是促进元数据标准和专业元数据词汇表的发展。迄今它最重大的贡献是创建了(连同它对 RDF[3.3.6.1]发展的影响)都柏林核心元数据集(Dublin Core Metadata Element Set, DCMES)，这是像卡片目录一样的一套"核心属性"，在描述信息资源中很有用。尽管都柏林核心集常被认为是面向图书馆的，核心集的元素是与各种信息提供者和信息用户相关并为之设计的，而且，都柏林核心集的元数据主要在万维网上使用，但它是为包括印刷媒体在内的任意媒体而设计的。

都柏林核心集共有15个元素。它们是非常基本的，但提供了有效的方式来消除与常用标记名联系的不确定性。例如，标记 <title> 可能指的是书的标题，书中一章的标题，一段的小标题，甚至是一个人的头衔(如 <title> Queen </title><name> Elizabeth </name>, <title> Dr </title><name> Caligari </name>)。都柏林核心集使出版商能够约定某一个"title"(具体地 <dc:title> 意味着"在都柏林核心集名域意义上所指的标题")是用于正式命名这个资源的名称(此时可能是书的标题，而不是也能定位此书的一个文件名或一个 URI 或一个 ISBN)。都柏林核心集的其他属性如"定位符"，被用于像 URI、DIO 或 ISBN 这样的 ID 中；"描述"被用于摘要、目录甚至是一个文件外的资源描述；"主题"一般是用于描述资源的关键词集合。同样，都柏林核心集提供了明确的方式来指明"出版商"、"创作者"(可能是作者、插图画家、作曲家或者是机构或组织，而不一定是它的出版商)和"撰稿人"(像本书中的章作者)。

由于这些核心属性具有普遍的用途，都柏林核心集名域[3.3.2.6](xmlns:dc = http://purl.org/dc/elements/1.1)得到出版商的广泛使用，经常与其他更专业的元数据词汇表结合使用。在数字出版中它最重要的应用之一是作为"包裹文件"元数据的基础。开放电子书出版结构(OeBPS)详细规定了"包裹文件"，指定了所有文件以及 OeB 出版物提供的其他文件。整套都柏林核心元数据被包含在 OeBPS 中，通过两种方式得到了加强：附加属性，如"role"属性被附加在 <dc:creator> 和 <dc:contributor> 上(可以详细说明作者、编辑和插图画家),又如“event”属性,被加在<dc:date>上(这样能区别不同的日期如创作的、出版的、修订的日期等);附加元素<x-metadata>,用于都柏林核心集之外的元数据(比如价格)。

(2) ONIX。ONIX 首先是作为为书籍销售设计的丰富的元数据词汇表,从三个不同又相关的计划中产生。ONIX 第一版是在 1999 年由美国出版商协会(the Association of American Publishers,AAP)开发,于 2001 年 1 月发行,起初是为了向互联网出版商提供印刷书籍的信息。同时,英国书业通讯委员会(Book Industry Communication,BIC)为书籍零售扩展了他们的 BIC Basic 数据元素集。而在国际上,BDItEUR 为书籍销售的贸易和生产信息开发了 EPICS 数据词典。2000 年,这三个计划导致了 ONIX2.0 的发行,能用于以传统方式或在万维网上销售的印刷和电子书籍。ONIX 是由国际程序组管理并由 EDItEUR 维护的标准。

ONIX 提供了庞大的元素集,可以用多种方式来描述书籍。为使用 XML 和非 XML 数据库而设计,ONIX 为数百种可能的元数据元素指定了一般英文名称(如<NumberOfPages>)和简明标记(如<b061>)。这些元素能被分成不同的组别,如产品号码(如<ISBN><DOI><UPC>和<PublisherProductNo>)、电子出版物信息(如<EpubFormat>)、标题(15 种可能的标题标记)和作者身份(21 个标记)、“范围和其他内容”(如<NumberOfPages>和<NumberOfIllustrations>)、主题(25 个标记)、观众(如<USSchoolGrades>和<InterestAge>、出版商信息(16 个标记)、出版日期、版权信息,大小(如<Height><Width><Thickness><Weight>)、相关产品信息、供应商信息(如<MimimumOrderQuantity>和<DiscountPercent>)、促销信息等。尽管出版商可能不愿意根据 ONIX 来修改他们的产品和销售数据库,但 ONIX 是非常有用的元数据词汇表,使用它可以与其他人交流信息,而且它十分全面,因此几乎所有出版商的数据都能利用 ONIX 来显示。

(3) CrossRef。元数据是 CrossRef(http://crossref.org)的核心。CrossRef 是由一组国际 STM(科学、技术和医学)出版商创建的协作引用链接服务中心,其目的是为了使期刊文章和其他出版物的读者能从出版商的文章引文链接到被援引的出版物。CrossRef 的第一个主要用途是数字产品的标识(DOI[15.4.2])。当出版商加入 CrossRef 时(按规模交费)会提交头标(header),主要由包含出版商所提供的文章链接的元数据构成。CrossRef 服务中心为文章注册并保留一个“元数据数据库”对其进行定位。

出版商提交被恰当标记的期刊文章的引用信息，CrossRef 在数据库中搜索到合适的 DOI 然后返还引用信息，这样出版商就能将所返还的信息作为链接嵌入在线出版物中。

期刊发行后，当在线读者点击被链接的引用时，CrossRef 服务中心会将他带到由被引出版物的出版商所指定的 URI。这个 URI 的功能完全取决于出版商，它能提供被援引文章的路径，能提供摘要，在获取全文时要求提供密码或其他订阅证明，或者它能提供以上几种和其他的阅读或购买选项。（尽管 CrossRef 由 STM 期刊主导，最近通过扩展，可以适用于会议记录以及工具书出版。）

每篇文章的 CrossRef 元数据由 XML DTD 指定，最近已被更新为模式。某些元数据是必需的，如期刊名、ISSN、出版年份、数量和期数、第一作者、页数、DOI 以及这篇文章所引用文献指向的 URI。此外，出版商有可能会提交其他元数据帮助用户定位这些文章。例如，除了（有必要）列出第一作者外，出版商可能也会提供论文的其他作者，并区别他们的姓氏，就像以下这样的例子：

```
<author sequence = "first">
<given_name>Charles F. </given_name>
<surname>Goldfarb </surname>
</author>
<author sequence = "additional">
<given_name>Ed </given_name>
<surname>Mosher </surname>
</author>
<author sequence = "additional">
<given_name>Ray </given_name>
<surname>Lorie </surname>
</author>
```

尽管标记的丰富性对创作和编辑来说是一种负担（除非更广泛地使用让标记简化或自动化的系统），但是通过标记得到的优势对出版商和读者仍然有很大的价值。尽管一眼看来元数据可能是个负担或麻烦，但从长期来看，它会给数字时代的出版物带来巨大的价值。（在内容管理一章会提供关于 CrossRef[4.5.5.1] 和 Linking in general[4.5] 的更详细的讨论。）

## §3.4

## 交流、配合、协作

标记最终是关于交流、合作和协作的,它有助于信息分享,有助于克服阻碍进步的竞争障碍,也有助于用有意义的多产的方式协同工作。

过去的标记模式是私人的和专有的,是一种将交流、合作、协作局限于封闭团体的成员之间的方式。在数字时代,标记最引人注目的地方在于打破了过去的障碍。目前的合作程度是空前高的。现在,竞争者可以合作制定共同的解决方案。有了智能的和可用的标记使用标准,尤其是有了 XML 技术家族,我们不仅可以受益于即时的和具体的合作,而且能将这种合作延至子孙后代。

作者想要感谢图书与期刊印制服务公司电子出版部门的职员,尤其是大卫·尼尔森(David Nelson)和大卫·尼亚嘎斯(David Niergarth),是他们教会了作者关于标记语言的大部分知识,并在与作本章时提供了宝贵建议。也非常感谢开放电子书系统(Open Book Systems)的劳拉·菲尔墨(Laura Fillmore)和她的职员,她是本书内容管理系统一章的作者,撰写了关于 HTML 的大部分内容。

**参考文献:**

Adobe Systems Incorporated. "eXentsible Metadata Platform (XMP)." 2002. http://www.adobe.com:80/products/xmp/mail.html

Bradley, Neil. *The XML Companion*, 3d ed. Harlow, England: Addison-Wesley, 2001. http://www.bardley.co.uk

Coombs, James S. Allen, H. Renear, and Steven J. DeRose. "Markup System and the Future of Scholarly Text Processing." Communications of the Association for Computing Machinery 30 no. II (1987): 933-947. http://doi.acm.org/10.1145/32206.32209

Cover, Robin. "The Cover Pages: Online Resource for Markup Technologies." Oasis, 2002. http://www.oasis-open.org/cover/sgml-xml.html

DeRose, Steven J., David Durand, Elli Mylonas, and Allan H. Renear. "What is Text, Really?" Reprinted with commentary in ACM Journal of Computer Documentation 21, no. 3 (August 1997). http://doi.acm.org/10.1145/264842.264843

Dodds, Leigh. "Elcetic: The XML-DEV weblog." http://weblogs.userland.com/eclectic/

Editeur, "ONIX Product Information Standards." 2002. http://www.editeur.org/

Flynn, Peter, ed. "The XML FAQ." http://www.ucc.ie/xml/faq.xml

Garshol, Lars Marius. *Definitive XML Application Development*. Upper Saddle River, N. J.: Prentice Hall PTR, 2000. http://www.phptr.com

Gillam, Richard. *Unicode Demystified: A Practical Programmer's Guide to the Encoding Standard*. Harlow, England: Addison-Wesley, 2002.

Ginsparg, Paul. "Creating a global knowledge network". Paper presented at the Second Joint ICSU Press-UNESCO Expert Conference on Electronic Publishing in Science, UNESCO HQ, Paris. February 20, 2001. http://arXiv.org/blurb/pgolunesco.html

Goldfarb, Charles F. "XML Times." 2002. http://www.xmltimes.com

Graham, Ian S., and Liam Quin. *XML Specification Guide*. New York: John Wiley & Sons, 1999. http://www.wiley.com/compbooks/graham-quin

Graham, Tony. Unicode: A Primer. Foster City, Calif: M & T Books, 2000. http://mulberrytech.com/unicode/primer

Harold, Elliotte Rusty, and W. Scott Means. *XML in a Nutshell*, 2d ed. O'Reilly, 2002.

Harold, Elliotte Rusty. "Café con Leche XML News and Resource." 2002. http://www.ibiblio.org/xml/

Kay, Michael. *XSLT Programmer's Reference*, 2d ed. Birmingham, U. K. >: Wrox Press, 2001. http://www.wrox.com

Kennedy, Dianne. "ISO 12083 Information." XMLXperts. http://www.xmlxperts.com/12083.htm

Mulberry Technologies. "XSL-List-Open Forum on XSL." http://www.mulberrytech.com/xsl/xsl-list/

Oasis Technical Committee. "RELAX NG" 2002. http://www.oasis-open.org/committees/relax-ng/

Open eBook Forum. "Open eBook Publication Structure Specification." 2002. http://www.openebook.org/oebps/index.htm

Ray, Erik T. *Learning XML*. Sebastopol, Calif.: O'Reilly Associates, Inc, 2001. http://oreilly.com/

Tennison, Jeni. XSLT and Xpath on the Edge. New York: Hungry Minds/M & T Books, 2001. http://www.jenitennison.com

Text Encoding Initiative. *Web site*. TEI Consortium. 2002 http://www.tei-c.org/

Unicode Consortium, *The. The Unicode Standard*, Version 3.0. Reading, Mass.: Addison-Wesley, 2000. http://www.unicode.org

World Wide Web Consortium (W3C). "W3C Technical Reports and Pubilcations." 2002. http://www.w3.org/TR/

XML.com. "XML from the Inside Out." O'Reilly. 2002. http://www.xml.com

XMLHack.com. "Developer news from the XML community." 2002. http://www.xmlhack.com

# 4 组织、编辑和链接

约翰·斯隽齐(John Strange)

内容的生产和分销是出版商肩负的重要功能中最重要的两个。历史上,这些出版商的功能仅与如何生产和分销纸质书籍、杂志和期刊相关。但是,自20世纪90年代中期以来,出版商们意识到为了满足电子出版的要求,他们需要从根本上对出版过程进行反思。在满足传统出版要求的前提下,也需要满足新增的电子出版要求,其内容必须通过电子方式——通常是通过网络可以获得的。电子出版必须一直高水平地与书籍同步出版,或者甚至更早出版,同时它必须最大限度地提供各种功能——这常常意味着内部和外部链接,有时还包括印刷品所没有的内容的链接。当然,所有这一切都应当在最大限度地降低出版成本的前提下来完成。

## §4.1 回顾:从传统出版到电子出版的转型

我们可以清楚地看到从单一的纸质出版到纸质出版和电子出版并行的转变过程中经历的两个不同阶段。

在第一阶段,电子出版被视为传统出版过程的附属品,通常要在书刊出版后才进行。内容制作出版的程序仍然一如其旧,但在印刷要求满足以后,这些"纸质"文件就会以PDF形式或XML形式进行数字化,然后进入分销流通环节。

在第二阶段,向电子出版转型的更成熟的阶段,纸质版本与电子版本不再被严格区分开来。电子出版是出版物整体的一部分,这一整体包含纸质出版物,但它不再是出版过程的中心了。这一变化需要对出版商的出版过程进行根本性的流程再造。电子生产方式必须被引入生产流程中以确保内容从产生到分销都以电子化的方式处理。于是内容的组织变得尤为重要:它必须在满足传统出版要求(如校对等)的同时满足发行该内容的纸质和电子版本的要求。

除了迫使出版流程进行深远的变革以外,数字出版所提供的机会也将改变传统的出版模式。

## §4.2 组织内容

XML 使电脑生成数据、阅读数据变得容易,并且保证数据的结构清晰。

XML 的十项特点见 W3C 通信小组 http://www.w3.org/XML/1999/XML-in-10-points

完整的电子出版过程需要组织良好的内容。在出版过程中,内容越早组织好就对出版商越有利。在有关标记章节详细讨论过的标记方法中,XML 是一套标记文件语义结构的国际标准和组织内容的工业标准。

### 4.2.1 电子出版过程中的XML

在出版过程中有两种常用的 XML 模式。它们与上一节描述的从传统到电子出版的转型过程中出现的两个阶段相一致。

#### 1. XML-out

第一个模式是 XML-out。在这种模式中,生产过程遵循传统的印刷出版工作流程,XML 是这一过程的结果,内容作为字处理文件或硬拷贝被送给排版工作人员,后者将之输入或键入排字系统,之后 PostScript 文件、PDF 文件、胶片或照排稿(Camera-Ready Copy,CRC)就生成了。以 XML 方式存在的组织良好的内容,它的另一个产品是通过对排版文件的后转换过程(back-conversion)得到的。很多公司提供数据转化服务,以支持这个专业地将排版文件转化为有组织的 XML 内容的市场。要寻找数据转化专家的详细信息,可以从雅虎(http://www.yahoo.com)的"计算机软件 > 数据转换"开始。

XML-out 这一生产模式事实上利用了在 XML 产生之前的有组织的内容。譬如说:送往排字机进行分页的内容可以是编排恰当的微软 Word 文件,通过运用段落和字符样式,其文件的组织结构已经很明显了。常用的获得组织良好的字处理文件的方法是先将它们转化成适度结构化的格式,如富文本格式(Rich Text Format,RTF)。然而,字处理格式不是中立的标准,也不作为"将来经得起考验"的数字化生产过程来推荐。

## 2. XML-in

第二个模式是 XML-in 生产方式。在这个模式中,内容在生产过程中尽早地组织成 XML,或者从一开始就将 XML 纳入生产体系。在一些只有有限的内容创作者的行业(例如技术文件出版领域)中,它可以通过向作者提供合适的软件或模板来让作者组织内容。在 http://www.xml.com/pub/pt/3 上,可以找到大量的 XML 编辑器的名单。

但是,对于大多数出版商来说,要求作者运行 XML 编辑器来生成文件是不可能的,因而组织内容的责任落在了出版商的肩上。通常,作者的工作就是创造内容,而不是用 XML 来做标记。因此,作者应被允许用任何他或她愿意使用的文字处理软件来创造内容。为了将这些作者的文档转化为 XML 格式,可以利用某些应用软件来将未格式化的字处理文档转化成结构丰富的 XML 文件。一些出版商已经开发了他们自己的自动或半自动的解决方案,通过利用文字处理器的多种语言能力帮助完成这种转变。《哥伦比亚数字出版导论》一开始运用带有常用模板的微软 Word 软件,这些模板使得作者和编辑能运用 Word 的格式规范来标记文档。一种准定制(semicustom)的输出模式用于将内容转化为 XML 格式,之后它被上传给在线内容管理系统(这一过程的范例参见本书的在线版本)。

至于通过商业途径可以获得的 XML 标记工具,其中的一些已成为通用文字处理器的插件可以在 XML.com 上找到。相关的例子包括来自艾那瑞的 eXtyles(http://www.inera.com),Logictran XML converter(http://www.logictran.com/)和 Tagles Editor (http://www.i4i.com)。文字处理软件开发商也日渐意识到除了满足对文字处理软件的传统要求之外,还应该满足对组织良好的内容进行处理和标记的要求。微软 Word 的最新版本(从微软 Word 97 以来)利用编程语言 Visual Basic来解析和处理 XML 文档。它可以通过安装 MSXML 解析器来获得，这种解析器可从 http://www. microsoft. com/Xml 下载。Corel 的 WordPerfect9，根据其公开的材料，包含对 XML 的高级支持功能。

### 3. XML-in 与 XML-out 的益处

比起 XML-out 生产过程，XML-in 有更多的好处。如果 XML 文档在生产的早期就创造出来，那么这一文档可以同时成为印刷输出和电子输出的资源。在 XML-out 模式中，通过后转换产生的 XML 需要严格检测任何在转化过程中可能出现的错误，它往往是一个既费钱又费时的工作。在 XML-in 模式中，传统的校对过程是对 XML 完整性的检测(但不是完全有效)。

同时，如果能运用可识别 XML 的排版系统，那排字过程(传统上是生产过程中最昂贵的一部分)可以在很大程度上实现自动化。XML. com 的购买指南(http://www. xml. com/pub/pt/12)提供了一个支持 XML 的印刷生产系统的有用的目录。

尽早在生产过程中引进 XML 标记的另一个好处在于在线产品，如果有需要的话，能在更早的阶段产生。这允许作者在完成文字编辑工作之后(copyedited)在线检查原稿，当内容经过排版以后，这一阶段的勘误将减少校对环节的成本。HTML 校对阶段也允许检查文章中基于万维网的超链接。在 ETM 出版中，文章中的参考书目普遍地与在线引文数据库链接如[4.5.5]的参考书目链接。检查 HTML 校样的作者有机会检查任何由于引用细节上的错误而导致的不一致并更正它，从而提高了印刷出版物和电子出版物的质量。

## 4.2.2 选择DTD(文件类型定义)

当决定使用 XML 来组织内容时，最重要的决定可能是使用何种 DTD。DTD 决定了在标识文件中哪些因素能被确认：它明确指出所定义文件的结构。DTD 同样有助于确认文档中用一种叫"解析器"(Parser)的软件准确插入的标记，这种软件接收 XML 文档并与在 DTD 中定义的元素进行比较以确保在标识中没有错误。

DTD 通常是 SGML 的一部分，是 XML 的前兆。W3C：XML 模式[3.3.2.4]正在研发一种新方法，用以定义哪些因素在 XML 文件中能被允许使用。关于 XML 模式的规定以及配套模式和工具的介绍可查询http://

www.w3.org/xml/Schema。

### 1. 定制/基本 DTDs（Bespoke/Base DTDs）

在选择 DTD 时，通常有两种做法。

第一是创建一个 bespoke DTD 或者是一个 base DTD。这样做的好处是：可以定制 DTD 来适应内容，DTD 也可以根据所有者的需要更新或改变。任何有关 XML 的介绍性书籍都包括 DTD 编写技巧方面的内容。想要寻找与 XML 有关的书籍，不妨从奥雷利联合公司的 XML 门户网站（O'Reilly XML portal，http://xml.oreilly.com/）开始。XML.com 同时在 http://www.xml.com/pub/pt/13 上提供了一系列有关 XML 的书籍。（标识[3.3.2]章节深入探讨了开发 DTD 的问题。）

### 2. 标准 DTD

第二种选择是使用一群用户创建的标准 DTD，有时又叫做参考 DTD（reference DTD）。例如，DocBook DTD（http://www.oasis-open.org/docbook/）是标识书籍内容时常用的 DTD（它主要用于技术手册，尽管在实践中常常用来标识大规模的数据）。网站 http://www.xml.com/pub/rg/DTDs_Repositories 有助于搜寻各种主题的可获得的不受版权限制的或标准的 DTD。

运用标准 DTD 的好处在于通常总能找到可以处理用这种 DTD 标记的 XML 文档的软件。但是它也有弊端，即不能控制 DTD 的开发——在处理内容时，它不能够按照指定的规格来创建内容而不偏离标准，而且有可能打乱工作流程或软件的设置。关于标识的章节讨论了两种常见的标准 DTDs：TEI[3.3.2.3.2]和 ISO 12083[3.3.2.3.1]，是美国出版商协会（AAP）DTD 的后续产品。

作为电子期刊内容建档可行性研究的一部分，各种出版商 DTDs 的对比研究正在进行中。尽管报告仅限于组织期刊材料的 DTDs，它们的方法和许多发现可用于任何类型的内容。无论是创建 DTD，还是选择标准 DTD，建议阅读该报告，网页 http://www.diglib.org/preserve/ejp.htm 提供该报告可供阅读。

### 3. 粒度

粒度这个术语用于指 XML 文档的标识层次。例如，一篇学术期刊文章的参考书目只有开始和结束两个标志（这就是低粒度）；如果参考书目中的每个元素如作者、日期、期刊名称、卷数、页码都能确定，这就是高粒度。

当决定选取何种 DTD 时,要考虑的一个标准是正确标识内容需要何种程度的粒度及 DTD 允许何种程度的粒度。一些 DTDs 有可供选择的要素,也就是说,不需要用上所有可能的标签(尽管在需要的时候都可以使用)。

功能性粒度表示在 XML 文档中粒度的实用水平,是以 XML 文档最终的用途为基础的。例如,一些 STM 期刊出版商在其 XML 版期刊文章中仅为链接到期刊的参考文献做标记。然而,既然可以链接到会议录、书籍以及期刊(譬如通过交叉引用 CrossRef),而且越来越多的资源可以在网上获得,那么出版商也就需要开始给那些类型的参考源做标记,并考虑是不是值得重新给早期的材料加标签。

功能性粒度也可用于与内容标识符的运用相关的地方,如标识符是否要像指定主要文件一样指定像数字、图表等文件从属成分。与数字对象标识(DOIs)相关的功能性粒度的有关讨论参看网页 http://www.doi.org/handbook_2000/application.html#9.2 上的《DOI 手册》。

## §4.3

## 电子出版对传统出版发行模式的影响

学术期刊的出版很好地诠释了以下两件事情:首先,它显示了向电子出版模式转型是如何要求出版商通过生产过程来组织和结构化内容的;其次,它显示了电子出版模式是如何改变传统出版模式的。

### 4.3.1 案例分析:数字世界的期刊出版

20 世纪 90 年代中期以来,数字出版已经成为 STM 出版商期刊出版过程的组成部分。在这些年里,数字出版所提供的可能性已经深刻地改变了期刊的出版。

#### 1. 补充内容

数字出版已经导致学术期刊的基本单元,即期刊文章发生了变化。作者提交给出版机构的内容不再受印刷媒体表现力的限制了。作者渐渐会提供各种形式的仅供数字出版的补充内容,如声音文件、数据和动画等。有时,这些补充内容是通过原稿与外部网站进行链接的形式予以提供的(特别当内容是大量的数据或数据库时，尤其如此）。

更多情况下，补充内容是和原稿一起提供，和文章的电子版本一同在线出版。文章的印刷版本常常会包含一个解释性段落，说明可以获得怎样的补充内容以及获得该内容的地方。由于补充材料的所在位置不可能总是提前知道，从而反映在印刷版中会带来一些问题。解决这个问题的办法在于给补充内容指派一个数字对象标识符（参看电子权利管理[15]一章以获得有关 DOI 的详细信息）。DOI 可以在印刷版中用到，当内容出现在网上并且地址也明确之后，DOI 就可以与合适的 URL 一起更新了。

数字出版同时意味着那些以印刷方式出版的或许耗资较大的信息可以以最小的附加成本通过在线版本的形式出现在文章中了，这类信息包括大图表、附图、彩图等。有时只能以黑白色彩印刷的图像可以以彩色图像的形式在在线版本中出现。

**相关建议**

* 确保补充内容不偏离原稿主题。很多出版商建立跟踪体系仅仅是为处理主要内容。
* 确保内容能用于同行评议或其他编辑过程中（如果有必要）。补充内容常常遵循不标准的生产路径，缩短传统的生产和编辑过程，从而导致内容质量低下。
* 确保补充内容以连贯的方式命名。补充内容的文档名应基于其原稿文档的命名习惯。
* 如果补充内容是被当做本地应用（Native Application）文件格式接纳的（如 Photoshop 图像），将其转换成适合数字出版的合适的中立格式；如果内容不能转换成中立格式，必须在补充内容出版的地方提供察看内容的适当指导。
* 确保补充内容包括在任何上一级的数字档案中。数字档案可能不愿意接受本地应用文件，因为它们不保证能够适应未来。

### 2. 内容的分解

数字出版要求内容按逻辑单元组织、安排和处理。以这种方式组织内容的结果是一旦内容经过处理分解成了相应的逻辑单元，就可以在适当的阶段进行出版、内容重组以及交易了（如可以购买按次付费的在线访问权）。

这种分解出现在数字期刊出版领域。内容的印刷“载体”期刊单行本在在线版本中变得不太重要了。在印刷品生产中，文章以期刊的形式被定期收集和出版。这主要是出于经济和实用的原因，因为不可能将每一篇文章以印刷形式单独出版发行。

网络则不存在这些印刷出版过程中受到的限制。现在许多期刊出版商优化了数字出版流程，在印刷版问世前就提前以数字版本的形式出版单篇文章，通常这叫做基于文章的出版(article-based publishing)。因为内容是在文章的水平上处理和确认的，那么内容就可以以一篇文章为单位，而不是以一期杂志为单位来购买。这正验证了灵活的生产过程和组织良好的内容能够推动或者支持新的商业模式的理念。

这种出版模式产生了一些有趣的问题，比如这些没有在期刊中分页的文章是如何被作者引用的。传统上，引用期刊文章要注明期刊名称、出版年月、卷数和页码。一些期刊出版商现在利用 DOIs 来解决这个问题。(参看下文有关链接[4.5]的章节)。DOI 可以当做引用文献的确定方式包括在参考书目中。DOIs 还能解决和以文章为单位出版的文章进行链接的问题。当文章在印刷版期刊中分页出版后，与 DOI 相联系的 URL 就会更新，而任何与文章的预印版本相连接的 DOI 将自动更新来处理分页版本的文章。

**相关建议**

* 检查你的内容，考虑哪些单元的信息可以有效地分解并单独在网上出版。
* 确保标识符(如 DOIs)能够在合适的粒度水平上被指派。例如，如果你打算利用适当的访问控制机制在线逐一出版百科全书的词条，那每一个词条都必须指定标识符。
* 确保能以数字化的方式从上级内容中析出并显示每个内容单元。(如果以印刷品为基础的出版物以 PDF 的形式出现在网上，那些在页面中间开始和结束的内容单元如何显示?)
* 确保能够在每个单元的水平上创建链接，特别是单元之间的链接(如百科全书条目之间的链接)。
* 确保在线出版系统允许在单元水平上执行交易，如访问控制等。
* 确保能够将搜索机制限制在独立单元的水平上。(如对在线书籍“只搜索这一章”。)
* 要现实，不要为了分解而分解。如鲜有被证实确实有效的商业模式和技术模式能够胜任以章节为单位销售在线图书的任务。

数字出版也允许出版商创建“虚拟期刊”和杂志单行本。这可以通过汇集不同期刊和非期刊来源的文章来创建。虚拟期刊的例子可以参看《信号转换知识环境》(*Signal Transduction Knowledge Environment*)。

## §4.4

## 有关内容的信息:元数据

### 4.4.1 什么是元数据?它为什么重要?

元数据,根据对这个术语的标准定义,是“关于数据的数据”。图书馆卡片目录上的条目和电话本上的姓名就是元数据在现实生活中应用的范例。

这些例子说明了元数据的两个特点:第一,它们显示了元数据有多重要,并推论出创建这些有用的元数据有多重要;第二,它们展示了恐怕是元数据最显而易见的用途——寻找信息。

在元数据界,“寻找信息”常被称为资源发现(resource discovery)。资源是指元数据附属的东西,如卡片目录所描述的书籍。元数据使构成数字出版的许多其他必要功能,如生产数据跟踪(production tracking)、电子商务和权利管理[15]等得以实现。

在有关元数据的讨论中另一术语是资源描述,它是元数据的另一个表达法。这些术语综合起来形成了描述和分享元数据的新标准:资源描述框架(RDF),它将在下一章讨论到[4.4.3.1]。

运用元数据来寻找图书或电话号码是创建元数据的漫长过程的最后一个环节。在卡片目录被查询前或电话本被拿起前,元数据就应该被定义、组织、交换和解释。

### 4.4.2 定义元数据

为了创建附加在资源上的元数据,首先要定义元数据的参数。定义元数据意味着确定那些与要描述的资源相关的重要信息。当然,元数据的不同用户对于什么样的信息重要有着不同的判断,信息的重要与否取决于元数据的最终用途，这就是“元数据词汇表”的由来。

### 1. 元数据词汇表

元数据词汇表对于元数据使用者来说是十分重要的一组元数据元素。例如，都柏林核心元数据促进会（DCMI）以 DCMI 语言描述了一组 15 个元数据元素，提供了一个包含“描述”、“创建者”、“日期”等元素在内的描述“核心”信息属性的语义词汇表。相关信息见 http://dublincore.org/about/overview/。

### 2. 核心元数据

已经有很多元数据词汇表可以描绘文档的书目数据，如国会图书馆的机读编目（Machine-Readable Cataloging，简称 MARC）标准，文本编码规范（TEI，http://www.tei-c.org/）以及 EDItEUR 的在线信息交换（Online Information Exchange，简称 ONIX）标准。

每个词汇表针对不同的群体，并包含有自己独特的元数据元素。“核心”元数据即各个不同的词汇表都有的元数据元素。如果 3 个元数据词汇表中的任意一个都可以用一个维恩图（Venn Diagram）中的圆圈来表示，那么 3 个圆圈相交的部分就是核心元数据。在上文提到的 3 个例子中，每个词汇表都包含有文档标题、创建或出版日期、作者等元数据元素，这些就是核心元数据元素。

### 3. 元数据词汇表的相关举例

（1）DCMI。1995 年在俄亥俄州都柏林问世的 DCMI 是“旨在推广具备互操作性的元数据标准，并开发专门的元数据词汇表来描述信息资源，以实现更加智能化的信息发现系统”（http://dublincore.org/about/overview/）。

该计划定义了由 15 个元素组成的词汇表：都柏林核心元数据元素集（DCMES）。这些元素描绘了那些指派给电子（或物质）资源的核心元数据值。这 15 个元素是：标题、创建者、主题、描述、出版商、其他责任者、日期、类型、格式、标识符、来源、语言、关系、范围和权利。有关这些元素及其意义的更多详细信息参见有关标识［3.3.6.3.1］的章节，或登录 http://www.dublincore.org.documents/dces/。

因为简单易懂，都柏林核心元数据集成了元数据交换［4.4.3.2］的理想的元数据词汇表。

（2）ONIX。根据其网站，“ONIX 是以电子方式进行书业产品信息描述和交流的国际标准”（http://www.editeur.org/）。目前，ONIX 的主要用途是当元数据在出版商、批发商和零售商之间传递时,它帮助解码供应链各个环节的元数据。ONIX 包括 200 多个元素。不同于 DCMES,ONIX 交易数据必须以 XML 标记的方式进行编码。ONIX 同样将在有关标识的章节详细谈到。

(3) MARC。MARC 格式是“以机读方式来描述和交流参考书目及相关信息的标准”,包含地区、国家名和特殊字符等。

### 4.4.3 组织元数据

一旦元数据词汇表被定义,就必须以适当的方式来创建元数据记录。一些元数据词汇表特别为标识设定了编码,如 ONIX 规定必须使用 XML 来标识它的元数据记录。一开始,MARC 规定使用 ASCII 码记录结构,现在也可执行 SGML/XML。都柏林核心没有特定的编码模式,它可以以任何编码方式出现,如以 HTML <meta> 元素,或是常用的“名值对(field = value)”的形式,这取决于需要使用何种语言。

编码都柏林核心元数据记录的理想方式是 RDF 文本。

#### 1. 资源描述框架(RDF)

顾名思义,资源描述框架(RDF)是指用于描述和交换元数据的框架。我们应切记 RDF 只是一个单纯的描绘元数据的框架,不描述任何元数据元素。它正好和 DCMES 相反(因而也特别适合 DCMES)。都柏林核心定义了元数据词汇表,但没有定义框架。而 RDF 定义了框架,却没有定义词汇表。

因为 RDF 是以 XML 编码的,所以它是交换元数据的理想模式。RDF 同时可以通过在数据中嵌入 RDF 描述来实现数据的“自我描述”。通常认为 RDF 是用于描述文本内容的。登录 http://www.tasi.ac.uk/2000/09/rdfmeta/,可以阅读“用于自我描述图像的 RDF”,它生动有趣地介绍了如何利用 RDF 来创建自我描述图像。

#### 2. 元数据的交换

RDF 使用 XML,因此它是编码和交换元数据的理想模式。但它常需要从一种元数据词汇(如都柏林核心)转换成另一种元数据词汇(如 MARC)。两种元数据语言之间的映射常被称为“交叉(Crosswalks)”。在实际操作中,将一种元数据语言映射为另一种元数据语言与由一种 DTD 转化为另一种 DTD 没有什么区别。因为元数据语言词汇越来越多地使用 XML 编码，映射元数据词汇实际上就是从一种 DTD 到另一种 DTD 的转化。英国图书馆和信息网络办公室提供的"元数据格式间的映射"(http://www.ukoln.ac.uk/metadata/interoperability/)收集了最有用的元数据映射。

### 4.4.4 语义万维网

> 语义万维网的功能是一个包含文件或部分文件的网络，它清楚地描绘了事物间的关系，包含了能让我们的机器自动处理的语义信息。
>
> ——《万维网结构：描述和交换数据》：http://www.w3.org/1999/04/WebData

语义万维网的功能是组织恰当的内容和元数据的最终运用。目前主要的寻找信息的模式，是通过搜索引擎在浩如烟海的没有组织好的数据中寻找所要的内容。尽管搜索引擎的速度不慢，但实际上很难既快又准确地在网络上找到内容。

因为网络中的大部分内容没有包含组织好的元数据，网络搜索引擎不能限定搜索域，如搜索限制在文档标题里的特定词汇，或是搜索包含特定作者姓名的文档。这些正显示了机器可阅读数据和机器可理解数据的区别。网络上的每一个文档都是可机读的，也就是说是以数字化格式存在的，能被计算机应用程序处理。但它们不是机器可理解的数据，处理文档的计算机应用程序不能确定文章的逻辑组成部分以及文档是如何与另一个文档相关联的。

真正的数字出版不是简单地将文档数字化并将它们置于网络上，真正的数字出版是有关如何组织内容，确保它含有丰富的元数据，以及在内容与内容之间建立语义链接的问题。通过利用诸如 RDF、受控元数据词汇表等数字出版技术的最大潜力，语义网的前景已经清晰地展现了。

> 万维网最初是为人们的消费行为所创立的。尽管网上的一切都是机器可阅读的，但这些数据不是机器可理解的。RDF 是处理元数据的基础，它可以实现不同应用程序之间的互操作，这些程序用于在万维网上交换机器可理解的信息。
>
> ——《RDF 模型和语法规范》

# §4.5 链接

文件内或文件之间的超级链接是数字出版的主要特点之一。这种超级链接使用起来比较直接,避免了传统印刷出版物翻页或查找所造成的麻烦。它们还为引进三维或分层出版方式创造了机会,这样就可以同时看到一则信息及其上下文了。

## 4.5.1 文件内链接

文件内链接指的是与同一文件内各个部分之间的链接,这些链接包括数字、表格、标题以及引用之间的链接。对文件内这些类型的链接的标识有一套成熟完善的机制。SGML 与 XML 有 ID、IDREF 以及 IDREFS 属性类型。要在一个 SGML 或 XML 文件内建立链接,要具备下列条件:(熟悉 HTML 的读者知道这些 < A HREF > 标识)可能的目标必须被看做一个 XML 元素并给予一个唯一的 ID(身份)号码;在 XML 文件内的 ID 号码上的"有效限制"必须以一个字母开头。通常的做法是在一个文件内,表格用"T1"、"T2"、"T3"等标识,数字用"F1"、"F2"、"F3"等标识。XML 文件内的数字可以标识如下:

<flgure id = "f1" >… </flgure >

<flgure id = "f2" >… </flgure >

链接的出处必须被看做 XML 元素。这个链接元素必须有这样一个属性,这个属性在 DTD 中被定义为 IDREF 或 IDREFS 类型。如果被定义为 IDREF 类型,它只能含有一个链接目标;定义为 IDREFS 类型的元素允许含有多个链接。与上述例子中数字的链接可以编码如下:

See <link target = "f1" >flgure 1 </link >above

See <link target = "f1 f2" >flgure 1 and 2 </link >above

对于在 ID 值中所有带描述性前缀元素的链接中,这是一个通用的方法。另外一个通用的方法就是使得 < LINK > 标识具有 < LINK TYPE = "TABLE" > 这样的属性。对于每个链接目标的类型,许多出版社的 DTDS

都有特定的引用元素。例如："figref"和"tableref"分别指的是数字和表格引用。更多 SGML/XML 的链接会在本章标识[3.3.5]中详细介绍。

**相关建议**

* 保证正在使用的 DTD 具有足够的粒度来标识作为文件内 XML 元素的可能的链接目标（如数字、表格、引用和标题）。尽管并不一定具备 ID 属性，XML 元素也必须允许 ID 类型的属性。
* 对于有链接的文本，要确保 DTD 含有一个结束标识。有些 DTD 只允许空白标识（例如：SEE < LINK TARGET = "F1 F2" > FIGURES 1 AND 2 ABOVE）。其实这不是最好的，因为这个链接在 HTML 网页中或者最终在 XML 中很难计算应该在什么地方插入结束链接的标识。
* 保证 DTD 把链接元素（例如，标识链接出处的元素）定义为 IDREFS 以便在一个链接中不止包含一个目标。否则多重链接的标识就会有很多问题。例如，文本"见图 1-3"只能标识如下："SEE < LINK TARGET = 'F1' > FIGURES1 </LINK > < LINK TAEGET = 'F2' >-< LINK TARGET = 'F3' >3 </LINK >"。如果允许多重链接，文本可标识如下："SEE < LINK TARGET = 'F1 F2 F3' > FIGURES1-3 </LINK >"。
* 如果文本给出一组目标，则要保证每个链接目标标识清晰。例如：文本"就像最近的研究所表明的那样 < LINK TARGET = 'B1 B3 B5 B7 B8 B9 B10' >[1,3,5,7-10] </LINK >"。如果目标标识不清，那么就不可能为用户显示列有所有参考文献的弹出窗口了。
* 有些链接的表示更适合印刷媒体。例如，温哥华格式的引用上标的使用阅读起来就很困难，也很难在屏幕上点击查看。当翻译 XML 时，一种方法就是使用一个替代规范。例如，< LINK TARGET = "B1 B3" > < SUP >1,3 </SUP > </LINK >可用 < LINK TARGET = "B1 B3" > [1,3] </LINK >来代替。参考引用甚至还能在温哥华格式和哈佛格式之间转换。例如，< LINK TARGET = "B1B3" >[1,3] </LINK >可变成为 < LINK TARGET = "B1B3" >（SMITH 1990；JONES 1992）</LINK >来提高可辨度。相反，哈佛格式也可转换为温哥华格式来减少印刷空间。

### 4.5.2 跨文件链接

跨文件链接就是不同文件之间的链接。以下为跨文件链接的例子：

一本书中章节之间的链接[10]

从一篇文章到另一篇文章中的数字的链接(如[10]数字1所示)

一封信及其回信之间的链接

一篇发表了的文章和该文章的评论或勘误表之间的链接

在编码方面，跨文件链接要比文件内链接难得多。对文件内链接，辨认目标的方法很清楚。总的来说，文件内所有能被编码的东西都应包含尽可能多的信息，以便这些目标信息能够很容易地被找到。从出处到目标建立超链接机制将留给外部程序来完成。

对跨文件链接编码的方法是，除了使用文件命名规范外，还使用 ID 命名规范。例如，如果一本书中章节的命名方法为“CHAPTER_1. XML,”、“CHAPTER_2. XML,”等，ID 数字命名方法为：“F1”、“F2”、“F3”等，那么文本“SHOWN IN CHAPTER10, FIGURE 1”可按如下编码：<INTERLINK TARGET = “CHAPTER _ 10. XML # F1” > CHAPTER 10, FIGURE 1 </INTERLINK >。如果 DOI 以足够的粒度水平分配内容，那么这个链接就很容易用 DOI 号码编码为链接属性值。

**相关建议**

* 必要的话，使用文件命名和 ID 命名方法来指明链接目标，尽管这种链接的硬编码有缺点——比如文件名的任何变化都会使链接断裂。
* 尽可能多地把元数据编译进链接中。当指明链接目标时，可能会使用到 OpenURL 类型句法规则[4.5.5.3]。OpenURL 是为了建立链接而在 URL 中包裹元数据的事实标准。
* 考虑以足够的粒度水平分配 DOI，以方便跨文件之间的链接。

### 4.5.3 文件外链接

文件外链接指的是与文件外的文件或资源之间的链接，包括 URL、FTP 地址、DOIS 和电子邮箱地址。标识和创建这些链接的方法是很完善的。下面的描述来自 Whatis. com(http://whatis. techtarget. com/)：

### 1. URL(统一资源定位符)

URL……是访问互联网上的文件(或资源)的地址。资源类型取决于互联网应用协议。使用万维网协议和超文本传输协议(HTTP),该资源可能是一个HTML网页,一个图像文件,一个程序,如常用的网关界面应用程序或JAVA APPLET和HTTP支持的其他任何文件。URL包括进入这个资源所需要的协议名字,也就是识别互联网上某台计算机和这台计算机文件位置的分层描述的域名。

——http://searchnetworking.techtarget.com/sDefinition/o,,sid7_gci213251,oo.html

### 2. FTP(文件传输协议)

FTP是一个标准的互联网协议,是在互联网上不同计算机之间进行文件交换的最简单的方法。像超文本传输协议(HTTP,传输可显示网页和相关文件)和简易邮件传输协议(SMTP,传输电子邮件)一样,FTP是个应用协议,它使用互联网的TCP/IP协议。FTP通常用来由个人计算机向服务器上传网页文件,也可从服务器上下载程序和其他文件到个人计算机上。

——http://whatis.techtarget.com/Definition/o,sid_gci213976,oo.html

### 3. DOI(数字对象标识符)

DOI……是网络文件或其他互联网文件的一个永久性识别符。如果其网络地址有变化,用户可以根据它找到新的地址。你把DOI呈交给一个中央管理目录,然后使用这个目录的地址和DOI来代替常用互联网地址。这一DOI系统是由美国出版商协会及其合伙人国家研究促进公司共同设计的,现在由国际DOI机构来负责管理。从本质上来说,DOI系统是由中央管理器负责更改网页名称和地址的一套方案。

——http://searchnetworking.techtarget.com/sDefinition/o,,sid9_gci213897,oo.html

本章数字权利管理[15]部分对DOI有详细说明。

### 4. 电子邮件

电子邮件……通过远程通信对电脑存储的信息进行交换。……电子邮件信息通常以ASCII文本形式出现。然而,你也可以传送非文本文件,如图像和声音文件,不过它们通常都是作为附件用二进制流进行传送。电子邮件是互联网最早的应用之一,现在仍然使用最广泛。在互联网所传送的信息中,电子邮件占很大的比例。电子邮件还可以在在线服务用户和互联网之外的其他网络中公开地或秘密地传送。

——http://searchnetworking.techtarget.com/sDefinition/o,,sid7_gci212051,oo.html

### 4.5.4 文件外链接：建议

* 如果 URL 在文本中被引用，那它就不能用省略形式，如：www.yahoo.com 应改为 http://www.yahoo.com。
* 如果 DOIS 在文本中被引用，其前面应加前缀"doi"，如"doi:10.1046/j.14429993.2001.01130.x"。"doi"之间不应该有空格，"doi"的 DOI 号码是事实上的名域。

### 4.5.5 引用链接

引用全标识（如粒度）在内容以及在电子引文系统如何引用内容上，允许作者和出版商有更大的控制权。为了让出版商为其在线内容增值，一批允许直接访问主要资源（如交叉引用链接）的机制被开发出来，如链接到文章标题的文摘（如 PubMed、ISI）上，或选择性地链接到几个显示出来的内容中的一个（如 SFX，它使用 OpenURL 标准）。

**1. 交叉引用链接（CrossRef）**

"引用链接"是从在线文章中的引文到引用出处建立的链接。有关引用和引用链接的举例如下：

Iwamoto, k., Fukuda, H. & Sugiyama, M. (2001) "Elimination of POR expression correlates with red leaf formation in Amaranthus tricolor." The Plant Journal. 27, 275-284. [CrossRef: http://dx.doi.org/10.1046/j.1365-313x.2001.01082.x]

上述引用链接是通过 CrossRef 建立的，那是 2000 年 6 月发布的交叉引用链接合作服务项目。交叉引用的目的是方便建立从在线文章到被引用文章之间的链接。两年之后，CrossRef 的会员数量超过了 153 家，CrossRef 数据库从大约 6406 本杂志增加到 490 多万篇文章。CrossRef 数据库计划每年增加 50 多万篇文章。尽管最初 CrossRef 主要用来在杂志文章之间建立链接，但在 2002 年当它开始接受其他类型内容的元数据时，其范围就大大拓宽了，如书籍和会议记录等，它也可以用来在这些内容之间建立链接。

(1) CrossRef 是如何建立链接的。要加入 CrossRef,会员出版社必须为每篇在线出版的文章指定一个 DOI,然后所有会员社把文章的元数据与它们的 DOIs 一起呈交给中央 CrossRef 数据库。一旦递交了元数据,每个会员社就可以对他们出版物中的被引用文献提出交叉引用链接的要求了。CrossRef 包含所有会员出版社的元数据。当 CrossRef 的一个条目与被请求的引文匹配时,一个 DOI 就会被返回来与之建立链接。

(2) CrossRef 的链接要求。对于要加入 CrossRef 的出版社来说,他们必须以两种方法组织和构建他们的内容。

首先,必须保证获取所出版文章的元数据以便提交给 CrossRef。CrossRef 对元数据的要求是非常标准的。例如,对于杂志文章,应提交下列元数据:文章标题、作者、杂志名称、杂志字体、电子书号、发行日期、发行量、期刊号以及页数(如果有的情况下)。

其次,出版社应该详尽标识引文,以便在被请求交叉链接的时候能够从数据库中找到该引文(接收请求并从数据库中反馈标识符的应用程序通常被认为是"引用分解器")。通常作者的名字、杂志名称、发行年份、发行量以及页数会在引文的 XML 版本里标出。

如果引文中的每个重要元素都用 XML 标签标出,那么就很容易建立引文的查询字串并在在线书目数据库中查找。有可能只标识引文的起始与结尾,而把引文内容留作未标识文本。然后这个未标识文本由独立的解析应用程序处理,进行语法分析以后将它分解成逻辑单元并创建查询串。这种方法的支持者声称这可以节省 XML 全标识的花费。然而,这并不是一个好的长期有效的方法。因为未标识的文件本身就意味着每个要进入文件的外部程序都必须是智能化的,这不可避免地会造成麻烦、额外成本、不连贯等问题。如果 XML 文件中存在标识,那么处理它们的应用程序就更加省力,而且连续性更容易得到保证。

(3) CrossRef 过程是如何工作的。一旦被确认,每个引文的重要信息就会被转换成与链接数据库相联系的合适的查询串。如为了对 CrossRef 数据库提问,需要创建下列查询串:

|ISN|TTL|NAM|VID|IID|PID|YNO|TYP|KEY |NOI

其中

ISN = ISSN 书号

TTL = 杂志名称或缩写(如果 ISSN 没用,那么具备此项)

NAM = 第一作者名(可留空格)

VID = 发行量(通常是数字)

IID = 刊号(通常是数字)

PID = 页数(通常是数字)

YNO = 年份

TYP = 资源类型(可留空格)

KEY = 用户供应链

DOI = 数字目标识别符

为了保证只有一个识别符被返回,CrossRef 分解器目前需要 3 个强制栏(ISN 和/或 TTL,VID,PID)。请注意对于没标发行量的书籍,要用 YNO 代替 VID。还要注意目前 TTL 栏被认为要么是一个杂志的缩写,要么是一个全标。

一篇杂志文章的 CrossRef 查询示例如下:

|Australian Journal of Earth Sciences|Bourman|46|4|523|1999||b5|

CrossRef 数据库接收这些信息,把查询分解成不同部分,再对数据库内容进行查询,如果找到匹配的内容,这个查询就会带着恰当的信息返回。

14400952,08120099|Australian Journal of Earth Sciences|Bourman|46|4|523|1999|full_text|b5|10. 1046/j. 1440-0952. 1999. 00720. x

回复的最后一项就是文章的 DOI 号码,这又能通过附加一个标准 DOI URL 项,也就是 http://dx. doi. org/10. 1046/j. 1440-0952. 1999. 00720. x. 来创建对文章的链接。

有关 CrossRef 引用分解器详情见 http://www. crossref. org/。

### 2. 摘要服务

在使用重要在线材料之前,内容集成商提供了一种查询和显示杂志文章摘要的机制。随着元数据由于使用附加分类项(如 PubMed 的 MESH headings)而功能更加强大,那些继承商继续提供有价值的研究工具。在将引用参考文献转换成摘要的机制方面,它与 CrossRef 的运行方法很相似。国家医学图书馆的 PubMed 服务的详细信息见 http://www. ncbi. nlm. nih. gov/pubmed/citmatchlink. html。

### 3. OpenuRL

因为有很多在某一特定环境下获取特定内容的方法,所以给用户一些方法进行选择是很有帮助的,这就是通常所指的"恰当拷贝(appropriate copy)"问题。如,一个用户在一所大学图书馆点击了一个链接进入了一个出版社的网址,在那里他发现他所要的文章必须购买才能获得,而那个网站没有对用户说明那篇文章图书馆已经购买了,并可通过另一不同路径免费获得,那么问题就出现了。

OpenURL 被定义为"一种使得信息目标的上下文敏感链接服务得以实现的互操作协议"(http://edina. ed. ac. uk/projects/joinup/seminardocs/jennywalker. html)。通过元数据和/或识别符的方法来描述信息目标:它可能是摘要数据库的引文(如 PubMed)、来源文章(通过 CrossRef),或者图书馆目录中一条图书或杂志的条目。OpenURL 是一个可执行的 URL,这个 URL 向 OpenURL 目标传送元数据或识别符。

OpenURL 将描述作品和为作品提供链接服务的规定分开。与内容元数据相关的引用链接不应该被认为是此元数据的一部分,而应该被看做是嵌入此元数据的一项服务。这种分离允许附加的服务元素独立于内容本身,这有助于提供大范围的语境敏感链接扩展服务。在 OpenURL 框架内,为那些不局限于某种资源的用户建立统一的链接环境是可能的。OpenURL 的规格(现在很多信息提供者所执行的)和其他与 OpenURL 有关的材料都可在网址 http://www. sfxit. com/OpenURL. html 中找到。OpenURL 目前支持下列识别符:

doi: 数字对象标识符

pmid:PubMed 识别符

bibcode:用于天体物理学数据系统的标识符

oai:用于开放档案倡议(Open Archives Initiative)的识别符

(1) SFX:一个开放链接方案的例子。SFX 是由艾利贝斯集团(Ex Libris)开发的开放链接方案。SFX 服务器是一个与 OpenURL 兼容的商业服务组件(service component),由本地机构(如图书馆或出版社)管理,它能够明确定义不同信息源之间的关系,从而允许用户充分利用自己的系统并链接到正确的服务器上去。SFX 服务器提供一个唯一的点用于链接服务的管理和统计数据的收集。SFX 的详情见网站: http://www. sfxit. com。

(2) DOI/CrossRef 和 OpenURL/SFX。DOI、CrossRef、SFX 与 OpenURL 是能够同时工作的互补服务。目前 DOI/CrossRef 模式不能独立处理 DOI 多重链接问题。而 SFX 和 OpenURL 要与 CrossRef 以及 DOI 一起工作才能解决"恰当拷贝"问题:在出现一篇文章的多种合法拷贝的地方,对于某一特定用户,必须有一些机制来支持他选择最合适的拷贝——尤其该用户依靠他们的工作单位有权使用这些信息。

## §4.6

## 总　结

本章主要涉及杂志出版语境中的一些数字生产技术问题。然而,上述讨论到的观点与技术并不一定只限于出版业。事实上,很多技术最初并非杂志出版业开始应用的,(有些甚至是非出版业开始采用的,)后来才被杂志出版社采用。而有些(如 CrossRef)开始是杂志出版社应用的,后来被应用到其他领域。

不管是哪种产业,当我们面对数字出版技术的挑战时,适用是普遍的真理。

(1) 坚持标准。你所选择的技术越有标准可循,就越容易保证它在使用中的互操作性。而且,你的技术就越能适应未来的发展。

(2) 理解你的内容。对你的内容进行文件分析要尽可能广泛。这样就越容易根据内容来规划你的工作流。非标准内容就越不容易进入已经存在的工作流中。

(3) 了解发展的最新动态。电子出版业的发展很迅猛。在一个星期内改变世界的技术经常在第二周就消失得无影无踪。万维网——尤其是本书这样的资源——在让你跟上潮流方面的价值是不可估量的。

(4) 学习你要采用的现有的技术或方法。谁已经成功使用 DTD?它能够做什么?怎样改进它?尤其在电子出版业,一定要谨慎,不要站在风口浪尖上——不要给没有尝试过或试验过的技术做试验品。要向别人学习。不要犯别人犯过的错误,要善于采用别人的成功经验。

(5) 当你要把传统出版技术转变为数字技术的时候,一定要深思熟虑。工作流要随之改变,员工和供应商要适应。

(6) 要清楚,在技术处理上花费的时间越多,成功的可能性就越大。

不管是印刷还是电子出版,内容是基础。如果你的内容组织良好,标识正确,在规划以及执行数字生产工作流程上花费很多时间,那么基于你的内容提供数字出版服务的过程就越容易。

鸣谢:感谢里查德·欧贝纳(Richard O'Beirne)和马丁·科拉特巴克(Martin Clutterbuck)对本章所作的巨大贡献。

**参考文献:**

Baca, Murtha, ed. *Introduction to Metadata*, Version 2.0. Getty Research Institute, 1998. http://www.getty.edu/research/institute/standards/intrometadata/

Connolly, Dan. "The XML Revolution." Nature. October1, 1998. http://www.nature.com/nature/webmatters/xml/xml.html

Day, Michael. "Metadata: Mapping between Metadata Formats." U.K. Office for Library and Information Networking (UKOLN). 1996; updated May 2002. http://www.ukoln.ac.uk/metadata/interoperability/

DCMI. "Dublin Core Metadata Initiative (DCMI)." 2002. http://www.dublincore.org/

Digital Library Federation. "Andrew W. Mellon Foundation's e-Journal Archiving Program." Council on Library and Information Resources. 2002. http://www.diglib.org/preserve/ejp.htm

Editeur. "ONIX Product Information Standards." 2002. http://www.editeur.org/

Library of Congress. "MARC Standards." Network Development and MARC Standards Office. 2002. http://www.loc.gov/marc/

Metedata Standards. "National Information Standards Organization. 1998. http://www.niso.org/press/whitepapers/crsswalk.html

UKOLN. "Metadata" U.K. *Office for Library and Information Networking*. Maint Michael Day and Andy Powell. Septermber 2002. http://www.ukoln.ac.uk/metadata/

Van Herwijnen, Eric. *Practical SGML*, 2d ed. Boston: Kluwer Academic Publishers, 1994. http://www.wkap.nl/prod/b/0-7923-9434-8

World Wide Web Consortium (W3C). "Metedata and Resource Description." 2001. http://www.w3.org/Metedata/

——"Resource Description Framework." 2002. http://www.w3.org/RDF

# 5 数据获取和转换

马克·格罗斯(Mark Gross)　约翰·什里夫(John Shreeve)　迈克尔·格罗斯(Michael Gross)

本章论述为了出版转换和改进文本数据及其相关信息,以及将各种格式转换成标识语言的细节。尽管这些问题和解决方法适用于所有的标识语言,但我们着重讨论的是如何将文件转换成 XML(可扩展标记语言)、SGML(通用标记语言标准)和 HTML(超文本链接标识语言)格式的问题。本章着眼于论述诸如如何从文件、缩微胶片、出版系统、PDF(Adobe 的可移植文档格式文件的扩展名)和 ASCII(美国信息交换标准码)等原始数据中获取数据的问题。

## §5.1 概述:进入结构天地

如果你正投身于出版业,那么你可能曾经在某种程度上和数据转换打过交道。或者,作为编辑或作者,你曾经将印刷版文章或书籍转换为结构化的语言如 SGML、XML,并重新在网上、光盘上或电子书阅读器上出版它们。作为工作过程的一部分,你的同僚可能问起过如何将你的文件转换成一种独特格式的文件。事实上可能非常简单,如确保标题和副标题一致,或清晰地区分摘要、作者和图表区域等;或者,你可能得到过某个样式模板,并把它安装在了你的字处理程序中。

你也可能是一位有兴趣使你的文档在网上以电子形式出现的出版商,

并且,你正在做出决策要让你网上的材料和印刷版材料具备同样的效用——你需要对决策的利弊作出权衡。

你可能还没有很仔细地考虑过这个问题,但你知道当前从各种杂志到技术手册,许多种文件正在被转换成为结构语言,这为你深入关注这个问题提供了充分的理由。本章的目的就是以一种直接、容易理解的方式阐释有关数据转换的问题。

**表 1　如何根据你的目标来评定各种格式的等级**

| 主要目的 | TIFF | PDF | HTML | XML | SGML |
|---|---|---|---|---|---|
| 文件格式 | 标签图像文件格式 | 便携式文档格式文件 | 超文本链接标识语言 | 可扩展标记语言 | 通用标记语言标准 |
| 页面图片布局 | 优 | 优 | 良 | 良 | 良 |
| 内容重组 | 无 | 有限制 | 有限制 | 优 | 优 |
| 搜索 | 无 | 有限制 | 良 | 优 | 优 |
| 要素再利用 | 无 | 无 | 有限制 | 优 | 优 |
| 实施标准 | 无 | 无 | 有限制 | 优 | 优 |
| 数据交换 | 无 | 无 | 有限制 | 优 | 优 |

## 5.1.1 逐步法

### 1. 确定目标

当我们着眼于某个新的数据转换项目时,首先要问的是如何运用转换材料。这对如何转换文件和花费多少成本进行转换来说意义重大。例如,若制作电子版仅仅是为了原样保持印刷出版物的体式,那么只要简单地将其扫描并转换成图片形式的 PDF 文件[5. 3. 3. I]就足够了(可以采用 Adobe Acrobat Reader 图像和排版软件浏览)。但是,若对电子文件的要求更加全面的话——诸如整合材料使之成为可查询数据库的一部分,或使其中的某些内容可以被像手机这样的新型装置下载,则可能要运用像 SGML 或 XML 这样的结构语言。表 1 显示了各种等级的可供转换的格式。

谈到成本,将文件转换成 SGML 或 XML 这样的结构语言要比仅仅将其扫描并转换成图片形式的 PDF 文件的成本高出约 10 倍。因此,确认项目目标和你的特殊要求是作出决定的关键所在。

### 2. 确定合适的标签等级

若要求将文件转换成 SGML 或 XML 格式，则必须确定以什么等级来标注信息，这还取决于一旦完成文件转换后下一步要做什么。若只需查询文字，则没有必要在文件中找到并标出各种类别的信息。但是，若要转换的文件是法律文书，并且要求能很容易地识别文书上的所有案例的分类，则需要采用更为复杂的标识，即必须用你认为重要的标准对每一个案例进行合适的标注。

对操作手册，也许析出工具清单和确定工序步骤是很有用的，其中，对每种工具和机械部件的描述都应进行标注，并且还要标明过程的各个步骤。

如果最终目的是为不同的读者出版不同格式的文件，也应对这些用途类似的文件作出标注。请注意：如果你设计项目时想要标注所有细节的话，那么可能会因为过于复杂而无法实现。

总之，将文件转换成 SGML 或 XML 是获取带有少量标签的文档的一种非常简单的方法。或者，那也可能成为确认文档内容的许多不同元素的复杂过程。

大量标注信息必须十分清晰，应该能够在原文档的正文、标记或样式中很清晰地加以确认。但对有些信息应进行暗示性的标注而不在文中提及（或在文档中体现或表识）。例如，教材编辑可能希望分辨每一章里每一部分的主题，或者分辨书中每个问题的难易程度。这种信息不应该出现在正文中，读者也看不到。但是，一旦保存了这样的信息，将会为以后创建特殊版式的书籍提供很大帮助。

现代标记语言的主要优点是可以根据需要来确定和标注信息。但是，确定的信息越多，则费用越高。一个黄金规则就是判断在可以预见的将来这些标注会使用多少，而不要纯粹考虑其复杂性和高成本会影响到你项目的实施。认识到逐步充实完善有可能也对你有所帮助，你可以从最基本的、功能性的表识做起（包括每一种明显或可能自动完成的），然后在可行或必要的时候加上更多标注。

### 3. 分析数据

因此，关键是首先对要转换的文件作详细的分析，同时要知道你希望达到的标注等级。若要求将文件转换成 SGML 或 XML 格式，则你分析的结果将包含在 DTD[3.3.2.2]中，或 XML 模式[3.3.2.4]将详细定义文件结构。分析的任务常常交给顾问来完成，但如果顾问缺乏 SGML 和 XML 的实际操作经验就可能不切实际地标注几乎所有信息；或者，由于这些顾问对结构语言认识简单而不去考虑前面提及的步骤，那样的话，从长远来看会带来很多困难。反过来讲，一个业务熟练的顾问不仅能进行切合实际的分析，还会亲自动手操作，将文件的某些部分转换过来并进行合适的标注。这样就能让人了解材料转换后的大致形式，并且保证可以在用于出版的软件环境中运行。

无论如何，你需要参与其中以确保好的结果。作为数据的拥有者，你知道要求是什么，你需要继续提供帮助以确保你的目标得以实现。

#### 4. 获取数据

一旦确定了方法和目标，并且有了要转换的文件，则可以采取以下 4 个步骤实施。

(1) 文本抽取。若原文件为电子文档，抽取的文本应百分之百准确。因此，冒着过于简单化的危险，去掉这些问题就只是去掉所有碍手碍脚的格式码，同时保留所有对以后阶段的标注和格式化工作有用的格式信息的问题。若原文件是以纸张形式出现，则更应注意这些问题。文件需要通过光学字符识别仪(OCR)[5.3.I.I.3]进行扫描。一旦完成扫描，则应进行文本勘误，因为扫描不一定是 100% 精确的，也可以先用键盘把信息输入计算机然后再进行校对；光学字符识别法也不一定就是最便宜的办法。

(2) 确定文档的布局和结构。确定原文是否为线性结构、段落之间是否连贯，或者它是否以另一种结构来组织的很重要。例如，若在页面的右上角有一方框，则应检查该方框中的文本如何适应整个文件。还必须考虑栏的布局以及大块的文字如何围绕图片进行布局。

(3) 获取非文本对象。“对象”可能是图像、照片、线条、化学公式和数学公式或其他非文本数据。若所有这些照片和其他图片为诸如 JPEG、GIF 或 TIFF 之类的标准数字化格式文件，则可以轻易将其提取；如果需要，还可以转换成另一种文件格式。若原文件为书面资料，则对图片进行扫描后再制作成新的图片文件。凡涉及到数学或化学公式的文件也可以采用类似的办法处理。例如数学公式，可能是像 TeX[5.5.10]那样的计算机语言，在这种情况下，要么保持原有的文件格式，要么转换成 MathML 或其他的数学描述语言。若证明采用 TeX 格式有问题，则该公式应转换成图片文档。

(4) 在文本和对象之间建立关系。如果对象为图片，则应指定其位置及其与整个文件的关系。如果明显地提及图片，如“参见图 5”，通常应立即将图片放在被提及的段落后面(有时,一组图片会被放置在文件末尾或单独用图片文档保存)。多数正规出版物有此类明显标识。但在不太正规的出版物中,某个图片可能只是与论述的主题有关并被美工放置在一个方框内,在这种情况下,必须采取合理的办法来使其符合整个文档的布局。一种可能的办法就是制定一个规则,即此类图片的最佳位置是放在每一页的第一个标题之后或在章节的末尾。

#### 5. 创建目标格式

一旦你获得了尽可能多的来源数据,就应着手创建目标格式。其步骤可能包括以不同的格式重新组织数据,插入各种编码,找出不属于正文的部分并删除。接下来,你要采用电脑和人工方法检查你前面所做的工作。文件转换的过程既可以是几乎全部自动化操作的过程,也可能需要大量的人工参与。关键问题是你所定义的转换规则有多完美以及你决定投入多少来完成必需的自动化操作。大部分转换工作需要自动和人工相结合。而这种结合中各自占多大比例是根据不同的要求而有所变化的。

#### 6. 输出

当你的目标格式为 SGML 或 XML 格式的文件时,你的文档还是不能马上出版,因为它们包含文本和标签,并且缺乏精细排版的页面。因此有必要提出格式说明。这涉及到创建样式表(在文字处理软件和 HTML 编辑器中有应用)的 XML 或 SGML 格式文件(参见关于标识语言样式表[3.3.3]的论述,关于排版和设计[6.2]的论述以及页面设计[6.10]一节)。

既然我们进行了概述,本章的剩余部分将作进一步陈述以帮助你开始工作。

## §5.2 理清结构与内容

运用现代标识语言的第一步是有意识地分开内容与结构。

### 5.2.1 为什么理清结构与内容很重要

将内容与结构和格式区分开来很重要。因为,内容部分在转换成不同的媒介时相对来说一般不会发生改变;而结构和格式则需要不断修改以满足新媒介的要求。两者分开以后,内容可以迅速地适应不同的媒介,转换过程也相对简单;如果不分开,情况就会完全相反。例如,书面文件由于受纸张的限制,"重要概念"可能采用大写或斜体字来表示,但若在计算机上,同样的内容会在闪烁的反相显示中用明亮的色彩进行强调。如果相关文本被标注为"重要概念",则出版系统根据所用的媒介作出如何显示的"决定"。但若文本只是像在传统出版媒介中那样用大写和斜体来进行标注的话,灵活性就会很低。这样标注的文本打印到纸张上看起来没有任何问题,但当输入到计算机屏幕上时,出版系统将无法知道需要进行什么样的处理而只能采用大写斜体字。换言之,它将无法显示某个文本是一个重要概念,并且应该在计算机屏幕上高亮显示。

理想状态下,在崭新的数字时代不应该标注说明文章的格式,而应标注文章的内容。SGML 和 XML 的基本原理都是重视这一理念的,这也是多数现代数字出版物的发展趋势。

将内容与结构和格式区分开来的主要好处是:

* 文本本身不会发生改变,即使结构和格式随着表达媒介而发生了变化。
* 显示媒介可以随时间而改变以适应技术的发展。
* 当重新运用该文件时,可以重组内容以适应不同的用途(引用或结集文章,为不同的模式或应用要求重新组织技术文献并进行升级)。
* 如果编辑关注结构和格式,作者可以关注文本内容。
* 机构可以拥有所有材料,而作者可以控制单个文本。
* 甚至是不大可能升级的小说文本,也可以重新加工成不同形式的表达媒介(精装书、平装本或电子书等),而文本本身保持不变。

## 5.2.2 隐含和明显的数据信息

有些结构标识符在原文件中非常明显,章节的标题和副标题就是很好的例子,尤其当它们在文字处理软件或 HTML 编辑器用样式表处理以后更是如此。这些地方就是明显结构。但有些结构不总是明显的。例如,"参见图 3"是明显的(假设只有一个图 3),但"参见上图"、"参见下一页插图"或"参见本篇后面的图"则是隐含的,不易被计算机判断出来。

当转换用文字处理软件或 HTML 编辑器创作的传统格式的文章时，有必要解析所有暗示性元素而使其明显化。出版的主题和目的不同，需要明显化的内容大相径庭。对于法律文书来说每一个案例都应清楚明晰，从而可以帮助律师查阅案例，或制作案例清单。对于杂志类文章，所提及的所有参考文献（外部文献）也应明显化。此类参考文献的格式可以较为随意。但如果需要讨论或查询该文章，则应将参考文献转换成标准结构形式，从而可以通过文章数据库搜索到。表 2 列出了标注各种出版物涉及的一些问题。

### 1. 明确模糊的含义

自动转换取决于能否制定便于计算机执行的规则。它们是针对你的材料特别制定的，仔细分析这一环节往往决定转换的成败。例如，根据一般法则，上下引号之间的文本可能涉及到一篇参考文献。但你的材料可能根本没有涉及那篇文章，而只是碰巧涉及那篇文章引用的某个短语或其他信息。斜体部分也是一样，某个词或句子可能因为多种原因要用斜体字来强调：可能因为是一本书的标题、某个公司的名称，或是一篇文章的题目；也可能是某个外语单词或技术术语；或者仅仅是要强调某一点。真正理解其涵义的唯一方法是阅读和理解原文，而计算机是不“善于”理解的。因此，需要人工参与来提供上下文，并在这一特定的材料中定义引用、斜体和其他元素的涵义。

**表 2　内容标注问题和出版物分类**

| 出版物分类 | 要标注的内容的类型 |
| --- | --- |
| 教材 | 练习、学习对象、问题答案、教师批注 |
| 学术出版物 | 各种书目材料、哈佛参考文献式样、作者及其简历信息 |
| 法律文书 | 案件和法典引用、司法鉴定 |
| 技术文献 | 步骤和程序、工具和部件、步骤示例、材料或部件清单 |
| 软件文档 | 设置说明、界面、屏幕闪烁、输入和输出指示、程序代码 |
| 历史文献和图书馆资料 | 日期、地点和人物、来源、档案位置 |
| 电子商务数据 | 分类信息、产品表格和资料、定单和账单信息 |

根据文件的目的，可能需要对文中提及的某些项目进行判断。例如，在维修手册上，你可能希望很明确地标识每一次提到工具的地方，这能帮助用

户生成某个特殊维修流程所必需的工具清单。在法律文件中,你可能希望准确标识每一个案件或法官的名称,以便形成案件清单或提供其他特殊参考帮助。或者,必须将隐含性的信息(指工具)显性化,以便能够运用它。这牵涉到分析文件中不同类型的信息,从而规划转换程序的自动化可以达到什么程度。可以制定理论规则并将其输入到转换软件中,以识别需要判断的特殊信息。否则,就不得不手工编辑这些数据,而这是成本颇高的方法。规则定义越详细,就越少需要手工编辑。

在设计转换项目时,有必要明确哪些元素需要标注,哪些元素不需要标注。从理论上讲,将来有可能需要的任何地方都应该标注。但分辨每一个层次的模糊对象代价很高。因此,一般的做法是至少保持成本和收益之间的平衡。

## §5.3 你的数据来自何处

### 5.3.1 过去的数据

过去的数据是指已经出版过的,现在由于某种原因(之前可能根本没有想到会重新出版)要重新出版的资料。它可能不是数字文件(例如是纸张或缩微胶片),也可能是数字文件(即采用文字处理软件或出版系统制作的文件)。

#### 1. 非数字文件

(1) 纸张或缩微胶片。纸张文件可能是用打字机、文字处理软件、出版系统或手写的文件,也可能是原文件的影印件。纸张文件几乎成为近两千年来最为通用的媒介,原因很简单:所有的人都不需要借助任何设备或工具就能阅读它。但是,纸张文件不能被编辑或格式化,将其转换成电子文档的唯一办法就是扫描或将其重新录入到计算机中。

缩微胶片文件也存在同样的问题(但缩微胶片文件需要进行放大才能浏览,因为其图片与纸张比较起来要小得多)。谈到质量问题,只要采用先进技术,制作出来的缩微胶片文件就能与纸张文件相媲美。但缩微胶片是一种差别特别大的媒介，而且没有灰度色标，因此有阴影的图片效果不佳。许多报纸文档和研究论文只用缩微胶片保存资料（原文在转换成缩微胶片后就丢弃了）。

不管过去的数据是纸张还是缩微胶片形式，转换的第一步都是将其数字化。若转换的数量较少，则只需重新输入计算机再经过校对者的检查即可，也就是所谓的单人输入和校对法。但如果转换的数量较多，则可以采用下列三种手段来完成：键入法；扫描和光学字符识别法；或两者兼用。

在以下各部分，将详细说明如何应用这些方法。

（2）键入法。键入法是指将材料直接用键盘输入计算机。然而很多时候会采用多重录入（如双重键入）的方法以提高准确性。双重键入要求两个人分别将材料输入计算机并形成两份不同的打字稿。采用软件程序来比较这两份打字稿。不一致的地方就高亮显示，编辑或校对重点检查，然后决定如何更正文件。

若认为双重键入不够准确，则可以采用三重键入法。即三个人分别将材料输入计算机并形成三份不同的打字稿。另一个提高准确度的办法是采用传统的校对方法对打字稿进行校对。由于键入和校对都是劳动强度大的工作，大部分工作量大的键入工作都外包给劳动力成本低的地区。

单人输入法（键入法的第一步）的准确率大约为99%，但这将由于材料的数量和操作人员的能力不同而大相径庭。双键输入的准确率在99.95%~99.995%之间。若要获得更高的准确率，则应同时采用三重键入法和校对法。目前，要求大多数出版物的准确率标准为99.995%。只有检索数据库或以文本为背景的PDF图像文件等出版物才能允许更低的准确率。

（3）光学字符识别（OCR）。另一种键入法就是扫描文件并采用光学字符识别仪（OCR）进行处理。OCR发明于20世纪50年代末期，许久以来它一直替代人工操作。然而直到最近，它都没能达到足够高的准确度，除非采用高质量的输入，即以某种字体印刷出来的第一代适合于机器判读的文件。根据材料特性，OCR最初的准确率可达90%~98%。96%的准确率意味着每100个字符中可能存在4处错误。用阅读术语来讲，每一行存在2个错误字符。在准确率这么低的情况下校对和订正材料似乎比直接采用双键输入法输入材料的成本更高。

通过OCR计算机可以分析点和线的式样并确定如何转换成字母文字。若每个人都采用同样的字体，转换工作将很容易完成：小圆点要么符合要么不符合既定的样式。但人们往往采用各种不同的字体,这使得鉴定文字要花费更多工夫。然而,更复杂的 OCR 算法则可以识别个别字体的特性。例如它们可以评估有多少字带有圈圈,有多少圈圈是闭合的。

近年以来,OCR 技术有了显著的进步。结合一些输入法,经过第一次处理就可以达到 99.9% 的准确率。这使得一些传统上采用双键输入法的境外录入机构将使用 OCR 作为第一步工作。并且它大大降低了操作成本,因此在更加发达的国家和地区完成键入工作也变得很经济了。

计算机应用的高速增长使得研究更为复杂的 OCR 成为可能。当前 OCR 引擎采用键入方法就是用 5 台或更多台 OCR 同时分析一个文本。然后该程序进行测验调查。若多数 OCR 仪认可某一个字,则最终会选择该字为正确。否则,软件就会视该字为模糊字,并标记出来以做进一步分析。在分析和订正完成后,准确率可以达到 99.95%。

但对于年代更久的材料,即使是最先进的当代 OCR 也不能达到足够的准确率。对于陈旧的材料或用不寻常或非常老的字体制作的材料,如 19 世纪和 20 世纪早期的铅印刷资料,OCR 就无法达到可以接受的准确度。不进行全面的校对,就不会达到出版所要求的准确率。若原文件因为编辑或其他用途做过标记,OCR 也不能获得令人满意的准确度。

(4) 需要的准确度。在有些情况下,比较低的准确率是可以接受的。对于图书馆的大型数据库或诉讼状而言,98% 或更低的准确率可能就足够了。因为在文件中还有很多其他字,错字和检索字是同一个字的可能性很低,即有足够多的机会来找到所需的东西。而且,由于成本差异如此之大(与准确率更高的数据库相比,准确率 98% 的数据库成本只及前者的 1/10 还不到),这样做可以使数据库建设更为经济。在有些可以接受更低准确率的应用中,同时保留原材料的图片以便查阅到准确的、转换以前的内容的做法也很普遍。

至于格式和结构,采用 OCR 处理的文件都不带有格式信息。你只看到文本和页面的外观。扉页、标题、表格和列表等并不像使用样式表的文字处理软件所做的那样进行正式编码。更先进的 OCR 对于某个文件的不同元素是什么具有一定的推断能力。但结果仍然远不完美,这就是为什么对所有采用 OCR 处理过的文件几乎都需要进行核查以确保诸如表格和单元等元素正确的缘故。多数 OCR 带有“分区”工具,这使得用户可以跳过 OCR 软件的默认页面布局程序。若页面包含复杂结构,你将发现在 OCR 处理前的预先分区将明显地产生更好的效果。

2. 数字资源

数字化资源一般是采用文字处理器、出版系统、纯文本编辑器或文本格式处理软件制作的。与纸张或微缩胶片文件不同(忽略计算机出错),通过数字化处理重新得到的文件的准确率可以达到100%。然而,某些字母文字是不易辨认的。以连字号为例,它有两种用途,为了转换文件,可以采用两种方法对其进行处理:

(1) 当由于换行而把一个词分开时可以去掉。

(2) 如果是正确的语法或拼写就要保留它。

样式和结构元素也是个问题,这取决于是否使用了前后一致的模板或样式表。让我们更为详细地分析一下来源于各种数字资源的主要问题。

(1) 文字处理软件。多数作者通过文字处理软件来生成文件。在过去的15~20年间,文字处理软件本身演化成了复杂的桌面出版系统。尽管文字处理软件功能强大,但人们运用它的程度有所不同。以微软公司生产的文字处理软件为例,人们可以将其作为文字处理软件来(虽然其功能强大)完成定稿。它还可以被当作桌面出版系统来制作完全格式化的、带有插图的时事通讯和小册子。如果设定了样式表功能,还可以运用它来制作带有许多超链接和其他导航功能的技术手册。还可以运用它来制作功能强大的网页(本书,无论是印刷版还是网络版,一开始都是以这种方式制作完成的)。

采用文字处理软件转换的文本将会完全正确。若作者正确地使用该转换工具,则很容易转换大量采用常用程序生成的数据。例如,作者采用Word软件的图表编辑器编制图表,就会出现创建XML图表所需要的大部分信息。它将清晰地显示行和栏目的位置以及需要扩展的单元。但如果作者只是使用其他软件创建一个类似图表的文件,则查询数据就不那么容易了。若作者使用制表键来创建图表,此时它可能在页面上看起来像是一个图表,但没有定义任何图表结构。因此,只能设置软件来分析源代码,并通过计算有多少个制表键来显示图表在页面上的形象。这个过程并不能产生令人满意的效果。在文字处理软件出现的早期,由于所有用户都采用Courier字体——一种定宽字体,因此操作起来十分简单。但是,由于现在大量采用可变化的字体,文件处理起来变得非常复杂。

标题和副标题处理起来也有难度。若作者将标题大写并置于正中位置，转换软件可以很容易地正确转换此类格式指令。但如果转换由多位作者创建的书面文件，他们为标题设置了不同的格式，那么，你要么得对每个文件使用不同的软件（这种方法工作量很大），要么采用更智能化的、能猜出作者意图的软件。

有了过去的数据，你希望尽可能地利用它们。而事实是文件的创作是有特殊用途的，没有作者或编辑会想到要去将其转换成结构语言。一般来说，重新编辑和整理原文件以使转换变得容易的做法并不常用。

（2）出版系统。出版系统分为4类：

① 桌面出版系统（DTP）。直到几年前，桌面出版系统还只是用来制作小型杂志，但是现在大型杂志和书籍出版商多采用像QuarkXpress这样的桌面出版系统来进行作业。

② 高端出版系统。此类系统如Miles、Atex、3B2和XyVision等，主要是大型出版商用于出版数量巨大、周转较快的报纸、书籍（尤其是大型的或技术类书籍）和杂志类出版物。

③ 技术文献出版系统。该系统包括如FrameMaker和RoboHelp等软件包，用于创建需要标准化和结构格式化的技术手册和其他大型文献。

④ 基于SGML或XML的出版系统。该系统主要包括Arbortext Epic和FrameMaker（现在其基本产品中已经加入了结构化的编辑支持）这样的应用软件系统。像XyVision、Miles和3B2这样的高端系统也具备这样的功能。输出为SGML或XML格式，所以如果其保存在原始系统中，则无需再次进行转换，如果其用于另一卖家（或另一种型号）的输入系统，则需进一步转换。

出版系统具有强大的排版和标记能力，若一贯地和有计划地使用该系统，从理论上讲，能够提供大量信息来帮助实现自动转换。但由于多数桌面出版系统没有有效的办法来限定排版规则，而WYSIWYG界面和现代桌面工具的交互作用允许发挥创造力，再加上前后不一致和局部格式化，很难保证你所依赖的编码总是相同的意思。

采用高端出版系统来创建文件的用户更可能正确地运用样式和标记工具，从而取得更好的一致性。因此大部分排版数据对于转换程序是有用的。该信息也应是连贯的，因为有很大数量的文件出自同一个地方。但出版系统制作的材料也有弊端。有些特征可以根据客户需要定制。这意味着两家排版机构和两个排版人员同时采用完全相同的出版系统却可能使用不同的方法。结果是用来定义结构和格式的内部编码比预想的差别要大得多，并且不得不调整转换程序以适应那些差别。

每一种出版系统自身都存在问题。比如，QarckXpress 系统是目前功能最强大和应用最广的出版系统，但直到版本 5 之前，它仍然没有内部图表编辑器。它采用制表来模拟图表外观，因此当它创建的文件进入需要输出真实图表结构的转换程序中时，需从版面信息中推断出图表结构。虽然可以采用第三方软件包在 Quark 中创建图表，但这些软件也不能轻易地输出转换文件。

参见排版和图表[6.10]这一章关于出版系统的更多论述。

(3) 文本格式程序。诸如 TeX，troff 和 IBM BookMaster 之类的文本格式程序都是文本处理程序，它们将包含特殊的页面版式指令并散布着各种格式码的文本作为数据输入，最后形成页面格式。各种编码指明了如何将文本格式化，包括是否需要大写、下划线或斜体等。文本格式程序以类似于现在已经被淘汰的 WordStar 文字处理软件的方式工作。许多大型出版系统都采用文本格式程序(能在线编码)。文本格式程序中的编码类似于未经处理的 HTML 格式编码。如果你用文本编辑器来看 HTML 文件，你会看到一排排与文本并列的格式码。文本格式程序也一样。因为文本格式程序不是 WYSIWYG，所以对新用户来说它们比更先进的出版系统更难掌握。

转换由文本格式程序创作的材料通常很直接，因为编码很明确而且使用时很稳定。文本格式程序的一个主要的问题是用户可以运用自定义码(即宏指令)。若这种自定义码很多，那么需要领会它们的含义并做修改和还原工作。文本格式程序常常在基本代码组的基础上包括“标准”宏指令组，由某个文本格式程序转换的文件通常涉及要对源文件中的自定义编码进行特殊处理。

如今，文本格式程序已很少被使用。但一些组织仍然认为它们是出版数据库和目录的最有效工具。

#### 3. XML 和 SGML 元数据

从理论上讲，XML 和 SGML 元数据材料因为已经加了标注，所以被认为是比较容易转换的。事实也是如此——只要目标文件的 DTD 中结构和细节与原文件的 DTD 相似。然而，结构和细节一般都会存在一些差异，这使得转换 XML 和 SGML 文件的程序变得复杂。

DTD 的细节程度取决于如何运用转换文件。若某篇杂志文章末尾的参考文献仅仅要求重新制作成 XML 版本的文本，则整个部分可以被简单地标记成参考文献，这样就足够了。但如果要求更精确地运用书目数据，如，如果需要将像作者姓名和杂志标题这样的元素链接到某个目录数据库，则必须明确指出提及的所有杂志文章的名称、出版商的名字以及出版日期。

指明这些构成元素可能比听起来更困难。仅仅从文件外观上很难区分哪些部分包含杂志标题、哪些部分包含作者姓名等，需要阅读文本以确定名字在什么位置结束，姓氏在哪里开始（在这一方面，像 Van Wyke 这样的姓名将很难处理）。虽然大部分工作可以自动完成，但规则比第一眼看起来更复杂，并且需要有效的人工检查机制以应付可作多种解释的情况。

另一个常见问题是目标 DTD 比源 DTD 限制更多。目标 DTD 可能规定摘要总是放在杂志文章的前面，但源 DTD 可能不包括摘要部分的指示。在这种情况下，有必要想出办法来解决这个问题，并且作出没有摘要时该怎么操作的规定。还有，文章也可能有摘要但其位置在文章的其他地方。这是个结构问题，移动某个摘要的位置并不困难。但如果有很多元素要移动，且要从不同的位置移动（如将章末的问题移动至与其内容相关的位置）的话，则需要大量的工作才能完成。

其他类型的文件也存在这些问题，如一本食谱要转换为新食谱，新食谱需要在特定位置标识时间说明，而原文件的时间说明夹杂在文本中间，因此可能需要通读全文并在开始转换之前标注出所有的时间说明。

目录条目就是各种标记模式标注方法不同的好例子。你可能要将分开处理条目元素（如作者、标题、出版物名称、页数等）的源 DTD 转换成对目录条目进行整体处理的目标 DTD。如果标点符号和着重符号从源标注文档中移除，那么你用于转换到新 DTD 文件的软件就需要像文本处理程序一样工作，以恢复到原打印目录的那种格式。如果想采用另外的办法（将格式和标点符号分解成各种元素），你需要从外观推断出结构。尽管理论上你正在转换的是有结构的并已标注的文件，但是这时候也许不能够完全进行自动转换，因为对于这一类型元素的转换仍然需要解决同样的问题——就像转换纸张文件或无结构的出版系统一样。

转换法律文书（如一种标记模式与另一种标记模式对案例的引用是大不相同的）和教材（例如对于使用者练习的分解——如多项选择题的问题及答案，在不同的标注模式中可能各不相同）时也会碰到同样的问题。在这些情况下，你会发现需要将文本打散或重新将其“粘连”起来。

## 5.3.2 为将来的内容计划

今天的大部分转换行为与已经存在的材料有关,而且当初并没有真正打算转换到某人的 XML 数据库中。但对于打算在将来转换的材料,你该怎么处理呢?你可以做点什么以简化工作吗?你能够达到飞快地转换这种理想状态吗?以下仅供参考:

* 材料的连贯性。你的材料保持足够的一致性,因此你在将来可以很容易地采用严格的格式规则吗?你的材料适合这种严格的约束吗?
* 控制你的作者。这些规则能对你所赖以获取新文档的人实施吗?(若其为内部作者你也许可以控制,但如果其为独立撰稿人和外部作者,则也许控制不了。)
* 是否划算。就算你可能在自己的出版环境中严格规定如何制作和生成文件,你还是要考虑有形和无形成本。提前判断需要什么,并且建立基础设施是一种重要的投资。要算上未来的无形成本,可能还包括对新员工进行培训的成本。在作者写文章之前,他们需要成为 XML 方面的行家吗?此时,你得问问你自己,是否真的要求充满创造力的投稿人也考虑机械标注的问题。

### 1. 文字处理软件

大部分文件都是采用文字处理软件来创建的,当有多位外部作者时,你常常可以料到他们会用几个主要文字处理软件中的一个来创作材料。从转换的角度来看,文字处理软件的不利之处就是它们不具有你在 XML 中需要的执行程序。可以让作者遵循样式表,但文字处理软件的样式表与 DTD 相比具有几种限制性:一个 DTD 可以规定所有的格式和文本元素处于什么位置和按怎样的次序排列,DTD 还可以在作者没有遵循其设定的规则时显示错误信息,从而强迫执行这些要求。而文字处理软件中的样式表不能完成同样的工作,作者可能采用、也可能不采用或错误地运用文字处理软件的样式表,即使出错,如扉页或标题没有正确地格式化,样式表也无法提醒作者。

如果作者遵循给定的样式表,并且自始至终遵循的话,后面的转换工作将会顺利进行。但样式表很容易被忽视,人们习惯于按照简易的程序操作而完全不考虑后果,尤其是当截止日期快要到了的时候!

### 2. 结构化的编写环境

像 ArborText Epic，XMetal 和 Adobe FrameMaker 这样的 XML 和 SGML 编辑软件包，可以创建结构化的编写环境来执行 DTD 的指令。这就意味着当某个作者写文件时，XML 和 SGML 编辑器将发出相关指令，如弹出一个窗口显示需要摘要、标题或副标题。XML 和 SGML 编辑器还会不断地检查作者完成的写作结构是否正确。这些并不意味着保证内容正确，内容完全取决于作者。

在内部创建文件的出版商可以控制写作环境，报纸或法律文书出版商可以规定内部作者按照固定的方式编写文件。但现实是，多数出版商依靠外部作者，这使得控制作者以什么方法来创建文件要困难得多。

如果你有许多备选作者，以特殊的方式（否则他们将会失去工作）让他们运用文字处理软件将十分容易。但如果作者是获得诺贝尔奖的科学家或世界级的知名律师，他们将会以自己的方式工作，而你当然只能采用他们以各自方式创建的文件。

那么，怎样处理新材料呢？除非你能严格地要求你的作者，否则你需要制定一些不需要大量技术知识的、容易执行的基本规定，你还要制订计划来处理被采用的材料。

### 3. 用标签语言更新

XML 或 SGML 中某些类型的材料需要不断更新。百科全书、年鉴、法律材料和教材就是最好的例子，它们需要从一种版本升级到另一种版本，最明显的方法就是采用标签语言来更新。如果某 XML 数据库建设初期就考虑到了以后的更新，那么就可以设定工具用来提取文本的某些部分加以更新。要顺利完成更新，需要对作者进行结构语言的使用培训。目前，这种方法仅仅适用于所有作者都使用同一系统的情况，或已经确定专人负责在材料修订之前检查材料，然后在材料被重新录入时再仔细检查材料的情况。即便是在有着严格的内部控制措施的组织里，也还不能确定是否让作者严格按照设计好的标注语言工作就能够让他们最有效地运用时间。

### 4. 来回转换

采用来回转换的方法就不需要对作者进行培训。这涉及到把 XML 或 SGML 重新转换到用微软公司生产的文字处理软件（或其他工具）格式，并将其发送给作者以进行修改。尽管这听起来像是个理想的解决办法，但事实上有很多局限性。主要问题是，作者采用的文字处理软件没有结构化创作环境那样的限制,因此很容易破坏 XML 编码。下述数据转换实验室采用的为需要持续更新的法律材料而设计的应用软件可以部分地实现自动转换。由于文件中只有少部分地方需要更新,SGML 编码被转换成 WordPerfect(诸如此类的作者使用的文字处理软件)文件,但作者看不到 XML 编码。当作者将修改稿重新交给出版商时,软件将 XML 恢复到原来的位置,并且显示改变以便让编辑校对,这种办法使得 XML 编码保持完整。一种容易得多的办法就是当出现新材料时仅仅重新转换就可以了。由于多数出版物依赖新材料的不断加入,这种办法也许是正确的。但是,如果你出版物中的数据大量地重新编辑并且每一年都重新创建,为外部作者提供功能更强大的程序也许是值得的。

### 5.3.3 有关其他数据来源的问题

正如我们所了解的,输入数据是采用不同的电子和人工工具创建的。那些工具创建出不同格式的文件,转换时这些文件会出现各种内在的问题。

#### 1. PDF 可移植文档格式

可移植文档格式(PDF)是一种印刷格式,通常它不带有任何样式数据。遗憾的是,人们经常相信 PDF 是一种出版格式,应该很容易被转换。事实是,PDF 更是一种印刷页面的描述,而不是对原文件结构的描述。实际上,PDF 通常被称为"电子文件",这个称呼很恰当。显然,PDF 具有格式数据,知道某行字符的字体为 14 磅大写 Helvetica,并知道这一行在页面的哪个位置出现,但它不知道这一行代表的是章节标题还是副标题,或者是否与其他各行一起组成段落。因此,要是转换 PDF 文件的话,你需要根据文件外观确定式样以及其他元素的含义。

转换 PDF 文件也存在和转换印刷文件一样的问题。例如,连字号有两种用途,处理起来也有各自的办法:硬连字号是将两个单词连在一起,在转换时将其保留;而软连字号是在一个词中间换行时才出现的连字号,所以就要删除。要处理这类问题使得转换程序更加复杂。通常会用一本词典来帮助猜测连字号属于哪种情况的,有时这种猜测会出错。总之,对人工来说很容易从纸上辨认的事情,如段落的起始和结尾、标题和页脚、多栏文本、复杂图表、数学公式、段落标题、页脚注解,对于软件来说却是十分困难的。PDF 转换工具需要仔细地配合原 PDF 文件的特定结构。若文件的外观前后不一致的话,则转换工作更加困难。

理论上讲,应该采用原始文件(如采用文字处理软件或出版系统产生的文件)而不用 PDF。那样的话,至少还能得到某些数据来帮助实现自动转换。你离原文件越远,则缺失的信息越多,这样使得转换过程更加困难和棘手。

对于最新版的 PDF 产品,上述问题会有一些改进。在 Acrobat 5 中,引入了一个被称做"加标签的 PDF"的概念,使得软件生产者可以改进 PDF 写作模板以在 PDF 文件中输出一些结构信息,这样,它就不仅仅包含页面版式信息了。微软公司最新版本的 Word 软件在这方面可以提供技术支持,其他软件供应商也许诺为标记的 PDF 提供技术支持。Adobe 希望看到这些信息可以加入尽可能多的软件包中,那样 PDF 文件就更容易适应屏幕更小的个人数字助理、移动电话和其他便携设备。随着对格式化 PDF 支持的增加,把 PDF 文件转换成其他格式将变得更加容易。

### 2. ASCII(美国信息交换标准码)

ASCII 文件是纯文本文件,它只包括那些(ASCII 字符组中的标准字符)可以从标准计算机键盘上键入的字符。因此,ASCII 是文档格式中的最低标准。多数文字处理和出版系统包含了"保存为"ASCII 文本和从 ASCII 输入字符的功能。ASCII 经常用在电子邮件、纯文本格式的时事通讯或电子杂志中;还可以在 10 年前编撰的法律文件中发现 ASCII 码;采用文本编辑软件创建的文本通常为 ASCII 文件。在 ASCII 文件中,完全没有排版或编码信息——没有大写、斜体字、下划线、图表结构或行资料——只有原始的文本。由 ASCII 文件转换来的材料其格式是不明确的。这意味着要么需要人工标注材料,要么需要运用软件来分析文本的外观和位置来加注标签。

除了 128 个基本 ASCII 字符外,还有各种风格的被称做扩展 ASCII 的字符组。在这些扩展 ASCII 字符组中,采用特殊的数值来表示非键盘字符(比如度数符号和分币符号)。有时可以在写作工具中看到的"保存为文本"的各种选择,这使你能够指定要采用的扩展 ASCII 字符(如 Windows 或 MS-DOS)。当你转换扩展 ASCII 文件时,你可能需要说明要采用的扩展字符图片以便正确地进行转换。

像表格这样的复杂元素也可以采用 ASCII 文本创建,但可能需要手动完成。如果表格是在 ASCII 文本中创建的,那么与采用 Word 创建的表格相比,它不算是一个"真正的"表格。用手工通过分配空间和排列文本将各行和各列结合在一起，有时还采用键盘的简单线条勾画字符（如下划线和垂线）。为了将手工制作的 ASCII 表格变成能在电子出版环境中使用的材料，必须推断和插入适当的信息。可喜的是，已有软件能够完成这个工作。这种类型的工具可以计算出空间大小并绘制出页面的"地形图"，该图像的元素以后可以成为判断表格和插入结构信息的线索。

在 ASCII 文件中，回车（亦被称为硬性中断，即 Hard Breaks）也是麻烦的事情。每一行的文本是卷在一起的（通常为 55 到 80 个字符），这样便于阅读。这意味着每一行的后面都带有一个回车符，而不是通常的每一段后面带一个回车符。为了转换，不是分开段落的回车符都要删除。这就需要分辨每一个段落什么时候结束。当某一段的最后一行一直延伸到最右边的时候，要分辨该段落结尾的位置就困难了。此时，唯一分辨该段落结尾位置的办法就是阅读文件了。

除非像过去的 XyWrite 和 troff 语言一样将明显的指令插入文本中，ASCII 文件中的所有信息都是隐含的，且需人工输入以确定哪些地方需要明确化。在一些旧式的文字处理系统中不带有功能强大的图表编辑器，人们通过采用像 Courier 这样的字体（固定宽度）来创建"ASCII 类"文件，这种字体所有字符不论大小写所占宽度都是一样的。这使得空间布局和创建表格外观变得容易。当转换从此类文件推断得出的结构时应当采用相同的技巧。

ASCII 曾经是一种广为使用的互换文件格式，但人们期待随着 XML 技术的持续发展和普及，XML 能够得到更广泛的应用，因为它不仅仅允许交换基本的文本，还可以表示特殊字符、格式化和结构信息。

#### 3. HTML

从技术上分析，超文本标记语言（HTML）是 SGML 的一种很宽松的形式，它实际上就是带有更少结构元素的一种格式码。因此，为了使从 HTML 的转换更加直接，标准样式例如"标题 1"、"标题 2"、"定义词"的使用必须保持一致。层叠样式表（CSS）是从标准的 HTML 演变而来的，使 HTML 更接近 SGML。同样，若持续采用 CSS，则转换程序变得更加容易。

实际上，转换 HTML 往往比转换传统出版系统的文件更加困难。这是因为网上文件的版式更加复杂，而通常转换 HTML 的唯一办法就是采用 HTML 中相当丰富的图表结构来排列各种对象，如导航链接、广告、文本，或者模拟多栏文本外的内容。当然，文件通常会包括真正的表格，而且常常隐藏在其他表格中(因为 HTML 允许表格嵌套)。结果是 HTML 文件的文本装在表格中,而在出版系统中,这些所谓的表格根本算不上是真正的表格。因此,HTML 转换的困难部分就是需要从那些用来创造特殊网页外观的设计中清理出真正的表格。就像其他文件的转换一样,若创建 HTML 是前后一致的,那么转换以前的 HTML 文件可以在很大程度自动实现。但遗憾的是,在创作 HTML 文件时经常前后不统一,所以需要大量的人工介入才能把这些文件转换成为更加格式化的文件。

## §5.4 转换过程

无论是为了电子商务的目的合并产品目录,还是转换科技文件,多数大规模的文件转换都苦于计划不周而影响进度、质量和成本控制。因此需要制订明确的计划。最有效的办法之一就是将你的项目周期划分为 4 个阶段:

(1) 概念和计划;

(2) 概念检验;

(3) 分析、设计和管理;

(4) 生产。

上述 4 个阶段保证提前考虑和解决项目实施中的潜在问题。那样大型转换项目涉及的主要问题就都可以得到解决,并且项目还能以更高的准确度向前迈进。

### 5.4.1 第一阶段:概念和计划

尽管本阶段很重要,但不必花费太多时间——你不需要详细地考虑每件事情,可能只需花几天时间就可以了(也很有可能花数周之久)。以下是本阶段的几个主要要素:

#### 1. 项目概念

第一步是明确项目并列出人们的预期。此时,应重点讨论项目计划而不应太多关注细节。这里有几个关键的问题:

* 你要做什么并且需要以什么样的速度去做?

* 你考虑过采用某种特别的技术与方法吗？
* 有什么目标？成功的标准又是什么？
* 什么样的结果才是重要的？哪一种结果可以接受？
* 预算目标是什么？估计的成本怎样？
* 如何权衡时间、预算和功效？

该分析的结果就是得到一个项目概念文件。

**2. 材料评估**

由于一般直到项目概念检验完毕才能草拟出一份详细的材料目录，因此，提前理解项目范围十分关键。这一信息是讨论设计和实施项目时如何配置资源的重要依据。虽然各个项目所关注的问题有所不同，不过常见的问题有：

* 项目的规模多大？（这需要量化——如多少页、多少图书、多少杂志、多少产品等。）
* 到底要转换什么文件？（尤其是法律文书，人们经常会说“我需要全部转换”。但事实上，有些材料不再使用，或者由于其他原因没有作用，这样的部分可以不予转换。）
* 原始数据存在多少差异？（材料可能包括各种不同的电子格式、在不同的操作系统中或者用不同的排版软件创建。还有一些可能在大仓库中粘满了灰尘的纸张上。）
* 文件格式差异有多少？过去几年文件版式改变的频率如何？（不同的作者总是选择不同的版式。而你最好要求严格执行模板，如果你处理过去的数据，可能会出现很多处格式不一致的情况。）
* 有什么特殊问题？（在编制计划时应特别注意图表、公式、参考文献和图像。）

**3. 粗略的价格估算**

一般来说，在开始阶段无法得到足够的信息以对整个项目的成本作出准确的预测。有太多的变化因素只有到了第二阶段才能最终确定。然而，有可能（也是有用的）在开始阶段就粗略地设定成本参数。不要采用泛泛的一般原则来预测估算，而应将要转换的材料分类如容易、一般、困难（或每一页成本为2 美元、5 美元、10 美元等），然后估算每一类的数量。采用这种估算办法可以使你的估算成本接近实际成本，并且指出可以在哪些必要之处节约成本。

### 4. 项目可行性分析

由于截至目前搜集的信息还是粗略的,你还有机会来评估你的项目是否具有可行性。你需要回答以下问题:

* 这是个百万美元的大项目吗?从生意角度考虑,有必要继续吗?
* 有可能重新界定项目范围以降低成本吗?
* 可以采用其他办法来实施这个项目吗?
* 可以忽略某些元素来减少成本吗?如果可以,项目的水准会降低吗?
* 最为重要的是,继续第二阶段有意义吗?

## 5.4.2 第二阶段:概念检验

概念验证的目的是对你做计划的方法进行一定程度的检验。这是一个机会,来考察那些被界定为存在风险的环节。可以对第一阶段提出的假设进行一定程度的分析检查。第二阶段概念验证的结果将会使计划更加具体,包括以下各个方面:

* 充实功能要求;
* 基本软件开发;
* 一个转换样本;
* 更精确的成本预测。

根据项目的规模,本阶段通常要花费 3 ~ 10 周时间。应该建立本阶段的项目进度表以确保每一个程序按照计划实施。

以下将介绍各个主要时期。

### 1. 项目发起(第一周)

一般来讲,召开"动员会"之类的会议是个不错的主意。这种会议的一个主要目的就是确保团队的每个成员都对项目概念有共同的认识。团队一般包括一个项目经理、领域专家、数据分析师、程序员和一个高级编辑。发起项目时应制定和审核详细的任务计划,制定任务计划可以确保团队的每一个成员明白各自的角色和责任。

确定样本时需要回答下列重要问题以确定概念验证的可行性。包括:

* 要检验什么?
* 样本尺寸应该多大?要做的典型工作是什么?哪部分材料是典

型的?

* 哪些是成熟的技术而不需要检验?
* 什么因素有风险或是未知的,因而需要特别注意?

由于可能倾向于立刻处理每件事,或先做简单的事,所以应清楚这个阶段工作的真正意图是集中于少量的数据集,以及分析有风险或未知的领域。如果不能确定项目将来会面临的主要困难,就可能造成以后工作的延误,因为这些困难很可能在最不利的情况下出现。

避免这个问题的最好办法是分析包含复杂的图示参考文献或表格的10页内容,而不是分析数百页简单明了或重复性的文字文本。若材料中出现20处较大的不同,不要试图分析全部的内容,只需挑选具有代表性的两到三处分析即可。另一方面,不要陷入只分析最困难之处的陷阱,那样会使你产生不必要的恐惧,并使你相信该项目要比实际困难得多,成本要昂贵得多。拥有准确信息是最好的防守。

### 2. 材料清单(从第一周中期到第七周)

你需要很好地了解要转换的文件的数量以及它们的可变性。原因是每种材料可能要求采用不同的编程和转换过程。尽管能创建软件来帮助实现大部分材料的自动转换,你还是不愿意花费大量的时间为几页困难的、可能用手工作业更有效的材料编写程序。尽管我们喜欢自动化,但自动化不一定是最好的解决办法。

### 3. 制定决策方针(从第二周到第三周开头)

这是概念验证阶段的关键环节。制定精细的规则和方针来使原材料转换成适当标注的数据将是决定项目最终成本的最重要因素。因此,你应对这一环节格外注意。

领域专家和数据分析员要紧密合作来设置一系列规则,规则越细越好。

### 4. 转换规范文件(从第三周到第四周中期)

在本阶段,有必要将你先前创立的各种方针规范做成单个文件。转换规范文件将成为一个主要的项目信息库。它将被最终用户、领域专家、分析师和程序员持续查询和考察。这个文件扩展了原先建立的各种方针,加入了一系列可编入程序的规则。它还帮助分辨模糊的、难以界定的区域。然后,领域专家将对这些区域进行检查。转换规范文件在参与项目的各方中间流传并作为主要的讨论文件,直到解决问题为止。这个文件还详细说明了规划成果。

#### 5. 概念验证软件和样本转换(从第四周到第七周中期)

由于多数成功的转换项目将自动化和人工操作结合在一起,所以在本阶段应保守地制定计划。从概念验证到规划所有你想做的事情之间没有太多时间。此外,一般会倾向于先计划容易的事情。但是最好的办法是选择一些复杂的、人们怀疑能否自动转换的元素,然后设计和测试转换这些元素的各种方法。然而,在本阶段的其余部分最好人工遵循转换规范,而不是花费大量精力来编写和测试程序。

本阶段的结果是你会知道哪些能够并应该实现自动化,哪些需要人工完成,以及需要花费的时间。当你进入第三阶段的时候会发现,这个学习的过程具有无法估计的价值。

#### 6. 未来阶段的计划和价格(从第七周中期到第八周)

如果截至目前每件事情都进展顺利的话,那么你将可以更仔细地评估项目的成本和进度了。由于下一阶段会测试和转换更多的材料,这些评估将会被进一步修改完善。本阶段还是一个检查点,即仍然要确定项目是否有意义(本阶段让你根据转换测试结果做出是继续还是终止的决定)。项目是否可行取决于对概念验证结果的判断,下列问题值得思考:

* 成本仍然符合预算吗?
* 我们能够在第一阶段就证明我们提出的概念吗?
* 我们得到了预想的质量了吗?
* 我们最初的时间估算可行吗?

### 5.4.3　第三阶段:分析、设计和管理

第三阶段主要是改进转换样本的各种元素以使材料更加完整。根据概念验证期间的程序进一步分析、设计和管理构成元素。此外,还要重新规划所有在概念验证期间没有时间(或者不需要)去做的事情。在这个阶段,也要编制逐步实施的计划和整个产品的操作流程。

表3展现了本阶段典型的进度安排。

第三阶段的关键就是编制生产计划。接下来的部分强调了编制计划的几个主要元素:生产过程计划、生产质量计划和产品生产计划。

#### 1. 生产过程计划

整合转换过程的各种元素常常是事后产生的想法,这可能是代价昂贵

的错误。最普通的事情,像对文件名协定和基本的数据转换程序达成一致等,人们往往没有事先做出适当的计划。通常,一个大型转换项目一般包括30~50个独立的步骤,需要多种技能,且常需要多个商家。还要考虑到时间因素,以保证生产顺利进行。

生产过程计划需要考虑以下一些重要方面:

* 每一周每一个阶段能处理多少页?
* 你能在计划的期限内保证检查和验收转换的材料吗?
* 如果出现技术问题,转换机构和客户之间有特定的联系吗?
* 怎样来回运输材料?

**表3　项目进度:分析、设计和管理阶段**

| | |
|---|---|
| 改善和优化软件 | 第一周到第二周 |
| 知识传授 | 第一周 |
| 修正决策方针 | 第一周中期到第二周 |
| 确定生产样本 | 第一周中期到第二周中期 |
| 改进转换软件 | 第三周到第五周 |
| 编写说明和转换样本 | 第三周到第五周 |
| 生产计划 | 第四周到第六周 |
| 生产工程计划 | 第六周到第七周 |
| 产品测试 | 第六周到第八周 |

另一个重要问题就是:要花费多长时间?

即使用每天可以处理数千页的生产设备,仍然需要2~6周的时间才能做完。因此,有必要早些开始第三阶段。如果你准备从零开始创建程序,那你得花费3~6个月的时间。

### 2. 生产质量计划

尽管转换项目采用了标准的质量控制程序,转换项目之间仍然有很大差别。不管你挑选多么好的样本和测试材料,你都不太可能测试足够多的特性不一的样本和材料。许多作者可能长期在不同的地点书写文件,加之,各种不同的出版系统运用许多不同的编辑软件包,因此,就像创建这些文件的作者一样,文件也具有各自的个性。并且像人类一样,这些文件的行为也不一定有代表性。

在这种条件下保证质量意味着要在程序的每一步建立反馈环节。当操作与预想不符时设计好的检查点就会报告并给予指导,而不是命令,以使有关人员能够来检查结果。信息需要自由地来回流动以使得这个程序逐渐改进。你还需要搜集统计资料,这样你就能够知道随着进程的推进你需要测试多少样本了。

3. 产品生产计划

在这一阶段,审慎是至关重要的,最好的办法就是花费数周时间来计划在最初的生产阶段进行小批量生产,这可以使你发现生产过程中的任何不足。整个生产团队需要注意,开始几周的生产目的是提供反馈以帮助工程师作出更连贯的设计。这个时候尚不宜投入太多人力来完成该项任务,而应该指定少数几个能够对在何处进行改进作出决策的人来执行。

### 5.4.4 第四阶段:生产

如果前面三个阶段都很正确的话,那么现在所有事情都应该很顺利。但你要记住:在生产期间监控结果以保证质量和生产产量按照计划推进是非常重要的。

让我们来了解一下生产过程的各个步骤。

1. 大批量生产

即使在生产计划阶段之后,也没有必要立即进行大批量生产。最好逐步增加生产量,这样,就可以有足够时间对人员进行培训并达到进度要求。由于你不能完全控制材料来源,所以即便是在生产开始以后,也有可能出现新的问题。关键是你的反馈环节要报告没有预料到的结果以不断修改和完善操作程序。

2. 生产过程控制

需要有在各种阶段跟踪生产的方法。小一些的项目采用 Excel(微软公司生产的表格处理软件)电子制表软件就足够了。但对于大型的项目,则需要更加复杂的工具。至少要知道材料在整个过程的哪个阶段,完成每一阶段需要花费多长时间以及每个阶段有多少材料在等待处理。

3. 材料运送

需要转换的所有材料都在项目开始时一次性到位的情况非常少见。一般地,材料总是随着项目地推进而逐渐抵达。为避免以后的生产速度下降,需要指定专人负责运送材料,保证材料是现成的同时也是完整的,并采取合适的办法进行运送。

4. 有关过程反馈

当项目进入生产阶段时,可能出现有些元素不如人意,需要改进。因此,你需要一种方法来正式地搜集异常的和非正常的工作信息。这种方法应该是灵活的,因为生产过程的不同阶段将会报告不同时段的异常情况。

5. 包装和运输

这个步骤看起来容易,但是,必须将加工完的材料运送给合适的客户。应该很清晰地记录材料是什么、如何组织材料、怎么处理材料,这将会减少很多麻烦,同时避免客户将来错误地处理这些材料。这时,应该进行最后的质量检查并就任何特殊程序对接收材料的客户进行说明。

6. 例外情况处理机制

需要对例外情况进行报告——向最终用户递交带有完整数据的例外情况报告。由于有些文件发生了变化和不连贯,接受者将不可避免地需要对其进行特殊处理。建立一个比简单注解更复杂的机制是一种聪明的做法。

### 5.4.5 从现在起该怎么做

1. 成功转换的6个要点

在这个部分要借鉴很多东西。如果只需要从你阅读的内容中知道6点的话,就请了解以下几个方面:

(1) 不要盲目动手。在开始编制计划前,思考究竟要完成什么任务,然后在开始行动前计划好。

(2) 项目管理和质量保证是关键问题。为了保证项目按照计划推进,你需要有一个专注的团队。不要认为这是一项兼职工作,团队的主要成员需要对项目全力以赴。

(3) 沟通是关键。领域专家、技术专家和管理人员需要及时沟通。

(4) 认真挑选样本。最好挑选主要问题进行抽样测试。

(5) 不要低估某个精心设计的生产过程的价值。在进行批量生产之前仔细地研究生产过程的所有环节。

(6) 要确认办法是否有效。每一步都建立反馈环节以监测、控制并持续改善生产过程。

§5.5

# 分析问题

本部分简述了应该列在分析清单中的一些主要方面,具体如下:

## 5.5.1 文本和字符

尽管在文件转换中一般不认为文本字符转换是个问题,但应注意有些隐蔽的危险。当用户出版文件时,他们有时走捷径,允许文件在逻辑上出错,但不影响印刷效果。例如,有时可能在文件某一行或某一页的末尾包含硬连字号(而不是条件下的连字号)。当要转换成一种更新的电子格式时就会出现问题,因为,转换软件不能确定是否应保留这些连字号。甚至“正常的文本”有时也会出现问题,有些工具会为某些字母组合生成连字(例如“fi”和“fl”),并在原文件中作为特殊字体和字符出现。在这些情况下,有必要对字体和字符数据进行特殊处理并转换成更加基本的文本。

### 1. 字体、特殊字符编码和统一字符编码标准(Unicode)

根据目标出版格式,有关字体和特殊字符的问题有可能成为麻烦问题。例如,如果原系统采用特殊字体,目标出版环境继续使用同样的字体,就不会出现问题;如果要将原文件转换成结构标注,那么,非键盘字符就会被转换成 ISO 标准的 SGML 和 XML 字符集,这样,问题就出来了。因为为了用现代出版工具出版某种特殊要求的字符,你只要采用任何可用的字体(或甚至某种经过特殊设计的字体)并从那个字体集中选择即可。转换文件时,一部分精力要投入到检测打算采用的字体,以及决定是否维持原来的外观(就像通常的情况那样)和需要采用哪些特殊字符上。这可能意味着要大量地分析和检验原文件的字体。幸运的是,在基本字符集中拥有特殊字符和符号的标准字体,因此,只要采用那些字符,也许就已完成字体映射了。

将来通过采用 Unicode,转换特殊符号的字体应该是个更加容易的问题。Unicode 试图将各种特殊字符和外文字母归类为一个标准组,这样将来就不需要绘制特殊字符的字体映射图了。

与字体转换有关的另一个问题是采用强调字体。强调(例如黑体、斜体、黑斜体）通常需要在目标文件中保留。一般来说，用户直接在文件中采用和放弃强调，这种信息保留在文件结构中。然而，在有些情况下，用户可能选择“被强调”的字体，而不是仅仅通过字体进行强调。例如，如果基本字体是 Helvetica，用户可能会选择黑体 Helvetica 作为强调。在这种情况下，转换分析应特别注意字体的变化是否就意味着强调的变化。有时，强调的词或词组采用斜体或黑体是因为特殊的含义——例如书籍标题、门类和案例引用——那样可以保证只有某些能理解内容的人才能决定某些特殊标签。

#### 2. 音调和读音符号

有些出版系统支持任何字符的读音符号和其他音调符号。这经常会导致在目标系统（一种新的字体或 ISO 字符实体）中找不到对应字符。也许需要组合出新的字符，也许在某些情况下这也不可能完成，那么字符就需要以图形的方式显示了。由于多数系统采用 Unicode（就像最新版的 Word 一样），并且由于 XML 的普遍深入应用，这个问题将有所缓解。

#### 3. 非拉丁字母

一直以来，非拉丁字母转换就是一个困难的任务，因为不同的出版工具有不同的表现方法。另外，许多外文字母包含成千上万独特的字符。同样，采用 Unicode 将会使转换这些外文字符更加简单（希望如此）。

### 5.5.2 段落和标题标签

在转换过程中，尽管判断段落和标题级别一般都很容易，但应考虑以下问题：

* 段落和标题都被适当标注了吗，还是你不得不从外观来猜测？
* 文章与文章或章节与章节之间，模式保持一致了吗？
* 当忽略了某个标题级别时采取什么措施？
* 当不同章节具有不同粒度时采取什么措施？

### 5.5.3 参照和链接

文件转换一个最有用的方面就是添加参照链接。这是因为，现代出版系统可以将这些参照转换成超链接，因此用户可以迅速、自动地管理文件。在典型的书面出版文件中，这些潜在的链接通常是由手工来完成，因此，转换工作的部分任务就是增加合适的链接信息。

由于参照遵循一种模式，所以你可以通过软件来自动完成多数参照。但是，有些也会漏掉，因此，有必要进行人工审查。例如，“见表 3”或“见图 4 到 6”或“见图 3,4 和 5”都可能通过软件转换成适当的链接，但是，“见图 3,4 和 5 的最后部分”则不那么简单了。尽管人们能够很容易地知道“5”代表了“图 5”，但软件不能识别。再例如，“见手册第 3 章”这个短语可能会导致错误地链接上了本书的第 3 章而不是手册的第 3 章(作者的意图)。

还有一些短语用在书面文章中，诸如“参见页底”或“参见如下内容”，这些最好从新的电子文件中剔除。在电子文件中，不一定应用像“页”、“以上”或“以下”一类的概念。同样，软件可以捕捉有些概念，而有些概念则需采用旧的方法，即通过阅读文件来捕捉。

### 5.5.4 列表

经常要对结构化文件的列表进行相应的标注，列表有时有编号，有时没有编号。用数字(或字母)标注的列表一般更容易辨认，因为文件内容都根据列表的自然顺序表现出来了。没有编号的列表，尤其是那些没有粗体、圆点或斜线抬头字符的列表更难识别，并且常常需要人工介入。另外，作者经常采用多个栏目和标号的方式以减少页面占用的空间，这类列表需要展开以便进行格式化标记。但辨认(比如它是列表而不是表格)和理清(列表的目的可能是为了沿着每一列，或跨过每一行后再往下阅读，并不一定与列表的物理顺序相同)这类列表往往不容易。

技术维修手册中另一个常见的难题就是，标注这些手册常常要求区分“列表”和“步骤”，步骤被定义为按顺序发生的行为。例如，一系列的工具像① 锤子、② 螺丝起子、③ 钳子等和一系列步骤像①去掉锁定螺钉、②打开车厢门、③检查电池就不一样。常常可以运用关键词来识别需要转换成步骤的列表，但对于转换后的文件需要进行仔细的错误检查。

### 5.5.5 表格

在转换文件的过程中，准确的表格转换是一种最为关键、复杂和耗费人力的工作。严格意义的表格包括单元和行列、水平的行和垂直的列、分隔符、跨行和跨列并要能区分标题和正文。就像多数其他方面的文件转换一样，原文件中存在的元素对于每个项目来说都是不同的。

若原文件格式包含表格编辑工具，并且文件创建者正确地使用了它们，那么转换时只需将原文件的所有属性转换成目标格式文件的对应属性。但是，很多原文件最初是在不带有完整的表格编辑工具（或用户不知道该怎么使用）的系统中创建的。表格式信息通常以制表符、线条和空格来形成，这样转换软件就需要"猜测"表格结构（甚至什么叫做表格），并利用像线条的分布和文本的布局这样的视觉线索进行分辨。由于表格可能十分复杂，并且有时候甚至连人都无法根据构成行和列的元素确定作者的意图，因此"猜测"行为一般不会产生正确结果，这时，就需要花费人工来更改错误。有时候，甚至认定某物事实上就是一个表格也不容易，所以需要提前对表格进行标注（也许是标注表格中列的数量）以帮助转换软件来分解图表结构。

此外，由于如上所述的一些现代数字出版系统没有固定的表格编辑工具，许多文件采用模拟线条和制表符生成图表，因此需要采用推断文件结构的程序进行处理。而且，即使使用带有固定表格编辑工具的现代出版系统，在作者常常运用制表符（要么由于不熟悉出版软件，要么由于作者懒惰而随便制作一个"简单和粗糙"的表格）的情况下也需要采用推断文件结构的程序进行处理。

### 5.5.6　图形

出版文件包含两种基本图形。一种是光栅图形，它包括每一个可以构成图像（有时也被称为位图）的"点"（常被称为像素）。扫描仪和数码相机形成光栅图形，像 Adobe Photoshop 和 Corel Photo-Paint 这样的照片编辑和图片修整软件就采用光栅图形。另一种是矢量图，它包括单个"对象"的信息以构成图形。例如，一个通过矢量图来展现的汽车图形包括线条、曲线、文本、颜色和阴影的集合。像 Adobe IllustratorAutoCAD 和 CorelDRAW 这样的图画和插图程序就是利用矢量制图的很好的例子。

排版和图形一章详细地论述了图形格式[6.8]。由于两种构成图形的方法差异如此之大，在转换文件时出现的问题也各不相同。

#### 1. 光栅图形

表现光栅图形的格式有很多，其中包括有 TIFF，PCX，GIF 和 JPEG。由于光栅图形实际上是以一系列的点描绘一个图像，将一个光栅图形转换成另外一个光栅图形十分简单,可以使用许多转换程序中的任何一个。但是,图像转换可能不仅仅只涉及格式转换,有时也涉及图像维度以及一系列的颜色和颜色模式的转换。光栅转换采用不同的计算方法来实现这些转换,而这些计算方法能够极大地影响到转换效果,因此测试转换以确定什么方法最适合转换需要是十分重要的。

了解什么叫做"无损"光栅图形也很重要,因为它们准确地代表着光栅图形的每一个点。以 TIFF 和 PCX 为例,它们都属于"无损"格式,因此,你可以在这两种格式之间来回转换图像而不会导致图像质量下降。大家都知道,其他格式的光栅图形都属于"有损耗的",都不能体现原光栅图像的每一个像素。更确切地说,它们采用各种方法来表示光栅图像各个部分的变化情况。JPEG 格式是最有代表性的"有损"格式。这种格式在照片上表现得淋漓尽致,它将大量的图像信息压缩到一个非常小的空间里。由于使用了这些"有损"光栅图形,每一次转换都会丢失掉原图像的一些像素。因此,在使用它们和多次转换时应格外注意。

2. 矢量图

由于矢量图不以点阵而以一系列对象来代表图像,不同系列的对象可能会用不同的软件包,所以从一个矢量格式转换到另一个矢量格式非常困难。矢量图包含很多方面,如果其中某个方面转换不当的话,转换出来的图像将会不正确(如设想一个包含成千上万条线和文字的地图,如果文字说明没有放在地图的正确位置的话,那么这张地图就没有任何用处)。

每一种常见的制图工具都采用它们自己的文件格式,因此,作为文件转换的一部分,矢量图的转换也很有必要。许多制图程序具有输入筛选功能,以将其他格式转换成自己的格式。也可以采用第三方矢量图转换筛选程序来转换矢量图片。但是,由于矢量图转换非常复杂,所以转换出来的图片可能并不完美,需要做很多修正工作(也许重新画图会更容易)。如果你不需要编辑图片,也许最好在目标文件中采用光栅化的或 EPS 格式(Encapsulated PostScript)的图片。这样,只有当某个图片需要进行特殊修改时才会被调整。

### 5.5.7 索引

对电子文件来说全文搜索是一个重要方法,但拥有像传统印刷书籍一样的目录索引对于电子文件仍然有利。问题是，索引通常指向页码，而页码在电子文件中并不总是存在的。

实际上，有些出版软件包能提供索引信息，因此可以自动生成文件索引。在这些情况下，由于索引信息指向具体的位置而不是指示页码，所以转换起来一般非常简单。

然而，在多数情况下，要从某个典型的书面索引中转换，在书面索引中关键词后面跟随一系列的页码号（或者页码号的范围）。将这种索引转换成电子索引面临许多挑战，因为书面索引中所指的页码是出版物原始版面中的一种人为设置，这种设置对于更为先进的电子出版物而言显得无关紧要。理论上讲，在一个电子索引（就像为本书所建的一样）中用户可以点击索引条目，从而进入到索引编注者设定的文件的准确位置。如果原始索引只包含页码而不是某个具体位置的话，可能会给编排电子索引带来很大的问题。可以采用文本匹配软件来尽可能多地锁定原始索引的准确位置，但相当大部分的条目都需要手工操作来确定具体位置那样，对于大型索引来说，成本是非常高的。在很多情况下，索引条目根本不出现在文本中，或不以相同的形式出现。

另一种可能（成本较低）是在转换后的文件中保持原文件的分页信息，那样，就可以使用户点击索引词而进入某一个特定页面的顶部。然而，这也有问题，一个页面可能包含不止一个“逻辑单元”。例如，一部百科全书中的某一页可能包括几篇完全不同的文章。将用户引入页面顶部也许不是有效的办法，页面上方也许是与作者意图完全无关的一篇文章。在这种情况下，一个折衷的办法就是采用适当的索引链接直接连到相关逻辑单元的顶部（文章或部分）。如果那样可行的话，那么只需解决那些包含不止一个逻辑单元的页码的索引条目就可以了。

### 5.5.8 书目信息

学术出版物和教材一般都带有大量的书目信息。将其转换成格式化文件常常涉及要把书目条目分解成像文章标题、作者、出版商和日期这样的单个逻辑成分（将这些成分进行编码可以使电子系统“识别”单个元素，从而提供链接）。当进行电子转换时，依靠原书目信息的一致性，很多时候可以采用软件将条目转换过来。例如，期刊的参考文献目录一般都是前后一致的，所以就可以用这种方法分解。然而其他类型的参考文献目录，如会议论文集和书籍就是用很松散的格式，要分解这类目录需要相当多的人工介入。

另一个难点就是参考书目条目。一篇典型的文章可以包含数百个参考书目。通常采用数字标识符（上标数字或放入括弧中）或采用将作者姓名和出版年放入圆括号中的所谓哈佛式来创建参考书目。上述两种参考书目可以在某种程度上自动完成。但像其他的信息推断场合一样，它们需要人工检查和修订。

### 5.5.9 脚注

现代出版系统采用逻辑方式来表示脚注和尾注，这样使得转换工作简单易行。但是，很多文件强加脚注（如上标 1），理想的做法是转换成适当的脚注链接。当然，即使这样也能用软件完成转换，但由于存在潜在的错误（例如，如果你把所有的上标 2 都转换成参考脚注 2，那么你就可能将 $E=MC^2$ 的上标 2 变成了脚注 2 了），所以需要人工检查。

### 5.5.10 数学

可以采用许多种办法来表示数学和公式，出版工具有自己表示数学和公式的方法。有些甚至还带有公式编辑软件。就像处理矢量图片一样，处理公式也是一个复杂的过程。现有的工具可以将公式从一种格式向另一种格式转换。但转换结果很少能尽如人意，并且大量的时间花在清除复杂的数学公式上。在 XML 中处理数学公式的常见办法包括合并像 Tex 这样的特殊语言创建的原始公式，将公式转换成 MathML XML 数学标记语言或在 XML 中简单地把数学公式当做图形元素来处理等。

## §5.6

## 总　结

文件转换专业人士经常被问到："一旦我做完了所有这些，那么事情就做对了吗？"答案是"也许不对"。自从谷登堡发明印刷机以来，标准在稳步提高,这个世界运用和传递信息的崭新的、创造性的思维永不枯竭。我们还没有想到过今后5年我们要做的真正有趣的事情是什么,而这也意味着还没有考虑到支持这些思维的数据结构。

如果你正在考虑为数据转换而努力,那么这意味着在某种程度上你看到了转换的好处——降低成本、吸引新客户和更快的生产能力,等等。通过传统的成本-收益分析你会知道多久才能看到这些好处。

但是,行动的决心可能会受以下因素的影响:

* 投资的长期价值。XML可能会因为某种新产品的出现而过时吗?答案是"也许"。随着时间的推移,许多"最终的"解决办法被人们遗弃。尽管如此,新事物似乎不是与旧事物完全不同。在区分内容与结构上,XML是一个终点(虽然可能只是一个短暂的终点)。过程可能会改进,但只要你的材料结构合理,那么将来转换成新的或更优化的语言的努力将会变得容易得多。
* 等待的代价。你真的经得起等待吗?将你的数据转入一种结构更灵活的格式中会给予你新的机遇和新的保存文件的方法。如果不拥有那样的能力,你将付出多大代价?
* 要是不成功怎么办?这倒是个实在的考虑。你需要规划打算应用技术达到什么样的程度。除非你要解决某些特殊和不寻常的问题,否则你应该能够找到被证实的能将风险限制在几个方面的技术。当然,你总是应该保留备用方案的。

你会说,这是老生常谈吧。等到每件事情都解决了再做决定不是更有意义吗?其实不是这样的。如果没有抓住机遇,那么,损失未免就太大了,你应当审慎对待。目前,我们的行业发展正处于关键时期。你需要寻找好的顾问(可以到处打听以寻找到好的顾问)并向其咨询,以帮助你作出正确决定。一旦你确信并决定将文件转换成XML或其他格式的计算机语言,那么从长远来看,这会给你在各个层面带来回报。

# 6 排版、设计和图形

赛德·麦西罗伊(Thad Mcilroy)　弗兰克·罗曼诺(Frank Romano)

数字时代的出版在很大程度上依然是印刷出版。现在的电子出版物也都或多或少地先以印刷出版物形式出现。尽管数字出版的焦点已经转向以电子方式传输和展示信息,但是经济活动的主体仍然围绕着以印刷为基础的出版展开。电子出版代表着出版行业的未来,但现在占主导地位的还是印刷出版。和电子出版一样,当今的数字工具和科技手段被频繁地使用在印刷出版中。掌握印刷出版需要广泛了解与排版、设计和图形相关的大量的工艺过程以及技术手段。印刷出版已经达到了500年传统手工艺与数字电脑图形新纪元的交汇处,从事出版行业需要对两者都有所了解。本章是对数字出版时代进行印刷出版所需的工艺过程和科技手段的概述。我们关注的是那些把出版推向未来的数字技术,以及那些由于可以优化日常工作而在数字时代仍然非常重要的传统手工艺。

## §6.1

## 概　述

1984年,桌面印刷的出现震惊了世界,那时所有人都认为正在目睹一场革命。其后,我们才发现,我们所做的只是手工过程的数字化而已,并没有什么真正的改变。

印刷玩的把戏是让文字隐形。印刷术的最高成就就是以某种方式把文字放在纸面或屏幕上,但读者甚至没有注意到阅读文字符这个过程,因为他们眼里没有文字(而只注意文字所传达的意思)。

但是桌面印刷已经改变了出版过程。1984 年的时候,出版过程还主要依靠手工而不是在电脑上完成。有一部分工序是数字化的,如排字和色彩再现,但是最重要的工作仍然需要技工根据多年的工作经验作出判断。

桌面印刷革命的影响在于极大地提高了图形艺术领域的数字化程度,同时简化了数字化工具并降低了它的价格。数字化的目的始终是减少生产时间,降低生产成本,这一点只有通过简化工艺、加强自动化操作才能实现。今天出版享有的数字化程度是 20 年前难以想象的,并且以前所未有的高速度、低成本运行着。但是数字化还未使出版完全自动化,因为出版仍然离不开熟练的技术工人的判断。

传统图形艺术技师的技艺是建立在对形象再现的准确把握之上的。现在这种传统技艺得到了熟悉各种软件、操作系统和电脑图形软件的数字技师的帮助。尽管一部分出版程序已经降低了技术层面的要求,软件自动化的程度有所提高,但同时数字化对出版从业者提出了更多要求。现在要成为一个熟练的生产技师也许比以往更难。

我们认识到,在现今的多媒体世界中,纸质出版也许只是某个图形或者某份文件的一种应用而已,而且可能并不是最为重要的那种应用。但是印刷仍然不失为一种独特而有效的媒介。我们相信,在未来数年内,掌握纸上图形再现的复杂过程对于出版人来说仍然非常重要。

## §6.2

## 文本、图形和页面版式:页面三要素

当读者阅读书籍或是杂志上的某一页时,可以很容易就看到文字和图形。但是读者并不像电子出版者那样,需要作出线性区分。每一页都是由文本或者图形组成的,设计者再以合适的几何方式将它们排版。

在电脑上代表每一页的数据都来自以下 3 个部分:文本、图形和页面版式。页面是在页面排版文件中建立的,文本和图形都在文件中适当的位置。文本通常由文字处理软件输入页面。图形也同样被用绘图或图片软件创建的文件直接插入页面。

§6.3

## 设计和生产

数字出版革命带来的副产品之一就是模糊了设计和生产的区别。在数字化生产之前，两者作用的区别是很明显的。设计人员的工作是用笔和纸勾画出每一页的大概轮廓。排版的细节也是由手工完成的。铅字由拥有复杂的排版设备的专门公司排版，用长条校样校对、订正、重排，然后再以人工方式把长条校样粘贴到最终完成的页面上。半色调图像由特殊的相机摄取，再以正片或底片的形式放置到最终的页面上。那时，排版是一个专门化的行业，就像"拼小版"（stripping）[1]一样，有着与之相关的陷印和页面拼版技术。

桌面印刷把所有这些功能带入了电脑中。现在大部分设计人员已经至少充当了排版工和拼版工的角色，虽然有时他们还会处理陷印和拼版的工作。设计和生产相互交叉，彼此重合。至于哪些工作留给印刷人员完成最好，这一点还存在争议，设计人员也有不同看法。在这一章中，我们将以中立的态度介绍页面生产涵盖的所有工序，把争议留给读者自己去作出判断。

§6.4

## 三种重要技术

除了以上三种页面要素之外，当今的数字化出版还离不开下面三种出现于20世纪80年代中期的重要技术。很难想象，如果没有它们现在的出版业会是什么样子。

（1）被称为麦金塔的个人电脑。在它之前有其他普及型的个人电脑，但麦金塔是第一种所见即所得型（WYSIWYG）的电脑。设计人员和出版工

〔1〕 Stripping本来是"拼菲林"的意思。因为早期文字和半色调图片要分别复制照相，然后把底片组合，故又称为"拼小版"——译者注。

作者第一次能够在一台可以买得起的家用电脑上预览他们自己的工作成果。通过把桌面印刷引入麦金塔电脑中，苹果公司创造了一个忠实的顾客群。这些使用者们在将近 20 年后还会争着使用他们的产品。麦金塔仍然代表着电子出版的标准并且控制着专业图形生产市场 90% 的份额。

(2)激光打印机。拥有一台快速、高质量并且相对便宜的验证设备是必不可少的，它可以让使用者们确信他们在屏幕上看到的一定和纸上打印出来的一样。

(3) PostScript。它是一种为了让桌面电脑产生高质量图形而特别设计的页面描绘语言。

§6.5

## PostScript：印刷出版的语言

1982 年查尔斯·格什克(Charles Geschke)和约翰·沃诺克(John Warnock)离开了施乐公司帕洛阿尔托研究中心(Xerox PARC)并共同创立了 Adobe 系统。他们最初的计划是建立一个专门的出版工作站，但随后他们就意识到，这种硬件需要一种页面描述语言(PDL)作为对硬件系统的后续补充。于是他们在为 Xerox 公司所研发的页面描述语言 Interpress 的基础之上，开发出了 PostScript。

苹果公司是 Adobe 最早的投资者。公司主席斯蒂夫·乔布斯(Steve Jobs)说服沃诺克和格什克为苹果公司 1985 年推出的 Laserwrtier 开发一个特定版本。阿图斯公司(Aldus)在同年推出了名为 PageMaker 的页面排版软件，桌面印刷快速发展起来。大约在同一时间，Linotype 同意公司旗下的 Linotronic 系列排字机使用 PostScript，从而为 PostScript 提供了一个良机来证明自己在专业高端图形方面的优良性能。

现在很难去评价桌面印刷对图形艺术市场的最初影响。1985 年这个市场被很多不同的提供专利排字和色彩扫描系统的商贩控制。完整的页面排版尚未普及，大部分页面都是由手工结合在一起的。市面上的每一种系统都以一种独立的语言运行，并且使用系统独特的文件格式。

PostScript 从 4 个重要方面改变了数字图形：

(1) PostScript 可以描述文本、图形和整个页面,而当时大部分电脑图形语言只能描述文本、图形或者页面的几何排列。

(2) PostScript 不依赖特定的设备,它被设计为可以与很多不同的输出设备一起工作。任何生产商都可以使用 PostScript 并用一个解释程序来驱动输出设备。每种设备的输出都与原来的页面完全一致,除了加入该设备独有的特征之外。

(3) Adobe 对外公开了 PostScript 语言的规范并鼓励软件公司支持它。

(4) 在 PostScript 问世的最初阶段,Adobe 认识到精确排印的价值。它采用了最好的铸造厂的高质量的字体,并开发了支持优质排印产品进入 PostScript 的技术和其他支持软件及操作系统。

### 6.5.1 竞争

PostScript 并不是市面上唯一的页面描述语言。IBM 公司生产的大型印刷系统使用的就是名为 AFP(Advanced Function Presentation)的语言;惠普公司(Hewlett - Packard)的许多打印机使用的是 PCL (Printer Control Language,打印机控制语言);施乐(Xerox)的一些办公室打印设备仍然支持 Interpress 语言,除此之外还有很多。但是 PostScript 几乎掌握了全部专业图形市场。(有意思的是,沃诺克和格什克都曾经在施乐的帕洛阿尔托研究中心工作,从事 Interpress 项目,他们把自己离开施乐并创立 Adobe 的原因归结于施乐公司没有成功地将这一产品推向市场。)

Adobe Systems 并不是唯一提供 PostScript 语言的公司。通过公开 PostScript 的细则规范,Adobe 为 PostScript 建立了一个巨大的市场,但也造成了与诸如橡树技术公司(Oak Technology)和无敌系统公司(Peerless Systems)等竞争的格局。尽管 Adobe 仍然是 PostScript 规范的持有者,但 PostScript 为它带来的收入却越来越少。

### 6.5.2 技术因素

PostScript 是一种拥有强大的图形、文本和图片处理功能的编程语言。它运用了一系列处理器、词典、数组、堆栈、路径和一个坐标系统,能够更好地描述位图、矢量图、文本和页面版式。

PostScript 是一种以文本为基础的语言。它可以将位图和矢量图与字体信息、对象定位、色彩特征、页面大小等其他种种因素一起转化为文本编码。

PostScript 是一种不依赖于特定设备的语言，独立于任何一种特定的输出设备。它可以在所有支持它的设备上使用。

当用 QuarkXPress 或 Adobe PageMaker 建立一个页面时，界面是屏幕上呈现的程序，而在所见即所得的程序背后起作用的是 PostScript 编码。点击“打印”，被输送到打印机的也正是 PostScript 编码而不是 QuarkXPress 文件。

PostScript 生成之后，可以保存下来供将来处理。但通常编码都会直接进入光栅图像处理器（RIP）。光栅图像处理器首先把 PostScript 编码翻译成一种叫做显示菜单的中介格式。显示菜单包含简化的页面描述，以一系列对象的形式呈现。显示菜单中的所有对象都以像素而不是磅或英寸为单位。显示菜单完成之后，光栅图像处理器创建一个页面位图并把位图传输到输出设备。屏蔽角、屏蔽运算、陷印、分色和其他功能可以嵌入 PostScript 中并控制不同的选项。

根据印刷系统的配置，光栅图像处理器可以作为物理芯片放置在激光打印机或喷墨印刷机中。它也可以作为与打印机相连的独立的硬件设施，或者作为在桌面电脑上运行的光栅图像处理器软件。

### 6.5.3 PostScript的不同版本

PostScript 语言的第一个版本就叫“PostScript”，“第一代”的字样是 1990 年第二代升级语言诞生之后为了区分才加上的。1998 年，Adobe 将它升级到“PostScript 3”而不是“第三代”。在过去，一些使用者面临版本不同导致的兼容性问题。例如，一个包含第三代 PostScript 数据的文件可能无法与第二代光栅图像处理器兼容。大概是由于 PostScript 第四代的诞生，现在这个问题已经很少有人提及了。

### 6.5.4 用PostScript打字

Posrscript 的一个主要革新在于它控制高质量打印的能力。我们将会在[6.7]小节中详细介绍数字出版中的印刷。

§6.6

## PDF——Adobe 的可移植文档格式文件

PostScript 是一种强大的文本、图形编程语言,但是用于数字印刷却有一些不足。语言本身太复杂,普通用户很难用它编程、编辑。目前还缺乏在电脑上查看 PostScript 文件的方式。Adobe 曾经试图用一种名为 Display PostScript 的 PostScript 变体程序来解决这一问题,但并不受大多数电脑生产商和软件开发商的欢迎。

为了让 PostScript 更加实用和更具有可预测性,Adobe 开发出 PDF 这种可移植文档格式文件。

PDF 格式文件可独立于创建文件的软件、硬件和操作系统,这种文件同样独立于显示打印文件的输出设备。使用 Adobe 的软件和其他第三方软件可以创建、查看 PDF 文件。

PDF 和 PostScript 有相同的基本成像模式。和 PostScript 一样,PDF 也是一种页面描述语言,即根据某种成像模式描述图形外观的语言。一个文件可以在 PDF 和 PostScript 语言之间自由转换。打印时两者有相同的输出效果。从某方面看,PDF 是 PostScript 的另一个版本。

尽管如此,两者之间还是有重要的区别。PostScript 包括 PDF 没有的通用编程语言框架,而 PDF 有大量 PostScript 所不具备的方便用户使用的特色,如注释、转换和导航功能。此外,PostScript 文件必须作为一个整体进行处理,因为第 5 页所需的信息可能嵌在第 1 页中,如字体等。相反,PDF 文件的页面是独立的,任何一页都可以进行独立操作而不需要参考文件的其他部分。PDF 同样用于很多非打印的文章,如网络或者电子书页面。

尽管注入 QuarkXPress 之类的应用程序理论上可以把任何页面描述成全分辨率像素数组,但生成文件既大又依赖特殊设备。PDF 或 PostScript 采用的高水平成像模式,使得应用程序能够用抽象的图形成分(被称为“对象”)来描述包含文本、色彩、图形的页面外观,而不必直接依赖设备像素。压缩的 Adobe PDF 文件比源文件要小,而且可以一次下载一页以用于网上快速展示。

在金属印版上的字母，印版表面或字样的高度刚好是72磅(1英寸)。打印出来的实际字母要比金属铅字小，以方便上伸字母或下伸字母[1]。为了使打印出来的字母对齐，每个字母都必须放到金属印模中，并留下足够的空间以容纳上伸字母和下伸字母在基线以上或以下的部分。最后，所有字母都排在同一个高度，这决定了字面的大小。

19世纪的时候发明家们开始想发明一种能自动排版的机器。很多机器被发明出来以取代手工排版，第一台机器是威廉(William)博士于1822年发明的。但是没有一台机器能够应对大量工作，直到1886年奥特玛·默根泰勒(Ottmar Mergenthaler)发明莱诺铸排机(Linotype)，它的工作原理是一次排版一行字。

1887年，托尔伯·蓝斯顿(Tolbert Lanston)发明了莫诺铸排机(Monotype)。这种机器由两部分组成，键盘和铸造机。每个字母都是单独铸造并且手动隔开。按下一个键，它就会在纸带上按编码打孔。纸带打孔后被放在铸造机上，压缩空气穿过这些孔从而在铸型上方定位一个矩阵格子。再结合所打的孔，格子就会被确定在一个位置以铸造出特定的字母，并调整铸型的宽度来适应字母的单位宽度。每个字母都是这样铸造出来并传送到版框。(这实际上是一个数字化过程，那些孔是我们现在所使用的二进制编码0和1的雏形。)

金属铅字逐渐消失，在胶卷上排字的照相排字方法成为可能。照相排字起初使用不同大小和风格的字体轮廓，这是一种模拟技术。后来，字体的数字输出以位图或矢量图的形式储存下来。

现在的一些设计者在一台电脑上储存的字体比20年前所有的字体加起来还要多。但是数量并不代表质量。电脑上有不少根本没用的字体，网络上也有很多这种免费的字体。

我们现在所使用的“字体”(font)这个词实际上有点用词不当，尽管它延续了此前的定义。大多数人认为这个词代表所有字样(typeface)，实际上并非如此。

一种字样是一系列字体，包括所有的斜体、粗体和其他变体，在过去还包括不同大小的字体。“字样”这种说法仍然是正确的，只是现在我们并不

[1] 上伸字母指高于x字母的小写字母(如b、d、h、k)；下伸字母指g、p和q等在书写时比其他小写字母位置低的字母——译者注。

PDF 文件可以提供纸质文件的绝大多数特性，如页面结构、精美图形和精确的设计，此外它还提供大量只可用于电子文本工作环境的特性。

不同的特色吸引着不同的用户和市场。有的人喜欢 PDF 的显示格式，这种格式是互动的，你还可以加入标记文本和图像、声音。还有人喜欢它的合作特性：在工作小组中传送的时候，文件可以被重组、注释和编辑。在 508 条款[1]通过之后，Adobe 正把 PDF 作为保障文件可及性的关键平台对外推广[见 7.2.1.4]。PDF 还是主要的支持数字签名的表格应用程序，这是推动电子文档革命的关键特性。电子书的主要格式之一 Adobe Acrobat eBook 也是基于 PDF 的。它的吸引力在于电子书的页面和打印页面是完全一致的（尽管它们不一定要一致）。

图形艺术的 PDF 工作流程将在[6.12.11]中讲解。

## §6.7 印刷排版

印刷排版是指在纸面上或者显示器上对字母和空间进行安排以交流信息和辅助理解。在字母组合成单词、页面和文件的时候，排版人员关注的是字母的形状、形式和颜色。排字工是为出版进行排版的专业人员。数字印刷时代的排版仍然是一种可行的职业，不过实际的排版工作大多落在设计者和出版者身上。

今天的字体仍然基于早期的样式，那些样式是模仿手抄本的书法字体形成的，数字时代我们所使用的大部分字样都可追溯到铅字的早期。活字被放在大盒子里，互相之间有间隔，被称为铅字盒，铅字盒的低层放小写字母，高层放大写字母。字母和符号被挑选出来，依次放置到排字盘或手盘里，一行完成以后上面再放一块薄铅片作为行间的空格。接着这几行铅字被转移到一个大版框中。整个过程会一直重复直到完成完整的一页，这大概需要数千块金属活字。

磅是金属铅字的长度单位。例如，一个 72 磅的金属铅字 H，是一个刻

〔1〕 指 1998 年美国康复法案 508 条款（Section 508 of the Rehabilitation Act）——译者注。

除了描述静止的页面外观之外,PDF 文档还包括一些互动功能,这些功能只适用于文件的电子版。PDF 支持多种注释、文本注解、超文本链接、标记、附件、声音和影像。文档可以自定义用户界面,键盘和鼠标输入就可以激活 PDF 对象所指定的动作(如页面的某部分就会成为一个链接或按钮)。PDF 文件还可以包含互动表格域供用户填写,用户还可以从其他应用程序输入值到域中或把域中的值输出到其他应用程序。

根据某些应用程序创建页面的方式,PDF 文件中还可以嵌入结构标签。这对于标记页面的不同元素以便不同的显示环境采取不同方法来处理它们非常有用。当 Adobe 赋予 PDF"重排"功能的时候,标记过的 PDF 文件就变的很重要了。要记住,PDF 是基于页面的技术,虽然它不像页面排版程序那样可以在不同的页面之间重排文本,但同一页中的文本重排是可以的,这对于在像 PDA 这样的小屏幕上观看 PDF 文件来说是很有用的。(使用时,页面会变长变窄。)PDF 具备的结构标签功能可以重排文本段落这样的部分以适应更小的屏幕,而诸如副标题之类的信息也可随之一起重排。

Adobe 的 PDF 文件可以在任何地方创建和删除:打印、附在电子邮件中、在公共服务器上、贴在网页上或者放在光盘驱动器上。Adobe 的免费软件 Acrobat Reader 可以从 Adobe 的网站上很容易地下载到,全世界已经有 3 亿多份软件的拷贝。

Adobe 的 PDF 文件正在快速发展成为图形艺术领域的工作流程规范,在金融服务、管理行业和政府工作中发挥着越来越大的作用。

PDF 在印刷出版行业的角色很有趣,也非同寻常。最初它只被设计为电子格式(目的在于使办公人员可以在没有相连的电脑之间交换备忘录、信件和电子数据表),结果却发现第一批和最大的拥护者是被它的简洁、完整和相对的可信度吸引。随着 HTML 在网络上的飞速发展,在充斥松散结构化的文本标签的随意的数字世界里,PDF 突然显得有点控制太严和负荷过重了。但是随着软件的更新,PDF 越来越多的内在特性被人们发现并接受。到 Acrobat 第四版的时候,PDF 已经赢得了绝大多数用户的支持。

具有讽刺意味的是,PDF 作为电子文件格式的巨大成功与在打印文件环境中成长起来的一代人对它的熟悉和喜爱是分不开的。积佳信息集团(Giga Information Group)的研究员罗伯·安德勒(Rob Enderle)把 PDF 称为完美的"中间格式",它吸引着介于完全使用纸张的时代和即将到来的全部使用电子文件的时代之间的出版人员。

关心字体的大小，因为它可以在任何一台电脑上快速地计算出来。字样既包括诸如 Hermann Zapf 这种简单的字样（它通常只有 4 种字体（罗马字体、斜体、粗体和粗斜体）），也包括有几十种字体的字样，以完成复杂版面或者外文著作的排印。

## 6.7.1 PostScript语言

在 20 世纪 80 年代早期，Adobe 系统开发出一种方法，能够把印刷图像描述为以矢量或者算术形式表达的图像轮廓。印刷有了更大的弹性，可以用同样的电子清晰度创建不同大小的变体。同时，Adobe 还创造了 PostScript——一种页面描述语言，以及光栅图像处理器（RIP）来指示压印机如何反映所描述的页面。在 PostScript 语言中以基于矢量的字体来描述和翻译页面对当今的图形艺术科技来说是不可缺少的。

在 PostScript 程序中定义的 Type I 字体是用于在 PostSciprt 打印机上打印输出的原始文件格式。之后 PostScript 语言扩展到可以支持真字体（TrueType）和开放字体（OpenType）。现在生产的任何 Adobe PostScript 设备都支持这 3 种字体规格。

### 1. Type I 字体

PostScript Type I 字体是数字打印字体的全球化规格。全世界已经有数百家公司设计并推出超过 3 万种 Type I 格式的字体。

由于只需要一个文件就可以创造出某种字体所有尺寸的字符，PostScript Type I 字体是压缩的。电脑运用轮廓描述，即一种字样的位图化字体以及 Adobe 打印管理器（ATM）来显示所有字体。轮廓文件包含导出字样所需的信息，这些信息是加密的。PostScript Type I 字体使用贝塞尔数学来描述曲线形状。这种方法运用更少的控制点来外推字母轮廓。

在打印 600 点每英寸（dpi）以下或 14 磅以下的字符时，电子“提示”保持字体的外观。这种提示包括确定所有的字母都排列整齐，创建视觉上看起来精确的曲线和笔画，调整总体质量。提示可能改变一个字母从而让它与周围的其他字母更加协调。

### 2. 真字体（TrueType）

苹果公司在 1987 年底开始研发真字体。那时有很多与之竞争的字体，其中有几个可能适合麦金塔电脑。1989 年苹果和微软发布声明，策略性地联合起来对抗 Adobe，苹果公司开发字体系统，而微软则负责研制印刷机。苹果公司在 1991 年 3 月发布了真字体。微软在 1992 年初把真字体纳入 Windows 3.1 系统中。两家与蒙纳公司（Monotype）合作，开发出一系列核心字体，包括 Times New Roman，Arial 和 Courier 字体的真字体版本。

在麦金塔电脑上，真字体由 SFNT 源和 FOND 源组成。两者组合成同一个文件，文件中包括创建字母所需的所有数据。这是为了让它既可以在非 PostScript 语言的打印机上使用，也可以在 PostScript 打印机上使用。当你看着麦金塔电脑上的字体列表时，会发现真字体后没有表示大小的磅数。在不使用字体管理器软件时，这些字体必须储存在麦金塔电脑的字体文件夹中。在个人电脑上，真字体的文件名后缀为.ttf。所有的真字体都在字体文件夹中，尽管在使用字体管理器程序的时候，它们可以保存在字体文件夹外的另一个文件夹内。

关于字体很重要的一点是，必须确定安装字体时没有重名的其他字体。就像 PostScript 字体一样，是不是不同的格式并不重要，但是如果 PostScript 字体和真字体以相同的名字安装在同一个系统内，就会给用户带来很多麻烦。

### 3. Multiple Master 字体

Adobe 在 1991 年推出了 Multiple Master 字体。这种字体使用户能够根据同一个字体体系里的两种或更多种字体自主设计、创造出另外的字体。Multiple Master 字体很有弹性，可以横向或纵向延伸，笔画也可以单独变粗或变细从而创造出不同的字体形式。麦金塔电脑里的所有 Multiple Master 字体都带有字体创建程序（Font Creator），这样用户的自定义字体就可以保存在系统文件夹或者系统文件夹之外的另一个文件夹中。在 Windows 系统中，Multiple Master 字体功能被嵌入 Adobe 字体管理器中，用户可以调整 4 种属性（磅数、宽度、视觉尺寸和风格）的最大值。不过并不是所有字体都允许用户自行控制全部 4 种属性。

1999 年，Adobe 停止了制造新的 Type I 字体和 Multiple Master 字体。

### 4. OpenType 字体

OpenType 字体是数字印刷字体的最新规格，由 Adobe 和微软共同开发。两家公司通力合作，试图以 OpenType 字体结束字体战争，把竞争的 TrueType 字体和 Type I 字体（包括 Multiple Master 字体）统一起来。OpenType 字体代替了微软真字体的扩展集。OpenType 字体可以在一个文件包中同时包含 PostScript 或真字体。一种 OpenType 字体是一个单独的文件,不用转换就可以在麦金塔电脑或 Windows 平台上使用。与以往的字体格式相比,OpenType 字体有很多优点,这是由于它含有更多字型,支持更多语言(OpenType 使用 Unicode 标准来进行字符编码),并且可以以单一的字体来支持丰富的排印特色,如小的大写字母、旧式风格的数字和连字等。

虽然 Adobe 的标准 OpenType 字母组只有 246 种字型(包括新的欧洲货币符号),实施细则实际上提供了 6 万 5 千多种可能的字型。举个例子,Adobe Caslon Pro Italic 字体就有 674 种字型。

现在 OpenType 字体虽然并没有被普遍使用,但科技已经发展成熟,它缺少的只是用户。

### 6.7.2 字体管理

Adobe 的 Type I 字体引入了一个新概念,即一种可打印的字体应该至少有两种电脑文件:一个用来在显示器上展示字体(屏幕字体),另一个用于输出字体(打印字体)。新的字体技术,如真字体和 OpenType 字体,舍弃了多文件的方法,简化了字体操作。

#### 1. 屏幕字体

Type I 屏幕字体用于电脑屏幕显示,它包含用来展示字体的位图。屏幕字体有时在屏幕的分辨率下看起来不错(大部分 CRT 显示器都是 72 dpi),但是这种分辨率对高质量的输出设备来说远远不够。绝大多数情况下,打印字体被用来把基于矢量的轮廓传送到打印机。

#### 2. 打印字体

打印字体可以下载到打印机和硬盘上,或者保存在电脑的只读存储器上。有的字体使用频繁,在一些环境下,把这些字体存在打印机的只读存储器上会节省不少时间。字体可以被手动下载到打印机中,这样做允许字体保留在打印机里直到关闭或重启打印机。从长远来看可以节省时间,因为一种字体可能在同一天内被下载数十次,如果手动操作的话,每天只用下载一次就够了。

#### 3. Adobe 字体管理器和其他字体管理软件

Adobe 字体管理器(ATM)是一种直接把字体从 Type I PostScript 语言字体文件映射到屏幕位图来改善屏幕显示的程序。这包括了真字体和

Adobe 规格的 Type I 字体。它允许用户在非 PostScript 语言的打印机上打印 PostScript 字体。没有这个程序是不可能在屏幕上按比例绘制字体的。ATM 还可以让你从系统字体文件夹中删除字体(Type I,真字体或者位图),或者把它们存储在任何一个硬盘上,再根据需要用 ATM 来激活它们。

经常使用的字体要放在一直激活的文件夹里,使用不很频繁的字体要放在另一个文件夹里并且只在需要的时候才激活。字体可以按照多种方法分类,如字体所适合的任务、字体体系或者发行商等。

字体只有在激活的时候才进入系统存储器中,所以如果你的电脑里有很多字体,可以只激活任务所需要的那些字体,这样就可以大量减少随机存储器的运用。ATM Deluxe 可以处理损坏或者冲突的字体所带来的问题。

PostScript 字体支持 Windows 2000 和以上版本,基础字体的储存和导出也不需要 ATM。Windows 以前的版本,包括 Windows95、98 和 NT 4.0 系统才需要 ATM。

扩展软件包是另一个字体管理程序,它可以在需要的时候打开软件包或者一组字体,同时把不使用的字体关闭。软件包可以让用户从任意本地或者远程驱动器上下载字体,还可以让用户在屏幕上看到和打印时完全一致的字样。扩展软件包是字体处理的工作流程标准,只有 DiamondSoft 公司的 Font Reserve 软件可以与之媲美。

### 6.7.3 字体故障及处理

字体仍然是图形艺术生产里一个问题集中的所在,以下是一些常见故障:

(1) 屏幕显示正常的字母不能正确打印。你可能使用的是 PostScript Type I 字体。屏幕字体正常,但是打印字体有问题,确定你是否安装了两种字体。如果你使用的是 TrueType 字体,文件可能已经损坏,用原始驱动器重新安装一次。

(2) 屏幕上是斜体或粗体字母,打印时却不是。不推荐倾斜正常的字体。首先,真正的斜体和倾斜的字体是不同的:大部分字样的斜体是如此。粗体也是一样:加粗一个字体会让它更粗。而真正的粗体水平方向比垂直方向更粗。一定要使用真正的粗体和斜体。不要使用工具栏里的工具改变字体。

(3) 屏幕字体以位图形式呈现(这意味着显示不流畅,有大方块)。可能你使用的是 PostScript 字体,那么就是屏幕字体有问题,确定打印文件里是否安装了这种字体。旧的麦金塔电脑系统里,两种字体必须安装在同一个文件夹里才能正常工作。如果你用的是 TrueType 字体,文件可能损坏,从原始硬盘重新安装。如果字母在字号较大时呈位图形式,ATM 需要更多的存储空间才能让字母变得平滑,在 ATM 控制面板里增加字母缓存的大小。如果你不会,或者存储空间仍然不够,减少当前加载的字体数量。

(4) 如果选择了一种字体,显示的却是另一种字体,或者显示时有奇怪的空格和行距。这是字体冲突的表现,问题会逐渐消失。字体冲突事实上是字体认证冲突,每一种字体都有两种认证方式:名字和一个整数值,也就是它的认证码。直到最近,大部分程序还在通过整数值来确认字体。如果你有两种字体的值是一样的,软件会分不清哪个才是实际上要使用的字体。

(5) 文本以 Courier 字体打印而不是屏幕上的 PostScript 字体。当系统找不到正在使用的字体文件夹时(可能无意中文件夹被重命名了),字体就会被缺省字体 Courier 字体代替,最好的办法是重新安装原字体的拷贝。如果没有打印字体而只有屏幕字体的话,PostScript 也会把 Courier 设定为缺省字体,这被称为"安静的替换",因为进行的时候没有提示来警告你正在发生的替换。

### 6.7.4 字体嵌入

当某项任务被传送到打印机上输出或用于许多其他电子用途时,需要使用字体数据。可以通过两种方法解决:把原始字体和任务一起传送或者在输出文件中嵌入需要的字体数据。问题是绝大多数字体版权不允许用户传送原始字体,有些甚至不允许嵌入数据。

Adobe 系统的所有字体都可以嵌入 PDF 文件和其他类型的文件里。但是,其他铸造厂的字体终端用户许可协议可能不允许嵌入,即使从技术上 Adobe Acrobat 可以嵌入整个字体集或字体集的一部分。要知道某种字体是否可以合法嵌入 PDF 文件或其他文件中,需要联系开发该字体软件的原始铸造厂。

#### 1. 确定铸造厂

最简单的办法是查看"Read Me"文件或者购买时的说明。如果你没有这种说明文件,还有一些方法可以从字体本身或相关文件查到铸造厂信息,以下是一些常用方法：

（1）使用 ATM Deluxe 的样本窗口。如果你有 ATM Deluxe 软件，使用样本页面功可以获得字体生产商信息。微软视窗系统用户可以从 ATM 或者通过直接双击字体文件打开该功能。

（2）查看 AFM 文件。如果字体来自 Adobe Font Metrics（AFM）文件，你可以在文本编辑器中打开该文件。通常 AFM 文件的上端有一个版权说明，里面有铸造厂或字体厂商的名字。

（3）使用 Get Info 命令（只限于麦金塔电脑）。选择字体屏幕软件包或者打印字体文件，从系统文件菜单里选择 Get Info 命令。任何相关的版权或发行商信息都会显示在 Get Info 窗口里。

（4）使用 TrueType 样本页面。双击字体会显示一个 OS 或 ATM 支持的样本页面，字体发行商会列在样本页面的上端。这个方法只对 TrueType 字体有用，除非你安装了 Windows 2000 或者更高版本，或者安装了 ATM。

（5）使用微软字体特性扩展（只限于 Windows）。下载微软字体特性（Font Properties）扩展软件，它可以提供真字体和开放字体的详细信息。安装字体特性扩展软件，在字体上单击右键，选择"特性"，查看嵌入标签指向的嵌入信息，以及名字和链接标签以获得厂商的联系方式。

#### 2. 联系铸造厂

当确定了字体铸造方后，如果还不确定是否有嵌入字体的许可，可以联系厂商，如果通过以上方法还找不到联系方式，试试微软的字体铸造厂目录，或者试着在网上搜索。

### 6.7.5 排字管理

数字时代的排字工作很大程度上已经从专业人员那里转移到了任何拥有数字工具的人手里，这一部分介绍排字管理，着重阐述在印刷系统中创建和格式化文本时面临的关键问题。本章的参考书目里包括了有关排版的其他更详细的资料。

#### 1. 字样

字族（type family）指一种字样的所有变体形式，通常共用一个名字。典型的字族包括 4 个成员：

* 正体（或罗马体）；

* 粗体；
* 斜体；
* 斜粗体。

字族还可以包括更多成员。Helvetica 字样就包括了细体、正体、粗体、压缩体、扩展体以及所有的组合。一些字族还有专门的集合，可以使字母数量翻倍，包括花饰、小号大写字母、老体、展示字体和花式大写斜体字。注意，尽管现在这些字母可以打印出来，其中很多是不能在万维网这样的电子环境中正常显示的。

一个字族里的不同变体让你可以得到需要的排版效果，有很大的设计灵活性。例如，常常需要在预先设定的空白处添上一定数量的字母。考虑到空间大小，压缩或者扩展的字样就非常有用。

### 2. 字体大小

派卡(pica)原来代表字体大小，大概等于 12 磅。现在它是用来衡量字体大小的基本单位，1 英寸有 6 个派卡。桌面环境下：

1 磅 = 0.01388 英寸

12 磅 = 1 派卡(或者 0.166 英寸)

72 磅 = 1 英寸

点数(point size)[1]不仅是整个字样的垂直高度，从最高字母的顶端到最长字母的底端。它还是一个固定数字，一个字面可以使用所有的或部分的点数。通常，由于一些字面有很长的上伸部分和下伸部分，这些字面看起来要比其他的小，以同样的点数打印字面时上伸字母和下伸字母的上伸部分和下伸部分会较短。

### 3. 间距

间距是单词、字母和行与行之间存在的空白空间。间距提供了避免字母重合的方法，可以提高文本的可读性和清晰度。基本原则是，如果你注意到了间距，那就说明间距太大了。通常的间距类型有大写字母 M 的宽度(em)、大写字母 N 的宽度(en)和全身 1/5 个字的间距(thin)。en 间距是 em 间距的 0.5 倍，thin 间距是 em 间距的 1/4 或 1/3，em 间距是点数的平方数，所以没有设定点数的话，它是没有值的。

(1) 视觉间距。排版时很难保持一致的间距，这是字符的形状及其相

---

〔1〕 点数是字号单位——译者注。

似性所产生的视错觉所致。字母间距的总体外观叫视觉量。字母有一些共同的基本特点。如 f,I,j,r,t 和 l 都是由窄的、竖直的笔画组成。内嵌的字距调整功能通常可以处理视觉量问题,这对于 14 磅以上字样的打印非常重要。

换句话说,为了让间距看起来平均一致,它必须是不一致的。视觉间距不能只靠数字实现,你必须用你的眼睛并且培养一种感觉来作出判断。

(2) 字符间距。字符间距是字符之间间距的扩大或缩小。单词的间距值也可以有所调整,字符间距的最大用处是调整标题,使用的时候要小心,因为间距太大会导致很难辨认。文本排版时一些程序会自动添加字符间距,通过控制单词形状它可以直接影响可读性。全部斜体的文本可能太挤,需要额外的间距。

(3) 紧排。紧排是扩大或者缩小字符组合和单词之间的距离。它被用作视觉调整工具来使较大的字体看起来一致。紧排把一个字母移动到之前字母的印模里,它可用于两个字符或整个单词,当用于整个单词的时候,不要选择最后一个字符,否则单词之间的距离会受到影响。

自动紧排在一些应用程序里是缺省的功能,可能某些设计者无法接受。有的程序装载预先设定的 200 个字母组合,有的含有紧排表格。电脑可以设置成能够自动记忆紧排和紧排对,这样整个文档的紧排就会保持一致。既然每种字体都有所不同,在一种字体里需要调整的组合可能在另一种字体里不需要调整,或者需要不同的紧排。

最麻烦也最需要调整的 20 种组合是:Yo,We,To,Tr,Ta,Wo,Tu,Tw, Ya, Te, P., Ty,Wa, yo, we, T., Y., TA,PA 和 WA。

(4) 缩排。缩排是缩小一组字母各字母之间的距离,同样的值被用于所有字母。对话框里的数字越大,排版越紧凑。设置大型的展示字体时,缩排可能需要调整。事实上,对于展示字体紧排是最好的。对于文本,缩排较为合适。缩排影响文本的全部字符间距。一些程序有自动缩排选项,可以增加或减少很小量的字母间距。

(5) 行距。行距一词起源于金属活字印刷时代,那时需要使用铅条分开一行行的字母。金属的厚度决定了行与行之间的距离。金属活字停止使用后,行距就必须用其他方法来衡量了。有了数字印刷技术,行距是以基线与基线之间的距离来衡量的。行距总是以磅为单位,如 10/12 表示行距为 12 磅的 10 磅字体。

密排行距表示两排字体印模之间没有任何多余的空白,字体 12/12 就是一个例子。如果密排行距,上一行的下行字母会挨着下一行的上行字母。这样在换行阅读时会对读者的眼睛造成困扰。

行距由字体大小、字体行宽、字体风格和字母字盘决定。字体大小是一个固定尺寸,字样设计可以使用这一尺寸的大部分或者小部分。较小的字样(使用较小尺寸的字样)有一定的内置行距。大部分应用程序提供自动行距功能,数值是字体大小的百分比,通常是 20%。

当一行的长度变大或减小时,行距也需要调整。当一行的宽度增加时,到下一行开头的距离就会增大,因此空白处也需要增加好让读者阅读起来轻松一些。字体属性也可能会影响行距。既然行距针对的是小写字母中的上伸字母和下伸字母,所有大写单词都会影响行距(因为它们都没有上伸和下伸部分)。

(6) 行长度。行长度就是一行字的长度,通常以派卡来衡量,有时也会以一行的平均字母数来衡量。为了达到最佳的可读性,有一个公式可以计算出最佳行长度,用字体的点数(用字母数量计算)乘以 2。还可以用小写字母的长度(用派卡计算)乘以 1.5,较宽的字面需要较长的长度,压缩字体则需要较窄的长度。对于较宽的页面,不要使用很宽的行长,而应该化为行宽较短的多栏形式。多个较窄栏看起来比单个较宽的行更舒服。

一行应该有 55 到 56 个字母或者 9 到 10 个单词才能达到最佳可读性。同样,如果一行的长度增加,一段的缩进也应该增加。

**4. 点数**

点数表示围绕字母的一个虚拟盒子的大小,它从上伸字母的顶端延伸到下伸字母的底端。字母可能落在盒子的任何地方,大小也不相同,这解释了为什么有的字样看起来较大,而有的字样看起来较小。当对字体分类时,展示字体和正文字体这两个词使用最为频繁。展示字体指大于 14 磅的字体,正文字体指小于 14 磅的字体。展示字体用于标题和副标题,而正文字体用于正文。

这些只是大概情况,并不是严格不变的。对字体大小的感觉会受到字样本身比例的影响。x 的高度和字谷(诸如 e 和 a 这样的小写字母本身带有的封闭空间)比实际字体大小更容易比较。开字谷会让字体看起来比实际的要大。为了让读者读起来更容易,字体大小也需要选择。如果读者阅读时遇到突然的变化,会打乱阅读节奏。

### 5. 对齐

对齐是页面组成成分垂直和水平方向的关系。所有的字样和大小变体按同一个水平参照物对齐,这个参照物就是基线,基线允许不同的字体和字样混排时依然保持对齐。

基线保持水平对齐,垂直对齐由页面左边空白处一条虚拟的直线保持。视觉对齐要使用一些视觉参照点,典型的例子就是聚焦在页面的左边缘而不是对齐左边缘。为了视觉对齐,有曲线和角度的字母会稍微向上或向下超出基线。有四种对齐方式:左对齐、两端对齐、右对齐、居中对齐。

(1) 左对齐把字体左端沿着一条边线排版。由于每行的长度不同,行的右端就会参差不齐,这种对齐方式比分散对齐更加随意。

(2) 两端对齐将每一行的左端和右端沿着页面左边和右边的一条线排版,因此每一行都是一样的长度。软件会在单词之间添加额外空白,这种格式更加正式。

强制两端对齐用于需要左右对齐的每段的最后一行。如果这一行很短,空白会填满这一行。通常会产生太多空白,因此强制对齐并不是使用得很多。

(3) 右对齐把每一行的右边沿着右侧的一条线排版,左边参差不齐,用于特殊的标题或者多层柱版式的标题。这种对齐方式不利于阅读,所以谨慎使用。

(4)居中对齐把每一行的中点置于一条中线上。印版两边对称,参差不齐。这种对齐方式主要用于标题和全文引用。

选择合适的对齐方式非常重要。分散对齐的文本给人比较正式的感觉,而边缘参差不齐的文本就不那么正式。使用两端对齐的时候,空格可能会有点麻烦,特别是比较短的行,因此左对齐使用得更多。右对齐和居中对齐除了用于排版诗歌、标题、副标题外,通常不用于正文。

### 6. 固定空格

固定空格指按照字体大小的一定比例空格,即使两端对齐时也不受影响。最常见的宽度是 em、en、数字 1 到 10 的宽度和美元符号。如果使用数磅的空格,记住 em 和磅是一样宽的。如果需要水平方向 3 派卡的空格,在 12 磅字体上设置 3em 即可。

## 7. 连字符和齐行[1]

连字符根据一定规则在行末分割单词。两端对齐时，连字符影响字符间距和单词间距。行末连字符适合文本，不适合标题、副标题和大部分的展示字体。

大部分情况下，用户可以通过设置来控制每一行连字符的数量和连字符区域，它可以控制行尾对齐。以下是使用连字符时的常用规则：

* 一行不能超过 3 个连字符。
* 使用连字符的单词在符号前至少有 2 个字母，下一行至少有 3 个字母。
* 在需要逻辑停顿的地方加连字符，方便理解这个单词。
* 合成词需要使用连字符。例如，“dragonfly”一词，连字符应该在 dragon 和 fly 中间。

还有一些情况要避免使用连字符：

* 只有 6 个或更少字母的单词。
* 单音节单词。
* 少于 2 个字母的音节。
* 2 个音节一起发音时。
* 数量和数字。
* 缩写。
* 紧接数字或参考文献。
* 紧邻标题或在缩写的标题之后。

## 8. 字间隔

字间隔是单词之间的间隔。未调整的字间隔是固定的，以单位来计量。字间隔要比字符间距大，可以在不影响可读性的前提下进行调整来适应不同长度的行。字间隔要小，这样文本看起来比较流畅。字间隔通常在一定范围内——最小值、最优值和最大值，还可以根据用户自己的需要定制。

最小值字间隔是一个最小的数值，低于这个数字无法空格。使用最小间隔减少了排版过于紧凑的可能性。最大值是允许的最宽值，通常是使用自动字间距的上限。最优值是多数情况下效果较好的数值，是标准字间距的一定比例。

---

〔1〕 文字左右两边同时对齐的排版方式——译者注。

没有正确的连字符，字间隔在两端对齐的行里经常是毫无规律的，而且前后不一致。因此很多设计者选择使用左对齐来避免错误的发生。

### 6.7.6 特殊排版

#### 1. 符号

符号、标记和装饰出现在字体里，但是它们不是字母。另外，还有其他代表单词、货币符号、数学符号和花体的记号。一些是为了配合字体而设计的，一些则包括在单独的符号或杂体字库(pi font)中。

杂体字库是特殊字体的集合。pi 一名来自手排金属活字，用来指那些被错误地放到了不同风格字体中的字体。排版时，设计者可能碰到并不适合当前字体的字母活字。这个活字就会被放到一个杂体字库盒中，以供以后使用或送回铸造厂作为重新定购新字体的凭证。pi 同样指由于学徒失误所造成的损坏、溢出的字体。

在麦金塔电脑上，Symbol 字体和 Zapf Dingbats 是最常使用的杂体字库。

#### 2. 方程式和数学

数学给数字时代带来了特殊的问题和可能性。对数学公式进行排版是一件很麻烦的事，但数字技术已经从很多方面简化了它。过去不可能完成的字符和字体现在也成为了可能。有了 Macromedia Fontographer 这样的软件，要创造特殊的字体或为了特殊目的改变现存的字体就更简单了。而且用于数学排版的软件日趋完善。Design Science MathType 软件之所以越来越受欢迎，不仅因为它使桌面环境下的数学排版变得容易，还因为它可以在一种格式下创造文件，再把文件保存到另一种格式中。

把数学公式放到互联网上现在还是个问题。复杂的数学公式需要的很多字体浏览器都不能显示。解决方法是使用图形代替字体，这个方法并不好，因为当周围文本大小改变或者在浏览器中重排时，图形无法正确地调整大小或对齐。MathML(Math Markup Language)声称是解决这一问题的方法，但现在还没有通用的 MathML 执行程序可以让它容易地显示出来。随着这种技术在未来几代浏览器里的安装，在网上显示数学方程式的能力将得到改善。同时，一种矢量图形格式 SVG 正被广泛使用，它可以消除其他图形格式引起的大小调整和对齐问题。最后，STIX 项目即将发布一个很大的数学字母字体，它可用于打印和网上使用，以 Unicode 编码，享有著作权但是允许免费使用。

## 3. 重音

重音标注在字符上面、下面或中间来提示读音。英语之外的语言里，重音代表某个声音。直到最近，字母才和重音分开，带重音的字符由两者一起构成。这是通过把正确的重音放在字母上方、下方或中间实现的。对于复杂的标识字体和以后的电子应用来说，这是一个很大的问题，因为产生的文件带有两种字符编码，一种是未标重音的字符编码，另一种是重音编码。因此，必须使用真正的带正确重音的字符，这一点可以在普通的桌面环境中实现，只要有正确的字体。Unicode 是通用的字符编码，XML 正是在它的基础上设计的，它的广泛使用解决了以前重音字符所带来的问题，也让它们变得更加准确无误。

## 4. 引用

引用符号原本是逗号，17 世纪的逗号看起来像现在法语里的引用符。英国的印刷工人拒绝使用法语形式并在引用材料的前面加上逗号，后面加上省略号。法语和西班牙语里，引用使用的是字体主体下半部分上的小的角度标记。德语使用的是两个符号标（primes）。

开始和结束标点代表一句话或者强调某个单词。美国的印刷业普遍使用双引号，单引号用在双引号里面，在英国则刚好相反。要取得好的显示效果，引号要比文本小一个字号。

不懂印刷技术的人不明白引号和符号标的区别。一个单符号标用于英尺和分钟，而双符号标用于英寸和秒。符号标通常在 Symbol 字体中。优秀的印刷工会在工作中使用弯引号（智能引号）。它可以在 Word 或同类程序中被激活并自动运用正确的标点。

如果要创造一个在麦金塔和个人电脑上都可以使用的文件，有必要选择能够同时使用于两者的字体。从 Windows Symbol 之类的字体中选择符号标会带来问题，因为它不适合麦金塔电脑，麦金塔会用不同的字符来代替它。

## 5. 破折号

印刷中主要的破折号有连字号、短破折号（en dash）和长破折号（em dash）。

（1）连字号。连字号在行尾按照音节断开单词来保持对齐，它还用于

合成词或词组。是否使用连字号取决于以下规则:

* 单词在行尾断开一定要使用连字号。
* 连接两个或更多单词来构成合成词时一定要使用连字号。
* 连字号前不要空格。

(2) 短破折号。短破折号用来指示数字范围,代表单词从哪里开始,在哪里结束,如第 1 ~ 9 页, 1 月 13 ~ 19 日。一个短破折号也用来连接两个名词,如 East ~ West。短破折号周围的空间是封闭的,没有空格。短破折号是长破折号的一半宽,比连字号要长。

(3) 长破折号。Em 是当前字号的平方数,一个长破折号就是那么长的破折号。长破折号两端可能有间隔,也可能是封闭没有间隔的,只要保持一致就可以了。

使用一对连字号或者在连字号两端加间隔来代替长破折号是不专业的表现。网页上有很多不正确的破折号,空格往往消失不见而破折号和连字号无法区分开来。

## 6. 连字

连字是把两个或更多的字符连接成一个整体。谷登堡的字体有很多连字来模拟手写。英语里的大部分连字都跟字母 f 有关,因为 f 的顶端在它和下一个字符之间造成一种视觉空白。当下一个字符和它产生冲突的时候,可以用一个连字把两个字符连接起来,在铸造厂字体中,f 要超出它的金属活字字身。没有连字,印刷工就要去掉字母 i 上面的一点来留出空间给 f。最常见的连字是 fi, fl, ff, ffl 和 ffi。一些字体被设计成不需要连字。

连字是好的印刷术的标志,但是却给数字文件带来一个问题。一些高端排版系统自动取代连字,因此以独立字符取代本应是连字组成部分的字母,如分别是一个 f 和一个 I,而不是一个 fi。但是在很多情况下,使用连字的时候,文件会有一个编码来代替单独的字符(如 fi 连字)在特定字体中的特定位置。当这些文件用于其他目的时,要特别注意把连字变回组成它的字母。连字还会打乱搜索:当一个连字而不是字母存在于文件中时,搜索无法找到所要的单词。

## 7. 铅线

铅线就是一行。铅线用于描绘轮廓、下划线、装饰或加重点。大部分软件允许用户为特定的铅线设定宽度和厚度。最细的铅线叫 hairline 铅线,通常有 0.25 磅。有的电子出版软件把最细线定义为可以测量的最小值。屏幕上，可以看见的最小值是像素；在激光输出中，还可以画出一条墨粉线。但是在高分辨率的设备上，一个单独的像素太小无法辨认，最细线就消失了。只有高分辨率校正可以正确显示大部分铅线，在屏幕上和激光校样上看到的通常是错误的。

### 8. 省略

省略号表示省略的部分或停止的对话。表示作者有意识地跟人讲话时省略一个或几个单词，或者表示思维的停顿。省略号之间有不间断的间隔。这样方便对齐，文件也不需要特殊的省略字符。非专业生产的文件中常见的问题是省略号没有间隔，几个点看起来太紧，或者中间是一般正常的空格，导致出现在行末时会被不正确地打断。

### 9. 小号大写字母

我们读到的大部分字符都和 x 一样高。小号大写字母和特殊字体与大写的 x 一样，而稍微大一点。一些程序通过收缩和拉伸大写字母来创造小号大写字母，但是真正的小号大写字母只在专业字体中才有。根据字体不同，可能需要增加字符间距。都是大写字母的文本需要使用小号大写字母，还有如人名之后的奖项、奖章、荣誉、头衔等的缩写。

小号大写字母对章节标题很有用，可以突出一句话中重要的单词或词组，或者强调一段话开头的导言。真正的小号大写字母是专业排版的标志。然而，文件用于其他目的时要特别注意，大部分小号大写字母是作为小写字母打印的，允许它们和大写字母连接在一起。当只使用小号大写字母时，支持文件无法辨别哪些是真的大写字母。

## §6.8

## 图形类型和文件格式

随着电脑化和数字化在图形艺术行业的兴盛，由于没有统一标准，每个开发商都要开发数字数据格式。开发的大部分带专属文件定义的格式都与竞争对手的产品不兼容。随着时间推移，大开发商认识到专属文件格式可以帮助他们在市场中保持优势地位。而次级竞争者则奋力争取标准格式来取得市场认可。

麦金塔、IBM 兼容机和 Unix 电脑(后来是微软电脑)的开发为图形艺术行业提供了标准硬件平台。这种标准平台运行标准的操作系统,导致相对便宜和使用广泛的软件的产生,为一系列可转换文件格式的发展提供了基础。

大部分单色排印和页面排版系统已经退出了市场。一些专属的彩色系统,如彩色电子印前系统(CEPS)还在使用,但是大部分已经被桌面系统所取代。某些文件格式的数据仍在使用,虽然已经很少用于实际生产。CEPS 时代的主要开发商,如 Crosfield、Hell、Scitex 和 Screen 中只有 Screen 还作为独立公司运作。2002 年 4 月,鲁道夫·黑尔(Rudolph Hell)——扫描仪的发明者以 100 岁高龄辞世之后,Hell 专利权的所有人和商标持有人海德堡宣布不再生产扫描仪和大部分的成像仪。

现在使用的大部分图形文件格式都和这些互相竞争的系统有继承关系,它们同时也显示所具备的特殊功能的范围之广,贯穿设计、印前和印刷过程。

### 6.8.1 图形类型和文件格式

文本、图形和页面以多种格式保存、翻译和传输。明白文件格式和图形类型的区别对于保存图形数据来说是很重要的。文件格式有几千种,但是图形类型只有几种。

### 6.8.2 图形类型

大部分关于电脑图形的讨论都围绕两种图形文件类型展开:位图和矢量。多数图形的确是由这两种类型构成,但实际数字出版工作中涉及的图形类型很多。

以下是其中的 8 种:

* 位图文件把图形以像素形式表现出来。

* 矢量文件包括以数学方程式呈现的图形。通常用于保存黑白图片和电脑辅助设计。

* 字体以矢量图形格式定义,还带有提示以便在较小的字号和低清晰度的情况下导出字体。字体文件不用于打印,但是它所包含的数据用于在其他图形文件中显示字体。

* 页面是以固定的几何尺寸表现的，可能包含文本和其他位图及矢量图。

* 动画是位图的集合，并把位图以一定顺序显示出来。

* 多维度图形是可以从多个角度显示的目标的集合。

* 视频图形是快速连续的二维位图的集合。

* 多媒体图形可以储存二维和三维图形，以及视频和音频数据。

网页图形可以被看做第 9 种图形。一些文件格式只有通过网页浏览器材能显示，但是内容始终都是以上 8 种中的一种。网页图形的独特在于和数据库的实时互动，还可以根据用户需要在扉页上绘制图形。

印刷出版主要使用前 4 种图形：位图、矢量图、字体和页面。但是随着出版逐渐成为跨媒介产业，设计者必须了解很多非印刷用图形。

### 1. 位图

位图是最基本的电脑图形类型。它实际上是由很多细小的黑白或彩色光栅组成的栅格。这些光栅叫像素或图像成分。一排相邻的像素构成一行，不管是黑白的、灰色的还是彩色的。色彩的视觉效果通过抖动（dithering）或相邻光栅与阴影的混合实现。抖动技术把一排光栅和相邻一排光栅的色彩平均混合起来，以在两者之间创造第三排光栅。

黑白位图需要 1 比特来描述一个像素，0 或者 1，开或者关。单独的比特每像素指标不能详细说明色彩或阴影信息。包含 256 级灰度的图像需要 8 比特每像素，照片和全色图像需要 24 比特每像素来指定 1670 万的色彩。

位图有固定的栅格，当一个区域的位图被移动、扩大或者旋转时会产出奇怪的结果。位图的任何一点改动都会造成参差不齐和扭曲变形。

位图以固定的清晰度打印。低清晰度位图以低清晰度打印，即使是在高清晰度的输出设备上也是如此。一个 300 dpi 的图像在 1200dpi 的打印机上打印会暴露它的低清晰度。

位图主要用于图片和扫描图像。在绘图程序里，像素可以达到类似传统绘图的艺术效果。图像处理软件主要用于加强输出的扫描图像，尽管它的大量特性和滤波功能让它也能适应数字绘图。

### 2. 矢量图

矢量图通常通过绘图软件绘制。图像由数学方式描绘的线组成，代表方向和长度，也称为对象图形。

以矢量描绘的图像可以放大、旋转、变形、重新填色，图像质量不受影响。这些对象可以像在单独的透明纸上绘制的一样。对象图形的优点在于可以扩展到打印阶段。软件不是指示打印机像素的位置,而是以数学方式描绘对象,让打印机以最高清晰度导出图像。

因此,和位图不同,对象图形与清晰度无关。在2540 dpi 的成像仪上打印的对象图像比 600dpi 的激光打印机上打出的同一图像要好得多。对象图像是插图、线条艺术、展示字体和商业图像的最佳选择。对象图形有平滑的曲线、灰度描影和底色。

#### 3. 字体

字体常常被排除在图形类型之外,但是它对于印刷和电子出版来说是很重要的。图形文件的很多问题都和字体有关,就是因为人们想当然地忽视了字体,就像他们忽视图形文件和文本文件一样。

#### 4. 页面

很少有关于电脑图形方面的讨论把页面作为一种单独的图形类型,因为页面只是光栅和矢量的集合,甚至页面上的字体也通常被描述为矢量。但是设计者要认识到页面图形是一个单独的类型,这是很重要的,因为页面包含对这种类型图形来说独特的页面外观信息,尽管从技术上说,它们的确是矢量。

### 6.8.3 文件格式

在电脑里,文件格式是组织一组数据的独特方式。使用文件数据的软件必须能按照规定的方式识别和处理数据。麦金塔上,文件格式从文件名上看不出来,但是可以通过 Get Information 命令得到。在微软和 Unix 电脑上,文件格式包含在文件名中作为扩展名。扩展名以一个句号和文件名隔开,含有 3 个字母来识别格式,如. bmp 或者. jpg。

数千种文件格式中的大部分不用于图形。图形文件格式的权威詹姆斯·D. 穆里(James D. Murray)和威廉·莱帕(William van Ryper)所编著的《图形文件格式百科全书》里描述了 100 种文件格式。大部分设计者和出版商只使用以下的少数几个。

#### 1. 文件格式类型

以下是最常见的 8 种文件格式类型:

* 文本格式描述普通的或者格式化的文本文件。最常见的是.txt 和微

软 Word 的.doc。

* 位图格式描述光栅和位图。最常见的是简单位图格式,像 GIF 和 TIFF,或者压缩位图,像 JPEG。PCX 是个人电脑上非常流行的位图格式,但是已经被专业的 TIFF 和 JPEG 代替。

* 矢量格式描述矢量图形。PICT 和 PICT2 是麦金塔上常见的两种。EPS 是最常见的矢量格式。SVG 是 XML 基础上的一种矢量格式,在网页图形中越来越重要。

* 元文件格式是含有多种数据类型的文件编码,尽管通常元文件只包括光栅和矢量。PICT2 和 EPS 都是元文件格式,虽然它们都和矢量有关。

* 最常见的字体格式是 PostScript Type I, TrueType 和 OpenType。传统字体文件在麦金塔和微软电脑上的处理方法是不同的,尽管 OpenType 字体已逐步解决这些问题。

* 页面格式通常是专属文件格式,每一种页面排版程序都不同。例如,Adobe PageMaker,QuarkXPress 和 Adobe InDesign 都使用自己的专属文件格式,它们可以轻松翻译成任何其他格式。PDF 作为其中的一种,是创建页面行业标准格式的尝试。

* 页面描述语言(PDLs)以光栅图像处理器能识别的形式描述图形、文本打印页面的排版。Adobe 的 PostScript 是图形艺术领域最常见的 PDL,生成的.ps 文件通常无法为读者识别,但是打印机可以轻松地识别出来。

* 特殊的页面生成格式(JDF、TIFF/IT、DCS 和 OPI)用于特殊目的的打印,如工作控制、整版或低清晰度的图像替换。JDF 文件影响图形,但本身不是文件格式,相关介绍见[6.12.13.2]。

不同图形文件格式之间的交流并不困难。大部分成像程序可以在很多不同的格式里导出和导入图像。最好的格式是能以最有效的方式处理所有需要的数据格式。JPEG 很适合扫描图像,但是会导致图像降级。在 QuarkXPress 格式里保存文件可能会限制它们在别的生成环境下重复使用。

### 6.8.4 文件压缩

尽管磁盘储存每兆字节的价格在急剧下降,但快速的文件传输仍然是大图像文件面临的一个挑战。文件压缩仍然是规范而不是例外。文件压缩技术同样提供了创建档案的另一个选择:移动多个文件到单一的压缩档案中,这样的工作流程带来了把所有需要的输出文件放入单一数据文件的优势。

文件压缩技术大致分为两类:无损耗型和损耗型。无损耗型正如其名,在压缩过程中没有数据丢失。损耗型压缩导致数据丢失,在印刷生产中是不可接受的。

压缩通过最小化或清除文件冗余实现。如果一个位图图像包含10万个蓝色像素,在同样颜色的500×200像素矩阵里,压缩软件可以把图像压缩成"500×200×天蓝"而不是10万个包含相同蓝色像素值的单独像素。图像可以从300千字节缩到10千字节以下,但是当文件打开的时候,软件会以相同的顺序恢复原始像素,这就是无损耗压缩。

如果相同的图像包含一组随意分散的红色像素,压缩是个挑战。描述红色像素位置的公式会和原始图像数据一样密集。要最大化压缩,公式要接近红色像素位置。当图像重新打开的时候,像素已经改变了位置,虽然总体视觉效果不变。这是损耗型压缩。压缩比例越高,数据损失得越多。在有相似色调值的图像里,这不会构成问题。在有很多色调和色彩的图像里,损耗型压缩会降低图像的可视性。

**1. 压缩软件**

Stuffit软件的.sit无损耗型压缩格式是麦金塔电脑的压缩标准。微软电脑上无损耗压缩的文件通常用WinZip的.zip压缩。

JPEG是位图文件格式损耗型压缩方法的行业标准。技术上它是文件压缩标准而不是数据格式,但是在日常使用中,文件以JPEG格式出现。

### 6.8.5 跨平台文件

Mac OS 9和更早的版本使用的原始文件系统为每一个文件都提供了文件类型和创建者编码信息。文件类型和创建者编码是嵌入文件里的文本字符。通过它们,查找命令可以找到打开文件所需的程序。

这种方法可以运用在麦金塔电脑上,但是要发送和接收微软视窗文件,信息需要通过相关软件进行翻译。麦金塔电脑文件在微软电脑上大多无法识别,微软视窗文件在麦金塔电脑上也是如此。

文件名的规范取决于使用的操作系统和保存该文件的磁盘格式。麦金塔电脑在文件名长度和使用的字符上要比微软视窗要求宽松。尽管最新的微软视窗版本允许长文件名,但大部分特殊字符还是不能使用。在电脑平台之间移动文件不能自动完成,需要用户自己想办法。

**1 文件格式说明**

(1) TIFF。标记图像文件格式(TIFF)是通用的位图标准。TIFF 是在各种分辨率、灰度和色彩下用于保存位图图像的通用格式。它不保存对象图像。

TIFF 是 Aldus 公司开发并发布的。一个 TIFF 文件包含一个目录和一系列规范某种数据类型的标签。这种格式广泛用于黑白和彩色扫描位图的转换,它也可以压缩。TIFF 一个很有用的特色是不通过扫描线分解图像。这一特性可以更有效地用于大压缩图像。

TIFF 有时因为灵活性而受到批评,它的标准允许太多不同的格式。最新的 TIFF 6.0 版本似乎注意到了这个从用户的角度来看所存在的问题。然而,专业出版领域已经决定以 TIFF/IT 来加强约束性。

(2) TIFF/IT。关于图像技术的标记图像文件格式(TIFF/IT)是建立在 TIFF Aldus 6.0 版本基础上的 ANSI 标准,它继承了电子数据交换标准(DDES)和公司间文件交换网络(IFEN)的工作成果。TIFF/IT 为光栅图像提供了独立的通讯体系,整合了高端和桌面出版格式。在实际操作中,TIFF/IT 应该让高端和桌面环境间的数据交换更加简单。

TIFF 执行时的变化使人们相信,当有效的 TIFF 文件在不同的程序之间转换时通常无法正确识别,TIFF/IT 标准就是为解决这一问题而设计的。TIFF/IT 通过提供稳定的光栅格式来简化直接制版和直接印刷操作。原因如下:

* 在电脑到印版和电脑到印刷两种环境下,若是操作后期出现 PostScript 错误,就会损失惨重。稳定的光栅文件可以传递到记录器而较少发生错误。

* 在光栅文件中,印刷环境下的整版、套色印刷、色彩纠正和调整比较容易。

* 根据光栅文件的大小估计输出时间会更容易。当光栅处理器处理 PostScript 矢量图的时候,即使文件很小,也需要很长时间才能输出。

TIFF/IT 在印刷行业已经取得一定成绩,特别是在杂志出版业,但是 PDF-X 已经开始取代它的地位。

(3) JPEG。JPEG 并不是一种文件格式,而是一种压缩位图图像的方法。JPEG 代表 Joint Photographic Experts Group（联合图像专家小组），是创建这个标准的小组的英文名字的缩写。JPEG 是用于打印和万维网显示的图像和其他连续色调图像的流行文件格式。JPEG 格式支持 CMYK、RGB 和灰度色彩空间，它只在连续色调图像上工作。JPEG 利用了已知的人类眼睛的缺陷，如对色彩细微变化的感知不如对亮度的变化感知准确。

这种文件的优点在于格式允许压缩。它使用一种有损耗的压缩程序，以 10 比 1 或者更高的比例在压缩文件时丢失数据。高质量图像使用低压缩，反之是用高压缩。JPEG 执行程序允许用户选择文件的压缩比例，在较高的水平上可以看出图像质量的下降。

重复压缩、解压缩或者重新压缩 JPEG 文件会加剧图像质量下降的程度。JPEG 的新版本 JPEG 2000 最近作为国际标准被发布。JPEG 2000 使用以微波技术为基础的压缩技术，与老版本相比，允许高质量的小文件。

（4）PICT。PICT 是苹果公司用于 QuickDraw 图像语言的原始文件格式。很多人认为 PICT 和更高级的 PICT2 版本是矢量格式。它们实际上是元文件格式，可以容纳矢量和光栅数据。

PICT 不是缩写词，它是麦金塔电脑最老的文件类型格式，以当时 Mac 的原始图像语言 QuickDraw 为基础。它是 Mac 操作系统选择的从一个程序到另一个程序的内部文件转移格式。

PICT2 是 PICT 格式的扩展，有两个子类型，1670 万色彩版本，通常被称为 24 位 PICT2，还有一个更流行的 8 位 PICT2，有 256 位色彩。除了程序施加的限制外，PICT2 本身对位图分辨率没有限制。

与印刷出版相比，用于显示是 PICT 2 更好的选择，最后图像在屏幕上显示或作为幻灯片观看。它很容易导入，但是得不到出版应用程序的支持。

PICT 被很多屏幕捕捉软件使用。

（5）EPS。最常用的矢量格式是 EPS。EPS 文件格式是 PostScript 的一种。包括单独的一个图像或者一组图像，可能还有依赖于设备或平台的预览。尽管它们可以包含位图或矢量图信息，这种格式通常用于矢量数据。

如果它只包含矢量信息，图像可以缩小或放大到任何大小而不影响图像质量，而且在多数情况下不能取消组、重新填充或上色。EPS 支持单色、灰度和彩色图像。EPS 文件一般不包括字体，除非矢量或页面程序已经保存嵌入了字体的 EPS 文件。

EPS 文件可能包含位图图像预览，为的是无法直接导出 PostScript 系统可以至少显示一个大概的图像。有三种预览格式：Mac(PICT)，IBM(TIFF)和独立于平台的预览格式 EPSI。

EPS 文件的主要图像描述通常用 ASCII 语言编写，它使用数学表达式来定义需要的形状、曲线和位置。二值 EPS 和 ASCII 版本很相似，包含位图预览图像和实际图像。打印图像不是文本基础上的描述，而是以呈现像素特性的数字流保存下来。二值 EPS 文件很大，但是很适合输出位图色彩图像。一个二值 EPS 色彩位图使用的磁盘空间是相应的 ASCII EPS 格式的一半。很多程序都有特别的二值 EPS 保存选项。

(6) PostScript。一个 PostScript 文件是完全基于文本的页面描述。它不使用像素或者数学表达式，而是一种用 ASCII 描述形状、线条、空间、位置、色彩和其他页面特点的编程语言。在大多数程序里，你可以在打印对话框里创建一个 PostScript 文件。你可以用任何文字处理器或文本编辑器打开这个文件或者修改。

当你单击打印命令时，页面会转化为 PostScript 编码，传送到打印机的图像处理器或 PostScript 翻译器。你可以把页面或文档保存为 PostScript 文件用于以后打印，你不需要用原始程序来打印保存的 PostScript 文件。PostScript 文件可以通过下载功能直接传输到 PostScript 打印机。不幸的是，这样做就没有预览图像了，而且图像也无法编辑。保存的 PostScript 文件包括所有类型的图像信息，都可以转化成 PDF 文件。

(7) PDF。PDF 文件是运用 Adobe Acrobat Distiller 软件从 PostScript 文件中提取出来的。

在图像处理器中，在页面成像之前通常要执行三种功能：解释 PostScript，编写显示菜单，根据成像设备记录仪的特点生成半色调点。PDF 提取执行前两个功能：解释 PostScript(90% 的图像处理问题发生在这个阶段)和创建显示菜单(或类似的东西)。接着 PDF 文件被再次解释成 PostScript 格式数据流以用于输出。

### 2. 特殊图像格式

(1) OPI。开放式印前接口(OPI)是 PostScript 的扩展，可以自动用高分辨率图像代替低分辨率占位符图像。OPI 是解决以下问题的方法：当高分辨率图像输入文档中，文档的大小几乎呈几何倍数增加。在设计地点和生产地点之间反复传输大文件会降低处理速度。

低分辨率文件容易操作，而且允许页面将所有组成部分安排到位。当最终文件用于打印输出时,OPI 服务器就会以高分辨率图像代替低分辨率图像。唯一的问题是图像必须保持不变:它们可以被切割、重新设置大小和旋转,但是单个像素不能改变。在不改变 OPI 文件的情况下图像也无法重命名或移动到另一个服务器。

(2) DCS。OPI 用于 TIFF 图像。桌面分色(DCS)是 Quark 开发的,通过把图像保存为一组 EPS 文件来创建四色分离的文件格式,用于在图像编辑和页面排版程序之间交换色彩数据。

其他开发商可以免费使用的基本规范包括 5 种关联 EPS 文件:图像分色后得到的青色(C)、品红(M)、黄色(Y)和黑色(K)文件以及一个允许用户在彩色打印机上打印低分辨率图像的合成主文件。这个标准又叫 five-file EPS 或 EPS5。

一般来说,设计者用 DCS 比使用 OPI TIFF 操作速度更快。OPI TIFF 文件在输出时更快。

### 6.8.6 成像和网目(半色调)

专业印刷需要了解和网目有关的一系列理论,它允许打印设施模拟绘画和照片的连续色调外观。网目的具体技术代表一个与众不同的复杂世界。了解网目复制涉及一系列独特的图像概念。

#### 1. 连续调

第一个概念是色调——连续调。虽然多数情况下是白纸黑字,大部分绘图和照片的最浅处和最深处之间都有大量的色彩运用或灰度。由于色调等级是逐渐的变化,而不是突然变化,一幅图或一张照片的原件被认为是连续调的。

打印连续调的困难在于导出很多灰度值。理论上可以发明一台使用各种不同颜色墨水的印刷机,从白到黑、从大红色到深蓝色,但是从经济角度考虑,这在实际中是行不通的。相反,网目作为复制连续调图像的方法在 19 世纪已经出现。

打印实际上是一个双重过程。在给定的片基(通常是纸)上可能有墨,也可能没有墨。并没有什么简单方法可以调整特定区域的墨水的视觉强度。因此一个图像必须要分成无数更小的区域,以便在不同的地方印上墨水或保持空白。如果区域本身足够小,眼睛会感觉看到了渐变色调。

大型印刷相机以及滤色镜和胶片曾用于老式的印版制作。为了创建网目图像,印刷工人在高对比度的胶片前面放上有网眼的网屏,就像纱窗一样。接着工人们用大灯照明,通过网屏把胶片曝光,并在胶片和大灯之间放上原始图像的透明版本。网屏是由每英寸特定数量的线条或网眼(lpi)组成的。形成的点的大小取决于穿过透明层的光的亮度:透过网眼的光越多,点就越大。大小各异的点形成的阵列以底片的形式再现了图像:图像原来亮的地方在底片上是黑的。当胶片用于曝光印版时,黑点会在印版上建立亮点。

大部分平版印刷使用的是 175 lpi 的网屏。85 到 110 lpi 的网屏用于报纸印刷。这样可以在更远的地方建立更大的点,从而让粗糙的、吸墨性很强的报纸上的每个点都很清楚。

### 2. 网点、光点、样本和像素

理解网目的第二个难点在于分清几个定义网目的关键概念:网点、光点、样本和像素。对新手来说,由于经常互换使用,这四个概念很难区分。

光点指图像输出设备可以处理的最小的点。例如,大部分桌面激光打印机可以以 600 spi 打印。在市场上这也常被称为 600 dpi。CRT 电脑显示器通常是 72 spi。高分辨率输出设备,例如激光照排机和直接制版机通常是 2000 spi 到 3000 spi。

网点是由光点组成的矩阵。网点组成网目形状。每个网点都是由设备光点矩阵组成的。例如,一个 50% 色调的网点可能由 8×8 阵列的 64 个光点组成,其中 32 个是黑色的,32 个是白色的。网点含有的光点越多,代表的灰度梯度越大。

样本是用来衡量扫描仪的敏感度和分辨率的。对于每英寸图像来说,600×1200 dpi 的扫描仪可以记录 600 垂直线的图像样本和 1200 水平线的样本。

像素是数字连续调图像中典型的二维点,是数字图像可以接受的最小磅号。和光点不同,像素有深度,通常最高可以达到 8 比特。比特的组合决定了像素的相对亮度和色彩。大部分图像系统可以显示一个像素的 256 个离散梯度,或者从黑到白的 28 个灰度梯度。

这种样本的神奇之处在于,把 3 个像素组合在一起并分配每个像素的 256 个梯度到红色、绿色和蓝色,这样就可以在 RGB 显示器上产生数百万不同的颜色。

数字连续调图像的清晰度，不管是灰度还是三原色，都是通过每英寸像素（ppi）表现的。数字连续调范围通常在72 ppi到300 ppi之间。清晰度较低的图像只适合显示器显示，而清晰度较高的图像可用于打印。

当数字连续调转化为网目时，像素值被翻译产生网点来模拟原始图像上的相对色调。

单纯的位图或双层图像，如线条、扫描字体、颤动位图和光栅化字体，都不属于网目。这些图像的每一个比特或开或闭，直接和设备网点对应。高清晰度位图用于驱动大部分图像印刷设备，而图像上打开的比特就会通过设备中介建立一个网目。

扫描仪记录数字图像数据的像素，但是扫描仪的清晰度最好称做样本率。

网目以设备网点位图的形式进入图像处理器。图像处理器以连续调图像、矢量图和字体、位图等作为输入，产生位图和网目作为输出来驱动图像设备。

**3. 网目变量**

网目的外观受三个因素的影响：网屏线数、加网角度和网点形状。

（1）网屏线数。网屏线数是指网目图像中一行网点的频率，通常以lpi（line per inch的缩写）为单位。较高的网屏线数产生较平滑、细致和清晰的图像外观。线数越高，图像在视觉上就和原始图像越相似。

线数高并非总是好事，选择线数受特定的打印过程的影响。高线数容易造成中色调细节的损失，而且网点受一些因素影响会显著变大。在有些情况下，太大的网点在图像较暗的地方会变成实心的。因此，每个过程都有一个网屏线数的限度。

报纸印刷可以帮助我们理解这一点，因为报纸纸张的质量低、易吸墨，通常又是高速印刷，因此容易出现错误。大部分报纸使用的是65lpi到100 lpi的网屏线数，超出这一范围，图像可能会变成一个个斑点。在其他情况下，价格昂贵、有涂层、比较光滑的纸张会使用比较新的印刷技术，出现的错误很少。这时网屏线数可以达到200 lpi，因为这种印刷出现网点变大或实心的可能性很小。一般的商业印刷使用的是133 lpi到175 lpi的线数，最常见的是150 lpi。杂志一般是133 lpi。

数字打印系统，例如海德堡或施乐运用了复杂的多重网点生成技术，能够在有限的清晰度下呈现高网屏线数。这些机器不仅可以改变网点的大小,还可以改变网点的密度,在低清晰度下也能产生多重灰度效果。

(2) 加网角度。网目是由一行行的网点组成的。网点在生成时会转向不同的角度以最小化网目图案的外观,这个角度就是加网角度。最小的加网角度是45度。这个角度产生最不明显的网目,因为此时网目会和向右偏转的图像的右侧对齐。在黑白印刷或者使用单一墨水的印刷中,加网角度几乎总是45度。

彩色印刷中,颜色最深的墨水通常以45度成像,第二深的75度,依此类推。理论上,不同的墨水之间应该相隔30度。多重墨水的角度不可以相同,彼此之间必须相隔30度,否则就会出现令人讨厌的衍纹。

四色制版[6.9.2.2]印刷中,黑色墨水使用45度角,红色75度,绿色15度,黄色90度。四种色彩都相隔30度印刷是不可能的,因此黄色被忽略不管,因为黄色是最浅的颜色,引起衍纹的可能性也最小。

四色印刷中墨水的角度会产生名为接线盒的图案,其中每个网屏的网点围绕一个4种色彩套印而成的网点形成一个圆形图案。尽管以网点为中心的接线盒是最普遍的,其他形状的图案也是有可能的。随着每种墨水的网点变大或变小,色彩也跟着改变。接线盒也会有一定程度的重合。

角度正确时也有可能产生衍纹,但是可以通过改变每种墨水的网屏线数来减轻,或者增加四种色彩总的线数。衍纹和衍纹消除是调频加网[6.8.6.5]发展的驱动力之一。

(3) 网点形状。圆形网点在数字网目成像出现之前是最常见的,因为当时没有什么简便方法可以改变网点形状。数字成像设备可以产生多种网点形状,现在椭圆的网点也很常见。

尽管名为圆形网点,但它实际上很像方形,因为当网点大小接近50%磅,网点的角开始接触,这可以造成色调值的突然变化。椭圆网点就没有这种问题。一般来说,网点形状在图像处理器中是事先决定的,很少会改变。

### 4. 网点增大

所有的印刷都有网点增大的情况发生,正确的说法是,色调值不同程度地增加。包括桌面喷墨式打印机、激光打印机、数字印刷和任何传统印刷方法,某些印刷方法出现的网点增大远远超过其他印刷方法。例如,报纸印刷出现的网点增大就比高质量的、使用光滑涂布纸的平版印刷严重。网点增大由几个因素引起:纸质和吸收性、印版曝光方法、印刷过程、印刷条件和光学效果。

大部分纸张都会不同程度地吸收油墨，特别是油墨没有立即在印刷后固化时。吸收的油墨会扩展开，这就是网点增大的原因。吸收程度取决于纸张孔隙度、油墨类型、印刷过程和压印压力。坚硬、光滑的涂布纸吸收性低，而诸如报纸或棕色牛皮纸之类柔软、无涂层的多孔纸吸收油墨很快。

网点增大很容易理解，即：当数字图像或激光照排胶片上的网点应该是40%时，如果以60%印刷，就会有20%的网点增大。

网点增大在35%～75%的色调值范围内最明显，因为细微的网点变化在其他范围内不明显——网点太小或太大以至于在大小上无法产生肉眼看得见的改变。50%是最容易产生增大的，因为正是从这样大小的网点开始重合，因此大小上的任何一点增加都会立即显现。

一些网点增大是制作印版、特别是从胶卷制作印版时产生的。现代的电脑制版直接用激光来曝光，这样就可以减少增大，因为每个点都不经过胶卷而直接成像，而且激光聚焦程度高，不像其他光一样会扩散。

印刷过程同样会影响网点增大。所有的印刷都使用压力把油墨压到纸张上。这种压力本身就足以使网点增大，每种印刷方法产生的增大都有自己的特点。

① 网点增大的补救法。一旦知道了某种印刷方法网点增大的特点，就很容易把这些值插入补偿曲线中。最好先进行测试，不过针对特定的印刷工艺已经出现了很多标准，它们在一定的密度范围之内确定目标网点增大值。

一个常用标准是卷筒纸胶印印刷规范（SWOP），它详细说明了符合该标准的图像对网点增大的补偿方法。

常见的网点增大百分比包括：

＊150lpi 的涂布纸平版印刷：15%

＊133lpi 的非涂布纸胶印平版印刷：20%

＊133lpi 的涂布卷筒纸胶印平版印刷：22%

＊100lpi 新闻卷筒纸胶印平版印刷：30%

通常网点增大补偿在使用 Photoshop 之类的软件将 RGB 图像转成 CMYK 色域时发生。通常图像中的所有色调都会调整，但是更复杂的网点增大补偿技术会针对不同的色调范围作出不同的调整，很多高端扫描仪提供了扫描到 CMYK 时的网点增大调整功能，尽管现在用扫描仪或显示器本来的 RGB 色域来扫描图像更为常见。

数字时代的一个重要问题在于，当图像使用超过一次时——用一种以上的方法印刷或者以多于一种的模式出版——第一次正确的补偿方法不一定适合之后的情况。对没有补偿的档案图像来说这一点很重要，每次使用图像的时候都要运用正确的补偿。

### 5. 调幅加网和调频加网

传统的网目屏幕被称为调幅加网（AM 加网）。幅指大小，调幅加网把图像分解成不同大小的网点，从而在印刷时模拟原始图像。调频加网（FM 加网）保持光点大小不变，改变频率或光点的数量和位置来模拟原始图像。在调频加网中，加网角度和网屏线数的概念就不适用了。光点是无序排列的，也没有什么方向。

随机网屏表示随意排列的网点不会引起衍纹。调频加网软件运用先进的运算法则决定网点的最佳位置，模拟随意排列并避免视觉上的错误。

调频网屏的显著优点在于消除了网屏角，从而消除了可能的衍纹。调频加网还可以通过消除周期性出现的网点来改善连续调图像。精致的细节在调频加网中更有可能保持。它的缺点在于增加了传统网目图像网点增大的可能性，同时还会产生颗粒感，特别是色彩单一的图像区域。

调频印刷在 20 世纪 90 年代出现之后并没有很快被市场接受，尽管它显示了改善低质量的柔性版印刷的美好前景，而且还由于良好的图像清晰度和丰富的细节表现力被常规性地用于高端流行杂志和商品目录印刷。

调频加网非常适合高质量的彩色印刷。一些提供无水印刷的印刷厂使用调频加网，因为这种印刷方法的网点增大较小。无水印刷的低网点增大可以中和调频加网的网点增大。

调频加网常用于喷墨打印机，因为这种打印通常不能依靠自身相对有限的清晰度和灰度值来产生传统的网目。

当印刷所谓的高保真色彩[6.9.2.3]时调频加网也非常有用。这些 6 色以上的色系印出四原色以外的多种色彩；额外的墨水必须和四种原色墨水中的两种共享网屏角，通常是绿色和红色。产生衍纹不可避免，但是调频加网可以解决这个问题。

### 6. 双色版

一个灰度值图像可以在电脑显示器上呈现多于 256 个灰度，而胶印印刷机的范围要小得多。这时可以使用额外的墨水来增加色调范围，从而改善图像质量。通过使用两种、三种或四种墨水可以建立双色版、三色版和四色版。设计师通常使用双色版，三色版和四色版使用得不多。

双色版通常在打印中使用黑色和另外一种色彩。黑色墨水通常表现阴影部分的细节，而浅色墨水用于显示中间色调和亮度区域。依靠第二种色彩的墨水，双色版可以改变网目的整体色彩，而不仅仅是增加灰度值的色调范围。

## §6.9 色彩

### 6.9.1 考虑色彩

大自然中存在大量放射性的能量，它们组成了电磁波频谱。其中我们可以看见的有限部分就是光——基本上也就是彩虹的颜色。色彩是由进入人体的光能产生的心理感受，色彩是人类的一种体验。

1666年牛顿在实验室里用三角棱镜使穿过窗户的一束光重现了彩虹的色彩。彩虹由三种主要波段组成，也就是我们今天所说的红、绿、蓝。这个试验是色彩科学发展的重要一步。

其他色彩波段，像黄色和橙色，我们也可以看见，但是波段很窄，而且只是三种主要波段的很小一部分。主要原因是我们的眼睛含有三种视觉细胞（锥体细胞），它们恰好可以感觉红色、绿色和蓝色。三种色彩的不同组合刺激了相应的细胞，我们就看见了不同的色彩。

色彩无法用任何仪器来衡量或说明。无法用任何方式完美地重现色彩或者色彩的外观。但是好的色彩复制还是可以实现的。只是不可能做到完美。近年来打印机已经能有效地处理色彩问题。通过使用先进的技术，达到艺术和科学的微妙平衡。运用细致的手工作业、过程控制技术和经验，我们可以很逼真地复制色彩了。

#### 1. 增减色彩

了解增减色对于色彩复制来说很重要。它还可以解释处理彩色光（例如彩虹或者计算机监视器）和在纸上或者帆布上处理油墨或颜料之间的区别。

增色理论和眼睛感知色彩的原理一样。如果三种光柱——红、绿、蓝——投射到白色表面,三者重合的地方就被感知为白色。绿色和红色重合就是黄色。绿色和蓝色重合形成青色。蓝色和红色重合就形成了紫色。因此,三原色可以以不同的量混合在一起,从而形成很多可见的颜色。这就是增色理论。

这种理论也适用于电脑显示器。如果所有的红色、绿色和蓝色像素同时亮着就会呈现白色。同样,三原色像素的量也可以调整并混合在一起从而产生数百万种颜色。这也是增色理论。

减色从白色开始。白光通常来自纸一样的白色表面。纸是白色的,因为它的表面反射了红、绿、蓝三种光的混合体到我们的眼中。这种光来自一些白色的光源,如灯泡或太阳。要增加颜色,我们使用三种主要着色剂(墨水、颜料或染料):青色、品红和黄色。这些着色剂像彩色玻璃一样——它们只允许特定颜色穿过并到达我们的眼睛。每一种着色剂吸收白色可见光的1/3并传送其他2/3。例如,青色墨水吸收红光,品红墨水吸收绿光,区别在于这种光是通过从白光中减去不需要的颜色产生的。

要产生特定的颜色,不管是通过增色还是减色,都有一个相似的红绿蓝光的混合物进入眼睛,刺激锥体细胞并产生相同的感觉。

### 6.9.2 色系和色域

色域指所定义的特定的色彩范围。据估计,人类可以看见大约一千万种不同的颜色。这些颜色组成了最大的色域。其他的电磁辐射,如X射线、紫外线和红外线等,不在人类的色域之中,也不被看做是颜色。色域就是一个给定的色彩复制体系可以描述的可能的颜色的总和。既然色彩依赖于人类的视觉,视觉体系就拥有最大的色域。

#### 1. 扫描仪和显示器的色彩:RGB

RGB色彩体系以基本的红绿蓝增色理论为基础,用于所有的数字成像以扫描、处理和显示色彩信息。电脑RGB数字色彩数据通常以8位编码来代表每种颜色的相对量。3种颜色各有8位就成了24位色彩。每一种原色都有一个0~255之间的数值。这种图像有时也称做RGB数据。它的优点在于可以和彩色电脑显示器和电视机相媲美。但是它不能表现人眼能够感觉到的所有色彩,而且不是所有显示器都可以正确显示RGB数据指定的所有颜色。

2. 印刷色彩

印刷中的色彩呈现两种方式。一种是通过原色，它运用四种单独的透明色，即主要的减色原色青、品、黄，加上黑(CMYK)来产生所有其他颜色。每一种墨水都使用单独的印版印刷。印版印出一层细微的网点，重合的网点令人产生各种颜色的幻觉。

印刷中的另一种色彩类型是专色[6.9.2.2.3]，表示设计中每种颜色都有一种特定的墨水。专色通常用于没有全色图像但需要高亮度色彩的印件中。

(1) 原色配色。原色配色是指运用四种专门的透明墨水来模拟全色图像的方法。这4种墨水的颜色是青色、品色、黄色和黑色，因此被称为CMYK。不同量的墨水混合在一起可以创造出很多种不同的颜色。例如，黄色和青色可以产生绿色，品色和青色混合成蓝色。

原色是一种减色。这表示当相同量的青色、品色和黄色混合在一起就会产生黑色。所有墨水都会吸收一些在理论上不会吸收的光。同样，它们也会让一些在理论上会被吸收的光穿过。这就产生了不需要的颜色。那么为什么原色需要黑色墨水呢？因为完美的黑色无法由青、品、黄色制造出来。黑色墨水和青品黄色墨水一起使用可以作为这种现象的补偿方法。有了黑色墨水，不需要大量的墨水就可以提高深色区域的密度，否则会带来印刷上的麻烦：延缓印刷品的烘干，成本也更高。

(2) 定义原色配色。原色配色的产生需要详细说明四种颜色的具体用量。这是通过百分比来定义的。例如，紫色通过65%的青色、75%的品色、0%的黄色和0%的黑色混合产生。

纯黑色使用的是100%黑色墨水和0%的青色、品色和黄色，写成：0∶0∶0∶100。百分比总是按照C、M、Y、K的顺序来写。需要更亮的黑色时，则可以混合40%青色、30%品色、30% 黄色，再加上90%到100%黑色。

大部分设计师不会记住创造某种颜色需要的精确的CMYK百分比。要解决这个问题，他们使用了诸如Pantone、Trumatch、Focoltone等公司生产的色彩指南或者色彩匹配样本。它们可以详细说明创造大多数颜色所需的CMYK百分比，并在涂布纸或非涂布纸上提供色彩匹配样本。

(3) 专色。专色在印刷中通过使用单一的墨水而不是4种颜色墨水的混合来调制颜色。

专色通过在非印刷阶段混合墨水产生。在过去很难实现每次都精确混合,因此专色并不总是前后一致。1963 年,劳伦斯·赫伯特(Lawrence Herbert)找到了解决方法,他发明了潘通配色系统(Pantone Matching System,PMS),这种系统用特定的潘通色彩名字和编号来确定每一种专色并提供了产生这种颜色的精确配方。这种系统被所有商业印刷厂使用,因此相同的颜色可以在任何设备上重复使用。设计者这样来确定 PMS 色彩,如 PMS 641 代表深蓝色,PMS 605 代表黄色。

Trumatch 和 Focoltone 经常同潘通混淆。这两种系统也提供色彩样本,但色彩是由原色墨水的组合来定义的,而不是专门的墨水。在用原色墨水打印的设计中,设计师用它们来指定纯色。更加容易混淆的是,潘通也指潘通纯色指南,它同样提供原色样本,还有潘通四色模拟专色指南,它显示了与潘通系统的颜色最接近的原色。尽管可以成功地模拟许多潘通色彩,但是大部分是难以模拟的,因为与预调的墨水相比,四色就太有限了。

DIC Color System Guide 和 Toyo Color Finder 是两个配对专色系统。DIC 和 Toyo 多用于日本。用于报纸广告时,Anpa-Color 系统还可以显示潘通颜色的转化。

大部分色彩配对系统还提供带有设计软件的色彩库。选择的颜色在电脑上显示的和实际印刷出来的通常是有差异的。应该把印刷色彩向导或者样本作为规范,而不是显示器上显示的颜色。设计人员在使用专色时常会遇到问题。这些问题通常都和颜色的过量使用或者不小心把原色和专色组合在一起有关。

(4) 使用专色。专色常用于与公司产品或标识上的特定颜色配对。三色版油墨可以产生黄色,但很难精确调配出柯达公司需要的黄色。

专色对于制造特殊的色彩效果也很有用。金属油墨如银色和金色是不能用三色版油墨有效地模拟出来的。荧光色也不行。它们需要加入有特别化学物质的油墨。金属色和荧光色都适合用专色调配。

(5) 上光。上光层是虫胶或者塑料的印刷涂层,因此不能用三色版油墨印刷。它实际上不是颜色,但是被指定为独立的专色。上光常用来吸引人们注意设计中的特定区域。例如,在页面设计中使用照片,照片就比其他地方亮得多。

### 3. 高保真色彩

三色版油墨再现 RGB 色彩的能力有限。很多时候产生的色彩并不是用户需要的。之所以产生这样的问题,是因为多数时候色调是正确的,但是饱和度和亮度不够。这时就需要高保真色彩。它对图像的再现使用更多的色彩来达到比三色版油墨更好的效果。

1987 年,为了扩大色域范围,哈罗德·克鲁帕(Harold Kruppers)引入了色图(Color-Atlas),这是一种运用了红、绿、蓝和青、品、黄、黑七种颜色的印刷方法。由于它从不使用三种以上的油墨来调制颜色,因此传统的网屏也可以使用。

1992 年,米尔斯·戴维斯(Mills Davis)和董·卡利(Don Carli)启动了高保真色彩项目(HiFi Color Project),并由几家企业赞助。独立软件的进步,RIP 和电脑运行速度的提高,调频加网的引入以及无水印刷的改进提高了高保真项目的利益。

高保真色彩适合需要精确色彩的项目。它的潜在市场是商品目录、年度报告、高质量书籍、包装、地图、海报和贺卡等。

现在已经有不同的高保真色彩系统软件。在美国六色印刷比七色印刷更多,潘通利用这一点推出了高保真六色印刷。潘通的六色系统与其他印刷相比的优点在于它使用 CMY 六色油墨并添加了橙色、绿色和黑色来扩大色域和增加色彩饱和度,同时它还有最多的分色选项。

**4. 四色过渡**

色彩的印刷涉及四个过渡阶段:把图像输入电脑;在电脑上对图像进行操作;创建有用的印样;印刷。每个阶段都在定义好的色彩空间里进行,有特殊的要求和限制。从一个阶段到下个阶段涉及数据的过渡,在过渡时色彩会受到影响。

(1) 输入图像。大部分图像通过扫描仪或者数码相机输入电脑。这个工作是在 RGB 空间完成的。

(2) 在电脑上对图像进行操作。虽然可以在这时转化为 CMYK,图像在 RGB 中通常是静止的。

(3) 打样。为最终的印刷品打样只能在 CMYK 中完成。

(4) 打印。当文件被送到商业印刷厂时,印刷机会输出最终的高品质的图像。这也是在 CMYK 中完成的。

### 6.9.3 打印色彩再现

在印刷时要很好地再现色彩需要 6 个重要条件:

* 灰度平衡；
* 色调复制；
* 色调压缩；
* 纠色；
* 图像清晰度和细节；
* 记忆色彩。

#### 1. 灰度平衡

灰度平衡是在原始图形中的某个区域完美地再现中度灰色的能力。这表示必须在色彩分离中实现 CMY 三种颜色的平衡。这是色彩复制中一个很重要的问题，因为灰度平衡和色彩复制有直接关系。如果分离中没有达到灰度平衡，灰色就无法真实地再现，和灰度平衡不对应的色彩倾向（color cast）就会出现。这些问题可以在中性色区域看到，还可以转移到有颜色的其他区域。在进行纠色之前先更正灰度平衡是很重要的。

#### 2. 色调复制

色调是黑白图像中可以看到的深黑和纯白之间的不同程度的灰色。在彩色图像里色调是组成各层图像的深浅不一的 CMYK 值。除了达到色彩的精确匹配之外，复制色调也是印刷人员的一大挑战。要实现好的色调复制，必须有正确的对比度。

对比度是复制品中可以找到的色调的数量，不管是相纸、胶片、印版还是印刷品。它是由高光和中间色调之间的色调数量决定的。肉眼在这一区域看到的各种色调要比在中间影调和阴影区之间看到的好。

#### 3. 色调压缩

印刷过程中的另一个内在问题是无法呈现与原物匹配的密度范围。典型的色彩透明度的密度范围是 3.0，远远超过印刷过程中能够达到的水平。为了达到更接近原物的复制效果，色调压缩根据特定印刷的复制要求重新分配图像的密度范围。

#### 4. 纠色

纠色（color correction）一词现在广泛用于指数字图像中色彩的所有变化。但纠色实际上是专门为解决配墨过程中的颜色异常，即所谓的色相误差（hue error）而设计的。既然油墨受到污染，青色就不再是单纯的青色，而是还带有一点品色和黄色。其他两种颜色也是。三原色所带的不需要的颜色就是污染，必须在复制过程中解决这一问题。在色彩分离过程中纠正色调错误就是纠色。

如果只有一种特定的颜色需要更正，就要进行选择性纠色。如果青色是受污染的颜色，那么图像中显示天空的部分就可以增加或者减少某一色调而不影响其他色调。然而，如果图像的其他区域也有青色，同样会受影响。几乎所有的现代桌面出版图像操作软件都带有精细区域的纠色功能，可以对特定对象的特定色调进行调整。

#### 5. 图像清晰度和细节

高质量彩色印刷的一个显著特点是复制的清晰度和细节。如果原物的细节没有准确复制出来，客户可能不会接受。图像清晰度改进可以补偿扫描和一些印刷机特有的复制问题。数字图像修正软件，如 Photoshop，可以查出色调区域中间的转化，加深较暗区域或者加亮明亮区域，从而让色调之间的区别更明显。这种效果叫锐化。使用恰当的话可以改进图像效果，但是如果使用过度就会使图像变形。

#### 6. 记忆色彩

色彩复制的最后一个关键是记忆色彩，这是你想到某个事物时脑海里呈现的颜色。每个人都知道天空是什么样子，以及天空的颜色，这些是一个人的记忆根据过去的经验提取出来的。即使分色并不能与原来的颜色精确匹配，也要小心处理图像中含有共同记忆颜色的区域。

### 6.9.4 打样

校样是出版过程中作品的复制品，用来发现错误、预测印刷效果并记录印刷工作完成后应该呈现的样子。

这个术语描述了大量的目标、工艺和技术，具体包括：

(1) 打样的 4 个目标：

* 在出版过程中得到关于作品的反馈以方便校正和改错。
* 向顾客展示可能的印刷结果。
* 向印刷机操作人员提供指导。
* 作为出版商和打印商之间的准法律合约。

(2) 制作校样的两种主要工艺是模拟和数字，即：

* 模拟是指用曝光胶片到感光片基的传统方法来制作校样。
* 数字打样涵盖一系列技术，从电脑显示器和激光打印机到高端彩色

数字打样系统。

(3)打样使用的技术多种多样。模拟打样技术可以分为两大类:单色的和彩色的。

* Bluelines 和 Velox 是单色校样,通过曝光胶片到感光片基产生,通常用来记录字体、图像位置和页面顺序。

* 彩色模拟打样技术包括杜邦公司的 Cromalin 和柯达公司的 Matchprint,被用来预测可能出现的胶片分离的色彩复制。

越来越多的印刷采取了电脑直接制版的成像技术,数字打样很快成为通行的标准。设计师和出版商面临的挑战是,找到每个设计和生产阶段所需的技术,提高质量并降低成本。了解每种技术的实际应用和缺陷对选择合适的打样设备来说是十分重要的。

但是选择打样技术最重要的是知道校样要展示的是什么,目的又是什么。对于校对字体和页面版式,黑白激光打印机就足够了。但是即使价格昂贵的彩色打印机也未必能向一个需要保证最佳印刷质量的操作人员提供足够的细节。很多生产问题就是因为校样提供的关于数字文件实际内容的信息不够或不准确产生的。大多数情况下是关于色彩的信息不准确。

### 1. 预校样和合同校样

一个考虑校样目的的简单方法是区分预校样和合同校样。预校样用于设计阶段和生产初期,以字体、页面排版和图像位置等信息提供工作进程的反馈。合同校样用来判断关键色彩是否准确,向印刷工人提供指导,同时也作为与印刷厂之间的合同。合同校样需要能够展示精确色彩的印刷品,有时需要真正的网点和网屏角。

和预校样有关的技术是显示器、激光打印机、静电打印机和桌面喷墨打印机。合同校样常用的技术是热升华式打印机、连续调喷墨打印机和数字网目设备。

预校样的主要用途是判断总体色彩设计的效果,检查设计元素的排列,观察文本流,查看光点色彩是否中断,并提供排版设计参考。而合同校样用来判断色彩复制的质量,检查定位套准并决定正确的图像大小。

### 2. 远程打样

如果一个项目需要在不同的地点印刷或者设计需要被不同地方的客户评估,同一个印件可能要在几个地方进行校对。只要不同的机器按照印前公司或印刷厂的同一标准校对,结果就会保持一致。远程打样不仅用于中、高端打样机,还用于低端设备,这样做减少了人工传递校样的成本和周转次数。

远程打样逐渐成为数字出版工作流程的重要一环,特别是在预校样阶段。彩色显示器显示的颜色并不总是很准确,但是它们的质量对于精确的呈现设计意图和页面排版来说已经足够了。互联网导致了新一代远程打样工作流程,RealTimeImage(www. realtimeproof. com)就是很好的代表。远程打样对于以文本为主的黑白书籍和出版物来说特别简单,因为它们的色彩保真度不成问题。

### 3. 打印条件

打印条件指用于最终生产的印刷机和易耗品的特点,如打样过程中,应该考虑网点增大、片基和油墨等特点。合同校样由能够对网点增大、片基和油墨进行补偿的校对软件控制。大部分数字打印机可以使用不同的原料来模拟真实的片基条件。

### 4. 数字打样的缺点

尽管印刷工业正朝着电脑直接制版胶印的方向发展,很多印刷厂仍然使用激光照排机和胶片来制版。如果数字校样在这样的印刷厂使用,就要特别注意保护胶片,避免可能影响印刷质量的误操作、划痕和手印等,因为校样不像传统校样那样直接来自胶片。

图像处理器和相关软件决定了在激光照排机上产生最终胶片网目的网点形状和网屏特点。除非校对是由同一个图像处理器完成,否则很有可能数字打样机的图像处理器和激光照排机的图像处理器会产生不同的网屏图案。这可能会引起色彩的不一致和校样及成品之间色彩保真度的差异。由于网屏图案的差异,色彩不一致的问题在打样系统产生网目时也可能出现。有些复杂的软件可以调整色彩差异或图像准确度来匹配最终的印刷样张。

数字流程取决于数字文件。如果一个文件在生产过程中改变了,不管出于有意还是无意,色彩、设计元素空间和图像特点数据都很有可能出现问题。同样,如果文件数据在数字校样完成后被修改,接下来的胶片和校样结果就会和第一次校样的结果不同。因此操作这些文件时要特别注意,所做的修改要记录下来。

### 5. 接受数字合同校样

数字校样正面临着传统方法问世时所面临的同样问题,即接受度的问题。这些打样系统起初很缓慢地被市场接受,但是现在已经成为行业标准。

有了新的数字流程和电脑直接制版技术，数字校对在印刷行业的每个领域发展起来。然而，适应这项技术被印刷商的天性所阻挠。校对对于印刷工作的成败至关重要，错误的校对所冒的风险巨大，因此无法让人们很快就相信一种新方法。

**6. 观看条件**

观察校样和印刷样张时的光源非常重要。判断合同校样，甚至有些情况下判断预校样都需要正确的光源和环境。在整个印刷过程中使用一致的光源对于保证色彩精确度和质量以及避免导致生产过程中的混乱都很重要。

使用不同的光源会影响彩色对象的外观。例如，由于灯泡散发过多的蓝色和青色光，一个蓝色的对象在传统的荧光灯下会呈现深蓝或变绿。ANSI 需要 5000K 的光源来观看美术作品、校样和印刷样张。一个 5000K 的光源和人的肉眼所感知的晴朗的白天的光线很接近。这种条件下所有的对象都会很客观地曝光，这对于发现图像错误非常有用。

一个观察池包括中性灰色的房间和里面一个 5000K 的光源。房间周围的环境同样会对观看条件产生重要影响。它的光线要低于室内光线，而且也应是灰色的。原因在于房间内任何彩色的物体都会反射一定的光到被观察的对象，从而改变颜色特点。

**7. 人为因素**

人和人之间对于图像质量的意见也不相同。不同的人对于色彩也有不同的看法。标准的观看环境可以减少差异。最后，一个好的校样要得到客户赞同，并且包含可以在印刷时成像的色彩。

## 6.9.5 色彩管理系统(CMS)

标准的色彩管理系统概念源于 20 世纪 80 年代晚期。在几次缓慢的尝试失败之后，色彩管理被证明可行。许多投资于标准化色彩管理方案的硬件和软件开发商加入了国际色彩联盟(ICC)并且在一种色彩格式上取得了一致意见。现在整个印刷行业对色彩管理达成了共识。

尽管有了发展，但色彩管理只被一小部分设计师和出版商使用，这可能是因为 CMS 理解和操作起来仍然比较复杂的原因。当前，在 CMS 的广泛内涵和具体实施细节之间还有很多空白。对于如何使用现存的色彩管理标准也有很多不同意见。

### 1. 什么是色彩管理系统

围绕色彩管理的最大困惑也许来自早期的开发商,他们声称优质的色彩复制可以完全自动化。一旦安装,色彩管理系统的确可以预测和重复使用色彩复制,但是好的颜色还是需要技术工人的精湛技艺。完全自动化是不可能的。

了解色彩管理最简单的方法是了解三个核心概念。

(1) 描述。色彩管理系统使用软件来描述色彩成像硬件的特点和表现,包括输入和输出设备。这种软件描述作为每种成像设备的简介被保存下来。

ICC 描述标准结合了新的便宜的分光光度计来测量色彩,刺激了描述工具的发展,使用户不必依靠设备开发商来输出简介。用户可以描述自己设备的独特特征,不用依赖开发商的统一介绍。这种技术允许商业印刷厂家描述在最佳油墨密度下运行的特定印刷机以及它使用的特殊墨纸组合。

(2) 校准。CMS 的第二个核心条件是校准。显示器、打印机和扫描仪会随时间改变捕捉和导出色彩的方式。校准可以修正这些改变了的值。色彩管理要想取得成功,被描述设备必须经过校准以保证当前的操作与设备简介中的理想状态相匹配。如果色彩成像设备问题很大,连校准也无法修正色彩数据的话,用户必须创建新的设备简介来准确描述设备当前的运行情况。

(3) 传输。色彩管理的第三个核心概念是传输,即把色彩数据从一个设备传输到另一个设备。色彩数据的传输由色彩传输引擎或者色彩匹配方法(CMM)实现,它是色彩管理系统的核心。每个设备专用色彩描述的色彩数据都是不变的,因此色彩数据必须通过独立于设备的色彩空间进行传输,通常是 CIE 变量中的一种,如 CIE XYZ 或者 CIE LAB。这给色彩管理增加了一定的概念难度,也影响了不少用户。

### 2. 独立于设备的色彩

国际色彩标准组织在 1931 年创建了名为 CIE XYZ 的标准色彩空间。1976 年,它被重新概括和命名为 CIE L*a*b*(或者 CIE LAB,通常简称为 LAB)。CIE 试图用三维坐标来定义所有肉眼可见的色彩。

纵坐标是亮度,用 L 表示,L 轴的一端是白色,另一端是黑色,范围从 1 到 100。第二个轴是 a 轴,一端是绿色(-128),一端是红色(+127)。红色和绿色之间的总值是 255,即 8 位系统中灰度的最大值。红色和绿色在

LAB 模式的色调轮盘中是相反的。b 轴代表蓝色和黄色，在色调盘上同样是相反的，范围从 -128（蓝色）到 +127（黄色）。理论上，这三个值之间是人类可以看见的所有色彩的值。

色彩管理背后，当一种色彩从 RGB 转换成 CMYK 时，RGB 值首先转换成 LAB 值。然后 CMYK 再根据 LAB 值分配百分比。

### 3. 实施色彩管理

苹果和微软的操作系统都支持色彩管理，因此软件开发商们不用创建专门的执行程序就可以支持色彩管理了。苹果提供 ColorSync，微软则是 ICM。两者都支持 ICC 标准简洁格式。

要运行色彩管理，所有系统硬件都必须经过校准和描述。这一点通过软件和测试目标完成，而且涉及输入设备（扫描仪和数字相机）、显示器和输出设备（桌面打印机、校样机、胶印机等）等不同的工作环节。色彩描述文件接着被各种软件如 Photoshop 和 QuarkXPress 等使用。所有这些软件都有一定程度的复杂性，只有专业人员才可以掌握。大的出版组织会经常约见特殊顾问。色彩管理专家的名单可以通过印刷技术基金（Graphic Arts Technical Foundation）的网站找到，即：http://www.solutionsonsite.org/pages/services/ColorSync.html。

### 4. 显示器和色彩管理

虽然已经是陈词滥调，但对于色彩管理来说仍然适用：看看出售 20 种不同电视机的商店你就会明白色彩管理最大的问题在哪里。现在彩色显示器质量很高，往往让人忽略了这个问题，但是当你看着两打并排的电视机的时候，你就会发现它们之间的区别了。对普通电脑用户来说，显示器是标准的图像输出。显示器实在太好，这就带来了危险。颜色看起来生动逼真，但是它们不是你在印刷品上所能看见的色彩，而且它们与旁边任何一台显示器的颜色也都不一样。实现色彩管理的关键在于使用高质量的显示器，它必须近期刚被校正过，而且要在控制的光线条件下观看。

### 5. 印刷之外的色彩管理

随着网页在出版和电子商务方面的使用，人们对在网页上使用色彩管理的兴趣越来越大。网络出版商控制所发行图像的色彩管理当然是可能的；控制各种观看网页的显示器就是另一回事了。

色彩管理系统开发商如 E-Color、潘通和 Praxisoft 提供了在网页上管理色彩的方法。一些技术并不依靠用户校正他们的显示器或者要求在可控观看条件下工作,但是结果仍然远远达不到印刷色彩管理系统所设置的标准。最新的液晶显示器有一定的自动校正和色彩管理性能,这在大多数出版商仍在使用的更为普遍的 CRT 显示器上是不常见的。用户可以相信,未来的色彩保真度水平一定会提高。

## §6.10

## 页面制作

在当前的数码时代,排版及印前领域最重大的改变就是页面制作软件的出现。以前这种软件只用于行排版和页面字体,使用者仅限于专家一类人,但是现在它们提供了整个排版的所有功能,从打字、页面和版面设计直到图片元素的组合等,所以用的人也更多了。不仅排版人员和制作人员,而且设计师和出版商自己,还有未经过专业培训或没有任何经验的人都可以使用这类软件。尽管依然有一些程序(典型的高端排版系统)只有专业人士才能使用,还有部分程序仅有一些业余爱好者使用(例如供办公室和家庭使用的低端软件),但大多数程序(QuarkXPress)运用于广泛的工作领域,从最简单的广告传单到最复杂的大学教科书。

### 6.10.1 桌面出版系统

早在以前还没有桌面出版系统的时候,设计者一般都是用铅笔和图纸来制作薄纸样张和书面规范,然后打字员把文档排进"长条校样",排版人员手工将各种元素组合进页面。铅字、图形和一些几何页面成分(例如铅线和版框)依次粘贴到艺术版上,之后将这些艺术版制成负片,再依次地完成印版的制作。

桌面印刷的第一次革命把所有这些功能全部转给电脑来完成,这样做让设计者和出版商变成了再加工技师,并且永久性地打破了文档创建者和印刷商之间的平衡。

#### 1. QuarkXPress

1980 年代晚期的几家公司(包括 Quark、Aldus、Letraset 和 Ventura)都在竭尽全力为提供最好的版面设计软件。现在 Quark 被认为是领头羊,它的

QuarkXPress 也变成了标准。与其他公司相比，Quark 占据了市场的领导地位。Quark 经常被认为对它的用户太霸道而且缺乏同情心。它被指对顾客的技术支持很差，要隔很久时间才进行软件升级，而且最新版本问世以后用户还要花不少钱来升级。但是公司一直保持那些最需要他们的顾客所要求的最有特色的东西。QuarkXPress 能够使得设计师和出版商们最有效地发挥他们的设计能力来制作产品。

Quark 的地位因为它的 XTension 功能而更加巩固——一些第三方软件公司能够补充 QuarkXPress 的核心功能，从而使得该软件的性能远比仅用公司自己的力量开发更强大。举例来说，提供拼页批处理功能的自动拼页技术取代了原来主要靠人工完成的工序，而 Xtags 提供了比 QuarkXPress 的标签更加复杂的标记和处理功能。

### 2. Adobe InDesign

几年前有一个竞争者似乎能够动摇 QuarkXPress 的霸主地位。它就是 Adobe InDesign，一个和 QuarkXPress 在很多方面都很相似的软件，它结构的关键方面尽可能做到了模块化和可扩展，在这方面远远超过了 Quark，而且其附加优势是它与 Adobe 最畅销的插图和图形编辑软件 Illustrator 和 Photoshop 具有高度的互操作性。Adobe 最近在市场上销售三种不同的页面版式软件：PageMaker（从 Aldus 公司收购的桌面出版系统），主要目标是办公市场；FrameMaker，是为图书和手册那样的篇幅较长的文档设计的（它具有编辑和 XML 功能，远比桌面出版系统的功能更强大）；以及 InDesign，它主要是以图形设计和生产专业化为目标。刚问世的时候，大家都把 InDesign 看做是生产工具而不是设计工具（它有很多独特而且复杂的设计功能），但是随着它的发展，它被众多专业制作人员接纳了，特别是在报纸和杂志这两个市场中。虽然如此，QuarkXPress 在出版行业的影响还是根深蒂固的，因此在未来的几年中仍然会是页面版式标准。

### 3. 桌面辅助系统

直到现在，印前公司和印刷商们都感到需要更加复杂的印前系统来对桌面出版软件进行功能上的补充。像 Scitex 和海德堡这样的公司提供价格不菲的专门硬件及软件包装，这对于许多大型印前公司和印刷公司来说都是标准。有两件事情已经发生了变化。现在桌面硬件和软件已经和专门系统一样强大，而且价格更低廉。还有，向 PDF 工作流程迁移已经促使印前和桌面技术更加紧密地结合到了一起。如今，高档的印前系统主要致力于处理 PDF 文件。克里奥公司(Creo)的 Prinergy 和爱克发公司(Agfa)的 ApogeeX 是当今世界的两个领先系统,它们已经成为解释和输出 PDF 文件的标准系统了,利用它们可以直接制成印版。

## 6.10.2 其他桌面出版系统

虽然桌面出版系统用来制作大部分的印刷页面,但是其他系统也同样重要,特别是在某些专门领域,像图书或者杂志出版等。这些市场中的大部分专业工作都是由专门的高端系统来完成,其中有一些正逐步发展到使用 XML,它们在技术上要远远领先于桌面系统。多数技术手册和其他文献是用技术文档(Tech-doc)系统制作的,它们通常结合了桌面系统和高端系统的功能,同时吸收了复杂的 SGML 或 XML 功能。在某些学科领域,公共领域中古老但又强大的 TeX 系统还是被人们广泛地使用着。

### 1. 高端排版系统

高端排版系统的全盛时期是在 20 世纪 70 年代到 80 年代之间,早在桌面出版系统问世之前,它就一直占据市场的主导地位。很多那个时候的系统已经不存在了,但是还有一些现在依然在使用,尤其是被那些经验丰富、能够充分利用系统卓越功能的老排版专家们所利用。这一类的一流系统有 XyVision, Miles 33, Datalogics, Penta(所有这些都是 20 世纪 80 年代的产品),还有 Advent's 3B2,一种 90 年代才出现的系统。大部分科技杂志(特别是关于技术的),还有很多大百科全书和复杂的大学教科书,多卷本专业著作像法律、税收和会计资料等都是用这类系统来排版,尽管它们也用于大量出版的更加简单的作品。

这些系统通常以活跃的 SGML, XML 执行能力,强大的批处理分页功能(同时也伴有互动分页功能)和高超的排印控制能力为特征,还包括排印复杂图表和数学公式等能力。对于专业人员来说,这些性能不仅是他们渴望拥有的,而且在某些情形之下还是必要的:对于技术要求高、印量大的工作来说,这些系统能够完成在桌面出版环境里完全不可能做到的事情。(在工作量足够的前提下,最好的桌面工具能够制作任何高端系统所能做出的一切页面;它们真正缺乏的是自动处理复杂的、对排印敏感性高的大印量出版物的能力。)

但是,这些高端系统没有被广泛使用是有很多原因的。软件价格似乎是最明显的障碍:因为桌面出版系统只要几百美元就可以买到,高端系统却要花上几千美元,有时候甚至更多。(但这些系统的生产力通常可以证明投资是正确的。)更严重的问题其实是人员而不是价格。这些系统经常要求操作者掌握复杂的专门技能。而且,尽管它们大多已经使用了标准的操作系统(大部分是用 Unix 或者微软视窗),但还是经常需要大量的基础设施和专家管理系统。

### 2. 技术文档系统

市场中还有一种页面生产系统,它可以算是介于桌面出版系统和高端系统之间的中间层。大部分此类系统是为促进技术文档的生产而发展起来的,其环境特征是大量统一结构化的材料。由于商业排版公司通常必须大量制作不同的格式,文档环境通常依赖标准模板来生产大多数或者全部的出版物。Arbortext 和 Adobe 公司的 Frame Maker 是这一领域中的两个领先系统。同时 TeX 和克里奥的 Ventura 系统也是可以考虑使用的系统。

尽管高端系统能够、而且也确实用于制作那些技术文档系统制作的所有页面(通常是在老练的排版控制下),技术文档系统有很多优点。为了保持自己的地位,它们的价格比桌面出版系统要贵,操作上也复杂一点,但是不到高端系统的水准。最重要的是,它们经常整合了编辑功能,因为桌面和高端系统通常都是在编辑完成以后才进行页面排版工作。特别当它们以 SGML 或者 XML 为基础时——这是 Arbortext 的核心能力,也是 FrameMaker 的重要功能——它们能够同时让排版和编辑结构化。这些"结构化的编辑"环境能够提供用户友好界面,引导作家和编辑适当地运用各种元素和标签。它们一般提供多视图功能,带标签或者不带标签,甚至还能显示底层的 XML 标签(对于那些想看的人而言)。它们能够解释文件类型定义(DTD)或者 XML schema 语言中的规则,并且也可以把它们编入程序以便用户在文本中的某个位置只插入允许插入的标记。举个例子来说,如果用户要求插入一个列表,系统就会首先检查这个文档的某个固定位置是否允许插入列表。如果可以的话,用户可以把光标放在 <LIST> 和 </LIST> 标签对之间,那么一个 <LI> 标签就形成了。这些编辑标签通常和样式表绑在一起,来指引排版页面(或者其他形式的显示)的制作。虽然当出版材料很丰富而且要自由职业者们来完成编辑工作时,但这些系统执行起来还有点困难,它们在高度结构化的编辑环境中工作得极其出色——当工作人员为公司内部人员时情况更是如此。

## 3. Ventura

在桌面出版系统早期，一个主要的程序是 Ventura Pulisher。然而 QuarkXPress（排版易）与 Aldus Pagemaker（组版家）经常用在麦金塔程序上，Ventura 主要用在个人电脑机上，尤其适合那些长文件的排版。由于缺少优秀系统（针对桌面市场而不是专业市场），再加上营销力量不够，以及 QuarkXPress（排版易）与 Aldus Pagemaker（组版家）的广泛使用，Ventura 在上个世纪 90 年代在市场上失宠。然而，它被一个加拿大公司 COREL 的使用，使它在市场上有一定的竞争力。在 2002 晚期，Corel 又发行了 Ventura 的新版本，它具有 XML 能力，远远超过桌面系统的 XML（Corel 还有一个 XML 编辑程序，Xmetal，它是在 SOFTQUAD 基础上开发出来的），而且它还保留了传统的方向——适合长文件制作。它能不能在市场上占有一席之地还不敢肯定，但是在作者看起来 Ventura 还是值得关注的。

## 4. TeX

TeX（与技术一词同音）是一个令人喜爱的程序，最初是由斯坦福大学的数学家唐纳德·克努特（Donald Knuth）开发的。这位数学家一开始为怎样正确排版他的论文而伤透了脑筋。上个世纪 70 年代末（在桌面革命与 PostScript 前），他创建了 TeX，还有一种名为 Metafont 的字体技术和名为计算机现代（Computer Modern）的特殊文字库，（把它们公布于众，那时开源运动还不流行）。TeX 是专门设计用于数学计算的，但它也可以用在非数学方面。TeX 通常用在几个领域（数学、工程、物理科学如物理与天文学），但是在这几个狭窄的领域内，它的用途又是很广泛的。一些排版服务商使用 TeX 作为他们主要的排版工具。因此，TeX 既可以作为原始创作工具又可以作为专业排版软件使用。

TeX 还能像数学家一样“思考”。不像其他数学计算程序，TeX 根据数学意义建立方程。它“理解”什么是整数，什么是总和，什么是分子，什么是分母，什么是常数，什么是变量。而且在很大程度上，根据正确的数学运算法自动排版、定位。更重要的是，TeX 提供强有力的宏处理能力，这倍受用户欢迎，他们只需敲击几下键盘就能创建复杂的表达式。它的字符连接与分页处理也很先进，允许在段落中对任何一行或所有行重新排版以适应更正的需要或处理页面排版问题。在特定的环境中，这些特点对在行的用户来说很有用，但这也使得 TeX 文件转换到其他系统十分麻烦。因此，专家为 TeX 开发了一些标准的宏程序包（最常见的是 LaTeX），但是即使以一种十分严格和缜密的方式使用它们，它们还是在整个排版和生产过程中都采用 TeX 系统或与之高度兼容的 Arbortext 系统时工作得最好。

## §6.11 图像获取与处理

### 6.11.1 扫描

扫描仪用来扫描物理图像——不管是相片、35 毫米幻灯片、印刷品、幻灯片还是黑白图片，并利用光源把图像通过电子形式转换为二进制数据并保存到计算机上。

一些出版商仍然选择使用外面的服务商来扫描图像，但是很多出版商，尤其杂志和报纸出版商选择自己扫描图像。扫描仪技术在过去几年发展很快，而且价格降到几乎人人都买得起的地步。

扫描仪的特征可以从两个方面进行描述：它们能够扫描出最初材料类型或者它们的机械构造。从最初材料类型来说，反射扫描仪扫描图像印刷品和原始美术作品，幻灯片扫描仪扫描幻灯片，包括正片与负片，双功能扫描仪正如其名字所指，既可以扫描反射式的又可扫描透明的原始图像。

#### 1. 高档扫描仪

第一台扫描仪是应用于印刷术的高档滚筒式扫描仪。早期的滚筒式扫描仪包括输入和输出单部件：分析（扫描）部件、色彩计算机部件、扫描计算机部件和记录部件位（有时在一个单独的仪器里面）。最后单独的分色胶片被手工组合成页面。

10 年前最贵的专业扫描仪至少也得 1 万美元，20 年前大约 10 万美元（甚至还多）。现在价格已经不是问题。例如，一台分辨率为 600 × 1200 的 48 位彩色扫描仪也不过 100 美元，而一台 2400 × 4800 分辨率的扫描仪也仅仅几百美元。

跟传统的高档扫描仪相比，台式扫描仪没有自带的自动扫描控制装置，只是象征性地配有一个控制软件，并且绝大多数扫描仪也只是装配一些安装在计算机上的色彩编辑工具和操作工具，由一些使用 Adobe 的装有插件的 Photoshop 软件来控制扫描仪。

2. 幻灯片和反射艺术

初学者经常倾向于扫描照相印刷品而不是扫描负片,因为我们很容易对印刷品形成视觉评价。跟印刷品相比,摄影底片和正片包含了很多影像细节和色调细节,也易于产生高质量的影像复制品。

在原影像中,不透明变化和动态变化被用来量度色调细节。不透明变化比例从 0 到 4,而动态变化比它还复杂,却表示得很清楚——从清晰的胶片到全黑。动态过程的算法很复杂但是其含义很清楚——照相印刷品的动态变化少于 2,而幻灯片却有多达 3.5 个动态变化。

但重要的是保证扫描输出质量。在计算器屏幕上扫描复制远远没有扫描印刷复制品那么苛刻;扫描复制报纸也没有扫描精美的杂志铜版纸要求来得高;扫描要用于放大的图像却比扫描小图像来得挑剔——不管是在原影像制作阶段还是在扫描过程中,在大尺寸的影像复制品中我们都能发现许多错误。

现今,甚至那些廉价的扫描仪也具有高分辨率,但它对动态变化缺乏敏感度。要求高的人更愿意购买质量让人满意的滚筒式扫描仪。

### 6.11.2 数码相机

即使扫描仪不贵且容易购买,数码相机在原始影像获取领域的份额还是在逐渐增长。和扫描仪一样,专业相机的价格很高,但是价格在$500以下的消费类数码相机,它们所提供的色调和影像细节几乎就可以满足绝大多数挑剔的专业人员的需要。

跟扫描照片相比,数码照片拥有许多优点。可以省略一个或者更多的工作流程步骤,同时胶片和图像印刷的成本也可以省去。在很多情况下,最终的影像复制品往往质量更高,因为照片印刷的许多中间步骤被省略了。

1. 分辨率

数码相机的分辨率是指整个影像矩阵中能够捕获的全部采样点数。柯达说 100 万像素的数码相机可以输出一张 5×7 英寸的全真照片,现在“低档数码相机中的高端产品”都是 300 万像素的,基本上可以存储 300 万像素的数据。由于感光器获取数据以后的插值(interpolation)[1]以及光学上的限制,这些相机可以将每张相片分解为1100线(高度)和1450线(宽度)。

最贵的专业数码相机可以达到600万像素(但仍然达不到35毫米胶卷大约2000万像素的水平)。

### 2. 色深

对数码相机来说另外一个关键规格便是色深,有时称之为像素深度,如色深24、36或者42。这些数字被用来描述每个像素。

现今的扫描仪和数码相机通常为36位色(12色/像素)、42位色(14色/像素)和48位色(16色/像素)。那些额外的位或比特不会用来产生随后用于影像输出的色彩。它们被用来在24位色的基础上改善图像的色彩。布鲁斯·法瑞斯(Bruce Fraser)已经对编辑所谓的"高位"文件的优点进行了很好的分析,指出与8位色文件的编辑相比,在高位文件的编辑工作中更少机会出现高反差色调、色彩条带等瑕疵。(http://www.creativepro.com/story/feature/7627.html)

### 3. ISO值

另一个已经转而数字化的摄影术语——尽管不那么严格——是ISO值。这个值指的是胶卷的感光度,或者胶卷速度。胶卷对光线有不同水平的感光度,如"缓慢"胶卷速度(ISO 25到64)以及"快速"感光速度(ISO 1600甚至更高)。ISO的数字增加2倍,胶卷速度也提高2倍,因此每一盒这种胶卷都比以前的快2倍。使用快速胶卷可以让你在光照更充足的条件下进行拍摄,快速胶卷偶尔也用在光线不足的条件下,但是它的缺点是你会得到一张更加粒面的(grainier)照片。

就像胶卷,数码相机有感光度的变化范围,这促使制造商努力让它的相机能跟胶卷的ISO值大致接近。数码相机可以调整到ISO100、200或者400那样的水平,高档相机可以提供更高变化范围的ISO值。

## 6.11.3 电荷耦合器件(CCDS)

信息是以像素为基础从数码相机转移到磁盘的,但拍照时,它通过采样

[1] 插值,用于增加图像文件尺寸的一种软件技术。这种技术使用数学平均方法创建更多的像素点,以增加阶调值和图像的表现分辨率——译者注。

点数加以捕获。扫描仪也是同样道理。数码相机和多数台式扫描仪的内部都有电荷耦合器件,电荷耦合器件接收的光线要么是反射纸反射的光线,要么是通过透明胶卷的光线。现今的多数台式扫描仪以及数码相机都有所谓的三线阵列,意思是说信息经过红、绿、蓝色彩通道输送时,被同时以数字形式记录和存储起来。

电荷耦合器件的长度越长,它能抽样的信息就会越多。生产电荷耦合器件是一个艰难而又耗资不菲的过程,因此它越长器件也就越贵,这就是数码相机和扫描仪价格浮动的最大原因。

一束白光经过扫描仪,这束光很快就反射到一面镜子上,镜子又把光反射回电荷耦合器件。(这束光从扫描仪那边过来,经过镜子的反射,通过镜头聚焦到电荷耦合器件上。)红色滤色镜只能得到蓝色、绿色范围内的信息,绿色滤色镜能得到紫色、红色范围内的信息,蓝色滤色镜能得到黄色范围内的信息。

其他扫描仪的传感器使用 CMOS(互补金属氧化物半导体)或者 PMTs(光电倍增管)。早期的 CMOS 传感器只能提供低质量的影像,并且经常使用低档数码相机和台式扫描仪。现在 CMOS 传感器的质量得到了改善,并已经进入一些专业相机中了,而 PMT 只用于滚筒式扫描仪。

### 6.11.4 选择扫描分辨率

对于不同种类的图像扫描——连续色调和黑白图片,有着不同的分辨率要求。

**1. 连续色调影像**

有些因素会影响我们对连续色调影像扫描仪分辨率的选择。这些因素分为以下三方面:原始作品的类型、复制品的质量以及复制品的尺寸。

连续色调的原始作品通常不包含太多扫描作品必须仔细获取的影像细节,但是一些包含文本或者其他小图像细节的连续色调影像就需要更高的扫描分辨率。

复制品的质量主要取决于线性屏幕的选择。屏幕线性越高,就需要越高的扫描分辨率。多数时候,原始作品的扫描复制品尺寸基本上接近原件或者稍微小一点。但是如果原影像需要被扫描成海报大小或者其他超大尺寸的印刷品,那就需要额外的扫描分辨率。以下是决定最佳扫描分辨率的公式：

$$SR = OLS \times M \times SF$$

其中：

SR = 扫描分辨率（也就是最后的扫描文件每英寸所需要的采样点数）

OLS = 输出线屏（线屏用于制作印版；报纸只需要 85lpi；一些高档的年度报告或商品目录需要 200lpi；胶印中 150 是最常用的）

M = 放大系数（原始作品放大的百分率，4 × 5 英寸的图片扫描成 11 × 17 英寸的海报需要 340% 的放大率，这就产生了放大系数 3.4）

SF = 扫描系数（保证扫描中产生足够数据的额外采样点数）

扫描系数在专家中间导致了很多意见分歧，关于在 1 和 2 之间究竟取什么值，他们存在强烈争议。扫描系数 2 是一个稳妥的标准，当原始作品提供非常多细节的时候就很合适。很多扫描仪可以使用 1.2 的扫描系数，因为眼睛看不出区别。

### 2. 扫描黑白图片

文本扫描需要很高分辨率以避免参差不齐的边缘，而黑白图片也是一样。为了在图像排版机上输出黑白图片，至少需要每英寸 800 个采样点数——最好超过 1000 个。

### 3. 屏幕扫描

传统 CRT 计算机监视器的分辨率局限在 72 ppi。用于电脑显示的扫描影像设计采样点数的选择。用户需不需要放大影像？如果回答是肯定的，那就需要双倍的分辨率 144 ppi；要不然 72 ppi 就足够了。现今生产的 LCD 显示器，它的分辨率高达 200 ppi，因此电子出版物开始接近印刷了，因为它需要更高的分辨率。同时，带宽仍然是万维网出版商主要的考虑因素，因此鼓励使用尽可能小的文件尺寸。JPEG 压缩技术提供了最佳的前景——用适度大小的文件就可以把高分辨率的影像发送到网络上了。

### 4. RGB 和 CMYK

所有扫描仪和数码相机得到的影像都是 RGB 格式的，所有电脑监控设备显示的影像也是 RGB 格式的，但几乎所有的印刷都是 CMYK 格式的。因此，什么时候适合把 RGB 格式的影像转换成 CMYK 格式呢？许多平面艺术专业人员更愿意将图像处理成 CMYK 格式。但是电子和印刷出版对影像再利用的需求日益增多，因此 RGB 被认为是更加合适的格式。RGB 和 CMYK 格式之间的互相转换会丧失色彩细节，但是更大的问题是一开始就转换成 CMYK 格式会导致一些不必要的工作流程。跨媒体出版最有效率的工作流程是尽可能长时间地以 RGB 形式存储影像，只有当印刷目标格式已经确定时才把它们转换成 CMYK 格式。

**5. 影像再利用和归档**

在传统的印刷出版中，图像扫描是为了达到一个确切的印刷目的。输出尺寸已经规定好了，以便光学扫描的分辨率符合要求。电子出版的新工作流程需要保证图像再利用最大限度的灵活性。未来的需求从来不可能被预先精确定义。也许书中占 1/4 页面的图片需要原样复制以后作为下一版的封面。随着存储成本的不断下降，将来最高效的扫描工作流程一定能够最大限度地灵活地获取分辨率尽可能高的图片。

**6. 扫描仪使用技巧**

结合高质量的影像装置和好的影像软件可以让生手复制高质量的影像。另一方面如果要生成专业出版物，扫描和影像校正仍然需要操作者具备专业的知识和经验。如果要在这里讲述所有复杂的扫描和影像校正，那就超出这章节的范围了。但是有些最基本的注意项不管是对新手还是专业人士都还是有用的：

* 台式扫描仪不能保证专业出版物的质量。如有怀疑，可求助于专业的扫描服务。

* 把原件放在扫描台的正中央，不要放在边上。大多数台式扫描仪都使用镜头把采样信息聚焦到感光器上。若放在边上，有些信息就会因为折射而被遗漏。

* 用相机店里购买的合适的布和干净的液体清理台式扫描仪的玻璃。用普通的玻璃清洗剂来清洗不是好办法。绝对不要用纸来擦拭玻璃——它会产生细小的擦痕。

* 用罐装压缩空气或吹风机吹掉照片和底片上的灰尘。

* 当我们接触胶卷时，戴上一次性棉手套，避免让指尖上的油污损坏胶卷上的感光乳剂。

## 6.11.5 Adobe Photoshop

QuarkXpress 控制了专业网页设计市场，Adobe Photoshop 控制了专业图片编辑市场。有一些软件能够做部分 Adobe Photoshop 所能做的工作；只有极少数软件能够完成 Adobe Photoshop 的大部分工作。但是,Adobe 非常专注地把重点放在满足专业设计人员和印前工作者的需要上,成功地排除了任何激烈的竞争。同时这个软件也成了最受专业摄影师和网页设计者欢迎的软件。

像 QuarkXpress 一样,Adobe Photoshop 也是可以扩展的。插件、"字体特效"、笔刷、脚本和风格大大扩展了 Photoshop 的设计与生产能力。软件拥有脚本功能,这样一些重复的动作和事件就可以自动执行了。(参考 http://share.studio.adobe.com/Default.asp)

Adobe 也提供简化版的 Adobe Photoshop Elements,这是特别为那些图片爱好者以及业余摄影师们设计的,它提供了更高程度的自动控制。

### 6.11.6 剪贴画和数码相片库

大量免费或者廉价的剪贴画是设计师素材库的补充,几乎所有的剪贴画都可以从网上获得。那些高质量的图像可以从图片资料库服务商(stock services)那里获得,尽管最好的图片价格很高而且还有许多使用限制。

有些图像分色处理成 CMYK,尽管大多数图像是以 RGB 格式提供的。更好的供应商会对他们的图像进行颜色管理。(以下是一个关于影像色彩生成问题的很好的信息源 http://creative.gettyimages.com/source/services/color_resources.asp)。

## §6.12

## 工作流程

不像其他的生产装配线,印刷工作流程并不遵循特定的生产流程模式。每个设计工作室、每家出版社、每个生产服务部门和每个印刷厂都不相同。设计者与出版商都在工作流程中使用电脑。内容编撰者现在所做的工作以前都是由排版人员、印前公司和印刷厂完成的。印刷厂和印前公司已经无法监控准备付印的前期文件了。准备数字文件的方法决定了其余的工作过程。(这里我们的重点是准备印刷的印前工作流;本书其他部分讨论在线出版[10]或电子图书[11]。)

### 6.12.1 要素文件

高端印刷的预印工作流从接收一系列要素文件开始——图像文件（光栅文件，主要由 Photoshop 制作）、图片文件（通常是像 Illustrator 和 Freehand 这样的程序制作的矢量文件）、文本文件（通常是微软 Word 制作的字处理文件）——然后使用如前面讨论的桌面出版系统[6.10.1]、技术文档系统[6.10.2.2]或高端系统[6.10.2.1]等排版软件和程序把它们组合到不同的页中。

### 6.12.2 综合文件

综合文件把所有要素文件，包括光栅文件与矢量文件放入一种单一的格式——一个容器中——它可以被输出处理系统所接受。这个统一格式以前是 PostScript，但 PDF 是现在一种重要的替代格式。字体处理、颜色处理、分辨率，目标输出设备以及压缩格式必须提前设置，以便最终得到合意的综合文件。

在 PostScript 中，综合文件创建完成后要修改必须从原要素文件入手。一开始 PDF 是用同样的方法，但是现在有很多编辑 PDF 文件的工具。

### 6.12.3 可编辑性

对一个工作任务需要不定时更改是印刷工作流程本身固有的特点。作者的更正，印刷厂家的错误以及墨菲法则（可能出错的事终将出错）使得可编辑性成为整个印刷过程中每个阶段都会面临的问题。使用自动化生产工艺可以尽可能把工作任务提前并且必要时在每个步骤都有能力进行改动。然而，数字时代一定要注意保证整个过程中所作的改动都存入最终的档案文件中。对于要素文件存档（或来自那些要素文件的 XML 文件），印刷商在印刷阶段对 PDF 文件进行改动，除非做一些特殊处理，否则那些改动的地方将不会在档案中反映出来。如果有可能，最好返回存档文件（或将要存档的文件）进行更改，产生替代的 PDF 文件，这样就不会产生档案与成品不符的危险了。

### 6.12.4 工作流程自动化的障碍

如果一项技术能帮助我们更快、更好、更有效地工作，那么为什么这项技术并不总是成功的呢？尤其在印刷技术领域？答案是因为其中有太多变数。印刷技术领域是个正在发展的产业，它缺少标准。

最终的工作流将是全部数字化的。传统印刷业有很多问题，涉及设备不兼容，新的电子出版工艺带来的脱节的"自动化孤岛"现象，以及全新的数字生产瓶颈问题。

自动化孤岛的自动化程度很高，但是它们与工作流程中的其他步骤不衔接。例如，计算机制版技术在电子校样方面的表现并不很可靠。有些出版商要求胶片校样，从而削弱了省时的、无胶片制版工艺所带来的好处。

当工作流程的某个过程不具有所要求的生产能力时，就会出现瓶颈。每个过程都有许多步骤组成。每个步骤或生产操作都具备一定的生产能力，但是能力不尽相同。有些岗位的工作相对较快，这说明在某一时点有些岗位超负荷工作，而另一些则比较清闲。自动化孤岛导致了快速的、高度自动化的生产环节，而与之相连的是那些成为系统瓶颈的较慢的环节。而后者决定了整个系统的生产能力。

### 6.12.5 工作流程自动化

工作流程自动化同时包括简单和复杂的工作任务，这些工作不需要人的介入。然而，在印刷技术中可能出现很多例外。出现的例外是那些工作流程中很难进行的工作。管理这样的例外非常困难。由于这些工作需要操作者参与，而且要求他们具备专业知识，所以它们要比管理常规标准的工作流程成本高。

### 6.12.6 工作流程设计

当设计工作流程时，首先有必要分析不同的、经常遇到的步骤。然后，识别每个单独的过程来达到预期的效果。最后设计一个或一组工作流程，以便用有效的方式处理那些步骤。工作流程设计不会简化每项任务来节省每个步骤的时间，它需要优化整个过程。整体是部分之和，下列是印刷生产

环境中一些典型的工作任务:

* 设计;
* 排版;
* 扫描;
* 图像校正;
* 拼页;
* 颜色管理;
* 创建 PDF 文件;
* 校对;
* 修正;
* 印前准备;
* 陷印;
* 整版;
* 图像处理;
* 印版输出;
* 印刷;
* 储存/存档。

每项工作任务都有自己的要求,工作流程差别很大,每项都可以把手工操作任务与其他高度自动化任务合并在一起。

### 6.12.7 联网

建立网络本质上是把计算机与其他通信设备连接在一起,以便许多用户可以共享资源。

局域网(LAN)通过通讯通道把临近范围内的硬件与软件连接起来。一个简单的局域网的例子是用一根电话线把两台计算机与一台打印机连接在一起。网络可以在同一楼层,也可以在同一建筑的不同楼层,甚至可以在不同楼房之间建立,但是范围较小。这些设备经常通过双绞线或同轴电缆连接在一起。稍大一点的网络可以包括几台电脑、一个文件服务器、一个共享硬盘驱动器、一台激光打印机、存储器,还可能包括一个激光照排机。软件运行网络并管理网络中所有的工作。使用正确时,局域网允许多个用户共享昂贵的硬件、软件与存储器。详情请见技术基础结构一章的联网[2.6]部分。

### 1. 服务器

要完成一项工作，必须储存、管理、处理和传输电子数据。对于工作站和其他硬件，服务器是必需的。印刷与预印服务器负责4种不同的功能：文件、打印、应用与数据库。

文件服务器的功能是要存储一大批电子文件并与本网络中的其他工作站共享数据或一些应用程序。

应用服务器的功能就是当文件从网络中输送到服务器上一个特定文件夹的时候要完成一项特定的工作任务。最常见的共享应用是俘获图像。

数据库服务器的功能是处理所有的文件跟踪功能。

打印服务器的功能是把网络中所有的打印文件放在中心区域的打印缓冲区，直到打印机可以使用为止。打印缓冲区允许监控打印机并对工作任务进行时间安排，目的是允许不同的工作站使用同一台打印机。

### 2. 开放式印前接口(OPI)服务器

处理高分辨率图像的效率往往不高，尤其在网络中传输电子文件的时候。高分辨率图像有大量的数据，会在预印工作流程中造成瓶颈。尽管更快的网络与更好的文件压缩技术提高了传输速度，但是由于另外一些应用，如陷印与整版使得在数据传输中文件大小问题更加严重。OPI服务器是一个预印生产工具，它允许使用低分辨率的图像以加快工作流程。这些低分辨率图像来自高分辨率图像，但文件更小，可以在数字网络中加速传输。

与OPI配套的是，高分辨率图像保存在标准服务器上，而仅提供位置信息的FPO图像则用于页面编排程序。结果更小的页面编排文件很容易通过网络传输。同时，在主服务器中，可以直接操作整幅图像，像颜色修正或修描照片等。当版面与高质量的图像完成以后，这个版面就被输送到OPI服务器队列，在那里FPO自动地被高分辨率图像所替代。OPI产生的小排版文件的另一个优点就是它们对拼版和图像陷印等其他印前生产步骤来说，打开文件更迅速。

### 3. DCS(桌面分色)与OPI

许多OPI方案也支持DCS，这是用桌面出版系统来处理分色工作的行业标准惯例，来自Quark的DCS是一种管理分色文件的方法。DCS与EPS[6.8.5.1.5]文件一起工作。分色时，支持DCS的程序产生一套5个EPS文件。这5个文件包括一个主要文件（或者说排版文件）以及4个分色文件:青色、品红、黄色和黑色。排版文件包括青、品红、黄、黑 EPS 文件的名称与文件存放位置的路径;PostScript 要求打印分色前的图像版本;以及在屏幕上观看的 72 dpi 的 PICT 版本图像。

在典型的 DCS 操作中,用户把组合图像放到 Quark 文件中。当用户打印时,Quark 输送不同颜色的图像而不是组合图像。OPI 系统通过把分色文件放在服务器上来支持 DCS 提高运行速度,因此 Quark 不必在打印的时候输送这些大型文件。Quark 只输送图像编号(它包含指向分色文件的路径名),支持 OPI 的图像定位器将相应地提取那些文件。

PDF 工作流程正在改变网络、服务器、系统和印前工作的性质。有了脚本和插件,许多日常工作就可以自动化了。脚本也许会接收 QuarkXPress 文件,打开它,提取它,然后打开 Acrobat,完成一个功能,保存它,然后调用服务器功能来获取 PDF 文件,根据电子工作顺序进行拼版,把它送至校对器,最后让它优先打印。

### 6.12.8 陷印

陷印是在打印前对机械故障导致的打印机图像套印错误的一种补救。陷印通常扩张或收缩浅颜色至深颜色,这样即使套色不准也不会出现白色间隙。

多数成像与页面排版程序都带有陷印功能。Macromedia FreeHand, QuarkXPress, Adobe 的 Illustrator、InDesign 与 Photoshop 都带有手动陷印功能。专用陷印程序,如 ScenicSoft、TrapWise 在工作文件中解释颜色数据并自动应用扩展和收缩功能。在应用软件中,自动陷印比手动陷印更容易产生专业结果,更少出现错误。多数 RIP 也具有陷印功能,被称为 RIP 陷印,它由用于主成像与页面排版程序的插件程序控制。

正确陷印很少能完全自动完成;理解整个工艺的人必须下定决心并正确使用陷印软件。通过把颜色分开,或使用叠印产生的颜色(如红色和黄色叠印可以得到橙色),或使用常用颜色,我们就可以摆脱对陷印的依赖。(网站 http://www. thelawlers. com/FTP/Trapping%20How-to. pdf. sit. 上可以找到相关的自学材料。)

优秀的预印系统都有专业陷印功能,大部分情况下效果比桌面系统好。多数设计者和出版商把陷印责任转给他们的印前公司和印刷服务供应商。

### 6.12.9 切边、整版与装订

页面通常不会按顺序连续打印而是打印在书贴上。书贴是一张大纸，经折叠、装订、修边，然后形成一本书或其他出版物。整版是把一张印有材料的大印刷纸折叠起来，正面朝上，以形成连续的页。拼版取决于印刷纸张的大小、页数与页面大小以及纸张是如何折叠与装订的。要设定书籍切齐后的实际尺寸来满足整版与装订的要求。

切边、整版与装订的大部分工作是由印刷厂或印前服务供应商来完成的。但是设计者必须了解一些基本知识，因为某些元素会影响版面设计。

拼版的要点在施乐出版的小册子里有描述，http://www. xerox-techsupport. com, dc2000/Documentation/EX2000% 20VI. 21/DBProAdd_ENG. pdf. 中也有更详细的说明。

### 6.12.10 印前检查

在传统的印刷技术中，设计者与出版商把要印刷的图片粘贴在板上，叫做拼好的底版。这样制作很麻烦，更改也不容易，但有一个优点，那就是很容易用眼睛检查。印刷商的顾客服务代表可以很容易地观察底版，并将之送入生产过程。销售和预算部门知道怎样定价，计划部门知道工作需要多长时间。生产部门也能准确地知道成功完成这项印刷任务应该遵循的步骤。

铜版纸板(art board)是工作的蓝本，它也包括所有的工作元素。铜版纸板通过胶片与剥模阶段以后，成为最终印版的模子。

对比起来，电子文件就不具备这些特征。规划、估算数字文件并将其制作成印刷品，这与传统用铜版纸板来印刷的任务相比需要不同的技术和知识，而那些是传统印前工作人员所不具备的。又因为数字媒体不能直接显示内容，它必须由数字图像专家来认真检查，并确定当前工作的复杂程度。关于硬件、软件、文件准备工作以及操作错误，存在许多潜在问题。

专家们已经开发了一个程序来帮助防止这些问题影响印前生产，这个程序就是 Preflight(印前检查)。印前检查指的是一些设计好的检验程序，有了这些程序，排版文件以及与之相关的文件在进入成像工作流程之前都必须经过检验。印前检查的目的是对印前和印刷过程进行预测。印前检查可以发现问题，帮助解决问题，并改善时间安排。

印前检查不能防止所有与电子文件输出相关的潜在问题，但是它可以找出最大的问题区域：未经培训的操作者准备的很糟糕的文件。只有持续不断地培训设计者与生产人员，只有当软件与硬件不再有那么多更改与变化时，最好的生产过程中才可以去除这种防范程序。

如果在印刷过程中出现意想不到的问题，那么全部计划都会被打乱。重新从客户那里索取丢失的字体或图画文件需要几个小时或者几天，这会耽误整个印刷时间。如果问题很复杂，有可能需要几个小时来补救。在印刷前找出问题可以保证工作流程顺利实施。

在数字成像过程中最常遇到的问题是字体丢失以及字体替换。（用传统的底版，字体使用不是问题，因为所有类型的字体都被作为图片接收并准备拍摄。）其次经常遇到的问题是图片文件丢失或准备不当。

其他问题很难检测也很难补救。这些问题包括分析网版规格文件，分析陷印要求，重新创建混合色与小装饰图案。

#### 1. 常见的印前文件问题

印前检查的目的是找出那些最常见的印前文件问题，具体为：

* 字体被替换；
* 专色被定义为 RGB；
* 专色被错误地定义为 CMYK；
* 陷印被修改或设置错误；
* 没有考虑到出血；
* 插图或图片没有链接；
* 混合色分层；
* 没有正确地指定加网；
* 太多的图像压缩。

有经验的设计者与制作人员都会在把要印的东西送去印刷之前检查自己的工作。几乎所有印刷厂家在印刷前也都要检查文件。

一个理想的版面或图像设计程序能防止设计者犯上述印前错误。有些软件已经开始使用人工智能。至少在将来很长一段时间内，印前检查还会在印刷生产工作流程中继续发挥应有的作用。

目前有些软件可以辅助印前检查。Markzware FlightCheck 是最出名的一个，而 Enfocus PitStop 是检查 PDF 文件中最常用的一个。PDF 文件格式本身就可以减少上述错误。更显著的特点是PDF适用于自动化工作流程，因为错误能被自动检查出来并改正而不用操作员的帮助。

### 2. PDF与印前工作流程

作为文件格式，PDF最主要的优点是在印前发挥重要作用。它对不同处理软件提供了一个单一、开放的格式。削弱了PostScript（专门为打印图形和文字而设计的编程语言）显著的输出任意性，PDF为连续一致、结果可预测的印刷生产系统提供了基础。PDF文件的校对很容易，出错率大大降低了。

PDF文件格式应与Adobe公司的Acrobat软件分开讨论。Acrobat是创建PDF文件的主要软件，但是其他一些厂家生产的软件也能创建PDF文件（有些还能编辑、分离PDF文件）。Acrobat本身的问题与缺点并不一定是PDF的问题，反之亦然。

估计Adobe控制了95%的PDF市场。Acrobat软件有三个主要元素。Acrobat Distiller用来从PostScript中创建PDF。Acrobat Reader用来浏览与打印PDF文件（Adobe公司单独免费提供Reader）。Adobe的Acrobat可以编辑PDF文件内的文本与图像，可以给它们加注解，还可以增加多媒体元素、链接、书签和其他功能。

提供创建PDF与改善PDF工作流程软件的厂家有数百家。Adobe在其网站上提供了这些厂家的简要清单：http://www.adobe.com/products/plugins/Acrobat/main.html。PlanetPDF在下面的网站中提供了一个较为完整的清单：http://www.planetpdf.com/mainpage.asp? MenuID=193&WebPageID=612。

更重要的是PDF格式都有几个版本。Acrobat最新的版本为Acrobat 5，它可以提取PDF1.2、1.3、1.4版本的文件。

旧版PDF1.0与1.1文件（主要通过Acrobat 1.0与2.1创建）使用起来要小心。PDF1.2及以上版本性能比较稳定。在印刷生产技术中，新PDF文件最好以最新格式保存。对于大范围的应用，最好使用1.2版，这样可以保证与Acrobat及Acrobat Reader的旧版本兼容。

### 3. PDF工作流程

为什么出版行业多用PDF而不是传统的PostScript？主要原因有以下3个：

（1）PDF性能可靠。PDF可以解决两个与传统印前工作流程相关的大问题:字体和图片丢失,以及糟糕的 PostScript。这一格式的特性,以及创建 PDF 文件的提取过程的特定,就是要毫无遗漏地保证文件成功输出所需要的任何字体与图片。

PostScript 的使用减少(虽然不能消除)是因为材料提取过程简化了最初的 PostScript 数据,并把它转化为 PDF 数据类型。一些嵌入 PDF 文件的文字与图片可能仍然导致 RIP(图像处理器)故障,但是用户一致认为 PostScript 正常化是 PDF 最大的益处。

(2) PDF 经过压缩。印刷行业早就使用了不同的压缩技术,从 Photo CD 到 JPEG。Adobe 的 PDF 标准鼓励使用 JPEG 压缩文件(与其他压缩技术一起使用),因为它可以在很大程度上压缩输出文件而几乎不会破坏图像。

(3) PDF 效率高。PDF 文件真正做到版面独立——不像 PostScript,某些时候 PDF 文件可以从页面中脱开。版面能独立进行编辑、重排、套色和整理。

### 4. 建立良好的 PDF 工作流程

成功的 PDF 工作流程要注重细节。主要有以下三个方面:

(1) 问题一:无用输入、无用输出。PDF 并不能解决生产过程的所有问题。无用输入、无用输出有两个主要后果。第一个后果反映了文件是怎样被创建的。第二个是有关被创建的 PostScript。

有些分析家指望 PDF 能解决所有印前检查与生产问题。其实它也可能解决不了几个常见的印前检查问题,包括文字与图片丢失。因为 PDF 文件是从 PostScript 文件中创建的,很多会在 RIP 中出现的问题在 PDF 文件创建过程中就已经处理了,所以不存在印前检查问题。但仍然有很多其他的印前检查问题应该在 PDF 工作流程中单独提出来,包括文字和图片丢失、不正确的色彩规格或陷印。

一个经常出现的印前检查问题是文件的裁切尺寸不对。例如,由于印刷设置不同,有些印刷厂是按 8 英寸 ~3/8 英寸 ×10 英寸 ~7/8 英寸而不是 8 英寸 ~1/2 英寸 ×11 英寸的尺寸裁切。Acrobat 与 PDF 本身解决不了这个问题。

另一个问题就是图片文件用 RGB 格式而不是 CMYK。Acrobat 可以找出这个问题,但是必须仔细地加以指示。一些专用软件是专门用来对 PDF 文件进行印前检查的,包括 Markzware,Enfocus 和 Callas。

(2) 问题二:字体仍然是个难题。Adobe 系统是在 PostScript 的基础上开发的,但是为了印前输出而创建 PDF 文件时,Adobe 的 Acrobat Distiller 对字体问题也是束手无策。

正如前面所提到的,关于 Distiller 处理字体,一个好的消息是它能在 PDF 文件中插入字体资料。这就可以解决两个问题。第一,设计者与出版商不用去想应传输哪些字体,这就避免了在最后一刻慌慌张张地打电话询问那些丢失的字体。嵌入字体是 Acrobat Distiller 的一个选项,经常被推荐使用。它包括 PDF 文件中的字库。

如果没有嵌入字体,字体问题就会发生。这主要是两方面原因造成的。有些字体供应商出于版权考虑,禁止使用字体嵌入。Acrobat 的特点之一就是支持这种限制,这样用户就不能不顾这个规定。另外一个原因就是 Distiller 允许用户使用这些插入字体,但是仅限于文件中特定的字符(而不是字样中所有的字符)。如果 PDF 以后要修改来增加原始字库中没有的新字母或符号,问题就出现了。

PDF 中 TrueType 字库也会导致问题,因为有些 PostScript 的 RIP 会造成字体堵塞。

(3) 问题三:Distiller 令人讨厌的界面。Acrobat Distiller 得到了"本年代难以理解的界面"的称号。Distiller 中的工作任务选项要求有研究生水平的人才能理解。它默认可以提取文件到电子图书、打印、印刷或屏幕,但是跟多数默认设置一样,通常需要作些调整。这就让用户必须进行十分困难的选项设置,如:

* 使用 prolog. ps/epilog. ps 提取;
* 从 DSC 中保存文件信息;
* 从 DSC 中保存 EPS 信息;
* 保存套印设置;
* 保存 2 级复制页语义学;
* 保存、应用删除传输功能。

一些额外的不易察觉的设置出现在压缩文件中,这让用户对那些应用于版面文件不同部分的压缩的损耗程度有很大的控制。但是,如要在"次级抽样"与"双立方减样(bicubic downsampling)"之间进行选择,就不能仅仅只靠直觉。

在 Acrobat 文件中或通过 Acrobat 的在线支持,Adobe 提供了一整套对这些选项的解释,见 http://www.adobe.com/support/products/acrobat.html,但是这比较耗时而且对普通设计者或出版商来说不切实际。对用户的标准建议是咨询他们的输出服务供应商。但问题是选择太多,每个输出服务供应商总是有不同的偏好。结果是很难创建真正的"PDF 大师级"文件,此文件能够适应将来全部可能的输出选项。

## 5. 高端系统

大型印刷厂和印前公司使用两个重要系统来用 PDF 文件批量制作版面:克里奥的 Prinergy 与爱克发的 ApogeeX。每个系统都基于 PDF 固有的优势来提供高效率的印前工作流程。PDF 的高端用户通常选择支持其中某个系统的服务供应商。

关于 Prinergy 与 ApogeeX 的信息,可以分别登录网站:http://www.creo.com/products/software_solutions/workflow/Prinergy/index.asp 和 http://graphics.agfa.com/product/CatProd_DisplayPublic.html?id=7391。

## 6. PDF/X

PDF/X 是在 PDF 基础上建立起来的文件格式规范,专门用于印刷技术中文件的交换。它是所谓的"应用标准",解释了印前软件和系统是如何制作 PDF/X 文件。

(1) PDF 和 PDF/X。PDF/X 的好处显而易见,它作为文件标准为你减少了很多工作。开发 PDF/X 家族标准的主要成员、技术顾问马丁·贝利(Martin Baily)写道:"重要的是你可以在 PDF 中做很多事情,但这些都不适合印刷技术的应用,反而在输出高质量复制品时引起很多问题。"PDF/X 在一个特定子集中限制 PDF 的选项范围。

通过 Adobe Acrobat 的优先工作选项可以控制某些 PDF 工作流程,但这个方法很麻烦而且容易产生错误。它也没能注意不断增加的能够创建和处理 PDF 文件的其他程序。

不幸的是,这个新文件格式的 3 个特点使其更加复杂。PDF/X-1 是用于盲交换(blind exchange)的文件格式,在这个格式中,所有技术信息与内容都存在一个文件中,不与其他内容混在一起。PDF/X-2 格式用于更加开放的交换。PDF/X-3 用于颜色管理工作流程。

PDF/X-2 正在开发中。它将成为 PDF/X-3 的超集,允许有独立于设备的颜色空间,就像 PDF/X-3 一样。

2001 ISO 标准同时定义了 PDF/X-1:2001 与 PDF/X-1a:2001,它们禁

止 OPI 与文件加密。预计处理 PDF/X-1a 文件的工具要比处理 PDF/X-1 的多,因为它们更容易制作。

要想与这个标准一致,PDF/X-1a 文件必须具有以下特点:

* 嵌入字库;
* 嵌入图片;
* 颜色元素被编码为 CMYK,点或 Device N;
* 定义 MediaBox,TrimBox 或 ArtBox;
* 陷印用"开"或"关"来指示;
* 描述印刷条件;

(2) 使用何种版本。在美国传送广告文件或目录文件,马丁·贝利推荐使用 PDF/X-1a。对于商业印刷和包装市场,最好使用 PDF/X-2。在数字印刷机上输出任务最好使用 PDF/X-3。

(3) TIFF/IT 和 PDF/X。如前面所述[6.8.5.1.2],TIFF/IT 是 TIFF 格式基础上的变体,与目前正在创建的用于 PDF 的变体相似。TIFF/IT 的优点是精心创建(正式创建于 1998 年)。TIFF/IT 已经用于几百万个页面(主要用于杂志),而且性能已经经过验证。

它的一大缺点是主要创建位图文件,这些文件适用于各种场合,但不能编辑。它也能创建大型文件——一个四色版面平均有 35 兆字节。

比较起来,PDF/X 很轻便、灵活(至少 PDF 基础结构是如此)。PDF 结构被设计用来携带标签与元数据,这很适合跨媒体出版。这个附加的数据容量使得 PDF 与其变体在管理基于电脑集成制造系统原则的工作流程时非常有力。

PDF/X 用途广泛,其强大势头显示,在不久的将来它将在很大程度上替代 PTIFF/IT。

### 7. PDF 更多的信息

史蒂芬·耶基(Stephan Jaeggi)顾问向我们推荐了 4 本优秀的小型出版物(当然是 PDF 格式的):

(1)《基础》,对 PDF 技术的介绍(面向所有读者)。

(2)《管理》,PDF 经济与组织方面的问题(面向管理者)。

(3)《创建》,创建 PDF 文件(面向广告商、艺术工作者、出版商等)。

(4)《生产》,工艺流程(面向印前技术人员)。

网站为:http://www.prepress.ch/visionwork/english.html。

还有几个与 PDF 相关的专门网站：http://www. planetpdf. com 与 http://www. PDFZone. com。

PDF 技术支持的邮寄名单网站为：http://www. /adobe. com/support/forums/main. html 与 forum. planetpdf. com/scripts/wbpx. dll/~planetpdf-forum。

Adobe 公司也提供了 Acrobat 专家中心网站：http://studio. adobe. com/expertcenter/Acrobat/main. html(需要注册)。

迈克·扬(Michael Jahn)也有一个非常不错的网站：http://www. jahn. org。

## 6. 12. 11 数字资产管理

### 1. 什么是数字档案

由于数字技术涉及很多方面的知识，甚至对一些基本的专业术语就很难达成一致，所以给数字档案下定义并不是一件简单的事情。尽管印刷和印前服务供应商使用了很多其他术语，包括图像管理、数字资产管理、数字内容管理、数字图书馆管理、资源服务以及媒体管理等，但数字档案这个术语指的是一系列的数字存储服务。对于每个用户来说，每个术语的意思都略有不同，所以给数字档案下定义又增加了难度。因此，不管是对档案服务的特点还是命名，都还没有统一确定的标准。

由于对怎样称呼它没有一致的意见，大部分人认为对于档案来说，要做的工作要比单纯地往磁盘上存储文件更多。Gistics 上有篇文章，名称为《媒体资产管理：询问指南》，其中它把媒体资产管理定义为："系统地组织数字媒体文件，以便授权用户快速地找到、发现并向授权用户、指定的人或自动工作程序发送文件。"

运用数字时代以前的印刷技术，图像档案要先存储到胶卷中(有时是幻灯片中)，然后与原始幻灯片以及其他艺术作品一起送去印刷出版。图片供应商总是习惯性地使用胶卷，一个原因是这样存储费用通常比重新制作的费用要低，第二个原因是胶卷储存使出版商和图片供应商的关系更为密切。带有商业性的印刷业确实也在采用这种不正常的商业做法，即普遍认为，尽管是出版商付的胶片制作费，出版商享有胶片里图像资料的版权，但是制作好的胶片应归图片供应商所有。(而这种情况就不会出现在书籍和杂志出版中，相反，传统出版业中出版商被认为是胶片的拥有者。)

在这个模拟时代，档案的真正价值是对那些原始艺术的收藏——大部分都是相片和图画。“档案价值”最主要的体现是版权所有者能够把其艺术作品租给其他出版商，或通过这种方式，他自己的出版物可以重新使用这些艺术作品；否则他还得求助上一个印刷商或图片供应商，因为资料胶片在他们手上。

数字化技术彻底改变了档案存储的特点及其包含的价值。保存电子文件的成本是很低的，它几乎不占任何空间。创建数字档案也很简单，用保存命令进行保存然后把磁盘扔到抽屉里就可以了。这也难怪人们意识不到这个基本工作流程有什么价值。

像大多数电子程序一样，成本（以及价值）并不是来自技术，而来自技术和知识工人创造的附加值。存放在抽屉里或文件柜子里的 CD-ROM 上的文件理论上是一个档案，但是这个档案以上述方式存放既不安全而且使用起来也不方便，所以提供的真正价值不大。

数字媒体被认为没有形状，也没有质量。它只是比特和字节，漂浮在以太中，但是数字档案证明数字媒体既有物质也有形状。最终，比特和字节必须记录在物理媒体上，要么是磁媒体，要么是光媒体。如果媒体受到机械损伤，无论以太多么稀薄，那些比特和字节都将不复存在。所以，数字档案一个最基本的原则是物理安全。安全又包括两个方面——安全程度和寿命（例如，数据保护如何？能保存多长时间？）。这种数据的物理表现也在核心的硬件系统中反映出来了，设计这种系统就是为了提高数据的流动性。好的数字档案使用安全、快速的存储器和庞大、健全的服务器以及网络系统。

一旦档案安全保存而且所有感兴趣的用户都能稳定使用时，那么最困难的问题就是为数字档案建立一个软件界面，以便那些要印刷的资料（包括文本、图像、多媒体资料）可以被认识到它们价值的用户使用。从根本上说数字媒体是动态的，而模拟媒体是静态的。数字档案系统最大的困难就是怎样提高数字媒体固有的流动性，从而使出版商能够找到其数字资产的附加值。流动性主要通过两个方面来提高：一是通过巧妙的软件工具帮助管理数字数据，二是通过那些聪明的用户来寻找新方法扩大资料的价值。

### 2. 数字数据的双重价值

关于数字档案价值的传统观点认为用数字形式保存图像可以减少重新扫描图像和重新排版的工作量。它的价值在于减少成本。

媒体资产这个术语的重点是资产，代表关于数字档案的新观点。数字图像在公司经营上有很大的价值,它们被使用得越多,那么它们为公司带来的经济效益就越多。可以用同样的方式来利用它,也可以将其重制并用于其他媒体。用户希望能跟踪图像,但是他们还想能够重新使用图像。从成本和过程来说,这个转化都是有益的。

高效的印刷工作流程的基础就是强大的数字资产管理(DAM),不管是由内部人员还是由外面的服务供应商来操作。另外,它也是通往内容管理[10.4]的基本步骤。

3. 媒体格式

即使是最基本的数字资产管理系统也要面临两个难题:

(1) 应该使用什么格式存档?

(2) 怎样才能保证文件的完整性?

如上面[6.8.5.1.3]所讨论的,目前JPEG是用于大型位图图片的常用格式。选择它是因为它可以使文件紧凑,压缩比率是普通的10倍。然而,压缩容易破坏图像。图像文件最好以非压缩的TIFF格式保存,但是这些图像很难制作。设计者和出版商在如何选择档案文件格式时必须作出艰难而且重要的决定。

PDF工作流程的出现对文件的完整性提出了很多问题。因为PDF文件目前是可以编辑的,做最后改变时最快的方法是在PDF自身的文件中完成。但是,如果PDF文件来自QuarkXPress文件,在这种情况下,我们怎样才能保证最后的改变被正确无误地保存到母版中去?成功的DAM系统必须在范围更大的生产工作流程中实施。

存档[12]一章中对数字出版环境中的存档问题有详尽的介绍。

## 6.12.12 印刷工作流程的未来

在印刷工作流程数字化发展过程中,出版业继续沿用旧的手工工序,同时也在一定程度上实现了电脑控制和自动化,这在20年前是不可思议的。PDF很快被认为是奠定未来全自动化生产流程基础的文件格式。围绕PDF,一套新的数据标准和工作流程正在开始创建。

1. 数字化智能工厂和CIM(电脑一体化制作)

1998年5月,威廉·戴维斯(William Davis),当纳利公司(R. R. Donnelley,世界上最大的印刷公司之一)的总裁在总部位于多伦多的网络胶印协会的一次演讲中说道:“在这场游戏中制定规则的会赢。而那些想把指纹印到每张纸上的工匠们会输。”他还说:“我们落后于最好制造工艺10年。”

他的评论反映了当代印刷行业中的问题。传统的印刷制作是依靠工艺来完成的,从设计到印刷。由于制作了不同寻常的印刷品,排印精美、色彩绚丽、裁切和装订精良,很多设计师们享有盛誉。印刷工人也因为能如期完成艰巨的印刷任务而出名。

但是其他媒体的出现以及持续增加的成本压力迫使印刷生产商重新审视传统的印刷方法。这些压力使得印刷业不断地寻求提高印刷自动化程度和电脑一体化制作水平的方法。在过去几年中,他们对如何使印刷工艺更加可以预测和重复使用、更加经济等问题的兴趣渐增。

电脑一体化制作(CIM)这个术语用来描述生产企业的全自动化,包括整个生产工艺的电脑监控以及将一切结合起来的数字信息。

弗兰克·考斯特(Frank Cost)是罗切斯特工业学院的教授,同时也是印刷制作工艺控制的权威人士。2000年2月他在波士顿举行的赛博德研讨会上提出CIM(电脑一体化制作)的目标是:“在生产流程的任何环节都能有效地获取和存储信息,而这些信息在其他任何地方也都需要。”

CIM是尽可能接近工艺自动化的方法。考斯特指出,很多人谈论CIM,好像最终的目标是全自动化。不过大多数工艺是不能完全自动化的。自动化步骤通常都是与其他非自动化步骤结合起来使用,最终的目标是更快地制造出更好、更便宜的东西来。

CIM背后的思想已经影响了传统的印刷业。这个行业是一大批能工巧匠在标新立异的设计和传统的制作工艺的基础上慢慢成长起来的。但是新一代工匠——他们在学校掌握了电子图像制作技术和电脑技术——开始向世人证明在自动化更高的框架中同样可以获得优秀的印刷质量。

不同产业的从业人员思考自动化问题的角度不同。一个名为数字智能化工厂论坛的小组(http://www.smartfactory.org或http://www.dnps.org),正设法围绕CIM原理在印刷业中的应用建立概念性的框架。

正如他们2000年在奥兰多举行的数字智能化工厂大会的宣传手册中指出的(http://www.recouncil.org/events/smfactory.pdf),如果整合CIM联网生产以及供应链管理技术,那么北美印刷通讯产业能够节约90多亿美元的系统费用。比较起来,台式印刷系统与CTP(电脑直接制版)技术带来的

## 6.13.1 胶印

胶印就是通过橡皮布这种媒介将印版上的图像转换到片基上。平版印刷通过三个最基本的滚筒来操作，即：印版滚筒、橡皮滚筒和压印滚筒。这三种滚筒都是由金属制作，因而非常重。

* 印版滚筒是印刷图像的载体，在它外面有一个印版。

* 橡皮滚筒外有一个橡皮布，印刷图像首先由印版转换到橡皮布，然后在纸张（或其他材料）通过橡皮布与压印滚筒时，这个图像就转换到纸上了。橡皮布的适应性很强，它可以对不光滑的片基做一定的弥补。因此即使质量不好的原料也可用于胶印。

* 压印滚筒是利用压力将印刷图像从橡皮布转换到片基，它没有其他的覆盖层。压印滚筒和橡皮布之间压力的大小是根据片基厚度的不同来调整的。

图像区域接受油墨并转印到橡皮布。印刷图像在印版上时是可读的，但当它被转换到橡皮布上时便不可读了。因为在这个层面上它只是一种镜像。在下一次转换中，图像通过橡皮布转印到压印滚筒进而印刷到纸上就又可读了。印刷图像首先由印版转换到橡皮布，再由橡皮布转换到纸张。因此，平版印刷也被称做胶印。

### 1. 胶印机的种类

纸张可以通过两种形式输入胶印机，即单张纸或卷筒纸。供单张纸输入的印刷机即为单张纸印刷机，供卷筒纸输入的印刷机即为卷筒纸印刷机，单张纸与卷筒纸都可输入的印刷机则称作双面印刷机。

当今大部分印刷机都可以利用包括多个或多组印版滚筒、橡皮滚筒和压印滚筒的复合装置来印刷多种颜色。彩色印刷机可以提供两种、四种、五种、六种、八种甚至是十种颜色。

平版印刷的印版表面平展所以称为平版，它不会对有图像和无图像区域作物质的或机械的区分。印版材料可以是纸张、塑料和金属。

### 2. 上墨系统

应用上墨系统的目的是为了精确的测量或计算出所需油墨的量。每一个步骤都需要特定的油墨和方法来用于图像载体。有些油墨很稠（比如稠浆），有些很稀。有的系统连续不断地将滚筒浸到油墨里，而有的则是断断续续地提供经过计算的定量油墨。

如果油墨是稠浆，它可以由一系列软橡胶滚筒来分散。稀油墨则需要微型的油墨井或是杯子来转移。这些油墨井可以是图像载体的一部分，也可以是特殊类型的上墨滚筒。

3. 无水胶印

无水胶印是1973年日本的东丽公司发展起来的。在印版中，图像区域下凹。无水胶印可以解决油墨与水的平衡问题，以及由于水分含量大导致的纸张膨胀问题。

传统胶印版的基本原料是铝，并且印版没有经过阳极化处理，这个铝基有一个感光树脂涂层。无水胶印是由正极制作还是负极制作，取决于所用的印版类型。这些印版可以制造出高频率隔板，负极印版大约为200 lpi～300 lpi，正极印版大约为400 lpi－600 lpi。

## 6.13.2 凸版印刷

凸版印刷分为凸版印刷和苯胺凸版印刷两种，凸版印刷利用凸起的部位印刷，同时通过压力使图像或文字印刷到片基上。印版凸起的部位在接受油墨的同时与被印刷的表面相接触。图像在印版上被颠倒了，即为“反读”，因此当它们与纸张接触时，图像便被印刷为与印版相反的状态，这时图像成为“正读”。

凸版印刷是最早的一种印刷形式，东方国家比谷登堡早几个世纪发明了印刷术。中国人和韩国人将整页文章刻到木头上然后印刷到宣纸上。谷登堡铸造出金属字体，然后将文章的字母在平的表面上一行一行地排好。下一步就是将其表面用滚筒涂上油墨，就可以将纸张压上去了。由于凸版印刷中压力的原因，可以感觉到印刷字体有一些微微的凹陷。

在很长一段时间内，凸版印刷是最流行的印刷形式。现在仍然有许多人一想到印刷就联想到凸版印刷。凸版印刷已经不再用于商业印刷了，除了一些特殊的任务如有编号的票据。但是，一些小印刷公司仍然用它来印刷报纸，或者由于美学需要用它来手工制作书籍。

## 6.13.3 柔性版印刷(苯胺凸版印刷)

尽管这些主要印刷方法都可用于包装印刷，迄今为止，柔性版印刷在这个领域占据着主导地位。大部分包装印刷都用柔性版印刷(简称为

“flexo”)。因为它能在众多种类的材料上印刷,包括塑料、硬纸板,而且不论印刷数量多少都适用。

一般而言,柔性版印刷要比胶印或者凹版印刷困难得多,因为网点增大和重合不良的情况更多。在1960年到1970年间,柔性版印刷由于准确率低而名声不佳,只有当别的方法行不通时才用它。用它印刷不但颜色暗淡,而且满纸都是套准符号。尽管仍然在用的许多老式印刷机给它带来了质量低劣的名声,但最新柔性版印刷机的印刷质量却可以轻松地媲美胶印。

与轮转胶印行业拥有自己的SWOP标准(提高整个行业的质量控制)一样,柔性版印刷现在也有了自己的一系列标准,即:柔性版印刷的图像复制规范及公差(FIRST)。

柔性版印刷最突出的特点就是它采用了具有柔韧性的印版,这种印版是由橡胶或是感光树脂材料制成的。正是由于它的柔韧性,即使是不光滑的表面也可以印刷。与之相比,胶印由于采用的是金属平板,只能将油墨印刷于光滑的纸张上,纸张越光滑,印刷效果越好。

比起普遍使用于胶版印刷的油性墨水,柔性版印刷机采用的水性墨水更适合其运转。由于食品的包装要考虑到污染因素,因此也需要使用水性墨水,它能更加和谐地与环境相处。

柔性版印刷的片基可分为三种类型:

* 纸张和纸板。它包括瓦楞纸板、实心漂白表面的回收纸板(折叠的硬纸)、包装纸(标签和礼品包装纸)和没有涂层的纸张(平装书)。

* 聚合塑料薄层。包括聚乙烯(保鲜膜、糖果包装),聚丙烯(点心包装、糖果包装)和聚氯乙烯(墙纸)。

* 复合材料。包括镀金属纸(礼品包装)和镀金属塑料薄膜(点心袋)。

柔性版印刷的设计难点大多都是围绕其印版的网点大小和网点增大两个特点。小号往往字迹漫漶、模糊不清,尤其有衬线的字面更是如此。在半调图像中,最亮点的细节很难把握。柔性版印刷采用比胶印和凹版印刷粗糙的模版,分辨率最多不超过150线。定位套准则是柔性版印刷面临的另一个挑战。由于它采用的柔韧片基种类广泛,所以其公差要比胶印大得多。

### 6.13.4 凹版印刷

简单地说,凹版印刷就是采用有凹洞的滚筒印刷。凹版印刷,或轮转凹版印刷，也称工业凹版印刷。凹版印刷是凹陷表面的图像转印的过程（与之相反，凸版印刷是通过凸出的表面转印的）。印刷图像必须蚀刻或雕刻得比图像载体或凹版表面低。

凹版印刷工艺使用墨斗、凹版滚筒、压印滚筒和刮墨刀。

凹版滚筒上有蚀刻或雕刻的小洞。这些小洞就用来容纳油墨从而将图像印刷到纸张或其他片基上。它们的长度和宽度各不相同，这样印刷出来的色调也不同。洞刻得越深，油墨便容纳得越多，通常用它们来印刷图像较为灰暗的部分和阴影。较浅的洞容纳的油墨量少，是印刷图像较亮的部分。

凹版滚筒的一部分浸入墨水中，它一边旋转一边使小洞获得油墨，然后，刮墨刀会擦过凹版滚筒的表面来除去非图像区域的油墨。

当片基通过凹版滚筒和压印滚筒之间时，两个滚筒产生的压力便将凹洞里剩余的油墨转换到片基上。印刷纸张再通过一个烘干步骤便可将油墨固定了。

凹版印刷有许多优点。其中之一是它的规模和速度。凹版印刷是当今规模最大也最快的印刷方法，印刷宽度范围从 12 英寸到 265 英寸（6.7 米或大约 22 英尺）。这就允许凹版印刷在各种片基上印刷，包括用于覆盖地面的乙烯基塑胶。

凹版印刷速度相当快，它仅仅只受所用片基的限制。印刷出版物的速度为3 000 英尺/秒。根据印刷品的不同，包装印刷速度通常为出版物印刷的一半。凹版印刷可以保持持续高速运转，这一点任何其他类型的商业印刷都比不上。

凹版印刷的另外一个优点就是它的凹版滚筒。大部分凹版都采用钢作为它的基本原料，然后再涂上一层铜使它可雕刻、稳定、可复写。铜容易雕刻，而且即使在高度压力（凹版滚筒与压印滚筒间产生的压力）下也能保持图像稳定。同时，铜也可以从滚筒上除去和重置，这样滚筒便可以被雕刻、蚀刻和再利用了。除铜涂层以外，滚筒也可以涂上铬用来保证印刷机的长时间运转。

由于凹版印刷采用的是无间隙滚筒，同其他印刷工艺的图像载体比起来具有很大优势。无间隙滚筒可以让图像完全围绕滚筒运行（异于平版印刷）。平版只占据了滚筒的一部分，因为要将印版与滚筒扣紧需要一定的空间，因此当滚筒旋转时就会出现没有印刷的间隙。无间隙的凹版滚筒持续印刷，留下的无印刷的空白是最小的。这就可以减少纸张浪费和降低成本。正是由于这种无间隙滚筒能够使印刷或图案不间断，它对于墙纸和纺织品这类印刷品尤为适用。无间隙滚筒还容许选择许多不同的图像设计，包括随机图像和嵌套图像。

凹版印刷所采用的油墨也是它的一大优点。因为它的图像载体即凹版滚筒几乎对所有化学物质都有抵抗力，所以它的油墨适用于任何种类的片基。同时，凹版印刷的油墨干得很快，使印刷运转时间更短。并且这种油墨不透光，当纸张的一面被印刷后不会从另一面透出来，这使采用更薄的纸张成为可能。另外，凹版印刷的油墨不会影响印刷好了的产品。同时，由于油墨是直接通过滚筒转换到片基的，印刷物的颜色控制也很精确。

凹版印刷不仅能达到强烈的色彩效果，它的印刷质量也很好，由于雕刻的小洞宽度和深度各不相同，能产生广泛的色调范围，从很浅的颜色（约5%）到最浓的纯黑色。它的这种印刷质量通常是其他印刷方式无法媲美的。

如果需要的话，油墨的浓度可以在整个印刷过程中保持一致；而凹版滚筒也可以根据需要调节油墨层厚度。同样的，滚筒上的印版也可以控制色彩，可以印刷几百万次而颜色保持不变。对于那些对颜色要求比较苛刻的印刷品来说，凹版印刷是一种很好的选择。（例如，商品目录必须逼真地再现产品的色彩。）

#### 1. 凹版印刷的用途

凹版印刷在美国印刷总产量中大约占20%，尤其是以下三种类型的印刷：第一种是包装印刷，包括袋子、箱子、标签、折叠纸盒和礼品包装；第二种是书刊印刷，包括目录、杂志、报纸增刊和大量邮寄广告，大发行量的杂志（只要超过一、两百万份）往往会选择这种方式；第三个适用领域是产品印刷，即在像乙烯基、墙纸、地板和纺织品这样的材料上印刷。

#### 2. 凹版印刷的缺陷

凹版印刷最大的缺陷就是印刷准备工作的费用高于任何其他印刷方式。不仅它的印版比其他方式的价格高，而且雕刻和蚀刻同样价格不菲。凹版印刷比较适合大量印刷（通常在百万以上）。如果为了少量印刷去生产凹版，则在经济上很不划算。

### 6.13.5 丝网印刷

丝网印刷是这样一种印刷方法：将带有网眼的纺织物或者金属网展开并铺在印版框架之上，然后使用橡胶刷帚将油墨透过丝网按于印版底部。

在将丝网铺于印版框架上后，在丝网上面涂上一层感光树脂涂层，与此同时，将胶片的阳面置于感光树脂涂层上。曝光之后胶片上没有图文的区域的感光树脂涂层变得坚硬，而那些没有被曝光的感光树脂涂层，即图文区域的感光性树脂涂层将被冲洗掉从而制造出模版。然后丝网被按在片基上，油墨进入模版中带有有图案或文字的开放区域以便最后印制出图像。

丝网印刷是唯一一种不局限于使用平板片基的印刷工艺。丝网印刷几乎能用于任何平底或立体表面，包括纸张、塑料或金属。丝网印刷通常用于标志、印刷电路板、塑料容器、印花衣服等的印刷。

### 6.13.6 数字印刷

任何一种能把图文从电脑直接输出进行印刷的设备都可归类为数字印刷设备。就一般情况而言，数字印刷机不使用基于颜料的墨水；它们使用染料、碳粉或电子油墨。

大多数数字印刷机来源于最初的复印机技术。使用激光绘出图像，然后使用电荷增色剂将图像粘于片基上。每个印刷图像都是全新的图像，而不是从原始图像中复制或拷贝出来的。印刷工作的进行是直接从电脑里输出然后通过图像处理器开始打印。当然，为了达到理想的效果，进行适当的调适也是必要的，但是从理论上讲，第一次印刷也就是印刷的最后版本了。这就意味着时间、原材料以及成本等这些其他印刷程序在准备或校样阶段就需要的东西，数字印刷却要求很低，或者更实际一点说，数字印刷用在这些东西上的花费可以说接近零。

与其他形式的印刷相比，数字印刷的主要优势之一便是按顾客要求的规格定制。在数字印刷过程中，每一次印刷都包含新的源于计算机数据库的信息。可变数据是印刷业一个重要的专门术语，用来描述数字印刷中处理每一页新信息的途径或方法。每一页都可以包含不同的人名、地名、颜色——任何能被编入数据库的东西都可以改变。

数字印刷的这一特点为其创造了巨大的市场机遇。数字印刷程序的重要应用之一是杂志或旅游推销商寄出的广告产品；之二是那些发送给当地的小汽车拥有者的宣传手册，这种小册子为汽车拥有者们提供了定制汽车的机会（包括颜色、型号与外观等多项选择）；之三是为一本书印刷为数不多的复本。越来越多的出版商通过使用这种技术来提供已经售完的书或者需求量很小的书。这样,每本书的成本比大宗生产的书的成本要高,但是当你需要一本绝版或者说已经卖完的书时,价格似乎就不那么重要了。尽管每页或者每本书的价格要比平版印刷品高,数字印刷节约了仓储成本。此外,因为平版印刷的数量是如此之多,平版印刷就存在这样的风险:那些被印刷出来的信息可能在售完之前就已经过时了。数字印刷节约了将没有用的材料扔掉的花费。

### 1. 大型格式化喷墨打印

大多数喷墨打印机只有桌面大小,通常被用于小型办公、家庭办公和顾客打印。这种喷墨打印机输出的颜色质量在近几年已经有了巨大的改进,同时成本也下降了很多。大型格式化喷墨打印机能打印超过40英寸宽的材料,通常用卷筒纸打印机打印,因此它能打出各种长度的材料。这些大的或者宽的喷墨打印已经开创了一个有利可图的印刷市场,它们很多都被应用于以下这些方面,包括海报、通栏大字标题、展示部分以及样张等。

它们的分辨能力与桌面大小的喷墨打印机类似,通常是300~600 dpi。喷墨打印机通过喷嘴将着色剂喷于纸上,更多的是使用染料而不是天然颜色,因为小色素粒子要求可被水溶解。那些喷墨打印机使用的染料抗潮湿、不褪色,很适于户外使用。很多大型格式化打印机包括6种颜色单位,基本的CMYK设置加上淡淡的青绿色调与淡淡的洋红色调。这样就能允许在中间色调的基础上进行更加鲜明、细致的挑染,同时减少网点增大的现象。喷墨式打印机用贯穿片基的线来显示图像。在大而平整的色彩区域可能出现条纹,因此在进行设计时应该小心处理。

大型格式化喷墨打印是创造独一无二的通栏大字标题、海报以及售货展示板的理想印刷方式。对于短版海报作品来说,大型格式化喷墨打印是比丝网印刷更好的选择。片基的选择也可以是多样而广泛的,包括纸、布、背光胶片、硬板,高密度聚乙烯合成纸以及聚乙烯基织物,其印刷质量很高。

## §6.14 与印刷商合作

如果印刷品是商品,那么任何形式的PDF文档都可以通过网络递交给任何老式印刷公司，紧接着最终产品将在几天之后以令人满意的方式交货。但是就像本章所讨论的那样，印刷是一种定制生产，印刷品不是无差别的商品。由于这个原因，交流仍旧是成功的印刷生产的一个非常重要的因素。与印刷公司合作成功意味着确保将模棱两可的东西讨论清楚，讨论的问题包括设备、生产能力以及工作流程。

以下是在你将印刷工作交给印刷商之前应该问的一些具体问题：

* 你们印刷的局限性有哪些（如最小与最大印刷区域，留给名字与注册标记的空间、最理想的行距、颜色耐受力以及网点增大等）？

* 你们是否使用色彩管理？

* 谁负责处理陷印？

* 你们是否支持特殊的软件或文件格式？哪些版本？

* 什么样的工作你们在企业内部完成，什么样的工作交给外部公司？

大多数印刷商都有一套交易惯例，来具体说明他们提供的服务与所承担的责任，你需要在托付印刷工作之前要细读这些说明。

成功印刷的关键是同样重视工作流程的每个部分。工作流程分散在设计师、出版商、印前服务中心和印刷厂那里，所以说公开的交流是非常重要的。

## §6.15 参考资料

以下是一些有用的参考资料网站。

### 6.15.1 文件格式

* 斯坦福大学学术计算服务中心的“图形文件格式一览”：http://acomp.stanford.edu/acpubs/Docs/graphic_file_formats。

* 关于图形文件格式的手册：http://www.why-not.com/articles/formats.htm。

* Webopedia 提供了详细的文件格式扩展清单：http://webopedia.internet.com/quick_ref/fileextensionsfull.html。

* 一个涵盖范围更加广泛的清单，其中每种格式都与完整的数据链接：

http://filext.com。

* 关于文件格式的完整技术信息:http://www.wotsit.org。

### 6.15.2 成像

* 可能网上最好的成像指导是来自 Adobe 公司的指导:http://www.adobe.com/support/techguides/printpublishing/scanning/psscanning.html。

* 柯达宝丽光网站提供拥有精美插图的参考资料:http://www.kpgraphics.com/gen/prod_support/learning_ctr/index.html。

* 柯达宝丽光图像公司学习中心(2002):http://www.kpgraphics.com/gen/prod_support/learning_ctr/index.html。

### 6.15.3 理解色彩管理

* X-Rite 出版了一部非常优秀的指南《色彩指南与专业词汇》:http://www.xrite.com/documents/mktg/L11 -029.pdf。还有更好的参考资料,不过更加复杂的《色彩工艺入门》见:http://www.xrite.com/documents/mktg/ColorPrimer.pdf。X-Rite 还拥有大量的关于色彩传播艺术与图像的准促销文档:http://www.xrite.com/helpdesk/document_main.asp。

* 国际色彩联盟(ICC)提供了一些可信的关于色彩的背景知识:http://www.color.org/info_profiles2.html。

* Apple 公司有一个最完整的网站,介绍了色彩管理常识,同时也详述了色彩协调问题:http://www.apple.com/colorsync。

* Adobe 公司拥有的有参考价值的详细资料:http://www.adobe.com/support/techguides/color/main.html。

* 微软公司提供了可靠的色彩处理简介,以及关于色彩管理的具体方法:http://www.microsoft.com/hwdev/tech/color/icmwp.asp。

* 布鲁斯·福瑞斯(Bruce Fraser)与布赖恩·劳勒(Brian Lawler)是报道色彩管理的两名最优秀的记者。布鲁斯关于色彩处理的文章可在该网站找到:http://www.creativepro.com/reviews/authsummary/40.html。布赖恩在他自己的网站也提供了一些优秀的文章:http://www.thelawlers.com/essays.html。

**参考书目：**

Adobe Systems Incorporated. "Color and Color Management." 2000. http://www.adobe.com/support/techguides/color/main.html

——. "Introduction to Halftones and Scanning." 2000. http://www.adobe.com/support/techguides/printpublishinging/scanning/psscanning.html

Bunting, Fred. *The ColorShop Color Primer. An Introduction to the History of Color*, Color Theory, and Color Management. Light Source Computer Images, Inc., 1998. http://www.xrite.com/documents/mktg/ColorPrimer.pdf

International Color Consortium. "Information on Profiles." Color.org. 2002. http://www.color.org/info_profiles2.html

Jaeggi, Stephan, and Bern Zipper. *Basics: An Introduction to PDF Technology*. Kiel: heidelberger Druckmaschinen AG, 1999. http://www.prepress.ch/visionwork/english.html

——. Creation: *The Creation of PDF Documents*. Kiel: Heidelberger Druckmaschinen AG, 1999. http://www.prepress.ch/visionwork/english.html

——. *Management: Economic and Organizational Aspects of PDF*. Kiel: heidelberger Druckmaschinen AG, 1999. http://www.prepress.ch/visionwork/english.html

——. Production: Processing. Kiel: Heidelberger Druckmaschinen AG, 1999. http://www.prepress.ch/visionwork/english.html

Kodak Polychrome Graphics. "The Learning Center." 2002. http://www.kpgraphics.com/gen/prod_support/learning_ctr/index.html

Lawler, Brian. "Index to the Brian Lawler Essays." Brian Lawler. 2002. http://www.thelawlers.com/essays.htm

Microsoft Corporation. "Color Management and Windows: An Introduction." December 2001. http://www.microsoft.com/hwdev/tech/color/icmwp.asp

Stanford University. "Graphic file Formats at a Glance." Academic Computing Publications. 1998. http://acomp.stanford.edu/acpubs/Docs/graphic_file_formats/

X-Rite, Incorporated. "The Color Guide and glossary." 2002. http://www.xrite.com/documents/mktg/L11209.pdf

# 7 可访问性

弗里德里克·勃维斯(Frederick Bowes, Ⅲ)

数字出版技术为出版商和其他内容供应商们提供了新的塑造他们产品的途径。构造良好的数字内容可以和广泛的可访问性工具配合使用,其中包括文本转语音程序这样的专业软件,它是专为那些否则就不能使用出版物的人设计的。一直以来,残障人士支持者不断地给联邦和州立法机构施压,规定出版者必须提供适合残障人群体的各种格式类型的出版物。本章将为读者介绍内容可访问性的关键问题、难题和机遇,以及出版商应如何来满足可访问要求。同时,还提出了如何将可访问的要求纳入产品计划和业务计划的战略性建议。

## §7.1 概述

一直以来,印刷媒体对于残障人士来说都是很严峻的问题,结果,他们就很难取用主流社会所享有的丰富的信息和文献。尽管已经有了一些有效的方案(像布莱叶盲文、有声书和电视字幕等),但是通过这些方式所提供的信息量和文献量很小。这就导致了令人遗憾的结果:残障人士不能融入当今越来越以知识为基础的社会,因此,残障人士的文盲与失业率惊人得高,有的甚至达到了50%。而且,有工作的残障人士遇到的印刷品阅读障碍问题更加严重。大部分人包括出版商都为这种情况感到惋惜,但还是只将它作为生活现实来看待。总的来说,这种问题仅仅受到残障人士相关组织的关注。

技术和法律作为社会环境的两大重要因素正在发生迅速的变化。数字出版物为残障人士提供了新功能，这意味着他们将能够打开受印刷品束缚的知识。同时，联邦政府已通过许多法规使残障人士拥有特殊的权利。比如说《康复法》和《残障人士教育法》(IDEA)。其他一些国家的和州的法规也已经蓄势待发，这些法规会直接或间接地影响到各种类型的出版商。本章意在向读者介绍印刷品的可访问性问题，并提出出版商利用数字技术解决这个问题的方法。

出版专业人士使用“可访问性”(accessibility)一词时，通常是指读者是否被允许使用作品(有这个权利吗)，是否可以获取作品(在哪里可以取用它)，或者甚至是作品主题是否在读者的理解力范围以内(大部分五年级学生就很难理解《尤利西斯》这本书)。然而，可访问性在本文中另有所指，即作品格式所固有的使有缺陷的人不能获取信息的障碍。失明的人不能阅读印刷形式的文本，失聪的人不能听到有声音但没有字幕的录像带，运动神经严重损伤的人不能控制印刷作品，印刷产品对于那些有学习障碍(像阅读障碍等)的人来说是很大的麻烦。

## 7.1.1 信息时代的不可访问性成本很高

### 1. 教育和知识是21世纪非常重要的工具

(1) 需要有知识的人。当今世界在经济上的不断进步取决于个人作为高效知识工作者的能力。迅速发展的技术渗透到我们生活的各个方面，如果人们不在一定基础上学习新的技术就注定要落后于社会，而那些能跟上或影响技术变更的人往往处于超越社会的有利地位。

各种组织在寻找和保留工作者问题上遇到越来越多的困难。这些工作者不仅要求掌握最新的生产工具，而且要能够学习其他新技术。越来越多的组织依靠互联网和内部数字网络来给他们的员工提供信息，这样，残障人士要想成为一名高效的工作者就必须通过非印刷产品即数字来源来掌握信息。如果不能得到数字信息，即便是有才能的残障人士，也会变成劳动人口中低效率的工作者。因此，不可访问的信息给残疾人以及雇佣他们的组织带来了许多实际问题。

(2) 学校通过高利害(high-stake)测试[1]来界定最低能力。贯彻实行教育改革措施是为了确保在拿到证书之前,学生们的能力能够达到一定水平,这样他们才能在踏入社会以后持续进步。新规定明确要求有缺陷的学生同普通学生一样都必须通过高利害测试。但是不可访问的印刷版教学大纲和(印刷版)高利害测试共同导致有缺陷的学生连最基本的成功都得不到。如果学生没有高中毕业,他们就不能进入大学继续学习或者是成为一名高效率的工作者。对于每个这样落后一辈子的学生,无论是从个人的角度还是社会总体的角度来看,其成本是巨大的,而他们的问题经常是由不可访问的课程和能力测试导致的。

(3) 终生学习要求每个年龄段都无障碍。为解决残障儿童的课程和测试问题投入了大量精力。最近颁布实施的《康复法》第 508 条款规定所有的联邦网站都要符合专门的可访问性标准,这就显示了保障成年残障人士的需要同样重要。许多公司、组织和政府机构一样都通过互联网和企业网来将此前的印刷信息转换为数字版本。当网站成为大多数组织的交流方式时,人们就更加需要吸收和管理数字信息的能力了。

### 2. 由内容可访问性障碍引起的经济成本

残障人士不能完全参与社会会引发许多负面影响。

(1) 损失了潜在劳动者的贡献。当劳动者的教育和信息需求不能得到满足时,他们就不能贡献有价值的技能,他们的作用就损失了。而在劳动力紧缺,供求矛盾导致难以找到拥有一定技能的人才时,这个问题尤为严峻。

(2) 失业成本更高。当人们不能满足培训要求或不能按工作要求进步时,他们通常会被解雇,这就导致了失业成本。一些劳动者只是在使用印刷品方面有障碍,除此之外他们可以掌握较高的其他技能。如果可以利用另一种替代形式进行学习,就不会加重他们失业的负担了。

(3) 不熟练技工往往生产能力较低。如果工人培训不能使他们发挥最大能力,对于雇佣他们的组织来说意味着损失了机会成本。假如这些组织不提供可访问的教育、培训以及行政管理资源,被雇佣的残障人士工人就不能完全的发挥他们的能力,这样就会导致较低的生产能力和较高的成本。

(4) 调适(accommodation)成本高。那些被要求吸纳有印刷品阅读障碍的学生和工人的学校与雇主,发现自己受困于逐个为后者调适方案的窘

---

[1] 因为测试结果与被评价对象的升级、安置、奖惩、荣誉密切相关,故名——译者注。

迫境地。通常一位老师或一位助手在同一时间只能帮助一个人,这样就导致了高成本和调试负担。

只要利用各种各样的辅助技术和软件工具将文本转化为适当的数字形式(如非印刷品版本),残障人士就能得到帮助。有些工具费用不高,比如说屏幕阅读器,但转化印刷版本的费用不仅高还要花费很多时间。另外,转化质量也经常引起争议。

因此,文本研究和开发者就需要利用可行的辅助软件和技术来提供数字文本。这样,为残障人士工作的人士可以大量节省用于转换印刷版本和调试工作的精力,而可以集中注意力于主要问题了。有了适当的数字格式,老师们就能同时帮助许多有缺陷的学生了。这就潜在地降低了高昂的残障人士人均调适成本。

### 3. 障碍造成的社会成本

《残障人士教育法》惠及公立学校中超过11%的学生。IDEA规定,当地校区必须在没什么限制的环境(LRE)下为将近600万残障学生提供适当的免费公共教育。

如果没有数字授课材料,教育就如同在进行一场艰难的战争。学生就是这场战争的受害者,尤其是高中学生,如果跟不上就得退学。调查显示残障学生占全国退学学生的比率非常大。另有研究表明退学者要想将来获得成功,很可能要比普通学生经历更多困难。那些没有找到工作,没有保住好工作或者是在工作中没有进步的人给社会造成了经济负担。一般来说,那些不能理解印刷信息的人,对于他们置身其中的社会的基础设施,其利用能力是有限的。从拿汽车驾驶执照,制作工作简历,到完成税务表单,有印刷品阅读障碍的人都处于不利地位。如果他们参与政治活动,即使是最基本的投票,那些印刷版本的重要背景材料对他们来说也是没有用的。没有可用的信息,这些人对社会的了解就无法与普通人相比。

当人们在尝试参与社会时遭到失败,而且本身情况不容乐观时,就会变得不开心、不积极,甚至会感到气愤和烦恼。仅仅是由于不可访问的印刷品而不能融入社会的人们往往会产生对生活的不满。如果社会能为成千上万有印刷品阅读障碍的儿童提供可用的课本,为拼命挣扎着战胜缺陷的成人提供可用的日常必要信息的数字版本,那么我们众多公民的沮丧情绪就可以缓解了。

总而言之,出版商与其他数字课本生产者更加需要保证他们的产品不仅仅是数字的，而且是真正可用的。这样的话，有缺陷的学生在学校里才能获得成功，成年人也能掌握日常生活必须的信息，并且能够更加全面地参与我们这个信息社会的工作。

## 7.1.2 思潮在变化

### 1. 法律多样化

我们的社会越来越倾向于追求全体公民的利益，其中涉及各种各样的公民的方方面面的生活。本文所指的多样性不仅包含道德和文化差异，还有残疾引起的差异。虽然已经不允许仅仅因为种族和信仰不同就受到歧视，但是这个范围还没有扩大到残障人士。只有最近的法律才规定有缺陷的学生也必须被看做是教育的主体，也就是说，他们应当与同龄人一样接受教育。这种策略不仅为这类学生提供了较好的学习环境，减少了令人灰心丧气的歧视，而且对于鼓励多样化来说也是建设性的一步。

### 2. 强硬的残障人士法律与法规

到目前为止，除了《盲文法》之外，很少有法律关注残障人士的需要。直到20世纪末，主要的法规才开始改变这种状况，保障那些以前被忽略的残障人士。

1973年颁布的《康复法》第504条款明确规定禁止歧视残障人士，同时要求国家为残障学生建立调适设施以便为他们更好地参加学校活动消除障碍。

1998年《康复法》第508条款对这项规定做了修正，它规定联邦机构的电子和信息技术对残障人士必须是无障碍的，适用对象包括雇员和一般公众。到写作本书时为止，虽然第508条款没有专门或直接用于私人机构或是州政府机构，但是禁止令已经设立。

1990年起草的《美国残障人士法》(ADA)于1992年生效，它规定任何私人雇主、联邦和地方政府、职业代理中介以及工会在有关工作程序、雇佣、辞退、晋升、付酬和工作培训等方面歧视够格的残障人士都是违法的。除非遇到难以克服的困难，雇主应该为残疾员工提供妥善的调适方案。

1997年通过的《残障人士教育法》，其前身为1975年的《残疾儿童教育法》，要求为所有的学生，包括那些有残障的学生，提供免费和适当的教育。该法案要求教育部门和机构尽一切努力为无法通过印刷材料学习的学生提供替代性的教学材料和服务。

除了 ADA 和 IDEA 的第 504 和 508 条款外,许多重要州法律已经制定并且更多也已经准备就绪。各个州有用自己的方式执行联邦法律的自由,像加利福尼亚州、纽约州、德克萨斯州、乔治亚州以及肯塔基州都制定了自己的法规,要求或者强烈地鼓励为学生提供印刷材料的可访问版本。在这些新法律的压力下,政府官员和经理们开始要求他们的供应商提供印刷材料的可访问版本,这会最终影响到出版商和其他信息提供商。

### 3.《版权法》查非(Chafee)修正案

1996 年修订的《版权法》允许“授权实体复制或者发行之前出版的非戏剧性文学作品的复制品或者唱片……这种特殊版本仅供失明的人或是有其他残障的人使用。”这个修订案对版权作品的专有权作了必要的限制,允许“授权实体”把印刷作品转化为数字文本,并将它们提供给有资格的人使用。

“授权实体”是指“非赢利机构或是政府机构,他们的重要任务就是给失明的或是有其他缺陷的人提供专门服务,像培训、教育、适应读物和信息访问等”。[《公法》104 - 197 121(c)(1)款]

按照这个规定,授权实体不必费时地(有时候还是昂贵地)去获取内容所有者的同意,而可以直接将版权作品转化为数字格式。结果是可以制作和发行出版商作品的数字版本,尽管就像修正案规定的那样,既没有质量保证也不指明出版者。修正案对于商业问题,比如版税、复制品以何种价格发行等都没有作出规定。但是,它明确规定不能再进行进一步的复制和发行,并且要求必须包含原始作品的版权通告。

随着法律给教育工作者和管理人员带来的压力,要求他们及时地给有印刷品阅读障碍的人提供调适方案,他们将不断地被激励着去根据查非修正案寻找相关的复制品。出版商关心的则是当他们的作品被转换为另一种版本时会是什么样子,它们的内容是如何被使用的,以及是否应该由自己来提供这些数字版本。如果授权实体为残障人士逐个转换版本,那样既花时间费用又高,出版商如果提供自己作品的受许可和合同约束的数字格式版本,将会在顾客中间建立良好的商誉。

### 4. 用高利害测试来证实学生能力的方式涌现

我们对国家的公共教育系统感到沮丧,因为它不但成本高而且培养出来的年轻人不能承担起负责任而且富于成效的社会角色。这种沮丧被联邦和州政府理解为不断地采取积极措施去证实学生的能力。标准测试越来越被认为是大规模变化中一个非常重要的部分，它决定了人们进一步发展资格。

同样的，任何人都必须通过标准化测试来证明他具有开车的能力，因此，越来越多的州，它们的学生必须参加标准化测试（“高利害”）以拿到高中文凭。

由于来自家长的压力，学校必须帮助学生们通过高利害测试，因此学校当局必然会倾向于建设有残障学生也能够访问的课程，因为他们必须和他们的无残障同学一样通过这种测试。课程资料的出版商必须预计到，他们要想在这种新环境下保持竞争力就必须提供课本的可访问版本。

### 7.1.3 可配置的内容有效地解决了大部分可访问性问题

在印刷世界里，不同的产品用来满足残障人士的不同需要。大号字体、布莱叶盲文和视听版本都是用来给视觉受损的人用的。但是，对于有学习障碍的人或运动神经严重受损的人来说，仅仅只有这些版本是远远不够的，因为这些产品不能很好地适应他们的需求。

随着数字技术的应用，解决可访问性问题有了新选择。在更宽更广的范围内，同时包含文本和格式信息的文件可以像数字文件一样打包传送给软件，这样根据其中包含的格式信息和软件的特点与能力，就可以用多种方式来展现这个文件了。这样，就可以根据用户的偏好来设置 HTML 文件在浏览器中的显示方式。

如果将格式化信息嵌入数字文件（比如标签），该文件的出版商就可以按使用者所需要的方式用特殊的软件来显示文本内容。比如说，可以为盲人朗读网页的声音浏览器就可以识别数字文件中 <alt> 标签后的文本是要朗读的替代性文本，这段文字描述了一幅图片，对于有视觉障碍的人而言，这本来是不可访问的。

我们将在这一章进一步讨论关于制作数字文件的相关问题。制作作品的带有高质量标签的数字版本，出版商就能仅用一个数字文件来回应最近出现的多种需求；而现在要满足这些需求就必须经过多次转换，而且还远远不能满足残障人士的要求。对于运动神经损伤的人，有许多巧妙的装置可以让他们与计算机实现互动，这是印刷版本办不到的。如果是有学习障碍的人(如阅读障碍),他们可以利用"文本转语音"(TTS)软件来帮助阅读,这样就可按照自己的进度来学习了。

数字文件给残障人士带来了很大好处,他们只要设定好输出格式,一种专门软件就可以识别这个附加码,然后就可以根据需要进行操作了。同样一份文件,可以用发声软件根据需要快速阅读或慢速阅读而不降低质量。还是这份文件,截瘫病人也可以通过操作与头部连接在一起的点击装置来控制键盘,这样就可以在电脑屏幕上使用这份文件了。

一个编好附加程序的文件可以同时为许多不同的目标服务,这样为各种类型的有印刷品阅读障碍的人制作调适方案的费用就可以控制了。虽然本章的重点是可访问性,但是必须指出可配置的有附加程序的数字文件能产生更加广泛的效益。

为方便轮椅通行设计的人行道路缘坡道为使用拉杆箱的旅行者带来了方便,同样的,为失聪者发明的有字幕的闭路电视节目也受到在嘈杂的等候室、酒吧和健美俱乐部里的人们的欢迎。所以,为满足可访问性需要提供的数字格式出版物对于没有残障的人也是非常有用的。举例来说,英语作为第二语言的学生就可以从中受益,如果软件可以帮助他们把课本读出来。同样的,对于许多能听懂但是不能阅读的成年人来说,也可以利用这种软件来帮助他们处理各种否则将十分难以理解的正式信息。

## 7.1.4 数字技术让可配置内容成为实用的典范

在建筑业,"通用设计"是一个广为人知的概念。它在本质上是指房屋或建筑从一开始就顾及到那些需要做特殊考虑的人,尤其是残障人士的需要。残障坡道、自动扶梯、布莱叶盲文引导标识和残障人士休息室都是专门设计的,这样可以无缝地涵纳那些为数众多的访问者。在印刷世界里,通过固定形式的媒体来交流信息的范式具有先天的缺陷,它与通用设计的思想是相悖的。要把印刷版信息转化成可访问信息就需要用又花钱又费时间的特殊调解方案来解决(出版一本书的布莱叶盲文版本或视听版本就需要几个月时间)。

从另一方面讲,数字范式非常理想地吸收了通用设计的缩减开支原则。通过在文件中添加内容流动提示和标签,相应的软件就可以根据用户的配置来寻找和显示内容,这样数字文件生产商局可以创建单个的通用设计版本来满足多种需求了。

通用设计概念被特殊技术中心(CAST)用来作为一种创新的学习方式。这种学习方式被称做学习的通用设计(UDL)。CAST把主要精力放在如何根据广大学生的需要,利用通用设计原理来出版可访问的教科书。那样一本单一的数字课本就可以供各种有不同残障的学生和其他普通学生共同使用(当然还要看可用的软件)。

XML 提供了一种灵活的、有成本效益的解决方案

随着 XML[3.3]越来越广泛地用于内容管理和 HTML[3.2]越来越普遍地用于文件发行,内容生产商意识到生产可访问的数字文件是可行的。出版商可以为用于生产印刷产品的文件添加标签,标签中指明要保证可访问性(也可以是其他预先确定的目的),然后使用样式表单来设置专门的输出格式。

在标记[3.3.3.3]一章中已经解释了标记语言,一个 XML 主文档可以用专门设计的脚本或可扩展样式转换语言(XSLT)的样式表来生成 HTML 文件,后者会具备脚本或者 XSLT 样式表单定义的特殊属性和功能。这样,单个 XML 文件可以以 ASCⅡ文件形式输出,然后输入到使用某种脚本或 XSLT 样本表单的布莱叶盲文软件中,最后再用另一脚本或 XSLT 样式表单来生成可访问的 HTML 文件在万维网上发行,并用 Adobe Acrobat 的页面排版软件输出可访问的 PDF 文件,它既可用于印刷,也可以以数字方式传播。

## 7.1.5 数字的不等于可访问的

仅仅将印刷文本转换为数字形式不等于说残障人士就可以访问它们了。关于数字格式最近出现了三个新的挑战,这些挑战必须在可访问性问题完全解决之前进行处理,即:内容标签和编码的数量与深度(如是为所有人还是部分人,提供可选择文本,或是意象);嵌入文本的调适方案的质量(如可选择文本是否有效);权利保护体系在多大程度上使数字文本变得不可访问了(如果取消了复制功能,那么大多数辅助软件都不能用这个文件了)。

1. 可访问性需要认真做好标签

给文件加标签以便保证其可访问性和为文本文件加标签以便排版相似,都是把标签嵌入文件以便文件按照预先确定的版式显示出来。在印刷排版过程中,应根据图形设计师规定的设计与标记规则,使用文本编辑软件

来将标签嵌入编码(最好是 XML)。生产成本以及标记和添加标签的速度取决于最后文档格式的复杂程度。

由于单纯的文本文件基本上是线性的,除了章节标题之外很少有特殊的格式,所以只要添加很少的标签就可以保证它的可访问性了。使用 XML 可以让这样的作品具有高度的可配置性,因此添加标签的任务不会很难,价格也不会很高。其工作量就如同给一篇手稿做打字和排版的工作量。

课本、杂志、经济报道之类的文本牵涉更复杂的排版和设计特征,它们允许以多条线索来串联内容。外观的复杂性以及更高要求的导航功能(读者被期望如何阅读文本内容),给可访问数字文本加标签工作制造了更大的挑战。给复杂文本(如高中理科课本)加标签的人必须清楚如何更好地说明各种要素以及它们在数字文本中应有的排列方式。因为他要保证电子阅读工具和其他辅助软件能够正确识别作品以及处理它们。课本中的要素远比小说中的多,像脚注、补充内容、表格、图表等。给这类作品做标记和添加标签从而把它们转换为数字格式是相当大的挑战,同时在时间和金钱上花费都很大。

### 2. 仅有标签是不够的

仅仅准确地确定各种内容元素以及为残障人士确定相应的内容流不足以保证作品具有可访问性。在如何处理不同的标签方面还有许多变化的空间。描述性标签如 <alt> 和 <longdesc> 仅能与它们描述的补充性的可选择内容一样好。表格或数学材料的呈现形式可能会有帮助也可能会使人更加困惑,这取决于在为那些看不见原材料的人提供线索或内容时对原文的忠实程度。比起在印刷排版时为非残疾读者提供一个前后一致的基本结构来说,在数字文档被使用时为残疾用户提供一致的标签和使用指南更为重要。

(1) 细节的深奥程度。为图示提供一个可替换的文字内容时,会使替换过程掺入重要的,但经常不被欣赏的主观因素。为一本关于赛马的书中的一幅图片提供替换文本时就要考虑这两种可能性:

①“厄珐姆在一大片被栅栏围住的场地内奔跑”;

②“一匹名叫厄珐姆的棕色大马在它所钟爱的牧场奔跑,在这个牧场的前面有一个牌子,上面写着:肯塔基州,列克星顿,基那贝农场。厄珐姆生于 1995 年死于 2001 年,是最近的连续三次冠军获得者,在它繁殖的马匹中有 78 匹曾经在有奖赛马中获胜”。

从技巧上讲，以上两种描述都达到了可访问性的标准。尽管其中一种比另外一种更为清楚地道出了更多信息。如果第一个例子能够附带包含其他信息的字幕，效果就会更加令人满意。因此编辑也许有必要包含这些信息以便有视觉障碍的人与可以利用视觉线索的正常人一样能够在内容之间建立起联系，而不管这些内容是在一页的什么位置或者甚至在另一页上。

(2) 表格、图表和图形。那些编写可选择性替换内容的作者，在需要处理表格、图表和图形的时候，尤其会受到挑战。<longdesc>文本的创作者可能会这样描述："条形坐标图显示了 417 049 个选民投票选举三个候选人的分布情况。① 史密斯先生共获得 175 321 票，占 42%；② 琼斯女士共获得 168432 票，占 40%；③ 克莱斯先生共获得 73 296 票，占 18%。"或者它们可以简单地描述成这样："坐标图显示史密斯先生得票占总票数的 42%，琼斯女士得票占总票数的 40%，克莱斯先生得票占总票数的 18%。"

(3) 增补内容的编辑质量。替换内容的书写方式同样能导致残障人士从图解中得到的信息与没有视力障碍的人得到的信息完全不同。如一个作家为画家诺曼·罗克韦尔的油画作品《我们都会遇到的问题》(这部作品是诺曼·罗克韦尔于 1964 年创作的关于鲁比·布里奇斯的作品，参见 http://www.guggenheim.org/exhibitions/rockwell/problrm_lg.html)创作一个可替换文本，可能会将这幅画描述成："一个扎着辫子穿着白色裙子的美国黑人小女孩背着书包拿着尺子走在上学路上，两个白人手挽着手走在她前面，同样也有两个白人走在她后面。"另一种替换性文本可能会描述得更加深入："她与联邦官员从右向左经过一堵墙，墙上涂写着带有种族歧视色彩的词语'黑鬼'，上面溅满了番茄汁，而那个被砸过来的番茄此刻还静静地躺在地上。"增补的文本毫无疑问传达了原作者想与读者交流，但是又做了省略的信息。但不管怎么样，以上两种表达只要单独地放在那里，就都达到了严格的可访问性的方针。

通过良好的写作和适当的编辑，能够使残障人士从坐标图、图表、图像和其他演示图中获取重要的信息。而这也许是出版商提供他所出版的图书、期刊、手册或其他出版物的授权可访问版本的非常有说服力的理由。当然，作为重要测试课程的教科书的编辑和出版商，希望能够确认数字格式的可替换文本能够达到足够的质量水平，以确保残障学生同没有视力问题的学生一样能从示意图中概括出重要的信息。

### 3. 安全性与可访问性

以下是其他一些与制作可访问版本有关的问题。数字版本可能涉及大量的复制工作,同时还涉及数字权利管理技术的使用。一些出版商和内容生产商已经开始使用数字权利管理技术,以便在发行那些数字内容之前锁定它们,以便保护数字内容,遏制那些滥用数字内容或转售数字内容的现象。

但困难的是那些用来向特殊的残障人士保证内容可访问性的软件工具不能识别并运用已经锁定的内容。为了实现可访问的数字文本,当前文本对于用户来说必须是可选择的(如它可以被复制并被粘贴),这样才能把文本输入到更广泛的特殊应用系统中去(如适用于某一类残障人士的屏幕阅读器)。对于出版商来说问题在于,如果内容能够被选中和复制,它就有可能被转售,因此这种文本内容就不再安全。加密的内容故意设计成无法被所有其他辅助性软件读取,而只能被特殊的硬件设备或软件读取。这样,出版商在出版前为内容所作的安全保障措施将使残疾用户无法使用该内容。

这一问题其实早已经被广泛地意识到了。客户们在越来越咄咄逼人的法规氛围里活动,而且法律要求出版商为残障人士提供可访问的版权作品,这使出版商们面临着一场真正的挑战。许多组织,如W3C的万维网可访问性促进会(WAI,http://www.w3.org/wai)与开放电子书论坛联合起来通过使文件格式标准化来找出解决方案。一些热衷于广告工作的组织也联合起来奋力解决该问题,但是迄今为止还没有发表真正可行的解决方案。

在辅助技术领域,为残障人士开发软件的还很少,也非常分散。目前还不能提供一致的解决方案,而只能通过特殊插件和其他一些共生软件工具来解决该问题。重要的软件开发商Adobe公司也许能够在他们有严格限制的软件开发环境中较为有效地解决该问题。在这个方案中,出版商能够有选择地生产和发行一个具有可访问性的版本,这些版本是单独设计和加密的,只能在安全环境中被识别,但是残障人士必须将他们特别的可访问性软件放在一边,而去获取专门的工具来使用具有可访问性的作品。因此,出版商必须为每一种专门的软件应用环境开发一个版本。

到写作本书时为止,还没有一个合理的方案来解决这个已经存在或者即将出现的问题。只要受到残障人士偏爱的软件工具还没有能力接收受保护的内容,并且保证在特定的规则下使用该内容,或者以一种不可能被转售的方式保存它们,残障人士会发现出版商不大可能制作和提供具备可访问性的版本。

就现在看来,按要求帮助残障人士解决内容安全问题的唯一方法就是使印刷版本数字化。也就是扫描或者重新输入数据,然后根据查非修正案的内容附上标签。当然一般情况下这是一个不受欢迎的选择。因为在通常情况下它成本高昂,耗时颇巨,而质量控制能力又很差。

## §7.2

## 近距离的观察

既然我们对可访问性的一些概括性问题已经有了一定的了解,那现在让我们来看看它的一些具体表现。当它变成一种难以应对的重大挑战时,理解此问题仅仅是解决问题的第一步。我们寻找复杂问题的解决方案时,观察的角度越近,就能越快地更新我们解决问题的意识,从而更快地找到解决方案。有一句话说的好:“难点往往存在于细节之中。”当谈到内容的可访问性和数字出版时,这个观点尤为适用。在这一节中我们将就构成可访问格式的细节进行讨论。

### 7.2.1 什么是“可访问的的”或者“可替换的”格式

#### 1. 法律具有不明确性

经常会通过颁布法律来帮助解决一些非常复杂的问题。与出版材料的可访问性相关的一些法律,其目的很清楚,但是往往缺乏具体的规定。像“残障人士”甚至像“有印刷品阅读障碍的”这样的术语都没有明确的定义。

(1) 查非修正案。为了举例说明,1996 年颁布的《版权法》查非修正案(http://www. loc. gov/nls/reference/factsheets/copyright. html)提供了一个特别的版权豁免,允许授权实体及时地为“失明的人或是有其他残障的人”提供专门格式的版本。根据该修订案,“失明的人或是有其他残障的人”是指那些符合 1931 年 3 月 3 日批准的《为成年盲人提供图书法案》(2U. S. C. 35a; 46 stat. 1487)规定的个人,或者具备法案所规定的内容的个人。1931 年发案的措辞仅仅指明该法案适用于“美国的成年盲人居民”。1966 年该法案修订后,包括了“失明的人和……其他被主管当局认定有身体残障的读者,这些读者由于身体的限制不能正常阅读印刷材料”(参见 http://www.loc.gov/nls/pl89522.html)。当前对大脑的研究仍没有弄清楚学习能力的丧失是否应该归因于身体的局限。

(2) 教学指导材料可访问性法案——有印刷品阅读障碍的含义。《教学指导材料可访问性法案》(IMAA,s.2246)于 2002 年 4 月 24 日提出(到写作本书时为止,它仍在经历必要的立法程序),将有权使用 IMAA 存取中心内容的人限制在“失明的人和有印刷品阅读障碍的人”。在被提议的该法案中,没有在任何地方定义“有印刷品阅读障碍的人”这一术语。因此,如果该法案成为法律,哪一类学生将从中受益并不清楚。值得注意的是根据 IDEA,600 万被视为有残疾的学生将享有接受特殊帮助的权利。其中少于 2% 的学生被归类于盲人或者有视觉障碍者,剩余的 580 万学生中,根据该法案有多少将被认为是有印刷品阅读障碍的人还不清楚。AAP 已经在其支持 IMAA 的宣传中用术语“视觉障碍”(sight-disabled)代替“有印刷品阅读障碍”一词。同时,IMAA 将如何对那些有阅读障碍或其他学习障碍的学生,以及耳聋或者运动神经受损的学生起作用,目前仍旧是不清楚的。

在联邦或者州法律中,当“可访问性内容”或者“可替换版本”之类的术语出现时,在其上下文里必然会用到“残障的”。在没有清楚的定义什么是残障之前,在为处于困难中的人制作可访问的电子文件时,确定需要什么样的特殊帮助是非常困难的。因此确定一个合适的可替换版本的构成要素是非常困难的。

### 2.《康复法》中的第 504、508 两条包括了所有的残障种类

当查非修正案与 IMAA 重点解决有视力障碍的学生的需要时,《康复法》扩大了范围,旨在满足所有成年残障人士的需要。结果,《康复法》第 504 与 508 两个条款要求对残障作出更加宽泛的解释,即不仅仅是那些视力有缺陷的人。

(1) 不同的残障有不同的要求。不同的残障对多媒体的可访问性提出了不同的要求。盲人或者有视力缺陷的人需要对图像、表格和页面导航进行调适。那些有听力缺陷的人则需要唱片、多媒体对象、音频提示等的帮助。那些有运动神经损伤的人则需要支持其特殊设备的软件能够忠实再现和正确显示的数字文件。那些有阅读障碍或者其他学习障碍的人,需要支持文本转声音软件或其他专门软件的数字文件。

例如,是否包含视频剪辑的多媒体文件必须包含所有口头内容的字幕

以及声音的描述以满足聋人的需求？对于所有的背景音乐，必须在（alt）文本中放入作品的名称和作曲家的名字吗？那么演奏者的姓名又该如何处理呢？这类问题表明，没有明确的定义，任何对可访问性的定义都是主观的。

（2）还没有正式关于调适的定性标准。如果第504与508两个条款涉及各种残障，如果要为每种残障提供特别的版本，那么提供印刷替代品将会成为让人生畏的任务。当考虑到单个调适方案的质量等问题时，问题就变得更加复杂了。一名盲人如果无法享用作为演示说明的替换文本，他将有权利根据法律质疑数字作品的可访问性；那么，如果有替换文本，但是它对内容的描述不合适那又该如何是好呢？下面的例子可以说明部分问题，“图4.表格：每个州的图书销量”并没有能够让残障读者能够像非残障读者一样去获取某些特殊数据字段的值（如纽约州＝27345本书）。类似地，如果内容的描述具有局限性或者晦涩难懂，嵌入的附加标签文本并不能导致可访问性。

### 3. 我们能就可访问替换版本总结什么

从某种意义上讲，试图找出“不可访问”的定义就像试图找出“猥亵”的定义一样。大法官波特·斯图亚特（Potter Stewart）曾说：“看见了就知道了”[1]。在通常情况下，如果法律、规定无法提供恰当的定义，标准或者方针就会自己发展。它们受到普遍的支持，它们被广泛遵守，在有些情况下还会受到正式的认可（如NISO与ANSI的标准）。通常这样的标准最终会被法律或规定吸收。

（1）IMAA提议的学校材料“国家标准格式”。这种模式很可能某种程度上被用于替换性版本，因为以前提出的IMAA是它产生的载体。它要求出版商将内容以“国家标准格式”提交到它建立的全国性仓储中。它也通过了一个协议，要求通过听取指定的受到影响的各方的多数意见来创建“国家标准格式”。美国盲人基金会已经在网站上发布了法案的摘要（http://www.afb.org/info_document_view.asp? documentid& =1704）。美国出版商协会的主席与首席执行官派特·施罗德（Pat Schroeder）支持IMAA的证词，包括关于此问题的具有启发性的讨论（包括文件格式），这些同样可以在网站http://www.publishers.org/press/testo62802.html上找到。

---

[1] 1964年，美国最高法院法官波特·斯图亚特对“猥亵（Obscenity）”一词做如是解说：“我不知道猥亵的定义是什么，但我一看就知道。”——译者注。

可以预料,IMAA 提议的国家标准格式必然是以 XML 为基础的,而由于 IMAA 受到了盲人和其他有视力缺陷者组织的推动,因此很多人认为它可能与最近采用的 ANSI 或者 NISO Z39.86－2002 标准,"数字有声书规范"相似(http://www.niso.org/standards/standard_detail.cfm? std_id =710),它由国际联盟 DAISY 开发,主要是着眼于视力有问题者的需要(http://www.daisy.org/about_us/default.asp)。IMAA 的国家标准格式是否能反映有其他残障的学生的需要目前还不清楚,因为"阅读障碍"的含义在 IMAA 自身范围之内都并没有定义清楚。

到目前为止学校教科书市场还不能前后一致地将它的需要和要求反映给出版商,以便解决成本效益问题。但是,无论如何那些需要应该得到满足,而 IMAA 最有可能为混乱的局面带来秩序。

由于联邦与州立法机构通过了旨在为残障人士扫平道路的法律,还由于管理者解释了不太严密的法律语言,出版商必须在他们提供数字格式文件时尽可能的具有弹性,而且要记住如果有一天 IMAA 变成了法律,它将只适用于学校材料。然而提供可访问内容的挑战却适用于所有人。

(2) 对盲文的需求将不会消失。IMAA 被认为将凌驾于州法律对电子文件的要求之上,但是盲文游说团体的成员并不必然愿意让步,也就是让他们的州放弃自己的长期项目转而支持国家方案,尤其是那些方案不仅只为学生服务。从另一方面讲,出版商将不欢迎那种情况,即在有强制性国家标准格式同时基础设施也非常到位的情况下,他们还必须以其他格式发表文件。最终的 IMAA 是否真的会凌驾于州法律之上,从而使那些必须发表多种格式的出版商获得自由,这个问题迄今为止还没有答案。有待观望的还有,IMAA 是否能消除由于当前各州的盲文法律南辕北辙、互相抵触造成的格式上的混乱。

(3) 没有针对非中小学教材出版商的标准。对中小学教科书市场之外的其他作品目前还没有同等的立法。针对学校出版的 IMAA 方案是否也将为高中毕业生、学者、专业人士以及其他出版市场提供一个模式,这有待观望。就现在而言,出版商必须对学校、教师和目标用户的要求作出回应。

### 4. Adobe 公司的 PDF

Adobe 公司的 PDF 为印刷版本提供了诱人的替换格式,因为它能够在电脑屏幕上重新产生页面,就如同它在纸上显示的那样精确——丰富的色彩、鲜明的轮廓。Adobe 的 Acrobat 阅读器与电子书阅读器是免费软件,它们能够显示 PDF 文件,同时又能使它们对于残障人士来说更加具有可控性(如通过放大影像)。对那些有运动神经损伤的人来说,Acrobat 阅读器允许用户翻页或者使用其他作品导航功能,而如果是印刷版本,残障人士将不能进行同样的控制和处理。

(1) 受保护的文档使 PDF 具有不可访问性。许多这样的功能同电子书籍技术提供的功能类似。PDF 格式的作品经常被认为是不具有可访问性的,因为它使用的技术不允许用户通过辅助软件(如文本转语音软件)从文件中提取文档来加以使用。很多残障人士发现 Acrobat 阅读器与电子书阅读器不能满足他们的特殊需要,他们宁愿选择有更多选择机会的辅助技术解决方案。对这些人来说,很需要将 PDF 内容以一种中间格式输出,以便再输入到他们专门的辅助资源中去。

(2) 第 508 条款迫使 Adobe 满足可访问需要。由于 PDF 已经越来越广泛地被政府、企业和其他一些实体所使用,因此导致了大量广泛发行的文档(如税表)。最近实施的《康复法》第 508 条款提出,所有政府的技术应用系统都要对残疾人具有可访问性(http://www.usdoj.gov/crt/508/508aw.law.html)。这就向 Adobe 公司提出了有效地处理 DPF 的可访性的强制性要求。最近 Adobe 在解决这个问题方面迈出了一大步,这可以从 Acrobat 5.0 阅读器包含的许多变化中看出来。读者可以到以下网站查找相关信息:http://www.adobe.com/products/Acrobat/accass_wpi.html 和 http://www.adobe.com/products/Acrobat/access_faq.html#2。

(3) 安全的 PDF 仍旧是个问题。当 Adobe 公司推进 PDF 内容可访问的行动正在取得进步时,在综合考虑文件安全问题时还必须注意另一个问题。Acrobat 5.0 允许作者进入"保护"文档,以便于它们的知识产权只有在作者或者出版商设置的控制范围内进行发行和使用。如果 Adobe 允许文本输出到可访问性软件中,则其安全性能将不复存在。出版商应该熟悉 Adobe 公司在第 10 个常见问题的回答中(FAQ10)提供的信息。关于 PDF 是否可访问,现在是要看出版商或者作者是否用安全系统"锁定"了文本,而与 PDF 技术本身没有多大关系。

### 5. 当今所使用的到底是何种替换格式

根据他们规定的文件种类,现存的州法律要求出版商制作的文件能够用于不同的盲文。

(1) 文本格式。根据派特·施罗德支持 IMAA 的证词,要求教材出版商提供当前超过6种以上版本中的任何几种（即HTML，SGML，ICADD22，Microsoft Word，RTF和ASCⅡ）。要获得其他出版市场的信息并不容易，但是有证据表明，大学生和成年残障人士对替换格式的需求正在很大程度上以同样的方式得到满足。

（2）对印刷作品而言，非结构化的ASCⅡ最普遍。ASCⅡ是一种经常被规定用于盲文制作的格式。因为它对很多夫妻经营的盲文制作作坊来说是最便宜、普通而且具有共性的格式。你可以在以下网站找到不同的州对于盲文的要求的完整清单 http://www.afb.org/info_document_view.asp?documentid=360。

那些要求出版商提供给盲文制作者使用的文件，以及与专门的辅助技术一起使用的文件，一般情况下没有附带图表。这是因为提供这些文件的出版商没有权利发行相关的艺术作品和照片。有些出版商提供的文件省去了补充报道，以及精心设计的图书中的其他内容要素。用于强调的格式（黑体、斜体等）也经常被省略。

因为数字文件比较容易广泛发行，当出版商以数字格式提供较有价值的内容时，他们总是不断地关注着数字文件。他们冒着这些文件被滥用的危险，那样的话他们的收入就岌岌可危了。因为非结构化的ASCⅡ文件基本上抽除了所有的格式信息，它们被很多出版商视为"低价值"文件，因此不像可以制作酷似原印刷品的文件那样（如PDF和HTML）承载那么大的盗版风险。ASCⅡ用了几十年也没有出现什么大问题证明这一观点是成立的。

（3）对电子作品而言HTML更强大。随着万维网的兴起以及网络浏览器范式逐渐转换为个人电脑和网络界面，HTML已经作为一种重要的格式走上历史舞台。因为网络对世界范围内不同年龄阶段的人都非常重要，W3C（http://www.w3.org/）创建了万维网可访问性促进会（WAI）以确保网络资源尽可能地被残障人士享用（http://www.w3.org/WAI）。

（4）W3C/WAI方针成为事实标准。在名为《WAI方针》的文档中（http://www.w3.org/TR/WAI_WEBCONTENT），WAI解释了如何使网络内容能被残障人士享用。WAI方针最贴切地说明了我们所拥有的，详细描述了可以构成真正可访问的文档。这些方针不仅对在整个网络上发表的内容非常有用，同时对在地方或者企业的内部网络中通过HTML浏览器界面发表的内容也非常有帮助。这些方针与叫做Bobby的基于互联网的软件一起检查网页，同时产生一份报告来确定和描述网页上与 WAI 的指导方针不一致的内容（http://bobby.watchfire.com/bobby/html/en/index.jsp）。

### 7.2.2 我们现在在哪里

#### 1. 很多辅助技术都需要数字内容

概括地说，很多不同种类的辅助技术适用于不同种类的残障人士的需求。这些技术提供如下功能：将文本转换成语言，可配置的显示选项（如放大、切换文本与背景色）和导航功能。这些功能使身体有缺陷的用户可以通过弥补他们运动神经缺陷的特殊装置来操作文本。从很大程度上讲，所有这些都要求有数字格式的内容，这样才能以适合个人用户需求的方式进行操作与发送。

#### 2. 扫描产生的 ASCⅡ是主要的文件形式

由于出版商一般不为此目的提供电子文件，因此内容一般必须从印刷作品中扫描然后修改备用。就如数据转换[5.3]那一节所描述的，页面扫描能通过光学符号识别技术（OCR）将印刷文本转换成无格式的数字文本（参见 ORC[5.3.1.1.3]部分）。应该注意的是尽管 OCR 技术非常发达，但是它绝不完善，同时建议那些进行扫描的人将质量控制与文件整理看成是转换工作的一部分。

扫描仪获取的 OCR 文本文件基本上除了文字本身外，没有结构、标签或者其他任何东西。这种最便宜、普通，但是具有共性的文件种类包括在人们经常所指的 ASCⅡ里面，它是当前为残障人士设计的技术解决方案的主要工具。

#### 3. 盲文用户不可能被取代

因为盲人与低视力人群的存在，盲文有一群强势支持者。这些支持者反对文本转语音方案甚至其他任何听力解决方案。他们的要求被许多法律和长期有效的联邦政策所保护，包括 1859 年建于肯塔基，1879 年开始由联邦出资的美国盲人印刷局（http://www.aph.org/）的运作，以及根据 1931 年的国会法案建立的国会图书馆国家图书馆服务项目（http://www.loc.gov/nls/）。尽管以很快的速度掌握盲文是很困难的，盲文倡导者却宁愿改进盲文系统而不愿意取代它。只要这种局势不改变，以后对基础 ASCⅡ文本文件将继续会有很大需求，因为盲文生产者都需要 ASCⅡ文本文件。

### 4. 出版商能预见不断增长的电子文件需求

当人们意识到良好的电子文件如何被处理成可以为残障人士享用的内容，当处理非印刷信息的压力遍布整个网络时，出版商必须认识到数字出版策略应该能够有效处理将来、现在和以前的出版物的可访问性问题。

## 7.2.3 在使数字作品完全可访问时要涉及到什么

创造一个完全具有可访问性的作品是科学与艺术的结合。一方面是具体的步骤，另一方面涉及为了通过技术检验应该避免什么。艺术不仅在于你是否做了，而且在于你是如何做的。<alt>标签可能满足了图形要有替换文本的要求，但是它并不能评定这段描述性文本有多大作用。让我们一起来看看是什么使我们的数字作品具有可访问性：

### 1. 可访问性是一个程度问题

使文件具有可访问性所需要的步骤取决于人们需要它具有多大的可访问性。国家通用课程存取中心（NCAC）是美国教育部特殊教育项目办公室与特殊技术应用中心（CAST）通力合作的结果，它已经开发了一种非常有用的考核可访问性程度的方法（参见 http://ulc.cast.org/about_ratings.html）。

在 CAST 统一体的一端是无格式文本（基本上是没有标签、没有图形也没有任何其他格式信息的文本），另一端则是完全贴了标签的 XML 文档。这些文档不仅具有很高的可访问性，而且还嵌入了学习帮助功能（如内嵌的理解性问题，这些问题对一些有学习障碍的人是很有帮助的），它可以用特殊的软件加以显示（或者经过脚本或 XSLT 表单选择性的过滤以后）。丰富标签文档不在本章论述的范围之内，但是使用附加的专门标签以后，可以比较容易地增加完全可访问的、贴有标签的数字作品的学习价值。

### 2. 使文档可访问的步骤

使文档具有可访问性涉及以下几个步骤：

（1）创作可进行数字处理的内容（文本、图像等）；

（2）创作内容的导航路径（链接、目录、补充报道等）；

（3）创作图像的说明文本（<alt>和<longdesc>标记）；

（4）创作表格材料、图表和曲线图的说明文本；

（5）创作多媒体元素的说明文本（字幕、脚本等）；

（6）质量控制检查要包括对说明文本编辑质量的检查。

关于使数字作品具有可访问性的详细信息，读者可以考虑 WAI 网站上的丰富资源，网址为 http://www.w3.org/WAI/。有专门兴趣的人也可以去看它的指导方针、一览表和技术说明页面。美国盲人委员会提供另一种综合性网络资源，叫做《使文档能被盲人或有视力缺陷的人访问的指南》(http://www.acb.org/accessible_format.html)。

#### 3. 理想的可访问程度推高成本

那些忙于创作印刷材料的可访问性数字版本的人们，很快将会发现需要建立内部生产指导方针，以确定为完成任务准备付出的努力。在为图片，尤其是表格、图表和曲线图创作优质替换文本的编辑和生产过程中，成本也会飞速提高。如果要增加广泛的链接和导航功能，成本就会更加急剧地攀升。一般来说，文档在 CAST 存取统一体中的时间越长，成本也就越高。

### 7.2.4 如今处理可访问性过程中的主要问题

随着人们对数字传递，尤其是对容量越来越大的数字传递的需求增加，有几个与可访问性有关的问题也开始愈发重要了。以下描述的就是其中的7种，涵盖了及时获取可访问材料所遭遇的困难到法律、贸易方面的种种问题。

#### 1. 大部分互联网仍然是不可访问的

尽管有 W3C 的 WAI 作出了杰出的贡献，大多数网站仍然无法访问。愈来愈多的印刷材料通过万维网发行，残疾人在碰到无法访问的网站时，就会难以获取信息。因为网络设计者千方百计地想设计出充满想像力的、令人印象深刻的网站，因此他们常会运用分帧和 Flash 等技术。然而在为正常人这样做时，却会使许多残障人士用户无法访问网页。

#### 2. 盲文基础设施还不完善

在现有的完善的盲文系统中，作品主要是按顺序来制作的。这意味着盲文作品只有在顺序确定以后才开始创作。而创作盲文的过程即使有专门的软件帮助也是极费时费力的。学生经常在学到下一册书的时候还未拿到上一册书的盲文版本，这是长期困扰他们的难题。不必说许多原因，只要一句就够了：那就是能让出版商和盲人群体聚在一起并最终提议 IMAA 的原因。如果非盲文的替代物能被残障人士支持者认可，这个问题就能得到缓解。但盲文的地位根深蒂固，因而必须找到制作盲文出版物极其耗时这一问题的解决方案。

### 3. 数字权利管理和可访问性的冲突

出版商不愿提供电子文件有一系列原因，他们的担心之一就是被盗用版权。如果电子版文件用 DRM 技术加以保护，内容就无法得到残障人士所使用的支持性工具和软件的支持。目前能解决权利保护问题，并能提供必要的可访问功能的唯一途径就是让支持性技术直接和 DRM 系统相结合。如今电子书阅读器本身已包含了一些支持性技术元素（像文本转语音、放大、色彩运用等），这样文本就不必从电子阅读器软件构成的安全环境中输出了。这似乎是一个很不错的方法，但仍存在很大局限性。因为只有那些得到授权（因为他们符合 DRM 认证要求），而且身体条件允许使用专门阅读器的人才能从中受益。而其需求被满足的程度至多只能达到嵌入电子书阅读器的支持性工具所能发挥的最好程度。其他技术的使用者以及不能满足 DRM 要求的人仍会因为安全问题无法访问作品。

### 4. 转换从前的和遗留的作品成本很高

很多出版商最近才开始认识到应该系统地对电子文件进行归类整理再来出版书籍。早先出版的一部分作品没有可用的电子版本。经常找不到文件，即使找到了，也经常会发现作品在生产环节做了最后的改动，而原始材料并未更新。有时文件使用的是无法处理的旧版软件，而且几乎都不是最佳的存档格式（例如 Quark 不支持 XML 格式）。如果文件不符合要求，也许就需要使用转换服务来重新开始。转换的一个好处就是，新文件能以一种我们需要的档案处理格式（如 XML 或 SGML 格式）出现，使以后的重复使用畅通无阻。

### 5. 嵌入的权利

很多时候出版商已经获得了在所出版的作品中使用插图、相片甚至引语的权利，但除非获取了最新许可，出版商不大可能有权利在他们的印刷作品之外使用所有素材。设想一本有大量插图、图表的书，出版商要使它的电子版面世会有多少谈判任务要完成。如果电子版文件只在查非修正案许可的情况下使用，凌驾于著作权拥有者的权利之上的豁免条款同样适用于其他的版权。解决作品版权问题的开销和争辩对于许多提供电子版本的出版商来说是重要的制约因素。出版商还愿意考虑的一个选择是去掉有争议的部分，或者插入像“为避免版权纠纷，图像已被删除”这样的信息。出版商应该考虑使用 <alt text> 或 <longdesc> 来提供说明文本，以便减少删减材料带来的影响。

### 6. 使用者的不熟练

印刷作品可以以有用的电子形式出现的想法未得到广泛认同，原因是能在网上找到的作品太少。目前大部分人，甚至是教师都不期望能找到印刷品（特别是书）的数字版本。如果电子书能在一般大众中流行，这种状况就会有所改观。但除了用于盲文生产，对电子文件的需求还很小。况且也没有什么有效的办法能使用户找到它们并学会使用方法。由于没什么大的需求，出版商也就很少甚至根本没有把印刷品变成可直接从网上获取的电子版本的强烈愿望。然而随着第508条款、IMAA（如果被通过的话）以及相关州法律的增加所带来的影响，这种情况可能会有所改变。

### 7. 缺乏商业模式

到目前为止，出版商还没有看到市场需求，因而他们不愿以电子版本的形式把图书带入市场也合乎情理。因为牵涉到不断递增的生产成本，况且也没有市场风向表明什么样的格式会吸引足够多的顾客，出版商因此无法判断将电子版作品投入市场会带来怎样的经济后果。由于对收回成本及盈利的前景并不看好，目前出版商们很大程度上满足于仅仅只是完成法律所规定的事情（有超过一半的州要求出版商提供课本的盲文电子版）。

有声图书已经证明如果出版商能找到顾客的需求缺口并能从中获利，那么他们很可能会那么做。如果，也只有当支持可访问电子书出版的模式建立起来的时候，我们才能指望这类产品会进入市场，当然，是在内容安全问题得到有效解决的前提下。

### 8. 有关查非修正案的困惑

学校需要为残障学生提供获取网上教科书的服务，而且不得收费。但很多时候，学校根本无法做到或者只是把它当做一种时髦来接受。因为买不到有用的东西，因此他们只能自谋出路。

学校使用扫描和支持性技术作为现有的最好替代物。根据查非修正案对版权豁免的规定，学校不需支付版税，甚至可以不必请求出版商的同意。教职工付出的劳动、获取浏览器以及支持性技术的费用通常不和任何特定的可访问内容挂钩，因此学校有理由相信他们不需要花任何代价就能得到他们需要的东西。由于学校认为它们可以根据查非修正案“免费”地复制作品，而且出版商应该无偿地提供可访问的电子格式，所以出版商认为很难销售其产品的可访问版本。

### 7.2.5 什么是目前改变的动力

以下是被认为有可能起作用的几种推动力量。

#### 1. 更强大的法律

第508条款的影响开始在社会中扩散，出版商也开始意识到他们那些和联邦政府打交道的机构和公司客户将会需要可访问的内容。当有此类案件诉诸法庭时，可能大多数信息供应商都会开始采取行动。

IDEA的再授权以及期待中的IMAA为学校带来了额外压力。他们必须依照法律为残障学生提供服务。为了满足学生的需要，州政府通过法律手段给出版商施加压力，比如要求学校优先购买可访问的产品等。在乔治亚州，法律出版商必须提供"电子格式的版本"，否则采用计划将被终止。

1999年加利福尼亚州通过立法，要求向州高等教育机构销售图书的出版商提供"以未加密电子版形式制成的教学材料……（它们）应保持结构上的完整性，而且按规定能与常用的盲文翻译和语音合成软件兼容，必要时还应包括纠错和校订功能"（http://www.htctu.fhda.edu/AB422.html）。显然教育市场正变得更加活跃，而出版商也需要制定相应的应对措施。

#### 2. 互联网

社会各方的人们希望能够具备万维网导航和搜索能力，这样一种稳步增长的需求是促进变革的强大动力。出于专业的或个人的原因，残疾人希望尽可能参与进来的愿望变得迫切。W3C/WAI在继续发挥自己的作用，加上强大的第508条款，电子信息的残疾人消费者获取可访问资料并避免遭遇障碍的愿望也越来越强烈。

#### 3. XML技术

XML技术发展迅速，为出版商提供了多种选择，如利用精心制作而且标签丰富的"主"文件以较低的成本生产多种不同产品。出版商们可以创建贴有很多标签的XML文件，然后用一套XSLT脚本或者其他软件将内容变成各种其他格式。单个XML文件可以用很低的边际成本转换成可访问的HTML，PDF，ASCⅡ文件，或者其他格式。XML为出版商提供了一种可行的范式，即及时地、富有成本效益地对各种格式需求做出回应。这使出版商能够减少花费在优质可访问电子格式上的成本。

目前使用XML以外的技术来制作产品的出版商可能需要考虑，是否在核心印刷产品之外，或者与此同时制作多种可访问格式的新兴要求已足以促使其改用 XML 技术。

4. 数字权利管理

DRM 技术正稳定地进步，但是从来没有方案能够做到既保护内容，同时仍然允许把内容输出到各种辅助性技术工具之中。但是很有可能，最终的解决方案会利用内置于 DRM 系统中的专门辅助软件来演示受到保护的内容。这种方法的早期版本在开发电子束的过程中出现了，如微软阅读器的文本转语音（TTS）1.0 软件包（http://www.microsoft.com/reader/info/tts.asp）以及 Acrobat 电子书阅读器 2.2 中的文本转语音选项（http://www.adobe.com/products/ebookreader/pdfs/acrebookreader22.pdf）。

尽管许多残障人士都可以从这种专门的软件方法中获益（因此应该鼓励其发展），然而大部分人仍然有必要使用特殊的辅助技术，这就要求内容必须是他们选择的技术能够处理的电子格式。对于他们而言，出版商们用某个 DRM 环境锁定内容的做法造成了难以处理的局面。

5. 高利害测试

最近教育政策的改变，即要求学生通过标准测试才能升级或毕业突出了残疾学生面临的困境。他们必须与非残障学生一样通过考试，然而他们要经历比后者痛苦得多的过程。预计随着学校提高学生成功率的压力增加，对可访问电子版本的需求也会迅速增长，因为老师们会不停地寻找确保学生们能够积极参与课程的方法。

### 7.2.6 关于替换格式的战略思考

关于满足对其产品可访问版本的需求，出版商会有很多商业上的考虑。有些问题我们在本章的前面部分已经讨论过，像内容安全、内置权利、文件转换、编辑和生产成本、缺少明确的标准以及没有好的商业模式等。其他问题则是我们以下要讨论的，具体为：

1. 将替换格式作为可以销售的产品

大多数出版商并没有被要求提供其出版物的可替换格式，除了教科书市场以外，在那里一些州的立法机构要求或“鼓励”出版商那么做。从某种程度来说，目前出版商们还是感到了要发布电子书的压力，而这仅仅是为了方便盲文产品的制作。第 508 条款中规定的成人市场和学校教科书市场的高利害测试很可能成为增加这种压力的强大力量。

出版商有可能会生产满足 WAI 指导方针的可访问数字版本，学校可以用特殊教育预算或者教材预算里拿出资金来购买它们。对于使用内部产品的学校来说，购买可访问版本的价格也是很合理的：它促使学校更好地利用教师的时间，不再需要购置如扫描仪等设备，并且学生可以获得质量更高的转换文本，其中有对图像的描述和导航帮助功能。关心测试结果的学校也许想从出版商手里直接获取转换格式版本以便让把英语作为第二语言的学生(ESL)使用，或者用于其他从技术层面来讲并没有残疾，但是由于阅读和学习困难所以不能通过标准测试的学生。

出版商必须考虑与印刷品相比，应该如何解决数字版本的市场定位问题以达到营销目的，此外还需要解决 DRM 和定价问题。例如，这个特殊版本的文本可以作为独立的产品来销售吗？还是仅仅作为出版商的一种促销工具？

可以考虑多种模式。最重要的是如果出版商决定要满足法律和市场的要求来提供替换格式的产品以后，他们要考虑如何超越对可访问性的最低要求，让数字产品物有所值。

### 2. 库存书转换

州和校区的采用周期通常持续几年的时间——一般是 4～8 年。因此，如果出版商改变现有生产程序来创建可替换格式文本，同样也要将库存书有效地转换为可替换格式。学校则需要向学生提供那些已进入采用周期很久的课本的可替换格式，如已经采用了 5～6 年或者更久的书本。

如果出版商能够提供可访问的替换格式，大概会受到学校欢迎，也很可能会促进印刷出版物的销量。有几个州的法律规定，学校采购人员要优先考虑购买提供可替换格式版本的出版物。尽管内容安全性问题仍然存在，但出版商也许会发现只要可替换格式是在可控制的基础上进行分配(意思是指针对那些有上网能力的残障学生)的，就有利于让学校直接获取可替换版本建立良好的公共关系。学校正处于一种进退两难的境地。因为相比较于为了服务一小部分学生而创建数字版本书籍所需要花费的时间和技术资源，学校应该非常乐意为这种传递及时的替代性可访问格式付账。

### 3. 出于竞争的考虑

无论是从法律规定还是从顾客需求的角度看，不难推断出出版商将会制作可替换格式版本。市场就是这样，一旦有哪个大出版商采用了一种甚至多种可替换格式,尤其是这种努力导致业务量不断递增的话,其他出版商就会纷纷效仿。依靠不同出版商采取的不同战略,不同的商业模式可能会促进可替换格式的发展。最终市场会自行选出优于其他的模式,而这种模式就可能盛行。

一旦竞争开始涉及可替换格式版本的提供问题,尽管出版商想让他们的产品有很好的市场反响,但又唯恐它们会对其难以割舍的印刷品有什么消极影响。这一点是很明显的。他们可能会实施差异化战略,更加注重提高可替换文本的质量,以及提供更强大的导航功能来服务用户。他们也许会帮助教师理解如何更有效地使用电子版本,以便他们的学生能够取得更好的成绩。出版商可能开始投入更多精力,给数字版本增加附加价值以便产品比其他竞争者的产品更有吸引力。

当出版商开始为转换后的数字文件增加附加值的时候,成本也开始随之增加。增加像图片、表格、插图之类元素的辅助描述文本,将会提高学习的质量,对于顾客和用户而言意味着更高的附加价值;然而出于成本的考虑,出版商需要仔细筹划在可以承受的范围内,到底要增加多少附加值。当然,为满足可访问性需求而做的姿态鲜明、高附加值的努力会在作为决策者的出版商身上有积极的反映。

### 7.2.7 战略设想

出版商在看到可访问性问题的发展现状以后,依据各自所感到的紧迫性,他们想了很多方法。其中起作用的因素可能包括该市场领域的法律和社会压力,他们在市场上的定位,他们的技术战略,他们的成本结构,所出版内容的特性,以及他们对创新的整体态度。这些对出版商制订战略是至关重要的:一条是针对新产品的,即在正常的编辑和生产过程中解决可访问性;另一条是针对库存书和老书的,它们在成本方面更具挑战性。

#### 1. 最小化原则

最小化战略可以用“只做你不得不做的”这句话来概括。走这条路线的出版商只使用 ASCⅡ 文本文件,只要有需要它随时可以派上用场。它几乎没有什么附加内容,也没有可替换文本,只需要遵守州盲文法和学校教材的采用规则就够了。就功能性而言,这些文件大概跟扫描印刷版本的效果一样,只不过直接来源于出版商,质量显然要高些,而且上市的速度也快得多。在以前提到过的 CAST 统一体中，出版商会提供无格式的文本。

如今，提供盲文法规定的文件几乎已经成为所有出版商的基本战略，这部分是由于无法确定希望他们提供什么以及是否应该提供其他格式的文件，还有，目前的风险回报率也使出版商不倾向于采用更加积极的战略。尽管采用最小化战略有得不到回报（即没有收入）的趋势，但是它的优势在于不涉及图像，因而没有内置权利问题。这些文件只能在专门的法律和法规规定的范围内才能使用，而且通常会规定禁止在没有获得许可的情况下转售。

与那些面临法律和市场压力的教科书出版商不同，其他出版商将暂时继续把最小化作为他们的最佳战略。出版商会选择将成本最低化，风险最小化。

### 2. 实用方法

此种方法可以概括为“做你必须做的，而且在能够安全发行并不断增加收入的前提下尽可能增加附加值”。通过实用方法，出版商可以提供比最小化原则下提供的无格式 ASCⅡ文件更有用的数字版本。按照 CAST 统一体的说法，产品应该叫做“格式文本”。

出版商可能会认为这种可替换格式应该是付费产品。它包含的编辑和生产价值对用户而言比法律所要求的更有价值，如它可能包含了图像、版式、导航措施等，而这些是用于制作盲文产品的 ASCⅡ文件所不具备的。出版商必须在增加附加值所导致的成本、预期的收入以及项目预算之间达到平衡。

在决定是否提供格式文本时，出版商必须解决是否内置他不拥有版权的作品的问题，如图像和照片。出版商也必须逐个决定每个出版产品的安全保护等级问题，同时他还要决定建立何种商业模式以及如何实施数字权利管理。

### 3. 领先策略

此种方法可以概括为“积极主动，争取市场价值最大化”。在此种方法的使用过程中，出版商要弄清楚顾客的需要，为他们提供替换格式和必要的服务支持。顾客会慢慢意识到，之所以选择某个出版商的印刷产品，是因为有多种现成的优质产品替换格式。

这个战略不让顾客苦苦地寻找可访问的版本，而是发出讯息让顾客知道如何选择特别的版本，而且该版本有强大的后盾资源。出版商提供的多种替换格式，根据其附加价值的不同，价格也可以不一样。通过使用一个标记良好的 XML 主文件，成本将大大减少，而且利用预先写好的脚本或者 XSLT 样式表单就可以很快地提供具有不同“可访问性水平”的版本。

4. 潜在思考

在出版商思考是最小化原则、实用方法、领先策略还是其他方法最合适的时候，他们还有几个需要深思的问题：

(1) 外包是否是一种选择。出版商必须根据可转换格式版本的市场定位，如何设计和生产它们，如何发行，如何提供产品支持来决定在多大程度上控制这些版本。要在内部完成所有这些事情，也许出版商组织的工作人员还不具备相应的专业知识和技能，于是把可访问性解决方案的一部分或者全部工作外包出去成为有吸引力的选择。如果需要用到音频、打字印刷或者外语版本时，常见的做法就是出版商们将内容授权给其他专门机构，而不会利用内部人员来创作和销售转换以后的新产品。

理想的情况是出版商与一站式外包组织签订合同，把制作、发行其印刷制品的替换式可访问格式以及为此提供技术支持的工作都交给它。然而迄今为止，作者并没有发现任何全能的服务机构可以包揽从生产、经销到技术支持的全部工作。出版商很可能还是需要整合所有内部和外部资源，形成一种新的混合式解决方案。

(2) 技术资源。当出版商开始提供此种替换格式时，他们就需要具有转换和编辑文件的能力来增加产品的可访问性。比较理想的状况是将这些要求融入出版商的日常活动，从而使边际成本最小化。但是对于老作品来说，或者为了满足个别客户的要求，很可能需要额外的生产和编辑资源。出版商可以从内部开发资源，也可以和外部供应商建立工作上的合作关系，或者授权给他们。

(3) 编辑资源。一个具有实用价值的产品，它的质量主要取决于编辑资源的各方面。之前的例子已经很好地证明了优质替换文档和详细的说明能够帮助有视觉障碍的读者了解图片元素，如相片和图表等的内容。同样地，还有图表、公式和数学内容等。此外，对于一些很复杂的作品，就算是知识渊博的人也需要决定适当的导航路线，以及其中应该包括什么以及舍弃什么。出版商必须利用专业知识来创作加值内容，并且以最有效的方式来组织材料。

(4) 遗留文献和当前作品。目前大多数出版物都没有替换格式版本。

但是据观察，由于第508条款、IDEA以及其他联邦和州的立法，对于可访问版本的需求将会迅速增长。通常会建议出版商评估他们当前的产品组合和即将出版的新产品，来决定哪种出版物需要制作可替换格式版本，并且确定相应的政策与协议，以便预先地或者根据要求来创作、发行并提供技术支持。

(5) 光环效应。出版商通常都非常关心市场中的顾客如何看待自己和其他有影响力的同行。对于消费者而言，是否去买一个出版商的产品，出版商的名声是非常重要的考虑因素。很显然，出版社会想到是否有必要、有价值为满足残障人士或者与残障人士一起工作的人的要求去出版东西。例如，在教育市场中，在那些鼓励使用替换格式的州，如果出版商满足了客户（也就是学校）支持残障学生的需求，那么这种做法会对决策者购买印刷型教学材料产生很大的影响。当出版商将资料销售给一些关心第504条款和第508条款的组织用于培训其员工（护士和办公室人员）时，如果带文本转语音功能的产品可以很好地解决把英语作为第二语言的员工的问题，那么同样的事情也会发生在这些出版商身上。

对于那些明知道顾客要用替换格式，而又反应迟钝的机构，评价会很消极。当人们试着去联系出版商，了解是否能够提供替换格式，或者是否许可扫描时，通常都因为机构缺乏相关政策而得不到及时回答。而且，他们的回答还经常因时间不同和回答的人不同而不同。出版商要确保不要仅仅因为他们还没有明确的政策和协议，或者因为在组织内部还没有就那些政策和协议进行充分的交流，就让顾客感到沮丧。

(6) 商业模式。印刷出版商认为将替换格式作为产品推出将会带来很多值得思考的商业问题。如安全性和用户支持这些在印刷模式中没有的问题。如果用DRM来保护安全，那么无论是在内容还是在功能的安全与定价方面都有许多新的可能性。本章并不讨论安全的电子产品的商业模式，而是探讨基于DRM系统的能力，出版商能够使用一系列战略，通过它们来制作能够恰如其分地满足残障人士需求的产品。

(7) 用户支持。印刷出版商不需要提供用户支持。但是电子产品通常都有强大的用户支持部门来进行技术支持并对使用者进行培训。在此还要说明，本章并不主要讨论用户支持，而只是想简单地提醒出版商，成功的电子产品通常都要提供某种程度的故障修理和用户帮助系统。产品的质量和产品背后的机构通常都是根据所提供给用户支持的质量来判断的。如果出版商们提供的并不是简单文件复印服务，那么也许就应该考虑提供专门的用户支持以便残障用户能够更好地利用替换格式。其中最简单的办法是提供有用网站的参考指南，以便用户找到详细的相关信息。

(8) DRM 支持。前面也谈论过出版商不愿意提供替换格式，除非他们确信能够保证内容的安全，这意味着要开发 DRM 系统。DRM 系统需要持续不断的技术支持，关于提供安全替换格式（如电子书或者安全的 PDF）的任何分析都必须考虑到这一点。管理文书工作和授权许可（如更新）的成本应该在决策时加以考虑。

### 7.2.8 总结性建议

考虑到可访问性问题改变迅速的特性，出版商也许可以考虑下列问题：

#### 1. 专注于可访问性

尽管现在对于大多数出版商而言，可访问性问题还不是他们关心的，但是显而易见，现在形势开始变化了。随着第 508 条款以及其他联邦和州法律法规的生效，各种各样的机构都把确保残障人士有和正常人一样的成功机会视为一种挑战。这就是说，提供给残障人士的各种信息和知识必须是可访问的。出版商必须做好准备，以便未来能够满足其顾客对替换格式和可访问版本的需要。

形形色色的出版商都应该建立很正式但又非常灵活的战略来处理可访问性问题。这一战略应该建立在明察顾客需求的基础上；考虑出版商自己的技术、编辑和管理资源；也要考虑市场战略，准备采用的商业模式以及其他相关因素。

战略一旦建立，操作协议就应该确定下来，以便及时地进行可访问性决策，并据此回答这样一些问题。例如，当残障人士需要替换格式时该怎么办；提供几种格式，哪一种；是否应该更加积极地支持或者反对各种与可访问性问题相关的法律提案，等等。

一旦政策改进了，协议确定了，就应该把所有这些信息汇集到参考文档中，组织中的所有人都可以用这个文件来回答来自顾客、组织成员、雇员以及其他人员的所有问题。最后，还有可访问文件的内部“所有权”问题。应该指派专人负责成功地开发和实施协议，定期评估和修订，并驱使它向希望的方向发展。

### 2. 专注于内容

现在大多数出版商都很明白创造和保存出版物电子版本的价值——对于他们出版商来说这是老生常谈了。在很多领域，尤其图书出版领域，如果要找到与印刷作品确切对应的优质电子文件，即使不是不可能，那也是相当困难的。在很多情况下，与内置权力有关的管理文件也很不容易找到。

对于所有新出版物，出版商一定要采取措施永久地保留与印刷作品完全对应的数字版本，并且要确保所有的内置权利都编入了目录，而且相关的替换文档都已经提前准备好，包括适当的所有权人信息。只有事先完成这些事情，才能在以后及时地按要求生产替换格式版本。

对于流行的和年代较近的遗留出版物，出版商应该考虑投资创建与印刷作品对应的整齐的电子主文件，而且其中可以包含所期望的加值元素。至于新出版物，出版商应该采取步骤，在收到制作替换格式的请求以前很久就解决所有的内置权利问题。

### 3. 专注于技术

在之前的章节中给出了一系列明显的理由来说明，出版商需要严肃地考虑为每一种出版物创建完全编码并添加了标签的 XML 主文档，这样就可以很容易地转换成专门的替换格式（包含可访问的 PDF）。XSLT 技术[3.3.4.4]是利用单个 XML 主文件生产出若干衍生文件的有效方式，而且每个衍生文件都有自己的标签和格式。

采用此种方法，机构需要其员工或者供应商能够随时地使用 XML 和 XSLT 相关知识和技能。再次，它需要创建一种方式来创造和保存 XML 主文件，开发脚本或 XSLT 样式表或其他转换方法来生成可访问的 HTML，PDF，ICADD22，ASCⅡ等格式文件。

### 4. 专注于市场

出版商要评估产品并决定，至少对他们最畅销的产品来说，该如何回应对替换格式所提出的要求，尤其是用于盲文制作的替换格式的要求呢？及时的决定和清晰的说明远比那些犹豫不决的回答对公司更有益处。

在市场存在需要之前，就选择一批出版物来制作可访问版本，以便支持印刷品的营销计划，这样做是很有意义的。在要求校区优先购买带有替换格式课本的州，对已经纳入州课本采用计划的教材，出版商可以创作标记良好的可访问 HTML 版本。专业教育和培训材料出版商则可能会因为战略上的原因而决定为他所有的产品提供替换格式版本，以满足第 508 条款所

ERIC 残障人士与教育权信息交换站创办,包括至 1998 年的第 504 条款修正案全文。

＊《1990 年美国残障人士法》(http://www.usdoj.gov/crt/ada/pubs/ada.txt)。此网站上有《1990 年美国残障人士法》的全文。

＊ 1990 年美国残障人士法 ADA 主页(http://www.usdoj.gov/crt/ada/adahomi.htm)。这个美国司法部的网站提供了详细的美国司法方面的信息。

＊ NLS 情况说明书:版权法修正案,1996《公法》104-197(http://www.loc.gov/nls/reference/factsheets/copyright.html)。这个网站提供查非版权法修正案、历史资料和其他修正案参考信息。

＊ IDEA'97:美国残障人士教育法修正案(http://www.ed.gov/offices/OSERS/Policy/IDEA/)。这个网站由教育部的 OSERS 分部管理,其中包括关于 IDEA 的丰富资源。法律条文可以通过网站的超链接"法律"找到。

＊《康复法修正案》(第 508 条款),《1973 康复法》第 508 条款修正为《美国法典》第 29 部 § 794(d)(http://www.accessboard.gov/about/Rehab%20 Act%20Amend-508.htm)。此网站上有第 508 条款的全文,并且还有很好的常见问题解答清单,涉及第 508 条款许多方面的问题。

＊《2002 教学资料可访问性法案》(S.2246)(http://www.theorator.com/billsi07/s2246.html 和 http://www.congress.org/congressorg/issues/bills/?billnum=S.2246&congress=107)。第一个链接首先介绍了议案的术语(参议院 2246 提案,2002 年 4 月 24 日)。第二个网站跟踪其发展过程。

＊ 2002 教学资料可访问性法案条款分析(http://www.afb.org/info_document_view.asp?documentid=1704)。这个美国盲人基金会网页包含了对 IMAA 的逐条概述。

### 7.4.2 立法——州

此列表包含与实际法案的链接,简明阐述和其他有关材料。这个列表反映了正在各州制定和实施的诸多相关法律法规中的一部分,并不全面。

＊《加利福尼亚教育法案》第 67302 条款—法案编号:AB 422 Chaptered 9/15/99(http://www.htctu.fhda.edu/AB422.html)。它与加利福尼亚社区学院高科技中心培训处(包含 1999 年法的正文)的网站相连。此

法案要求出版商无偿提供被该州采用的教材的不加密电子文件，以便州立大学和社区学院复制并向残障学生发行。

* 《乔治亚州教育厅条例》160-4-4. 10 教科书/教学资料选择与推荐（2002 年 9 月 12 日生效）（http://www. doe. k12. ga. us/legalservices/160/4/4-. 10/pdf）。这与乔治亚州关于提供教学资料的条例相链接，其中第 3（k）条款名为《对出版商的最低要求》，它指出："教科书出版商的教材如被州教育委员会推荐，必须提供该教材的电子版。

* 2001 法律第 377 章教育局长实施条例第 200. 2 节修正案规定向残障学生提供教学材料的替换格式版本。（http://unix32. nysed. gov:9280/specialed/publications/policy/alterformat502. htm）纽约州通过了一个法律，要求"每个教育委员会（BOE）和每个教育服务合作委员会（BOCES）必须拟定计划来保证在将材料提供给非残障学生的同时，每个残障学生也能获得其所需的各类材料。这是一个与学校教官的备忘录相链接的，包含实施信息和对于常见问题的解答。它也与法律本身相链接。

### 7.4.3 标准

以下参考资料与各种可访问性标准相关。

* 《康复法》第 508 条款：可访问性电子与信息技术标准（http://www. access-board. gov/508. htm）。存取委员会（Access Board）的网站，包含与标准信息的链接，这些标准用于衡量第 508 条款的执行情况。

* 万维网内容可访问性指南 1. 0 检验点一览表（Checklist of Checkpoints for Web Content Accessibility Guidelines 1. 0，http://www. w3. org/TR/WCAG/full-checklist. html）W3C 网站"提供万维网内容可访问性指南 1. 0 的所有检验点的清单，通过概念加以组织，作为万维网内容开发商的检查表。具体事宜请参考《指南》文件来获取引导信息、相关文件信息以及术语表等"。

* WCAG2. 0 要求：2002 年 4 月 26 日 W3C 工作草案（http://www. w3. org/TR/wcag2-req/）。"这是一个 W3C 工作草案……是按照万维网内容可访问性指南 2. 0 的要求所写的大纲。"工作小组鼓励那些有万维网内容创作经验的人对要求进行反馈，并参与草案的修改。

* 《数字有声书规范——ANSI/NISO Z39. 86 2002》（http://www. niso.

org/standards/resources/Z39-86-2002. html)。这与 NISO 站点上的 HTML 格式标准相链接。那些对戴西联合体及其标准——DTB 的前身——感兴趣的人可以在:http://www. daisy. org/publications/specifications. asp 上找到相关信息。

### 7.4.4 制作可以获取的文件

* 《使文档能被盲人或有视力缺陷的人访问的指南》(http://www. acb. org/accessible-formats. html)。这是一个非常全面的文件,为那些需要为盲人或者有视觉障碍群体生产可访问文件的人提供了很实用的参考。

* WAI 资源(http://www. w3. org/WAI/Resources/)。这个 W3C 万维网可访问性促进会的网站为那些制作可访问网页的人提供了丰富的资源。包括以下部分:快速提示、常见问题解答、一览表、技巧、训练、评估和修理工具等。

### 7.4.5 其他资源

* 《阅读障碍与电脑》(http://www. fmls. nu/sprakaloss/olsondyslexi-andcompeng. htm)。这是理查德·奥森教授所写的一篇文章,是建立在研究基础上的。他提出电脑怎样提供有效的方法,来克服阅读困难这种最常见的学习障碍。

* 《为盲人和有视觉障碍的人提供可访问信息》(http://www. tsbvi. edu/textbooks/textbook. htm)。这是 75 届得克萨斯州议会教育事务局的报告,提出了盲人和有视觉障碍的学生的特殊需求信息。对必须如何为这个残疾群体提供可访问书籍这个问题,它给出了非常详细的信息。

* 可访问教材信息交换中心(http: www. tsbvi. edu/textbooks/)。该网页包含了与制作可访问教材有关的诸多链接。其中包括从"得克萨斯州课本交换"到"可访问性与 VRML",从"数字有声书生产过程"到"远程学习环境中的可访问图书馆服务"的丰富信息资源。

* 戴维·H. 罗丝(David H. Rose)和安妮·麦耶(Anne Meyer)的著作《在数字时代教育好每个学生:通用学习涉及》的第三章《为什么我们需要灵活的教学媒体》(http://www. cast. org/teachingeverystudent/ideas/tes/chapter3. cfm)。用该书的话说,"各种教学媒体(文本、演说、图像和数字媒

体）的品质将会直接影响到学生的可访问性，这就不难明白为什么媒体的灵活性对于为更多学生提供更有效的指导十分关键了。此作者是 CAST 公司特殊技能应用中心的联合行政主任，那是一个非盈利性教育研究组织，在利用计算机提高所有学生，尤其是残障学生学习能力方面发挥着先锋作用。

＊针对有学习障碍儿童的辅助技术（http://www. frostig. org/pdf/ATguide. pdf）。这个指南是由嘉信学习与写作基金（Schwab Foundation）委托弗洛斯提格中心（Frostig Center）为家长们创建的，"描述了很多不同种类的辅助技术和怎样选择适合的技术。它让读者对各种技术怎样和为什么会发挥作用有一个基本的了解，并且让读者明白对于利用了辅助技术的的数字内容又该做些什么。"

**参考文献：**

"Accessible Textbooks Clearinghouse." Texas School for the Blind and Visually impaired. 2002. http://www. tsbvi. edu/textbooks/

American Foundation for the Blind. "Instructional Materials Accessibility Act Section-by-Section Analysis." American Foundation for the Blind 2001. http://www. afb. org/info_document_view. asp? documentid = 1704

*California Education Code Section 673029* High Tech Center Training Unit of the California Community Colleges, http://www. htctu. fhda. edu/AB422. html

Frostig Center, The. *Assistive Technology for Children with Learning Difficulties*. Pasadena: Schwab Foundation for Learning, 2002. http://www. frostig. org/pdf/ATguide. pdf

History of the American Printing House for the Blind, The: A Chronology. American Printing House for the Blind, 2001. htrp://www. aph. org/about/highlite. htm

National Information Standards Organization. Specifications for the Digital Talking Book (ANSI/NISO Z39. 86 – 2002). Bethesda: National Information Standards Orga-nization, 2002. http://www. niso. org/standards/resources/Z39 – 86 – 2002. html

National Library Service. NLS Factsheets: Copyright Law Amendment, 1996 PL 104 – 197. U. S. Library of Congress, 2001. http://www. loc. gov/nls/reference/factsheets/copyright. html

——. NLS: That All May Read. Laws and Regulations. U. S. Library of Congress, 2001. http://www. loc. gov/nls/laws. html

Public Law 101 – 336. Americans with Disabilities Act of 1990. http://www. usdoj. gov/crt/ada/pubs/ada. txt

Rehabilitation Act Amendments, Section 508 of the Rehabilitation Act of 1973, as Amended

(29 USC 794(d)). The Access Board, http://www.access-board.gov/aboutf/Rehab%20Act%20Amend-508.htm

Rehabilitation Act of 5973 (29 USC 701 et seq.), http://www.dot.gov/ost/docr/regulations/library/REHABACT.HTM

Rose, David H., and Anne Meyer. Teaching Every Student in the Digital Age: Universal Design for Learning. Alexandria, Va.: Association for Supervision and Curriculum Development, 2002. http://www.cast.org/teachingeverystudent/ideas/tes/chapter3.cfm

Section 504 of the Rehabilitation Act of 1973, as Amended through 1998. The ERIC Clearinghouse on Disabilities and Gifted Education, 1998. http://www.ericec.org/sect504.html

Sutton, Jennifer. A Guide to Making Documents Accessible to People Who Are Blind or Viusally Impaired. Washington, D.C.: American Council of the Blind, 2002. http://www.acb.org/accessible-formats.html

U.S. Department of Education. "IDEA '97: The Individuals with Disabilities Education Act Amendments of 1997." Office of Special Education and Rehabilitative Services. 2002. http://www.ed.gov/offices/OSERS/Policy/IDEA/

U.S. Department of Justice. "ADA Home Page—Information and Technical Assistance on The Americans with Disabilities Act." U.S. Department of Justice. 2002. http://www.usdoj.gov/crt/ada/adahomI.htm

—— "Americans with Disabilities Act (ADA)." U.S. Department of Justice, Civil Rights Division, Disability Rights Section. 2001. http://www.usdoj.gov/crt/ada/

# 8 数字印刷

乔治·亚历山大(George Alexander)

数字印刷技术正在飞速发展之中。最初只有馈纸式激光打印技术可以使用,但是现在有了高速卷筒纸印刷设备,全色打印也更为经济,其他一些印刷技术(比如喷墨技术)也得到运用。本章将介绍成熟的打印和装订技术以及一些新的出版方法。

## §8.1 概述

书刊的数字化印刷是一个能引起人兴趣的概念。很难想像,人们走进附近的任何一家书店或是复印店,要求打印任何一种已经出版的书籍,在五分钟之内书籍打印装订完毕,送到顾客手中。对于出版者来说,这就没有了书籍积压的忧虑,对于教师者而言,这项技术能为每个班甚至为每位学生提供教材。

能实现上述可能的技术并不完善(有些设备的成本比较高昂),但是这些技术正逐渐走向成熟,成本也逐渐降低。在本章,我们将介绍一些如今可以得到的数字印刷技术,以及正在日趋成熟的技术。同时,相关的输入技术以及装订技术也在讨论之列。

数字印刷技术正在逐步取代传统的平版印刷技术。我们将比较这两种印刷技术的优劣,并且列出一些使数字印刷拥有明显优势的设备。从平版印刷向数字印刷的转变也意味着书籍生产和发行方式的改变。这些问题同样会在文中有所涉及。

§8.2

# 数字印刷技术

数字印刷技术飞速发展,这不仅是印刷技术本身的发展,同时也是相关技术(比如相关的扫描和装订技术)的进步。本节描述数字印刷背后的相关技术和一些重要的相关问题。

## 8.2.1 输入:扫描、PostScript、PDF以及其他选择

有很多不同的技术和方法为数字印刷提供前期准备。最基本的事实是数字印刷直接来自数字文件。数字文件的内容是在数字化条件下创建的,或者是由印刷文件转换而来。

对于出版业而言,大部分文件都是 PostScript 语言或者 PDF 格式的文件。这两种语言都是由 Adobe 系统公司发明的。尽管 Adobe 公开了这些语言的标准,但却牢牢地掌握着这些语言的细节和发展方向。不是以数字形式创作的内容——即印刷原件——必须转换为数字模式。在大多数情况下,这项转化工作通过扫描来完成,结果是产生 TIFF 格式的位图文件。

在数据转换[5.3.3.1]以及在排版、制图[6.11.1]中讨论了扫描过程和重新键入进行转换的细节。本节主要讨论数字转换,而不是手动的键入过程。

### 1. 扫描

扫描——以图像形式印刷页面而不是运用 OCR 软件将印刷页面转换成数字文件——是很容易做到的,但是这种方法有个非常明显的缺陷。不论多么好的扫描仪,多清晰的页面,通过扫描产生的数字文件都远远达不到源文件的输出效果。在扫描过程中有些缺陷是无法避免的。比如页面不可能完全平整,由于扫描过程是一个机械过程,这样扫描的结果就需要进行修正。类似的,页面上也会有一些灰尘以及杂质,这就需要对页面进行去污处理。最后,这些页面需要根据新的出版要求设置页边距,左页和右页的排列可能也要改变。尽管图像处理技术有很大进步,但是上述问题依然存在。

辨率低于 600 dpi 的印刷机印刷文本和黑白照片，就会出现所谓的“锯齿状图形”。当分辨率提高到 1 000 dpi 的时候，无论是黑白影像还是半色调影像的外观质量都会有明显改善，但是分辨率再高的时候，变化就不明显了。

对于图书印刷来说很关键的一点是印刷速度要快。10 ppm 的印刷机用于印刷 300 页的书，要花半个小时。对于大多数实际应用来说，这太慢了。大多数用于图书印刷的机器速度在 100 ppm 以上。目前的馈纸式印刷机速度高达 180 ppm，滚筒式印刷机则远超过 1 000 ppm。（关于现有印刷机的介绍见[8.4]。）最快的印刷机并不是碳粉印刷机，而是喷墨印刷机。

即使是最快的数字印刷机，也只能赶上最慢的胶印印刷机。但是数字印刷机的速度劣势可以通过其他优势来弥补，如灵活性，印刷短版书时的成本效益，以及简化的装订过程等。

**2. 喷墨印刷机**

喷墨印刷完全不同于数字印刷。小墨滴直接从电子控制的成百上千个喷嘴中喷到纸上。

大多数喷墨印刷都使用可控制喷印（drop-on-demand）技术。需要的时候，才利用热（热可控式）或者压力（压电可控式）让墨滴从喷嘴中喷出。尽管迄今为止，利用可控式喷印技术的印刷机对于大多数出版的实际应用而言不够快，但是它们正在成为制作彩色校样的标准设备。要满足更快的印刷要求，就需要连续式喷墨（continuous-inkjet）技术。这种技术中，喷头上所有的喷嘴连续不断地喷出墨滴流，但是其中的大部分因为静电偏转而回流到墨水槽。只有未偏转的墨滴才会喷到纸上。

在出版领域使用连续式喷墨系统的先驱是 Scitex 数字印刷公司。开始时，公司为地址、标签这样的实际应用提供半页印件系统，但是最近他们已经扩大到了整页系统。他们的滚筒式黑白印刷机（Versamark）和彩色系统（商业彩色印刷机）不仅是用于出版的最早的喷墨系统，也是现有各种数字印刷设备中最快的，其速度能够达到 500 ~ 1 000 英尺/分钟，相当于几千页每分钟。可控式系统还达不到这样的速度，尽管该领域有许多前景看好的发展。

Scitex 喷墨印刷机的分辨率只有 300 dpi——比几乎所有用于图书出版的碳粉印刷机都低。印刷的图像质量受到分辨率的限制，其他准备上市的高速喷墨打印机也大抵如此。但是多数喷墨打印机具有碳粉打印机不具备的优点。喷墨设备可以产生各种大小的墨滴（或者有许多更小的墨滴组成的墨滴),这样不必借助网点就能很好地表现灰色和彩色阴影了。通过利用这种"灰阶"能力,喷墨打印机印刷的产品质量可以和分辨率更高的设备的产品媲美(考虑到图像的时候更是如此)。但是迄今为止,还没有采用这种技术的商用设备用于图书印刷。

3. 电凝结成像法

最后,有一种独特的技术,它和碳粉打印技术或者喷墨打印技术没有任何关系,它称为电凝结成像法。在写作本文的时候,第一个电凝结成像印刷机已开始为消费者服务。它最显著的特征是能够打印 8 位灰度数据,反映了其发明者的摄影背景。这项技术由加拿大的 Elcorsy 公司发明,对此滚筒印刷[8.4.2]部分有详细介绍。

### 8.2.3 其他影响数字印刷的因素

尽管图像技术是数字印刷的核心因素,但是其他一些技术也在购买和选择系统的过程中扮演着重要的角色。这些因素包括成本、速度、灵活性、外观因素以及装订技术等。

1. 成本

尽管固定资产投资(彩色设备的成本在数十多万美元到百万美元之间)在数字印刷中非常重要,但是它的运行成本才是数字印刷技术应用的讨论重点。不难明白为什么在许多市场上,数字印刷都在和胶版印刷互相竞争,每张信纸大小的全彩页面(只要放上印刷机开始印)其全色胶印成本大概在一到两美分之间。在整个 20 世纪 90 年代,使用数字印刷的成本大概是 0.25 美元一页(当然如果印刷商要赢利的话,必须向最终消费者收取高于此数的价格)。这意味着数字印刷只能局限于两个很小的细分市场:一个是印量很小的短版印刷市场(小于 500 份),在这个领域胶版印刷的高额成本就显现出来了;另一个是时效性数据的印刷。现在,最新一代的数字设备,每一页的印刷成本在急剧下降。卖主们声称一页信纸大小的全色图像成本大概在 10 美分以下。照此计算,数字印刷的竞争力在 2000 份印量的时候最强。这并不是胶版印刷的主要市场,但这仍然可算对胶印的有力袭击。

单色数字印刷技术已经在大部分市场和胶版印刷展开竞争,并且在有些层面完全取代了胶印。例如,馈纸式打印设备——著名的施乐 DocuTech

系列产品,正在低页数印刷领域取代胶版的地位,来自 IBM、Oce 和其他公司的高速单色打印机也开始在短版图书印刷领域发挥着同样的作用。

### 2. 速度

速度对于一些设备而言是非常重要的。120 ppm 的印刷速度让人留下深刻印象。但是如果以这个速度印刷 600 页的书籍,一小时只能印 12 本,而印 2500 本这样的书大概要一周时间。只有使用滚轴印刷机才能为产出这样数量的书籍提供必要的速度。另外,较为低廉的送纸印刷机为少量印刷的书籍提供了机会。

### 3. 灵活性

片基的灵活性——即以何种方式,印在什么样的材料上——对某些种类的数字印刷来说是个问题。不是每种纸张都适用于任何机器的。有些纸张不适应某些特定的着色剂或者熔固工艺。有些则容易在某种型号的打印机上卡纸。很多涉足数字印刷的公司依赖其印刷商和纸张供应商进行认证,以保证所选择的纸张能在它们的机器中正常工作。总体而言,新机器和以前的机器相比能够更加灵活地处理不同的纸张材质和重量。供应商 Nipson 公司发现了在较难成像的片基上进行单色印刷这一细分市场。该公司独特的电磁成像技术和它的低温瞬间融合技术相结合,就可以在包括塑料在内的各种材料上印刷了。

片基灵活性也意味着在混合片基上印刷的能力,其中既包括单个印件也包括连续性的印件。卖主们也在机器上安装了额外的送纸托盘作为标准配件或可选配件,以便增加其设备的灵活性。这也是馈纸式打印机占优势的地方。滚筒印刷机不适应印件混合用纸,它们需要花几分钟时间换纸,而这项工作在带有多种送纸器的单张打印机中瞬间就可以完成。

### 4. 外观

打印页面的外观也是有些设备中的重要因素,但是对于有些设备而言并不是特别重要。数十年以来,数字印刷机的开发商努力赶上胶印页面的效果,因为做不到这一点就会影响销售。现在这个领域最顶级的印刷机来自惠普的 Indigo、施乐以及 Nexpress。在外观方面已经完全克服了以下几方面的问题:着色剂光泽、图像拖尾、表面油斑、网目质量和色域限制。这些问题也出现在一些低价位打印设备上。另外,软件也能影响外观质量,如颜色问题、图形处理问题,还有不同字体问题都能通过合适的软件进行处理。(排版和图形处理一章将讨论颜色[6.9]的使用、图像分辨度[6.11]和字体[6.7]。)

#### 5. 装订

最后,数字印刷的装订和胶版印刷的装订是完全不一样的。这一点在书籍市场上最为明显。大型印刷机的图书胶印一般是以 8、16、32 页为一个书贴。这些书贴必须折叠、整理,然后装订。而数字印刷则是一次印一二三页,并且在机器上顺序输出,不需要重新整理。传统装订方式一小时大概能装订数百本书,但这对于数字印刷机而言几乎是不可能的。即使是高速滚筒数字印刷机,一小时也不超过 100 本。对于馈纸式打印机来说,更是只能完成前者很少一部分工作。显然,传统的图书装订设备并不适用。

装订设备供应商迟迟未能满足这样的要求,特别是在关键的无线胶订(平装)领域。一些价格昂贵的设备用以处理滚筒印刷机和最快的馈纸式打印机的装订要求;较为廉价(15 000 美元)的手工装订设备则满足较慢的馈纸式印刷设备生产的按需印刷图书的装订要求。现在,并没有哪种设备能够填补两者之间的空白。

## §8.3

## 数字印刷的使用

### 8.3.1 数字印刷和胶版印刷

大部分书刊杂志都是胶版印刷的。(尽管也用其他印刷工艺,如凸印、凹印、柔性版印刷,但是使用并不算多。排版与图形[6.13]一章对这些印刷工艺有详细的讨论。)但是有些书籍印刷领域,数字印刷(包括碳粉印刷工艺、喷墨打印和其他无需制版的印刷)开始成为胶版印刷重要的竞争对手。重要的基于着色剂的打印设备供应商包括施乐、海德堡、惠普/Indigo、Oce、Xeikon,以及 IBM 公司。在喷墨打印设备方面,只有一家重要供应商即 Scitex 数字印刷公司,但是其他公司正试图进入这一领域。

为了理解胶版和数字印刷的竞争,有必要了解两者在以下各方面的区别:质量、速度、灵活性、成本以及操作因素。

#### 1. 质量

尽管碳粉和喷墨打印机的打印质量肯定不如胶版印刷,但是这种状况正在改善。现在,最好的以着色剂为基础的打印机的打印效果已经赶上了胶版印刷的效果。一些低速喷墨打印机也能达到胶版印刷的效果。但是这种打印速度对于大量书刊杂志的印刷而言,是十分缓慢的。

2. 速度

总体而言,以着色剂为基础的机器印刷速度是无法赶上持续工作的胶版印刷机的。但是在处理短版业务时,胶版印刷在任务之间转换需要花费大量时间,这种情况下,以着色剂为基础的印刷机就比胶版印刷机要快一些。像 Scitex 数字印刷机的速度就比以着色剂为基础的印刷机要快得多,在印刷速度上它能够直接与胶版印刷展开竞争。

3. 灵活性

每种手段都会有一定的灵活性。胶版印刷在纸张、墨水(包括专色和)以及装订手段的选择上具有灵活性。而数字印刷则能根据要求改变页面形式。

4. 成本

胶版印刷开始的时候成本较高,因为必须制版,而且在正式印刷之前还要浪费一些纸张。胶版印刷的装订费用(印刷书贴、折叠、整理、装订、裁边)也会比数字印刷的成本高,因为后者不需要大型的书贴,也没有相应的整理工作。但是,现在每张纸的胶印成本比较低,而这是数字印刷的主要成本。因此短版书数字印刷更经济,长版活胶印更划算。两者的交汇点在 200 到 5 000 份之间,具体还取决于所使用的设备。

5. 操作因素

总体而言,胶版印刷需要经过严格训练的工人,还有对工作环境也有一定的要求。胶版印刷的效果取决于工人的熟练程度。数字化印刷对操作人员的要求没有那么严格,而且结果差异性不大。它能在类似办公室的环境下运行。这些差异意味着,假如设备的速度相若,那么数字印刷机用于印刷也许更加有效和精确。

### 8.3.2 按需印刷

POD 有很多意思,在此处我们选取最为狭窄的一种意思,即:应某个最终消费者的要求而印刷文件。这个定义就对 POD 和“短版活”(见短版活[8.3.3]的讨论)进行了区分。POD 的例子如推土机生产出来以后制作一本推土机使用手册,或者为等在店中的顾客印一本书。按需印刷是两种印

原因是组织上的而不是技术上的：短版印刷不需要新的购销方式和印件管理方法（如 POD 那样），它也不需要新技能以及用新方式联系顾客（就如时效性数据印刷那样）的新方式。对于从胶印转向数字短版印刷的印刷厂家（和他们的顾客）而言，各种关系和流程都没有什么改变。

在过去几年中，新的数字印刷技术仍在持续发展，速度越来越快，成本越来越低。这使得数字印刷和胶版印刷相比越来越具有竞争性。最经济的短版印刷的印量越来越大。最终（大概 10 ~ 20 年之间），每页印刷成本将趋同，数字印刷将完成大部分印刷任务。到那时就没有必要再区分短版印刷和其他印刷了。

## 8.3.3 个性化和定制文件

定制文件以及个性化服务是数字印刷的特殊长处。定制文件一般是为小范围内的读者所准备的，而个性化文件则更加特殊。用胶版印刷为几百名用户生产定制文件是可能的，但是更小的印量必须使用数字印刷。

具体印刷定制文件要比创作文件内容容易得多，而成本主要集中于后者。图书定制出版的成功例子相对较少。其中最值得注意的例子是大学课本的定制。多个出版商，以麦格劳-希尔的 Primis 项目为先锋，建立了各个学科领域的内容仓储。教授逐渐地为他们的课程选择想要的内容，并制作定制图书。这样做所需要的技术已经存在了大约 20 年，并且也有一些成功的实例，但是这种定制出版仍不普遍。事实证明，建立资料库（尤其要获得许可并处理内容的版税事宜）是最困难的事情。定制出版另外一种较为常见的应用是生产数据库的副产品。如为一家公司从名录中撷取与某个行业相关的数据制成子名录，以便让他们在行业展览上散发。

个性化印刷很少用于书籍。有时候，每册定制出版的课本都要印上学生的名字，这只是个性化印刷的一个小例子。个性化的儿童读物，里面通常有小孩的姓名以及其他一些信息（如宠物的名字、小孩所在的街道等）还是很常见的。有时候甚至孩子的照片都扫描并用作全书的插图。

## 8.3.4 万维网的作用

多方面的因素使得万维网成为出版行业的潜在竞争对手。但是万维网也是有些印刷方法的主要促进者。在讨论 POD［8.3.2］的时候，注意到交易成本是图书按需印刷能否赢利的关键因素。顾客从万维网订购图书的成本极低，因为顾客制定了图书送货地址、付款方式等。同样的，如果从网上订购图书，定制和个性化图书出版可能获得更大的利润。

万维网同样在简化书籍出版流程中发挥作用。最显著的例子就是为小型出版商和自费出版者提供的图书生产服务越来越多。这些服务公司倾向于使用万维网来完成与客户之间几乎所有的互动，包括投标、签合同，以及接收完成的手稿和插图等。

## §8.4 现有的印刷系统

### 8.4.1 馈纸式印刷机

这是最普通的数字单页打印设备。它们没有滚筒式的机器速度快，但它们是最灵活的一种机器，并且价格低廉。第一台商用数字打印设备是1970年代晚期的激光单色打印设备。直到1990年代，彩色的数字打印设备才渐渐投入商用。

#### 1. 单色馈纸式打印机

1976年，最初的两种高速数字印刷机被引入。它们在基本的激光印刷功能上是一致的，但是在执行上两者有很大区别。更重要的是由这两种机器分别引导的市场是完全分割的。只是到了现在，在25年以后，它们才融合成一个完整的市场。

(1) IBM 3800

首先介绍的是IBM 3800。在那个时代，它的速度是惊人的，达到了215 ppm。但是，3800对出版业的影响比较小，这有很多原因。其中的两个重要原因是它只有240 dpi的低分辨率，还有它所带的字体是远远不够的。3800尽管没有将出版印刷放在其功能的第一位，但是它取代了连接电脑的针式打印机。这一点它做得很成功。在它出现的时候，所有大型机的印刷输出都是依靠机械式打印机——链式打印机、列式打印机、字轮式打印机，以及其他一些同类打印机。它们噪声很大，不具有灵活性以及工作不稳定。在销售这种机器的 13 年间，IBM 共卖出 8 000 台 IBM 3800。这些先进的机器改变了数据中心，并且其下一代产品改变了办公室的工作。

（2）施乐 9700

出现在 1970 年代的另一种激光打印先驱是施乐 9700。它不像 IBM 3800 那样，制造的目的是为了取代某种设备，印刷速度达到 120 ppm，分辨率达到 300 dpi，并且能使用任何一种能进入它内存的字体。唯一的缺陷是同一字体的不同字号被视为不同的字体，而且字号越大，它所需要的内存也越大。当印刷文件的时候，可以同时下载字体。

9700 以及它的改进产品（直到苹果公司的 LaserWriter）改变着出版和印刷行业。如同 IBM 3800 给整个印刷业带来了巨大的改变一样，施乐 9700 开创了文件和出版的激光印刷行业。（直到今天，在高速印刷市场上，这两者还是没有完全融合。）

就像其他设备一样，9700 只是文本打印机器。它所能打印的图形文件就只是一些由特殊“字体”组合而成的很小的商标和黑白图片。这些局限性都是由当时的技术造成的，具体说就是由于随机存取内存（RAM）的高成本造成的。9700 是最理想的高清晰文本文件打印机器，保险行业是其最佳的使用领域。它能打印单份客户文件以取代手工填写过程。

但是 9700 以及它的换代产品也有一些缺陷，即如果它们要用于出版行业的话，还需要很多计算机基础设施。

（3）PostScript 和 DocuTech

在 1985 年 PostScript 激光打印机诞生之前，每种品牌的激光打印机都有自己的语言以描述页面内容，并且支持激光打印机的软件都非常复杂和昂贵。它最终结束了描述语言纷繁杂乱的状况。但是直到好多年之后，计算机的性能终于可以驾驭高速印刷机了，PostScript 才具有了实际意义。

1990 年，施乐发布 DocuTech。这种机器在 1990 年代占领了整个单色数字印刷市场。它的速度是 120 ppm，最初定位是高级复印机。但是很快施乐就为其添加了 PostScript 功能，这样它就成了高速数字印刷设备。施乐开始用这种 DouchTech 来大量取代单色胶印设备。这种设备引进了不同速度范围的新模式，DocuTech 6180 机型的速度最高，达到 180 ppm。它一直是速度最快的能够双面打印的数字馈纸式印刷设备。

尽管柯达生产出速度为 110 ppm 的设备，但是施乐的系列产品仍然具有竞争力。直到速度为 150 ppm 的海德堡 Digimaster 9150 和速度为 155

ppm 的 Oce VarioPrint 5160 诞生，施乐系列才在 2002 年的秋天感到了竞争的压力。

(4) 今天的市场

施乐一直占领着高速单色馈纸式激光印刷机市场。除了海德堡以外，还有一些设备供应商的速度为 100 ppm 的印刷设备寻求进入胶版印刷退出以后的市场。有些设备在价格上极具优势，很显然这能够大大地降低初期投资和每页纸的高速数字印刷成本。

DocuTech 和其他机器的竞争得益于复印技术的提高。它们都使用感光硒鼓或色带，并且使用激光或者发光二极管（LEDs）来创建要印刷的图形。大部分制造商（海德堡是个例外）都同时活跃于打印和复印市场。

有一种游离于主流单色馈纸式打印机之外的机器，那就是 Delphax Imaggia。它是专门用来检查印刷的设备，印刷速度比所有同类型机器都快，但是它只能单面打印。它能用磁性油墨印刷，并且能够在很多不同的材质上印刷。它使用叫做电子束放射（electron-beam）成像技术的特殊的 Delphax 图形技术。

### 2 彩色馈纸式印刷

最早的彩色数字打印机都是在彩色复印机的基础上和电脑界面结合而成的。它们的速度和图片质量并不尽如人意，高昂的成本也使它们不可能用于任何出版领域，而只能用于初期的打样。1933 年，Indigo 和 Xeikon 公司开始改变这种状况。Xeikon 公司滚筒式印刷机将在下面的章节[8.4.2]进行讨论。Indigo 公司的 E-Print 1000 是速度为 17 ppm，使用液体着色剂的印刷机。从一开始，它的图形打印效果就能和很多胶版印刷的效果相抗衡。

在 20 世纪 90 年代，复印机公司开始拓展其办公室彩色打印市场。佳能公司为它基于复印机的 CLC 系列找到了公司市场，这些机器的打印速度很快（50 ppm），但是打印的图形质量赶不上 Indigo 的设备。佳能产品广泛用于公司和快速打印的环境。

施乐同样也推出以复印为基础的打印设备进入公司市场。但是在 90 年代晚期，它推出 DocuColor 系列以后，就开始更关注高质量的出版印刷市场，这将和 Indigo 发生竞争。更进一步，它推出了 iGen3 型印刷机，这是专门设计用于和胶版印刷抗衡的设备。2000 年，该机器的模型在重要的国际印刷行业展览德鲁巴（Drupa）上展出，次年该设备正式推出。2002 年末，这种 100 ppm 的设备开始投入批量生产。

与施乐的发展相似,海德堡和柯达公司也开始研制与胶版印刷竞争的设备。NexPress 2100 首次亮相于 2000 年的德鲁巴展会, 2001 年这种速度为 70 ppm 的设备开始发售。

与此同时,Indigo 公司并没有止步不前。它正在改进机器的品质和速度,并研发出可以在塑料上印刷的滚筒式印刷机。Indigo 里程碑式的发展是 2001 年时为惠普公司所收购。这为其发展提供了资金和市场支持,并且有望在将来实现简单化的、低成本的生产制造。

这样,在 2001 年秋,馈纸式数字印刷机市场的结架基本如下:惠普的 Indigo、海德堡和施乐三家公司彼此竞争,以争夺传统胶印市场的份额。这三家公司资金雄厚,市场广阔,设备精良。接下来是由佳能、夏普和柯尼卡、Oce、Minolta 组成的梯队,它们关注公司市场以及低质量胶印市场的份额。

这些都是以碳粉为基础的设备,绝大多数都是用感光硒鼓或者色带配合激光或发光二极管来进行成像。唯一的例外是 Oce 的 CPS700,它利用感光硒鼓上的环形电极成像。而且它在七色碳粉的选择上也与一般设备不同。但是迄今为止它的市场有限,原因是其相对较低的速度(25 ppm)和高昂的价格。

### 8.4.2 滚筒式数字印刷

对于真正的高速印刷,滚筒式机器是很有必要的。送纸困难是印刷速度无法提高的主要问题,因此没有哪种馈纸式印刷机的速度能达到 180 ppm 以上。但是滚筒式印刷机却比这要快得多。有些速度能达到 750 ppm 或者 1 000 英尺/分钟,相当于每分钟印刷 2 000 张信纸。

但是滚筒式设备使用纸张也有缺陷。每次只能使用一种纸,中途换纸需要重型设备以及较长的停顿时间。但只要将纸换好,它能持续工作很多小时。

滚筒式设备,特别是最高速的那些,面临着数据处理的特殊挑战。现在大部分出版行业的印刷文件都是 PostScript 或者 PDF 格式。但是这就需要一两秒钟的时间把文件内容转换为一个一个的点,以便印刷机最终合成图形。照片需要更多的处理,如果每页的处理都需要 1 ~ 2 秒时间,那么这个过程就成了瓶颈。同样从电脑向打印机传输信号则是另一个瓶颈。

为解决这个问题,尝试了很多方法,如同时处理多个文件、同时传输多个信号、提前对文件进行处理等。使用更为简单的语言也是一个解决办法。施乐的 Metacode、IBM 的 AFP/IPDS，惠普的 PCL 都比那两种文件格式要快。也因此它们至今仍能广泛运用，尤其是在非出版行业。由于一般电脑芯片处理速度的提高要快于最快的印刷机印刷速度的提高，这个问题逐渐就会自行解决。

尽管馈纸式印刷机和复印机有很多相同之处，并且其设计也依托于复印机，但是滚筒式印刷机运用的是和馈纸式印刷机完全不同的印刷技术。

### 1. 单色印刷机

大部分滚筒式印刷机都是单色印刷机。它们主要用于单据印刷，这项业务进行了很多年，但是单据并不是一个可以增长的市场，所有的企业都在寻找新的商机。现在大家都集中在短版书印刷市场上。其他重要的市场包括个性化的直邮印刷服务、个性化的文件市场（如票据、信用卡）等。

(1) IBM

多年以来 IBM 公司一直活跃于这个市场。它曾一度占据数字印刷的主要市场份额。最近几年，IBM 公司印刷系统部门的主要精力集中整体解决方案的销售，它包括咨询、软件开发和其他综合业务，而印刷只是其中的一部分。也就是说对于旨在购买印刷机的投标项目，IBM 不再参与竞争。IBM 最新的滚筒式印刷机是 4100，它能以 762 ppm 的速度工作，这是最适合书籍印刷的。

(2) Oce

IBM 的收缩使得 Oce 获得了更大的市场空间。最初它只生产和 IBM 兼容的打印设备，现在它开始生产滚筒式机器以用于多种环境，比如书籍印刷。它已经成为滚筒式印刷机的主要供货商。它的 VarioStream 以 1 273 ppm 的速度工作，用于许多按需印书的生产设备当中。

(3) 施乐

尽管施乐专注于馈纸式印刷机的发展，但它同时也有滚筒式产品。它曾经提供由 Delphax（见以下章节[8.4.2.1.5]）设计的印刷设备，因为当时施乐是它的股东之一。Delphax 被 Check Technology 公司收购以后，施乐又转向其日本的分包商。施乐的 CFD 模式印刷速度能达到 1 000 ppm。

IBM、Oce 和施乐都在滚筒式印刷机中使用传统的感光硒鼓或者色带以配合激光或二级发光管成像。但是其他一些滚筒式设备都使用不一样的技术。

## §9.2 什么是多媒体

### 9.2.1 一个简短的定义

多媒体. 主条目:mul·ti·me·dia;词性:形容词. 日期:1962:使用、涉及,或包含几种媒体(多媒体学习方法)

——《韦氏大学词典》http://www.m-w.com

多媒体是将不同的媒体种类在个人电脑上融为一体呈现出来。这个术语是指基于个人电脑的集文本、声音、图像、动画和图表于一体的出版产品。

就本书而言,互动多媒体指不同媒体种类叠加和融合为文本文件。关键参数是使用者是否是读者,内容是否用于阅读而不是像游戏般的观看或使用。多数电视新闻或购物频道在屏幕显示图像、声音和动画,加上图表和文本。但电视或多或少是一种积极的观看,不是阅读。

## §9.3 多媒体决策

决定使用某种出版形式需要考虑受众对象和内容特点。一本书的作者、编辑和出版者决定出版形式,是在文本中还是在某个单独的部分使用图片,是否使用不同的纸张。那些图像是否需要用彩色打印或涂上颜料?某一图表或地图是否必须打印而且折叠起来用作插页?那本书是否包含光盘,而光盘又该怎样附加?那张光盘是否需要封印,打开它就表示用户同意接受最终用户许可协议(EULA)?信息沟通的需要以及技术和资金的限制都影响着如何做出上述决定。多媒体出版也需要考虑这些问题。文本中的图片是独立于图书,还是作为图书的附件(如旅游指南中的地图)?所有适用于传统出版的法则和常识同样适用于多媒体出版。另外,出版商需要认真考虑进军多媒体出版的直接或间接的经济影响和利益。

## 9.3.1 决策标准

要评估出版项目是否应该使用数字多媒体，当事人需要明确各种利益。作者、编辑和出版商需要同时回答下列问题：

* 增加声音和图像是否有助于关键信息的传递？
* 目标读者群是否拥有必要的软硬件？
* 生产和/或授权成本是否在预算限制和生产进度允许的范围之内？

除非是第一个多媒体出版项目，否则出版社内部应该已经积累了一定的相关专业知识，而且可以向专家咨询有关的设计和技术开发问题。拥有这些资源对于多媒体作品的成功出版至关重要。

某项目特有的一些方面会促使作出在文本基础上增加其他形式媒体的决定，接下来的章节将深入讨论不同的媒体形式在生产工艺和产品概念上的不同。

多媒体通常是某种媒体（本文中为文本）的延伸。通常在午饭时间所播放的电视经济新闻，超过屏幕 50% 的范围显示的是文本，同时带有股票行情自动收录器、动画标题以及显示说话人头像的小窗口，这种新闻通常是在办公室自助餐厅里观看的，声音被关掉，这种形式不能被视为多媒体，它只是单一媒体，因为不具有交互性。演示经过了充分的整合，它被认为是一种媒体，即便是很糟糕的演示也是如此。在多媒体中，如果是在文本中添加了音频或视频，这种情况下，很明显主体是文本，而声像只是附属。出版商最常用的就是这种安排。添加了文本的视频属于视频产品的范畴，遵循另外一套规则。

### 1. 增加声音和图像是否有助于关键信息的传递

对于这个问题的回答取决于文本内容、文本目标和预期读者群。声像的增加可能有利于丰富读者的感受，有助于他们更好地理解内容，或者传递单独依靠文本不可能传递的新信息。与挑选表格、图表或照片用于印刷出版的书籍时需要仔细审查一样，在添加图像、声音或其他形式的多媒体元素时也需要进行同样的审查。

多媒体元素的增加是否会影响阅读使阅读过于复杂呢？声音和图像是以时间为基础的媒体类型，它要求读者暂停阅读行为以体验声音和图像所带来的感受。

旅游指南中某景点的快速视频展示是非常有用的，用图像播放走在海滩上的游客，但没有进一步的解释，这种形式会令读者很失望，因为读者无法获得该景点的其他信息。交互式地图可以让读者找到快速视频中展示的景点的位置，这种情况下该地图就成为非常有价值的参考工具。

同样，关于当地音乐的声音片断要比旅游经理滔滔不绝地重复印在文本中的介绍有用得多。在语言学习指南中，如果创作时考虑到将来可能的使用方式，那些声音注解就会变得非常有用。可以考虑采取下述步骤：不是增加单个单词或者词组的声音片断，而是创造读者可以运用印刷文本中口语单词的环境。这样声音就不仅是附加物，而是学习过程中的有机构成元素。然后再加进一个程序，让读者可以录下自己的声音并和标准语调进行比较。在文本中所增加的图像、声音或者其他元素应该很好地和该书的信息融为一体，并有助于该书信息的传递。

### 2. 目标读者群是否拥有必要的软硬件

声音和图像资料的播放需要其他硬件资源。图像资料的使用需要显卡，它要有足够的视频内存(video RAM)、处理能力，以及满足最低色深、分辨率和刷新率要求的显示器。视频资料越大，每秒钟运行的帧数就越多，所要求的资源也就越多。

可以假设，在过去三年中所买的普通电脑，只要它们设置正确，并且几乎没有或者只有很少几个其他程序，那么它们都会支持视频输出以及音频的输入和输出。资源共享可能比较棘手，如果你的应用程序需要该电脑所有的视频内存，这个时候就需要提醒读者在播放视频时释放必要的资源。当今的电脑显示器非常适合播放视频，但通过电脑扬声器来播放音频文件还不尽如人意，需要有附加的声音设备，同时麦克风也必不可少。

如果为高端受众制作多媒体辅助的图书(例如专业音乐或者视频指南)，这种情况下告知目标读者群使用该书的硬件要求就非常必要。如果是一本音乐百科全书，可能要求一个 midi 界面和其他专门的设备。如果是语言课程，可能要求一个头戴式麦克风组合，这样就可以在听的同时进行录音。

任何情况下，数字出版中多媒体的最低软硬件要求应该明确标明，处理器速度、屏幕尺寸以及所支持的操作系统也应该一并标明。

### 3. 生产和/或授权成本是否在预算限制和生产进度允许的范围之内

书籍和杂志出版的预算和电影拍摄的预算不在一个档次。无论是通过授权取得电影和音频剪辑权，还是计划自己创作，都要在整体预算中考虑到预期成本及计划创作所需的时间，还得考虑和授权者谈判所需要投入的时间和精力以及在创作、编辑以及测试附加的多媒体元素时所需要付出的团队努力。增加的多媒体元素越多，出版物就越大，发行成本也因此会受到影响。

根据出版目标确定所需各种元素的以目标为本的方法，成为面临多种选择时平衡成本/收益的基础。

印刷出版中经常提到“引用”，但在视频和音乐行业，对这一概念的理解却有所不同，对于合理使用的定义也有很大的不同。有关合理使用的详细介绍，请参照法律框架章节[13.1.7]。

### 9.3.2 扩展媒体——出版商所获利益

在致力于添加多媒体因素以提高竞争力之前，传统出版商需要非常清楚公司可能因此获得的利益。如果拥有必要的设备，将印刷书籍转换为电子书就相对比较简单，而电子书的发行则可以交给该方面的专业公司。但对于出版方和作者而言，添加多媒体要求完全不同的专业技能。

专门出版自助和入门指导书籍的出版商在出版成套多媒体书籍时，他们的目标和那些将大量书籍由印刷版转换为电子版的出版商的目标是不一样的。

### 9.3.3 多媒体相关背景介绍

“多媒体”一词一直指的是多种不同方式的解决方案。这些方案中的各种要素通常没有很好地结合，而且最初也并没有打算结合在一起，不过尽管如此，它们还是使得产品最终的信息含量大为增加。

20 世纪 60 年代，“多媒体”指的是用多个幻灯片投影仪来展示文件，这些投影仪都和某一控制设备连接在一起，这个设备又由带有控制信息的声道驱动，提示何时该切换到哪个幻灯片。到了 20 世纪 80 年代苹果公司开始用多媒体，即在电脑播放中将视频和音频文件结合在一起，这在当时是一种新做法。光盘就成了可供选择的信息存储和转换手段，到 90 年代初，各种各样具备多媒体特色的产品开始投入各类市场。因为多媒体产品要求复杂的软硬件，而且开发的产品没有一个明确的目标，那时开发成功的产品创作。某帆船的多媒体营销文件可以随机播放不同的视频剪辑,割草机的培训手册可以将相同的文本内容和不同的动画结合在一起,这些动画可以根据型号来展示如何使用割草机刀片。

音频和视频也可以以不同的尺寸和质量出现。这对于涵盖不同的硬件环境或者不同的阅读情境非常有用,因为有的阅读情境要求一体化的视频或者全屏视频,但在其他情况下却不必实现这些功能。

时基媒体(time-based media)的控制在大多数情况下模仿录像机按钮的排列方式设计。尽管这不是控制多媒体内容的最佳方式,但已经成为大家所接受的标准了。除了箭头式控制按钮,"梭形控制按钮"在时间轴上显示为指针,它允许随机存取内容,给用户一种位置感。

## 9.6.8 超链接和非线性文本

电子文本与纸质文本的线性形式有本质上的不同。传统的书和电子书相比,可以以更快的速度翻阅完,并且读者对内容的空间布局可以有一个更好的认识。电子书更适合随机阅读,因为电子书的搜索和浏览功能可以提供传统的纸版书籍索引所不能提供的信息阅读方法。

超链接将文本的不同部分和多媒体的不同元素连接在一起。超链接和超文本[4.5]的相关论述参见组织、编辑和内容链接这一章。多媒体内容可以通过超链接连接起来,然后自动在书中以单独窗口的形式播放,也可以独立于书籍播放。

## 9.6.9 标准化

多媒体出版物要遵循音频和视频方面的很多标准。运动图像专家组(MPEG)制定了一系列数字压缩视频和音频的标准,这些标准已经成为很多正在使用的媒体格式的基础。表 2 总结了几个相关的标准。除此之外,很多公司开发了专用格式,他们声称这些格式可以提供更好的压缩率以及更好的声音和图像质量。

无论是用 300 兆的磁盘空间来存储还是通过网络传输 10 秒钟的 NTSC 制式电视,都需要压缩音频和视频。这种压缩办法是有损耗的,在压缩过程中会导致一些不相关的图像和声音信息的丢失。

MPEG-1 和 MPEG-2 是专为压缩标准化的目的而开发的。由于 Napster

的兴衰，MP3 已经成为家喻户晓的名字了，MP3 是 MPEG-1 的一部分，表示 MPEG 1 的第三层。

数据速度、数据格式和压缩方法是 3 个最重要的参数，但新标准也涉及媒体整合和媒体元数据。这些参数对出版商有特殊意义，因为这些参数规定了不同的媒体类型整合为出版物的方式。

目前还没有用户界面和媒体控制的标准。在适当的情况下，屏幕上使用的是录像机的控制按钮界面。

MPEG-4 是继 MPEG-1 和 MPEG-2 之后开发出来的，是 MP3 音频爆炸式的发展之后产生的技术。和 MPEG-1、MPEG-2 一样，MPEG-4 包含音频和视频技术，可以将大型的数字文件压缩成小文件以便于网络传输。

苹果的 QuickTime 和 Real Networks 都认可 MPEG-4，微软还将 MPEG-4 要素融合到他们的 Media Player 中。微软正在推广他们的专用格式，声称可以保证更好的质量和更高的压缩率：压缩后的文件质量仍然和最初的文件差不多，但大小只有 MPEG-4 的一半。

**表 2　音频和视频压缩标准**

| | |
|---|---|
| MPEG-1 | 视频 CD 和 MP3——将活动图像和与之匹配的音频编码，以 1.5Mbit/s 的比特率存储在数字媒体中 |
| MPEG-2 | 数字电视机顶盒、DVD——对活动图像和与之匹配的音频进行通用编码 |
| MPEG-4 | 固定万维网和移动万维网的多媒体——能够整合生产、发行并控制内容的存取 |
| MPEG-7 | 描述并搜索音频和视频内容——"多媒体内容描述接口"——"能够在某种程度上解释信息含义的多媒体内容数据，它能通过设备或者电脑编码来传递或存取（马提内斯，2002） |
| MPEG-21 | 多媒体框架（2000 年开发）——"以内容创作者和内容消费者为焦点的开放式多媒体传输和消费框架。此开放框架为内容创作者和服务提供商在靠 MPEG-21 驱动市场上提供了平等的机会。这也同样有益于内容消费者，使他们能够以互操作的方式访问大量的内容。"（伯曼斯，2002） |

MPEG-21 正在尝试将多媒体内容融入到电子出版物中。W3C 也在 XML 的基础上开发了同步多媒体集成语言（Synchronized Multimedia Integration Language，SMIL）。W3C 于 2001 年 6 月开始推荐使用 SMIL。万维网的创建者和 W3C 的主任蒂姆·伯纳斯-李提到，"SMIL 可以让作者以容易编写和重复利用的格式创作网络内容。SMIL 2.0 克服了传统电视的

要确保你的出版物方案可以满足目标读者不同的使用要求，包括在图书馆内使用、借阅、零售、及时更新相关内容，以及在教室或者在严苛的条件下使用。

除此之外，在制作出版物时，如果要让每个人都可以取阅，还要考虑《美国残障人士法》第508条款以及其他各种为方便残疾人士取阅内容而制定的法律。多媒体扩展可以让残障用户取阅出版物内容，如果在其中加入类似盲文或者文本转声音的功能就非常有利。在可访问[7]中将深入讨论这些问题。

## §9.8 结语

多媒体无疑已经成为数字出版未来走向的航标灯，它显示了一种新的、令人激动的表达方式出现的可能性。随着多媒体越来越为大众所接受，它将完全融合成为新媒介。这种新媒介不仅仅局限于电子书，而且它将为文化传承创造一种全新的媒介。

感谢莎拉·安娜斯塔西娅（Sarah Anastasia）、丽蓓卡（Rebecca）和缪娥勖（Moishe）对本章写作的支持和贡献，也感谢14年来鲍勃·斯坦恩（Bob Stein）在与我共同从事多媒体和电子出版过程中体现的灵感与创意。

**参考文献：**

Bormans, Jan, and Keith Hill, eds. "MPEG-21 Overview v. 4." International Standards Organization. 2002. http://mpeg/telecomitalialab.com/standards/mpeg-21/mpeg-21.htm

Bringhurst, Robert. *Elements of Typographical Style*. Vancouver: Hartley & Marks, 1992.

Brody, Florian. "Interaction Design: State of the Art and Future Developments." In *Multimedia Graphics: The Best of Global Hyperdesign*, edited by Willem Velthoven and Jorinde Seijdel. Chronicle Books, 1996

——. "The Medium is the Memory." In *Digital Dialectics: New Essays on New Media*, edited by Peter Lunefeld. MIT Press, 1999

Cooper, Alan. *The Inmates are Running the Asylum: Why High Tech Products Drive Us Crazy and How to Restore the Sanity*. Indianapolis: Sams Publshing, 1999

Gross, Phil, and Michael Gross. *Macromedia Director 8.5 Shockwave Studio for 3D: Training from the source.* Berkeley: Macromedia Press, 2001

Laurel, Brenda, ed. *The Art of Human-Computer Interface Design.* Reading, Mass.: Addiosn-Wesley Longman, 1990

Levy, David M. *Scrolling Forward: Making Sense of Documents in the Digital Age.* New York: Arcade, 1990

Mariano, Gwendolyn. "Tech Giants Push MPEG-4 Standard." CNET News.com. October 4, 2001. http://news.com/2100-1023-273966.htm

Martinez, José M., ed. "MPEG-7 Overview (version 8)." International Organization for standardization. 2002. http://mpeg.telecomitalialab.com/standards/mpeg-7/mpeg-7.htm

Packer, Randall, and Ken Jordan. *Multimedia: From Wagner to Virtual Reality.* New York: W. W. Norton, 2001. http://www.artmuseum.net/w2vr/

Pine, B. Joseph II, and James H. Gillmore. *The Experience Economy: Work is Theatre and Every Business a Stage.* Boston: Harvard Business School Press, 1999

Powell, Thomas A. *Web Design: The Complete Reference.* Berkeley: McGraw-Hill Osborne, 2000

Reinhardt, Robert, and Snow Dowd. *Flash MX Bible.* Indianapolis: John Wiley & Sons, 2002

Rosenzweig, Gary. *Special Edition Using Macromedia Director 8.5.* Indianapolis: Que, 2001

Vaughan, Tay. *Multimedia: Making It Work, 5th Edition.* McGraw-Hill Osborne Media, 2001

Watrall, Ethan, and Norbert Herber. *Flash MX Savvy.* Alemeda: Sybex, 2002

World Wide Web Consortium (W3C). "Synchronized Multimedia Integration Language (SMIL 2.0)." August 2001. http://www.w3.org/TR/smil20/

——. "World Wide Web Consortium Issues SMIL 2.0 as a W3C Recommendation." August 2001. http://www.w3.org/2001/08/smil2-pressrelease

更加全面而且能链接到所有相关的信息和观点。各种网络信息出版商都要事先决定:发布多少材料,站点上材料的更新频率,以及与网络上其他材料链接的情况。

其次,网络创造了瞬时出版和联合供稿(syndication)的机会。在某种程度上,任何地方都可以立即获得新材料。甚至在一个较小的网站内,许多材料间都是相互链接的。出版物的主页可以链接到里面的文章。类似地,出版物中的文章标题和优惠广告可能出现在主页、新闻摘要栏目和网站的其他位置。同样的标题和广告还有可能链接到其他相关网站,或通过电子邮件与远方的读者连接起来。当然从大范围来说,新闻服务、财经报道服务等联合供稿的范围更大。因此,能立即在不同地方提交、更新和维护内容、链接的自动出版就成了当务之急。

除了那些规模很小的出版物或机构,读者的期望值和瞬时更新、存取这两种因素的共同作用让网络出版过程复杂化了。为了回应这些压力,不同类型的出版商都求助于内容管理技术。由于拥有更多投稿人和内容,大公司对该技术的需求更为迫切。

### 1. 维持一致性变得更加复杂

在网络上做过出版活动(即便是最小规模的)的机构都知道,最难的事情在于细节。其实所有出版活动莫不如此。品质来自每个阶段对细节的悉心关注,从调查、写作、编辑、页面制作、版面设计与制作,一直贯穿到发行。高质量的网络出版包含所有这些方面,此外还要处理网络作为呈现介质所独有的变数。包括:

(1) 对精确显示的掌控不足。印刷材料的出版商能掌控最终书稿的外观。质量检查和控制常常一直贯穿到印刷和包装阶段。网络则呈现了一个截然不同的过程。在这个过程中,实质上内容常常以原始形式传播,而且,因为不同电脑使用不同的操作系统和显示软件,每一页在不同电脑上的显示也大为不同。HTML 页面尤其如此。甚至在应用样式语言如层叠样式表(cascading style sheets/CSS)[3.2.4.1]时,电脑可能会以不同字体显示。而电脑显示器的尺寸和设置也可能导致显示不同的版面布局,甚至不同的颜色。最近,小巧的手提装置(如个人数字助理)已经成为连接互联网的流行工具。因此,如果出版商(尤其是那些想让用户在其站点"查找"信息的出版商,即使用户不大可能广泛地阅读其出版物)意识到有一个阅读群体在使用这些装置,他们就需要上传他们站点内容的修正版,以便适合那些功能不强的小设备。

(2) 链接。从根本上来说,网络上的内容是互相链接的。这些链接需要创建和维护。即使在一个较小的网站,链接也会过期,它们需要更新。

(3) 不同的阅读体验。印刷材料的出版商为这样一些读者效劳——一般来说,他们的阅读习惯已经为人充分理解并且可以预测。例如,大学课本一般都是按照逻辑单元(如章)来安排的,勤勉的学生会标示相关章节并加上旁注。在网络上,阅读尚未得到很好的了解和预测,所以出版商面临着提供多种模式来尽可能满足不同需要的难题。如果一些用户想将材料打印出来阅读,出版商要使之简单可行;同时,如果其他用户想在屏幕上阅读材料,出版商就得留心怎样合乎逻辑地组织材料,以便在屏幕上也能很顺畅地阅读。

(4) 导航(navigation)。印刷材料总有明显或者不太明显的导航部分。它们包括印刷材料本身的物理特征,如页数和纸张的尺寸。材料按照逻辑顺序编排成章、节和小节,细节性的印刷特征如标题、页码等进一步强化着这种编排。所有这些都能引导读者。对于印刷材料,有经验的读者一般都知道如何使用索引和目录等辅助手段找到自己想要的内容。网络出版商不得不借用印刷出版物中所使用的一些手段,同时再开发其他手段来导航。因此,一些网络出版商相当依赖传统的页面设计,如将较长的材料分成若干页从前至后编排以及编写目录等。不过很早以前,网络出版商就用更为复杂的目录来揭示更深层次的结构,并实现目录与正文之间的自动链接来加强导航。由于整个网络上资料数量庞大(即便是个人网站资料也很多),网络出版商和用户十分依赖搜索引擎的帮助。这些搜索引擎在不同程度上成功地将读者引导到他们感兴趣的资料面前。考虑到不同读者的不同需要和习惯,以及一些导航方法内在的缺陷,网站大多综合使用这些导航方法。

(5) 个性化定制(personalization)。迄今为止,在为数不多的情况下,网络出版商已经成功地根据读者的需要为他们定制网络资料。有两种个性化定制方式:

显性个性化定制(explicit presonalization)是指网站出版商直接要求读者列出爱好与兴趣,然后尽力使自己提供的资料符合读者口味。站点http://my.yahoo.com就是一个广为人知的显性个性化的例子。用户可以登录到这个网站,从众多选项中定制每日新闻标题、体育新闻标题、当地天气以及健康、个人理财和购物等个人特别感兴趣的内容。

样不是更有意义吗？这是内容管理技术和有系统的步骤帮助网络出版自动化的简单例子。

除了内容，网站投稿人数也推动了对自动化的需求。当更多用户向站点投稿时，他们的内容修改和新稿件必须收集起来，通常还要经过评阅，然后再出版。这个过程要求高度细化的工作流程，或者专门的编辑、设计、制作和技术人员的参与；或者两者兼有；或者系统地使用技术和程序让这些过程自动化和日常化。为满足上述需求，内容管理技术通过使用一些工具，如采用表格式界面以结构化的方式记录内容，实现用关系数据库和可扩展标识语言（XML）等形式来管理内容的目标。它还可以通过评阅程序发送内容，让评阅者将已更新的内容或者新内容自动发布到网站上，或者将其发回给作者进一步修改，等等。

正如网络上的内容在增加一样，向网站投稿的人数也在增加。不论是在商业出版中，还是在公司、教育机构以及其他在网络上管理文件、产品信息等资料的机构中，情况都是如此。早期网络由一名熟练用户——网站管理员最终负责将所有内容转换成 HTML。然而，最近的网络出版惯例将内容的建立和维护推回给单个投稿人——在商业出版中是作者和编辑，在其他机构是常常被称为公司用户或知识工作者的某方面专家。结果，内容管理技术逐渐强调使用的方便性。最新的内容管理产品提供了用户熟悉的工具，如系统允许用户使用日常工作中所用的字处理程序。

### 3. 静态页面与动态页面

如上所述，网站出版商需要针对网站类型问题事先作出许多决定，如内容的范围和深度，以及多久对材料进行更新。根据站点管理方式，出版商也要考虑 HTML 页面将是动态的还是静态的。静态万维网页可以视为将“一整块布”蒙在网站，结果每个读者看到的都是同样材料的相同版本。动态万维网页，准确地说，应该是动态提供的万维网页，页面的各部分内容存储在一些系统中（如关系数据库），软件快速地收集、组织和发布页面。

（1）CGI、ASP 和 JSP。早期网站用 CGI 来生成动态万维网页。CGI 即普通网关接口，是程序员用来生成内容和通过万维网页运行程序的最早机制之一。例如，早期流行的 CGI 程序能完成这样一些任务：在页面生成的时候打印当前日期和时间，为用户输入的信息创建表格，显示某个页面的访问人次等。

不论过去、现在还是将来，人们都用 CGI 程序来完成万维网页中很复杂的任务,但是这种程序已被证明具有内在局限性,尤其当网络通信量增加的时候更是如此。每次运行 CGI 程序,它都会在服务器上建立一个新程序,这对于通信量很大的网站来说,无疑会降低数据处理效率。因此,CGI 程序不得不让位于其他一些机制,如微软开发的活动服务器页面(ASP)和 Sun 公司开发的 Java 服务器页面(JSP)。ASP 和 JSP 效率更高,而且在很大程度上更容易被创建,还允许开发人员自由混合HTML、脚本和其他能执行某种专项功能的程序,如查询数据库并显示结果。

(2) 静态还是动态? 两者兼有。在万维网发展的早期,静态/动态的问题常被视为非黑即白,但是当今网站的实际情况复杂得多。实际上,页面常常混合着静态元素和动态元素。例如,金融网站可以有静态页面——以页面形式出现的新闻档案,其中还有一个代码,它为文章中提到的公司收集和显示当前股票报价。许多站点将网络页面动态生成到服务器上的某个位置,然后以静态页面的形式保存下来,供读者查看。总之,万维网页由许多因素构成,静态和动态的区分不再十分明显。

尽管如此,作为一个词和一种技术,"内容管理"在页面提供方面渊源深远。最早的商业内容管理系统曾经吹嘘动态页面是它的一个主要功能,而且许多第二代网站直接建立在内容管理系统的动态页面基础之上。近来,其他技术承担了有关页面生成方面的任务,内容管理技术可以更加专注于内容创建、维护和增加这一生命周期的全过程。

(3) 内容管理的三个阶段。区别内容管理的三个阶段很有用。首先创建或者获得内容,然后管理内容,最后再发布或者上传内容。如今在较大的网站,常常由门户软件和应用服务器处理上传任务。门户软件的定义可谓纷繁复杂,准确地说,它是一种控制向终端用户提交内容和应用程序的软件。再次以 http://my.yahoo.com 为例,它就是一个通向用户想访问的内容和应用程序(如新闻、天气、广受欢迎的搜索引擎和指定应用程序)的门户。应用服务器是一种幕后智能引擎,它对运行在同一环境中的所有应用程序的性能和相互作用进行管理。例如,一个应用服务器可以用来集成门户软件、内容管理软件和其他关键应用软件。

* 目前,门户软件市场由 Plumtree、IBM、Sun 等软件商主宰,另有其他一些公司占有较小的市场份额。

* 应用服务器市场的两大主流是 IBM(Websphere)和 BEA(Weblogic)的产品,但 Oracle、Sun、微软等其他公司也提供应用服务器软件。

(4) 个性化。除了门户软件和应用服务器，内容管理技术还提供一种专门的页面生成技术，即个性化定制。一些软件商提供专门的个性化定制工具，但是近来激烈的市场竞争迫使他们匆忙转向，希望产品能为更大的客户关系管理（CRM）市场接纳，耐特·帕赛逊公司（Net Perceptions）和艾迪菲（Edify）都是如此。值得注意的是，如今生产应用服务器的软件商在产品中包含了个性化定制功能，而另一些应用服务器软件商，如阿特技术集团公司（Art Technology Group），试图依靠其个性化定制工具的实力脱颖而出。

## §10.2 内容管理系统的类型

随着管理大型网站集体创作过程的系统的兴起，“内容管理”一词出现于20世纪90年代末期。这些系统将内容储存在数据库中，对与制作和维护网站有关的创作与出版过程进行管理。由于网站是超文本的集合，而不是一个单独的文件，而且这些系统管理的内容大都是网络页面的一部分，不一定是独立完整的文档，所以出售这些系统的软件商（如 Vignette、FutureTense、Interwoven 等）用“内容管理”将它们与先前出现的“文档管理”系统区分开来。文档管理系统管理独立完整的文档，而内容管理系统管理的文件常常是一个文档的一部分；至于万维网内容管理系统，它管理的则是万维网页面的一个部分或几个部分。

到2000年，万维网内容管理就已经成为一种十分受欢迎的软件，文档管理软件商（最著名的如 Documentum 和 FileNet）在他们的产品中添加了针对网络的功能，而且将自己从文档管理软件商改成内容管理软件开发商。到2002年，作为一个行业术语和软件种类，文档管理在很大程度上已经为内容管理所涵盖，此时的内容管理已经从其万维网大本营扩展到了其他媒体，尤其是印刷媒体。

在2002年和2003年，内容管理已经（或将要）扩展到更广的领域，去兼并数字资产管理和协同操作系统。同样在20世纪90年代名噪一时的数字资产管理（DAM）系统主要面对一些需存档的资料（出版者认为它很有价值，应该被视做知识资产来保护）。例如，为一本书所绘的图画可能在市场推广和销售资料中再次被使用，使用者既可能是出版商，也可能是他的销售伙伴。通过给图画存档和编制目录，出版商可以检索到原件，这样就节省了每次要用时重新创作的费用。DAM 系统擅于给媒体资产编写索引和目录，尤其是插图、照片、音频和视频，而万维网内容管理系统第一代产品对这些资产的处理并不特别突出。DAM 系统拥有广泛的搜索工具，用户界面也很合适，一旦找到符合种类或者搜索标准的资产，界面上就显示代表该资产的小图标。然而，随着网络内容管理软件市场的竞争愈加激烈，越来越多的软件商在其产品中添加 DAM 功能，从而模糊了编辑型和制作型的内容管理工具同以资产为中心的 DAM 系统之间的界限。

今天，不同类型的内容管理系统可以依据不同标准进行分类。一个标准就是它们支持的媒体类型——网络、印刷品、CD-ROM、视频或者不同媒体的合成。另一个标准是它们的价格和规模——从低端的 Microsoft FrontPage（价值 800 美元的部门版软件包）到需花费 100 万美元购买安装的高端系统。第三个标准是系统所服务的出版物类型。报纸与百科全书不同，一些系统是专门为某种出版类型而设计的。

## 10.2.1 网络导向的内容管理系统

内容管理系统最普通的类型是网络中心型，它专门为支持网站的协作出版而设计。一般来说，这些系统不能识别印刷文档，而且对预置 XML 文档的支持有限，所以不太适合作为跨媒体出版的存储库。

目前市场上有几十个商业网络内容管理系统，甚至还有几个是开放资源型的（源代码可以自由获得）。最简单的分类方式是依据它所服务的对象的规模来分类，具体为：

### 1. 部门版

低端系统一般指那些低于 10 000 美元的系统。它们为单个的小型网站而设计，这种站点通常由一个或几个投稿者所创建。在众多广受欢迎的系统中有两个特别突出，即 Adobe GoLive 和 Microsoft FrontPage——它与同品牌的 HTML 编辑工具一起出售。

拥有部门版系统，就能找到为特定情景设计的预制模板，就可以自由设计网络页面外观。但是在下列问题上，你常常会面临着限制：多少操作可以自动完成？可以定制多少产品的外观或者功能？低端产品很少有可配置的工作流程、自动操作模块或者元数据方案;并且常常限于较低价位的数据库(如 Microsoft Access)或者数据库的精简版。它们通常不发布程序接口。

### 2. 中型系统

中型系统支持大的单个站点或者几个部门站点,价格一般为 20 000 到 100 000 美元。它们支持中型数据库(如 Microsoft SQL Server),通常向投稿人提供至少一个基于浏览器的接口,而且至少允许一些用户定义元数据域。

不同的中型系统,其特点和灵活性不同。一般来说,人们倾向于赋予产品固定功能,而不愿将其做成一个工具包。随着时间的推移,产品的档次可能上升或下降。例如,Microsoft 的内容管理系统,最初只是一种并不昂贵的部门系统,逐渐地演变成能与比它昂贵得多的企业版系统相抗衡的产品。

### 3. 企业版内容管理系统

如今,所有面向大型机构的内容管理系统都具有适合网络出版的特点。然而,内容管理中带有"企业"色彩的系统强调与工业级组件的集成,尤其是数据库和应用服务器,而且有些组件可能由其他公司提供。它们有一个应用程序接口(API),程序员用这个接口将系统与机构中的其他系统连接起来。企业版系统必须灵活而且易于配置、集成,目的是让它们为机构中众多唯一的内容管理操作提供平台。同样地,开发商提供的功能与它们的实际应用,都是对其进行评估的重要方面。

尽管集成其他系统是它们的一个重要特点,高端网络内容管理系统自身还有一系列特点,它们一般提供几个编辑选项。例如,基于图表的模板、HTML 编辑工具、字处理程序、甚至 XML 编辑器。它们将万维网页分解成几个部分,每一部分有自己的格式和内容逻辑规则。它们将内容与格式分开,这样作者写作的同时,设计人员可以进行页面设置,同时在出版前预览他们所做的修改。复杂的版本控制也是系统的特点之一,通过它不仅可以对某个目标内容的历史进行跟踪,还可以及时返回到某一特定时间点的出版状态。它们允许你定义自己的角色和任务,建立基于触发器(例如任务完成)的自动寻址和网络通知功能。还有内置的全文搜索和字段搜索功能,而且配有帮助建立和获取元数据的工具。为了实现以上功能,系统会有一套与之相适应的函数库,而且该库可以被软件商、中间商或者顾客定制。

高端系统(每次安装均价超过 100 000 美元)所含有的选项还包括数字资产管理、联合供稿、统计报告和个性化定制。这类产品的主流厂商有 Documentum、Interwoven、Stellent 和 Vignette。

### 10.2.2 基于XML的内容管理系统

有几种CMS产品从一开始就基于以下设想:文本文档用XML标注,而不是用HTML。相较于以万维网为中心的系统和特定类型的系统,基于XML的系统不是特别针对某种媒体或类型,它们的目的在于支持跨媒体出版。这些系统(如XyEnterprise Content@,Empolis SigmaLink)一般用于参考资料的出版,因为其内容含有多个层次,而且需要用多种媒介出版,如印刷品或者CD-ROM以及网络。基于XML的系统含有SGML或者XML所独有的特点,例如自动将长文档分解成若干部分的工具(各部分在数据库中作为单独的目标管理)。CMS的用户界面向编辑和制作人员提供数据库中的目标内容的一个或多个视图,一般是存储视图(如cabinet/folder结构)和用户自定义的发布视图。系统通常提供工具来创建出版物、自动将内容碎片重新组合成可打印的线性文档,或者将它们转换成适合网站的超文本。这些系统还可以与主流XML编辑器和分页工具集成。

尽管基于XML的内容管理系统具有XML标注和跨媒介出版的特点,它们和其他类型的内容管理系统有共同之处。它们有图书馆服务功能,集成搜索工具和工作流程模块,可以管理数据库中的图形、其他类型数据以及文本。可能还有打印制作(如XyEnterprise)或知识管理(如Empolis)选项。不过它们的安装费相当昂贵,一般要花费75 000~500 000美元,甚至更多。部分原因是转换到真正的基于XML的出版需要获得厂家的技术支持,如文档分析、数据转换、集成编辑工具和协助重新设计出版工作流程。

### 10.2.3 特定类型的内容管理系统

内容管理系统一词在20世纪90年代末期开始流行,但是协作出版系统自上世纪70年代就出现了。例如,在报纸业,大约一二十个厂商经常销售被称为编辑系统的东西。它们就是特别设计来满足编辑部门的需要。同样地,Quark出版系统(QPS)为杂志业量身而做。这些为某种出版类型定做的系统与为网络出版而做的系统有很多共同点,如使用标准数据库技术跟踪内容和它们的状态,它们的不同之处在于对特定类型出版物特殊性的支持上。

#### 1. 报纸系统

报纸编辑系统是专门为日报出版而设计的内容管理系统。由于报纸出版时间非常紧，而且版面设计有诸多限制，因此报纸编辑系统的一个显著特点是编辑工具和版面设计工具之间紧密结合。一般说来，在向作者和编辑人员显示文章出版后的换行符时，编辑工具与页面写作工具是一致的。这些工具向作者显示行数，以说明故事太长或太短（排版过密或过疏），这样在编辑工具范围内工作的编辑人员就要进行调整以便让文章与分配给它的版面大小吻合。由于这些系统在其数据库中分别拥有版面和内容，这使得编辑人员能同时编辑将要出现在同一个页面上的多个内容。这种设置很重要，因为报纸的头版（几乎总是有好不容易弄到的照片和许多新闻的开头部分）常常是最后一个完成的版面。

由于全球有许多日报，而且它们的需求也不完全相同，报纸编辑系统的功能和规模也不相同，从面向社区周报的便宜、易于安装的系统，到面向一流的全国性日报或国际性日报的价钱昂贵并且提供大量定制方案的系统，可谓应有尽有。

### 2. 杂志系统

正如报纸一样，杂志也得进行版面设计。实际上，大多数杂志在其版面设计上比报纸自由得多。标题通常要进行特别处理，美术指导和工作人员共同创造独特的插图或者排版效果。因此，面向杂志业的系统必须与页面组版工具无缝集成，而且要便于设计人员直观理解而又不牺牲专业产品的内在控制能力。在过去的10年中，最成功的杂志系统是Quark出版系统，即QPS，它与XPress紧密集成，Quark还开发销售了广受欢迎的页面组版程序。一般来说，杂志对自动操作的要求比报纸低，而且杂志的要求不像报纸那样统一，这解释了为什么在杂志出版市场很少有其他厂商以卖编辑系统为生。

### 3. 参考资料出版系统

某些类型的印刷参考资料，如字典、百科全书或者通讯录，实际上就是简单的记录集合，而不是线性作品。作为一种资源，读者从中为某个问题寻找答案，而不是从头到尾地阅读以供消遣。当有很多人合作编辑时，他们需要在多条记录上同时工作，但又不会干扰在其他记录上工作的人。

由于在线媒介能比印刷品更快、更经济地更新大型作品，参考资料很适合在线上传送，包括从主数据库中获取材料，然后再经过编辑人员更新。如果没有特定的版面设计标识，这个数据库也可以用来生成其他产品，包括印刷类书籍、CD-ROM和其他定制出版物。

综合这些标准，就会发现一个有 SGML 或 XML 支持，并且能够为单项记录定制用户界面的系统。它优化了创作和编辑界面，能够快速地输入和编辑记录。通过查询数据库、依据分类甚至手工选择记录，它可以使用一个或多个直观工具来创建新出版物。它经常与网络传输和印刷品传送方法相结合。有一些系统属于这个类别，如进步信息科技公司（Progressive Information Technologies）生产的 Vasont。

## §10.3

## 内容管理系统的优点

当资料数量太多、太复杂或者投稿人太多，文件系统不能对其进行有效管理的时候，机构运行系统就应该来帮助内容管理。文件越多，就越难跟踪。投稿人越多，遇到瓶颈的可能性越大，当管理人员面对无数更新页面的请求，可能会变得不知所措。支撑内容管理系统的数据库帮助组织内容，使得内容与网站设计的分离更加容易，而且通过自动化执行任务，使得出版过程更加简单化。

### 10.3.1 组织文件

内容管理系统将内容存储在数据库中。无论是关系数据库还是专利对象存储数据库，它都使查找和管理内部对象更容易。首先，对于每种类型的目标内容，你可以创建用户定义的特性（也被称为元数据或参数），这与文件系统有很大不同，后者只能记录文件名、大小、数据类型和最后一次修改的数据。在文件系统中不可能有其他元数据，所以用户一般依赖文件夹命名规则来管理内容。随着站点上页面的增加，文件系统的文件夹塞满了页面、文本文件、图表和脚本，要了解站点上所有部分的内容也就越来越困难了。

相反，支持内容管理系统的数据库还有其他特性，其中一些是内容管理系统定义的，另外一些是用户定义的，这些特性有助于对内容进行定义和分类。它们可以显示更多的对象信息（如“草稿”、“校对稿”或“未付印的稿件”），对材料进行分类（如“体育新闻”、“国际新闻”或“当地新闻”），或者包含编辑制作信息(如文章作者或它出现的版面)。数据库建立字段索引,这样人们可以轻松、快捷地找到符合标准的项,如分配给请病假的编辑的所有文章,含有或涉及正在更新的文章的所有页面。

内容属性便于编辑制作人员筛选内容,同样的也可以作为读者的选择标准。例如,部分页面内嵌查询条件,它可以根据读者喜好检索某些类型的文章,或者自动检索最近出版的10篇文章。

不同的系统用户自定义字段的灵活性也不相同。大多数系统带有一套预定义的默认属性,但是因为每个人的需要不同,通常来说,允许为不同类型的内容自定义参数的系统是不错的选择。

### 10.3.2 版式与内容分离

网络内容管理系统的一个重要特点是将内容(如文本、图表和脚本)与其HTML页面设计分离开来。版面设计放在页面模板中,通过把内容从数据库导入模板,可以提前创建或者动态创建页面。版式与内容的分离在网络发展的早期异常重要,因为一些机构频繁改变它们的版面设计。甚至今天,出版商更新网站外观仍然比更新印刷期刊的版式要频繁得多。将主要内容和版式分离,这样出版商不仅能设计新页面,而且还可以重新设计以前出版的期刊,从而使站点品牌和外观显示保持一致。(相比之下,重新设计印刷出版物只涉及新出版的资料。)如果你想更新网站外观,内容管理系统能帮助你降低以后设计和修改版面的费用。

一旦将内容从版面设计中分离开来,非技术人员向网站投稿就容易多了。使用输入和编辑模板[10.4.5],非技术工作人员能写入和编辑材料,而系统将自动地完成排版任务,并且保持版面前后一致。不必学习繁难的HTML,内容创作人员可以集中精力写作,如新闻稿、网上商品描述或者新闻故事等。使用数据库,给内容贴上标签,然后分配到各个版面并装入特别的版面设计模板。模板的使用让非技术人员学习和进行网络出版更容易,可以节省培训费用,技术人员也可以减轻解决技术问题的负担,从而进一步减少网站维护成本。

值得注意的是,尽管非技术人员不必设计页面模板,但是在同意出版前,他们仍然想看看自己的材料是如何编排的。因此,好的内容管理系统提供了预览功能——可以在上下文中显示包含材料或更新的版面。最好的内容管理系统则更进一步,允许用户直接从站点浏览器窗口找出要编辑的资料,换句话说,它们可以指向最后出版物中的文章,让内容管理系统到数据库中去定位该材料。

高端网络内容管理系统将页面分解成若干部分,每一部分有自己的属性和格式。因为这些部分(版面区域)是独立的对象,所以可以在主页面中随意地将它们添加或删除,而且可以在不影响网站其他部分的情况下,对其单独进行管理和修改。使用组件对象(component objects)在网站集成软件中十分流行。

通过将版式与内容分离以及利用组件(components)管理页面的各部分,内容管理系统使得协作更加容易。许多人同时处理不同的内容,即使最终它们以某个网页一部分的形式出现。例如,系统将最近出版的10篇文章的标题拖进一个页面框中。系统自动把标题从各篇文章中拉出来,动态创建已出版文章的清单,而不是创建需要编辑人员手工更新的静态清单。分配角色和责任、分割任务和使用系统都实现了多人协作,这样工作团队就可以用内容管理系统使出版过程简单化了。

### 10.3.3 自动完成日常任务

许多内容管理系统自动完成与在线出版相联系的日常维护任务。这些任务包括管理和备份、跟踪不同版本文件和管理链接。

内容管理系统一般提供一个管理模块,技术人员用它来创建和配置系统,但是模块的使用范围和属性设置可以不同。在基本的层面上,它统一管理用户和组、系统安全和使用者的访问权限。它可以提供自动进行网站备份和创建档案副本的程序,可以自动将文件从分段服务器(staging sever)发送到产品站点。(在网络出版中,分段服务器是指存有网站的最后草案版本的电脑,内容在“实时”或产品服务器上出版之前先在这里进行检查。如果以印刷出版来作类比,分段服务器就相当于清样。)

版本控制指利用数据库来跟踪不同文件的迭代。在平面文件系统中,目录中的每个文件命名必须不同,这意味着除非它们改成新的名字,否则新版本会覆盖旧版本。相比之下,内容管理系统依靠其数据库存储并跟踪某个文件的多个迭代。无论是为了明确法律责任、遵守规章制度还是保证内部质量要求,版本控制都可以使得必要的跟踪过程自动化;该过程如果手工

水”,而是会低声抱怨着“软件,到处都是软件,但没有一个有用。”这是一味强调软件功能却忽略实际用处的必然恶果。如果在设计和应用软件时能清楚地考虑到用户的任务和角色,它们会更令人满意。就内容管理来说,要记住内容管理是一个过程,而内容管理系统是反应你的过程(理论上来说是最好的过程)的工具,这很重要。有了这种意识,让我们看看内容管理软件的特别之处,以及它们怎样同用户的想法结合在一起的。

### 10.4.1 工作流程

工作流程是内容管理中的主要考虑事项。内容管理的核心是在创建、管理和出版内容的过程中投稿人、编辑、评阅人员、设计人员和技术工作人员的智力工作。内容管理技术支持和保证该过程正常运作,让用户工作效率更高,尤其是在创建、更新和改进它所管理的内容方面。

* “内容”在网站上出版或者提交给更多读者之前通常需要评阅和批准,此时,应该使用工作流程。

* 以用户、任务和角色系统来定义工作流程。使用这样的系统,就可以根据用户计划执行的任务或者扮演的角色将内容发送给他们以获得批准。以一家想采用内容管理技术进行网络出版的新闻采集机构为例。他们可能有一个特别的系统,先是在现场采集新闻,然后在桌边编辑新闻,最后由总编辑审查新闻并出版。内容管理技术用多种方式支撑这种工作流程。

* 总编辑首先获得一个在线表格,他/她将新闻采访任务指派给某个现场采访记者。通过电子邮件,通知记者分配的任务。(或者总编辑用某种机制把采访任务分配给许多记者,第一个接受的记者——例如,也是通过表格——开始执行任务。)

* 收集信息和写出新闻稿以后,记者用在线表格输入稿件,或者附上他们创建的字处理程序文件。一旦记者感觉可以让编辑加工该报道了,他们再通过电子方式提交。

* 提交的报道被送往文字编辑处。这一次又和前面总编辑分配采访任务一样,将稿件交给某个特定的编辑或者一些编辑。提交的报道经过编辑加工以后,根据不同机构的喜好和工作风格,该稿件可能被送回给记者做进一步修改,也可能转交给总编辑来通知,或者如果编辑有某种许可权的话可以直接交付出版。

每个机构的工作流程不同。一些机构等级分明、十分规范,出版前有一系列的审查。另一些机构则不那么规范。机构所选择的嵌入内容管理系统的工作流程要足够灵活,以适应当前的工作类型和有助于该机构改进工作。最后,没有工作流程能严格到排除任何例外情况,例如,工作不能因为某个用户某天不得不执行某项任务和碰巧外出而中止。

工作流程有很多难以捉摸之处,尤其是在用户、任务和角色复杂的大机构中。在大型编辑机构中,某个用户可能在不同项目中执行不同任务和担任不同角色。例如,一个编辑可以是批准新闻稿出版的评审人员,但对于另一则报道,他/她只是参与评阅,最终得由某个版面的编辑批准其出版。一篇新闻稿可能需要几个人来修正文本,而另一篇只需某个工作人员编辑即可。如果一个机构的工作流程有更复杂的规定,它必须保证自己所采用的内容管理系统能支持这些过程。

当机构开始关注内容管理过程和考虑是否有技术潜能支持该过程时,他们常常面临员工问题——角色、责任、如何完成现在的工作、如何改进工作。机构有机会模拟如何完成工作,然后用技术来实现完成工作的最佳方式。

### 10.4.2 浏览存储内容

内容管理基本上是关于内容的创建、更新和改进。为达到这一目标,内容管理技术必须让投稿人和评论人能够轻松地访问管理的内容。内容管理系统中有很多种存储方式:一些系统采用关系数据库或者其他类型数据库,一些系统使用现有的文件系统,一些有自己专有的数据存储格式,而另外一些综合使用上述几种方式。最近出现了一些系统,它们试图将几种仓储捆绑到一个统一的(有时称为联合的)查看程序中。不管基本方法细节怎样,这些系统必须用某种人们易于理解的方式向投稿人呈现内容。

* 大多数内容管理系统提供一种全局查看方式(vault or element view),所有内容按某种顺序一一展示。我们例子中的新闻机构将所有报道显示为单个个体,按照日期、作者或某种主题分类将这些个体组合在一起。不同的内容管理系统其查看功能的复杂程度不同。一些机构有大量不同主题的内容,希望查看功能在一定程度上对此加以支持。其他机构有敏感信息或者机密信息,只能让某些工作人员查看。

* 另外一种有用的查看方式(除上述方式之外)是产品查看。例子中的

新闻机构将200篇报道结集付印。这种产品如何在维持单篇文章独立性的同时,作为一个产品被存储、维护和检索呢? 这种再使用对于一些机构的内容管理来说是核心问题,也正好是内容管理最影响成本和效率之处。

* 由于一些数据库的规模和复杂性,机构并不要求普通投稿人或者评论人了解所有细节。为此,一些内容管理系统提供了高度个性化的查看功能,如 in-box 图标,仅仅显示当前的工作和一些感兴趣的、相关的内容。其他的则允许通过电子邮件或浏览器界面发送工作任务,直接将投稿人与他/她需要继续加工的内容连接起来。

* 至于单个投稿人,其中有些人要求查看所有内容。系统和数据库管理员需要持续访问所有内容,以便添加内容、删除内容、批量修改和解决工作流程问题。

一些机构需要多种查看方式。对于存储有更复杂要求的机构,需要保证它们采用的内容管理系统能支持其工作流程。

### 10.4.3 版本控制和图书馆服务

要适当地管理内容,至少应该保证在创建期间能够安全地存储内容,同时还要可以发行内容。如同我们讨论的其他要求,存储要求也各不相同,如一些网站是暂时的,没有档案存储的需要,而其他站点恰恰是档案站点,如电子图书馆、记录档案站点等。

随着网络包含越来越多的常规文件,"内容管理"功能扩大到能包含"文件管理"。在文件管理中,更多的是对文件整个生命周期的详细关注,从创建一直到发行。例如,除了最终发行版以外,必须对一份文件的不同版本进行维护。必须保存重要文件的历史版本,以便查看它们怎样随着时间的推移而变化。至于一些想知道谁更改了文件、更改了哪些部分以及什么时候更改的机构,这些情况更是密切相关的。

除了继续控制对单个目标的修改,网络出版商还希望能控制万维网页的修改、部分网站的修改、甚至整个网站的修改。在某种情况下,必须立即更新一条出现在网站上许多地方的重要信息(例如标识、或者公告),或者返回到先前的某个版本。还有一种情况,整个站点需要返回到某个版本,或者保存一份站点快照以供存档。

同时用于修订控制和工作流程这两者的机制一般与被称为"图书馆服

务”的系统互相作用。所谓图书馆服务，指的是系统的一系列功能，它包括文件锁定、登录、退出和报告。这些属性可以防止用户删除或者改写别人的作品，还允许用户看到哪些内容用在哪里。

此外，这些要求在不同的机构之间大不相同，所以各个机构需要明确各自的要求，并选择合适的技术来满足要求。

### 10.4.4 进度表：出版日期和清除日期(kill dates)

许多机构为网络内容制定了进度表。例如，一家新闻机构想每小时更新一次标题；一家公司想在股票市场开盘或者收盘时发布一个新闻稿；一个零售网站想在有新的商品登记出售时发布新网页。

还有一些要求在规定的时间删除资料。一个站点同意暂时使用某些资料，但在某个日期前该资料必须被删除。零售站点进行为期一周的商品减价促销活动，要确保此后的星期促销价格不再贴在站点上。

内容管理技术可以自动进行这种时间安排。这的确是简单的功能，但是如果合理使用，它功能十分强大，可以提高内容质量和增加对内容的控制。出版商可以安排站点自动更新的时间。例如，创建每日版、每周版或者每小时版，向对某主题十分感兴趣的读者发送自动更新，站点中最受欢迎部分不停地用新的相关信息更新，以保持人们对站点的兴趣和站点的流量。

### 10.4.5 模板和样式表

正如静态/动态页面[10.1.2.3]一节谈到的，许多万维网页都是瞬时生成或者动态生成的，读者看到页面时，文本、图表等集中在一起。这种提供页面的方法有时被称为基于模板的方法，而支配动态万维网页创建的方法如 ASP 和 JSP，有时被称为模板开发环境。

基本上，开发模板是为了解决用 CGI 程序生成动态页面时遇到的根本问题。如果用 CGI 程序来生成页面，而该 CGI 程序用类似 Perl 的语言写成，HTML 编码常常会嵌入到 Perl 程序中。这样一来，即使对 HTML 格式做一点微小改动，都需要借助 Perl 编程人员，甚至连基本的页面创建都得由他们来完成。

基于 HTML 的模板与上述方法不同，它使用的 HTML 页面能链接到程序和/或部分程序，完成数据库访问和查询之类的任务。这种方法的好处在于它将页面创建交由编辑、版面设计和制作方面的工作人员来处理。程序员一般仅仅维护程序。这样就明确了分工,创造型人员专注于创造性工作,而技术型人员则专注于技术性工作。

如果说基于模板创建页面的方法有助于将程序和内容分开,HTML也面临如何更好地将格式与内容分离的难题。以前,HTML页面上都是低级的格式命令和编码,如字体大小、颜色和格式、页面尺寸、缩进、间距等。如果出版商经常修改站点的版面设计,他们必须更改大量的详细编码。因此需要一种类似于之前桌面出版和照相排版所使用的样式表方法。出现于1996年的层叠样式表单(CSS)[3.2.4.1]帮助解决了这个问题。HTML页面可以链接到一个层叠样式表单,该表单根据HTML标签规定格式。这样,与样式表配套使用的HTML标签<H1>可以设定为Helvetica字体、24磅,而同样的标签<H1>和另一个样式表同时使用时,则可以被设定为时代罗马体、32磅等。

HTML页面还可以向出版商提供大量细节,因此维护任务非常繁重。但是如果有效使用模板和样式表,出版商可以开发更简单、更便于维护的内容基础。这样当一种格式需要修改,或者整个站点需要统一修改时,出版商将更有信心优质高效地完成任务。

### 10.4.6 文本编辑界面

编辑人员主要使用4种工具来写作和更新内容管理系统中的副本。确定合适的工具类型和选择产品主要取决于编辑的技能和作者的要求。一些机构用多种工具来创造、编辑和修改内容。内容类型决定了工具的类型:HTML表格适合更新元数据、目录列表和其他以字段方式存储的信息。HTML编辑器更适用于页面设计。在其他情况下,可以选择一种桌面平台(Mac、个人电脑或者Unix)或者仅仅依据用户喜好作出决定。购买编辑工具时要记住,工具的价值应由能代表目标用户群体的人来评判,手边最好备有自己的工作资料以便进行产品测试。

#### 1. HTML表格

最简单的内容输入和更新方式是使用HTML表格,在内容管理系统中它被称为输入模板。用这种方法,管理员建立一个符合文章主定义的表格。将文章各部分分成表格上的字段,这些字段将会映射到后台数据库的字段中去。此方法有利有弊。优点之一是表格有严格的结构，它保证所有文章按照预定的模板设计；优点之二是作者无需考虑数据库的复杂性和基本编码问题；优点之三是便于系统管理人员管理。HTML 的缺点是作为一种编辑界面，它们没有成熟的文字处理软件所具有的文本处理工具。

### 2. HTML 编辑器

网站的 HTML 文件是普通的 ASCⅡ文件，可以用任何文本编辑器修改。很多人都喜欢使用 HTML 编辑器，那是专门为此任务设计的工具。HTML 编辑器用色码标出原文件，突出内容中的标记以便于文件编辑。它们可能包含一组标签，可以预览页面在浏览器中显示的样子。如果使用微软或者 Netscape 的 HTML 编辑工具，它们将浏览器本身作为显示工具，所以你在屏幕上所看到的页面与出版后读者看到的页面一模一样。

在部门型网络内容管理系统中，如 Adobe GoLive 或者 Microsoft FrontPage，HTML 编辑器作为软件包的一部分包含在内。为大型集团设计的系统通常会集成一种或多种第三方 HTML 编辑器，它们用来创建不同版式的页面模板。

### 3. 文字处理软件

因为许多人习惯用文字处理软件写文档，内容管理系统开发商尽力让当今主流文本处理程序（最常用的是 Microsoft Word）适合网络编辑。相对于在文字处理软件中写文档，然后将其复制粘贴到 HTML 输入模板的手工操作，这种适应是一种改进。相对于 Microsoft Word 的 HTML 输出功能（它生成的 HTML 代码不仅很少与内容管理系统生成的 HTML 匹配，而且还常常抵触），这种适应也是一种进步。

软件商用不同方式处理这个问题。一些人让 Microsoft Word 中的段落和字体符合 XML 或者 HTML 编码。一些人给 Microsoft Word 增加工具栏，以便作者选择内容管理系统能够识别的复制和使用标签。其他一些人读取基础数据文件（Microsoft Word 的情况下即 RTF），在把文件载入系统前将其改写成 HTML。不论采用哪种技术手段，目标都是相同的：便于非技术工作人员创建和修改网站内容。软件商解决该问题所使用的方法，其优劣应该根据上述目标来评估。

### 4. XML 编辑器

如果站点中的文本文章用 XML 标识，那么就得使用 XML 编辑器。它们也是文档编辑器，和文字处理软件很相似，但是它的数据格式是 XML，而且提供 XML 特有的功能。这些功能包括查看文档结构、提醒有效插入点和保存文档时验证其是否遵从 DTD“分析算法”。最受欢迎的 XML 编辑器都有这些功能,如 Arbortext 的 Epic、Corel(即以前的 SoftQuad)的 XMetaL 和 Altova 的 XML Spy。现在它们常常和以 XML 为中心的内容管理系统[10.2.2]配置在一起,但是随着以 HTML 为中心的网络内容管理系统[10.2.1]开始支持 XML,XML 文本编辑器在网络出版中的使用将更加普遍。

## 10.4.7 个性化定制

“个性化定制”这个词让大多数人联想到我的雅虎(My Yahoo!),它是过去几年中已经发展得非常成熟的一个功能,而且在好的内容管理系统中,它日益成为最关键的特色。个性化定制常常被用来描述一个系统允许前端用户影响内容传输的能力。通过改变色彩、字形、字体大小或者声音,用户可以定制界面外观。他们喜欢个性化的问候语(例如,“欢迎回家,简!”)或者用他们熟悉的语言所写的个性化信息以简介的形式存储在系统中。个性化定制还允许用户根据喜好、地理位置(如邮政编码)和相似性(affinity)来对内容进行“个人化”的处理,另外,根据所收集的用户行为数据(“购买了本书的顾客也可能购买另外一本书”),可以向用户提供特定类型的信息。

在协作工作流程中,个性化定制包括了全新的用户管理。系统管理员按照角色、IP 地址、登录类型或者其他特点设定内容编辑和资产管理的权限。例如,你可以让很多用户在不同地点工作——你并不要求他们记住登录名和密码,你能从人力资源部门自动辨别用户,并在企业内部网或者网站上正确显示更新、编辑或删除当前工作岗位的选项。

个性化定制的缺点在于增加了网站复杂性,很难确定某个内容的有效性。高级个性化定制可能会超出用户需要。仔细考虑人们使用网站的方式,在费尽心思地添加各种技术和选项之前,应该仔细考虑这些特点是否必要。

## 10.4.8 联合供稿(syndication)

在本章的前面部分谈到,联合供稿是互联网上普遍存在的挑战。由于制作发行成本较低,而且互联网几乎无所不在,因此出版商找到很多联合供稿的机会。此外,因为许多内容都可以联合供稿,各类网站都包含了联合供稿内容,如新闻、特别报道等。有两个方面需要内容管理系统支持:第一是帮助出版商联合供稿;第二是帮助网站创建者收集和重新出版联合供稿的内容。

拥有有效的联合供稿程序的出版商面临着一系列实际问题。例如,一些大出版商有很多内部网站和外部网站,他们向这些站点联合供稿。但是每个站点的模板不同,出版商必须为不同的模板手工制作不同版本的HTML文件。甚至在自动化程度较高的环境中,新获得的内容首先要经过转换,然后载入本地数据库,再经过分段发送,最后在显示内容之前很可能还要进行调试。

内容管理技术提供一些实际的方案解决联合供稿问题,减少劳动量。一些协议可提供这方面的帮助。例如,信息和内容交换协议(ICE),它创建XML包裹来帮助服务器移交内容。

对于那些自身不从事商业出版和联合供稿的机构,也存在同样的问题。它们常常得向不同读者发送不同格式的内容。以中性格式存储内容的数据库可以实现这个目标,因此XML成为主要的联合供稿解决方案和协议也就不足为奇了。

## §10.5 评估内容管理系统

一旦完成了基础工作,即确定机构的工作流程以及研究和发现内容管理系统的优点之后,对内容管理系统的评估很可能会在组织内部引发激烈的讨论,当然也有人会显得较为淡漠,还有一些人则表示困惑。

一方面,不得不处理各种隐秘的动机、安于现状的心理或者个人偏好之类的问题。例如,工作中运用某种技术或者商业内容管理系统的员工认为自己所用的是“最好的”,或者在员工中,某人的朋友在为商业内容管理系统开发商工作,等等。这难免会导致对产品的评价不充分或者把时间浪费在了处理不同意见上。

另一方面,市场上可供选择的产品很多,而真正懂技术的人很少,加上时间有限或者其他原因,导致消费者盲目购买某个品牌产品。商品展示会总是竭力让观众相信某个工具能满足一切需要,因此,千万不要为软件商所操纵。

折衷的做法是,开发人员或者 IT 主管声称:“我们可以自己来做这个。”

建立内容管理系统的评估框架,如此至少要和许多组织一样勾画出工作流程,并确定哪些特点和功能最适合公司的在线出版流程。

### 10.5.1 评估内容管理系统需要考虑的因素

评估内容管理系统要处理下述问题:

* 许可成本;
* 集成;
* 实施;
* 文件管理;
* 培训;
* 服务和支持;
* 内部和外部资源的可获得性;
* 可维护性;
* 升级/更新。

### 10.5.2 专利内容管理系统开发问题

近些年,自己创建(DIY)内容管理系统活动蓬勃兴起,它促进了大量中小型内容管理系统和许多特定行业内容管理系统的产生。2002 年 6 月发布的朱庇特(Jupiter)调查报告预计,到 2004 年,作为对配置差、主动性不强、而且价格昂贵的内容管理系统的回应,自己创建的内容管理系统数量将会翻番。同时,该报告还建议“如果对单个万维网资产进行内容管理,且母公司无意于跨机构管理内容,投稿人的数量不足 20,而且工作流程仅包含几个步骤,在这种情况下可以自己创建内容管理系统”。

对于拥有大型网站,但是研发队伍小、没有软件开发经验的非软件开发公司来说,自己创建内容管理系统是不合适的。否则它将存在很多隐患,其中最严重的包括团队的职业耗尽(burnout)问题、可扩展性问题和系统集成问题。除非公司从事软件研发,否则很快就会发现,自己创建的系统很难满足外部市场或者新技术持续发展引发的功能要求。

当然也有例外,即商业市场不能满足出版商需求,出版商需要的资料要求长期使用内容管理系统。比如,本书所使用的内容管理系统是定制的,因为内容管理软件商不能及时提供所需要的功能。对于较小的公司,或者研发队伍没有空余时间的机构,还有一个办法可以使用商业内容管理系统工具,即租借一个 ASP 解决方案。

1. 应用服务提供商 ASP

根据非盈利机构——ASP 产业联盟(ASP Industry Consortium, www.allaboutasp.org)的定义,应用服务提供商(ASP)"配置、提供主机,通过中央控制设备管理对多方打包应用软件的访问。应用系统以订阅的方式通过网络发送"。

ASP 用在很多应用软件中,包括内容管理系统。在小型和中型公司,ASP 模式十分流行。它的主要优势在于登录费用较低、配置时间较短和可以访问有专门技术支持的网络。公司可以将精力集中在主要事务,而不必分散资源来扩大 IT 预算、聘请开发人员和研发核心业务模式之外的产品。ASP 可以很好地为试用计划服务,在决定长期投资之前,公司获得的不仅仅是考验软件包的测试版程序或试用环境。

这种模式有许多优点,也有一些缺点。安全是主要问题,包括数据安全和投资安全。ASP 的稳定性是打算长期使用它的公司要考虑的一个主要因素,服务的连贯性依赖于软件商的管理和它的寿命。升级和增加功能是 ASP 的另一个缺陷所在。一方面,标准软件包中没有附加软件,用户会受到许多限制;另一方面,增强功能也会增加用户负担,因为他们专门的出版模式根本不需要这些。

选择 ASP 时,公司要采取额外的步骤,力求小心谨慎,如建立或者检查服务水平协议、管理合约和授权许可等。很显然,使用 ASP 有得有失,但是许多小公司发现,相较于放弃控制软件和服务器所带来的缺点,使用 ASP 是利大于弊的。本章节无意于为内容管理系统推荐 ASP,但是这些名字你可能听过:Atomz、CrownPeak Technology、Clickability 和 iUpload。评估 ASP 软件商的指导方针可以在 ASP 产业联盟网站上看到(http://www.allaboutasp.org)。

### 10.5.3 选择开源软件

根据你想从内容管理系统得到什么和你愿意投入什么,开放资源内容管理系统也许是你们公司的一种好选择。开源软件在很大程度上由开发人员自己决定,这导致软件在质量、存档和用户支持方面大不相同。

开源软件是指遵从开发人员运动所制定标准的软件。这些开发人员认为,如果能访问、修改和再分配编码,软件的更新换代将更快、软件也更有用。他们可以修理程序缺陷(bug)、为程序添加补丁和增强功能。开源软件的标准包括免费地再分发和访问源代码,允许修改和分发衍生作品(详细描述可以访问开放资源网址,http://www.opensource.org)。

是否使用开源软件通常取决于公司的规模和理念。免费授权许可对于小公司来说是一个很大的优势。中型和大型企业也会将相对于软件商的独立性和自己能够控制基础设施视为主要考虑因素。此外,公司理念影响着决定。许多机构把支持开源软件作为自己的政策,或者作为对昂贵许可费的回应,他们倾向于将成本投入开发、管理和维护开源系统或者自己创建系统,以便维护独立于大软件开发商的自主性。

使用开放资源内容管理系统有许多优点。最重要的是成本,即免费许可。在开放资源系统中,你可以选择满足自己要求的系统,或者选择能在上面进行修改以支持你的出版模式的系统,而不必被那些过多的功能困扰。从本质上讲,开放资源项目修复程序缺陷更快,推荐新功能也比商业系统更快。而且,使用开放资源产品评估产品的时间更少,因为它们可以自由下载。获得商业系统的评估版需要许多步骤,而且不完整。因为可以访问源代码,所以在评估一个商业产品的同时可以评估更多开放资源产品,而且评估更加全面。

1. 开放资源内容管理系统的优点

* 用户可以访问代码和自由更改代码;
* 产品较少受到软件生产商稳定性的影响;
* 用户控制全部功能应用;
* 在程序缺陷修理、补丁添加和功能开发方面,开放资源社区给予大量支持。

2. 开放资源内容管理系统的缺点

* 文档资料不充分;
* 很多系统缺乏复杂功能;
* 实施过程中的花费等于或者超出商业产品。

开放资源这一举措的性质意味着,如果产品不是很好,它就不能用很久。此外,如果开始使用开放资源产品时遇到严重问题,很容易放弃该产品而改用其他产品。但是,如果一个机构花费几万或者几十万美元购买商业产品,他们就感到必须让它正常工作,而不是承认他们决策错误、购买了无用的产品。

除了理念,选择开放资源系统要考虑的主要因素还包括成本、支持、控制和投入。

### 3. 成本

同任何系统的评估一样,开放资源内容管理系统的评估也要考虑总成本。显然,成本并不总是简单的加减。许可费常被用做系统成本的指针,但它不一定总是项目中最贵的部分。随着内容管理系统市场的持续发展以及定制、实施、支持、培训和维护费用占据预算的比例逐渐加大,授权许可费用越来越可以协商。

产生了使用开放资源内容管理系统的想法,还是要考虑成本问题。例如,为了让现行系统顺利集成进开放资源系统产生的费用,保存文档资料和支持策略的费用,寻找和聘用受过专门训练的员工来支持系统的费用,管理持续的功能开发的费用以及用户培训费用等。一些公司也许会发现,购买带有更新、服务和支持软件包的商业产品可能更加明智,也更加便宜。

然而要记住,软件产品的价格和质量基本上没有必然联系。虽然许多知名的应用程序要花费大量金钱进行授权、实施和维护,但是仍然在当今的软件市场占有一席之地;另一方面,很多优秀的软件产品有很好的文件编制和社区支持功能,而它们只需花费很少的钱去维护。

### 4. 控制

对于很多公司来说,访问和修改资源并不是主要优势,除非它们愿意付费给开发商来不定期地维护和扩展系统。拥有固定 IT 工作人员的大公司可以采用开放资源,因为它们打算自己维护和扩展系统,而且认为开放资源更安全、更可靠。

### 5. 支持

对于拥有强大 IT 队伍的机构,选择开放资源的一个主要优势在于,开放资源社区支持功能强大。如果发现了程序缺陷或者其他问题,修订版在很短的时间内就可以免费下载,或者也可以用补丁或者其他方法进行应急处理,而且速度比商业研发人员更快。正因为这种广泛的网络支持,开放资源产品比同类的封闭资源产品拥有更多支持者。

有一些相当好的开放资源公司生产内容管理系统,如 Red Hat、Covalent

和 Zope Corporation。另外一些更著名的提供开放资源内容管理系统的公司还提供广泛的咨询服务，在收集和记录企业的要求以及与内部技术人员一起设计运行系统的过程中给予协助。这种合作关系为内部技术人员提供了培训和指导，这样在开发过程结束的时候，他们就可以独立进行后续管理和内容管理系统的开发了。

此外，使用开放资源内容管理系统可以避免在未来工作中对开发商或者研发人员的依赖。使用商业内容管理系统，不一定总是能开发附加功能或者聘请外面的开发人员来协助。最后，在挑选内容管理系统时，要记住现在的需要和将来的需求。在当前市场上，如果出版不太复杂的网站，开放资源内容管理系统就能提供很好的服务。然而，如果需要更丰富的功能，就可以参考商业内容管理系统，以便在开发开放资源内容管理系统的新功能或者自己创建内容管理系统时找点灵感。

### 10.5.4 商业内容管理系统：需考虑的其他因素

评估软件时你会受到软件商在 COMDEX、希博德研讨会或其他行业展览上派发的免费赠品的质量和数量的影响吗？当然不会了。但是即便如此，评估商业软件包时也要提防营销上的小伎俩。所有内容管理系统都并不相同。机构在完成确定工作流程、要求和功能这些繁琐的工作后，仍面临着评估目前市场上令人眩晕的、数量不断增加的商业内容管理系统的任务。

很多内容管理系统特别为大型公司设计，其他一些则是为特定行业而设计。近些年来，具有讽刺意味的、日益流行的 ROI 就带有新一代的内容管理系统——专门为中小型公司设计。下文是对三种主要标准的述评，有助于看清冗杂的内容管理系统市场的真面目：首先是价格、大小和规模；其次是主要技术；第三是目标垂直行业或者专门市场。

#### 1. 价格、大小、规模

明智的购物者不仅仅比较价格，而且比较总成本——与内容管理系统有关的授权、定制和实施费用。企业级内容管理系统是大型软件包，主要是大公司使用。一般来说需同时购买大量服务器、站点或者用户许可证。如果经营的是大公司，而且预算至少有 200 000 美元，你可以关注这样一些公司的产品：Vignette、Documentum、Broadvision、Divine 和 Interwoven 等。

(1) 高级内容管理系统。高级内容管理系统对大型部门和公司都适用，花费 150 000 美元左右你就能获得授权许可。此种类型的系统有：Stellent、Percussion、Microsoft CM Server 和 Enigma 等。

（2）中级内容管理系统。这些软件包面向中型公司或者大公司里的大型部门，研发预算在 100 000 美元以下。和任何产品一样，价格越低，客户端要求完成的工作就越多，你不得不对以下一些公司的软件包进行更多的集成，如 Merant、RedDot、Obtree、Starbase 和 Mediasurface 等。

（3）低价内容管理系统。如果项目要求较简单，内容管理系统可以用更低的价格买到。对于那些愿意支出 10 000 美元以下来购买内容管理系统的小型机构，可以参看这些公司的产品，如 Ektron、UserLand 和 Infosquare。

### 2. 技术

技术是系统实施过程中的主要因素，会影响到内容管理系统与公司其他应用软件的集成。基础技术在其他很多方面十分重要，包括未来的可扩展性、反应性和系统在处理高下载量或大流量网站方面的能力。用于内容管理系统的普通技术包括 Active Server Pages、Cold Fusion、Java、Lotus Domino、PHP、Perl、Python 和 Tcl 等。

### 3. 行业专门性

行业专门性是公司的关键因素。一些内容管理系统支持特定的垂直市场（market vertical）时更强大，无论它是报纸、参考资料数据库、文件资料还是书籍资料。调查系统开发商的客户并寻找合适的模式——你认为客户网站和你想要的网站相似吗？某个软件商在你的领域有大量客户吗？他们是快乐的客户吗？他们网站的用户对站点的运行满意吗？

## 10.6 实施后的问题

优秀的项目管理人在调研、评估和实施内容管理系统的过程中会走得更远。然而，为了让相关人员更轻松，他们在机构的前期知识管理中扮演积极的角色，记录内容管理系统调研和实施的各个阶段，以便将来其他部门参考。在项目实施后的评估阶段，维护好产品信息、电子邮件、软件示范版和其他信息有助于为员工培训设计过程，提供资料和指导。

本章作者向詹尼弗·阿克塞托拉（Jennifer Accettola）表示感谢，她在本章的调研和写作中给予了帮助。

## 参考文献：

Addey, Dave, James Ellis, Phil Suh, and David Thiemecke. *Content Management Systems* (*Tools of the Trade*). Birmingham, U. K.: Glasshaus, 2002

Boiko, Bob. *Content Management Bible.* Hoboken: John Wiley & Sons, 2001

Gilbane Report, The. "Content Management, XML, and e-Business News and Analysis." Bluebill Advisors. 2002. http://www. gilbane. com/

Neilsen, *Jakob. Designing Web Usability: The Practice of Simplicity.* Indianapolis: New Riders Publishing, 1999

Seybold Report, The. "Analyzing Publishing Technologies." Seybold Publications. 2002. http:// seyboldreports. com

Spicklemire, Steve, Kevin Friedly, Jerry Spicklemire, and Kim Brand, eds. *Zope: Web Application Development and Content Management.* Indianapolis: New Riders Publishing, 2001

# 11 电子书和开放电子书出版结构

艾伦·雷尼尔(Allen Renear)　多罗希·萨洛(Dorothea Salo)

电子书将很快成为数字出版的重要组成部分。本章介绍与电子书有关的各种观点,回顾它们的发展历史和所预示的优势,并讨论在预测电子书未来发展步调和特性方面存在的困难。随后,分析了出版商和整个出版行业面临的关键问题,展示了信息处理与电子出版的基本原理与最佳实践。这一分析将开放电子书论坛出版结构(Open eBook Forum Publication Structure,OeBPS)——一种应用广泛的基于XML的内容格式,作为功能强大的电子出版的基础来看待的。

## §11.1

## 引　言

大众的阅读越来越电子化了,而电子书是这一潮流很重要的组成部分。尽管一直到最近,行业媒体和大众报刊都对此持怀疑的态度。有证据表明电子书在读者大众中的被接受程度正在稳步上升,采用电子书的技术障碍和商业障碍也在迅速消失,尽管对于具体的时间表还众说纷纭,但是大多数出版商都相信电子书迟早会成为商业出版的重要组成部分,这只是个时间问题而已。

但是,参与电子书出版对出版商来说是一件令人不无畏惧的事情。一方面,尽管现在的出版技术和工作流程已经计算机化了,但是从整体上来说并不完全支持电子出版，更毋需说支持电子图书出版了——实际上这些工作流很少基于扎实的电子出版和文件工程学原理。还要特别指出的是单一的数据资源不仅要通过许多不同的传输形态（纸质图书、电子书、互联网站、数据库），而且要载入许多不同的电子书阅读系统（专门的商业硬件和软件组合，通常使用不同的数据格式），这对于出版商来说不仅非常困难，而且成本太高。另外，成长性也是个问题，电子书的销售额仍然只占出版商总收入的很少一部分，因此改造主要工作流程的投资在最近1～3年内是不可能回收的——这一切加剧了决策的不确定性，即何时以及如何开始电子出版。

然而对于处于以下阶段的出版商来说，当前也许是开发基于数字产品的工作流和格式的最佳时机，即：

(1) 在对过时的生产流程再一次进行临时修补以前；

(2) 在创建更多的遗留数据（legacy data）以前（一旦完成，将来的转换成本非常高）；

(3) 在培训更多内部人员，让他们掌握过时的技术以前；

(4) 在进行更多不适当的合作和履行不必要的合同以前（与数据转换服务的提供者、排版公司、经销商等）；

(5) 在系统分析和改造的成本仍然很低的时候；

(6) 在电子书领域战略性的重要竞争真正开始以前。

就如在"标记"[3]中讲到的，只有在内容、结构和显示技术标准的大框架之中，高性能的电子出版才有经济上的可行性。这一框架本身则必须以信息处理的基本原理为基础，否则各种恼人的限制和约束就会阻碍产品的互操作性、功能的实现以及效率的提升，从而导致电子产品无法取得商业上的成功。

这不仅是单个出版商能否成功的关键问题，对于整个行业来说同样如此。意识到这一点，一个由出版商参与的组织创建了开放电子书出版结构，它是利用XML所做的关于电子书内容的描述。现在在出版行业，它被广泛地用作手持式电子书的交换格式，尤其在大众出版领域更是如此。也有可能OeBPS将最终成为各种电子书出版如教材出版和STM出版乃至非书出版如万维网出版的标准交换框架。

本章首先介绍关于电子书的各种看法，回顾它的历史，讨论电子书的概念问题，再审视电子书的优势，并讨论在预测其发展方向和速度方面存在的困难。引言的结尾部分将解释为什么尽管目前启动电子出版还有问题,而且要对不久的将来进行预测也很困难,但是我们仍然要充满信心地说,电子书将成为阅读生活不可或缺的一部分。

接下来我们将分析出版商和出版行业面临的特别关键的问题,正是这些问题使得电子书早已预示的电子出版业的繁荣迟迟无法成为现实。然后我们要讨论这些问题的解决方案 OeBPS,它不仅反映了信息处理与出版的基本原则与最佳实践,而且还根据电子出版的实践情况和商业前景明智地协调了各种对立的需求。本章以简短地回顾当前的电子书产品并提示读者进一步的阅读作为结束。

## §11.2 OeBPS 简述

概述的目的是要使读者对电子出版问题有一个总体认识,而且能够很快地了解 OeBPS 的基本特点。在这里提到的每一点(参考书,首字母扩展和元素描述标准)都将在本章后面的部分更加详细地加以讨论。

注意大部分地方"OeBPS"后面的版本号是 1.2,尽管在少数地方我们也提到了目前正在开发中的 2.0 版本 OeBPS 的一些特点。

### 11.2.1 OeBPS的基本描述

#### 1. 什么是 OeBPS

开放电子书出版结构即 OeBPS"是对手持式电子书的内容、结构和呈现方式基于 XML 的说明"。它既用来定义电子书内容(OeBPS"出版物"和"文件")也用来定义电子书处理器(OeBPS"阅读系统")。

#### 2. 它做些什么

OeBPS 使得出版商可以用一种单一的格式来创作内容,从而使它们能够适应各种阅读设备。

#### 3. 谁开发了它

OeBPS 是由与出版行业相关的众多机构与组织形成的共同体所开发和维护的,包括出版商、软件开发商、硬件制造商、经销商、服务提供商、行业协会和公益组织等。它们组建了开放电子书论坛，有兴趣的组织都可以成为它的会员。

### 4. 它的目的是什么

OeBPS 的主要目标是通过为数字内容制定通用格式，来促进具有商业价值和社会价值的电子出版业的形成。

从行业整体来看，单一的通用格式可以促进内容与阅读软件的互用性和可操作性（提高消费者的信心和满意度），降低开发和处理的总成本，鼓励创新和竞争差异——这一切都是一个兴旺发达的行业所需要的。

从单个出版商的角度来看，他们的产品将在互用性和可操作性方面受益，他们将与合作者建立更加有效的合作关系，其生产过程的效率也将大大提高，在与既有的内部工作流整合以及支持多产品和多渠道机制等领域则尤其如此。实际上，现在有些出版商已经开始使用 OeBPS，尽管他们并不打算马上用来出版电子书，因为从总体上来看，它是组织和交换数字内容的有效方式。

### 5. 为什么我们需要另一个专门的描述系统

电子出版的实际发展和应用不仅要求专门的、个别的标准（如 XML，CSS，都柏林核心元数据）——它们中的每一个都是以坚实的信息处理原理为基础的，同时也要求在各个相关的标准的选择、组合和应用方面能有统一的规定。OeBPS 就提供了这样的框架，它是综合性的，有约束条件的，以标准为基础的，而且反映了信息处理和最佳出版实践的基本原则。

### 6. 它有哪些特性

OeBPS 详细地说明了如何综合应用现有电子出版标准，其中包括最重要的 XML[11.6.5.1]，CSS[11.6.5.3]，XHTML[11.6.5.2]，namespaces[11.6.5.4]，MIME types[11.6.5.5]，都柏林核心[11.6.5.7]和 Unicode[11.6.5.6]。此外，它也定义了保证内容和元数据一致性和完整性的封装方式（用可扩展标记语言文件类型定义 XML DTD 表示），以及在遇到不支持的数据类型时支持替代性 rendering 的系统。在 OeBPS 2.0 系统中是 XPointer-based[3.3.5.3]的链接机制，XPointer-based 导航系统，对任意外部元数据的模块化支持，以及为保证各种性能不同的设备之间的互用性而作的各种必要的限制性规定。在选择和组合这些标准的时候，OeBPS 特别注意在不牺牲互用性的前提下，大力支持创新，鼓励提高可操作性，并促进竞争差异的形成。

### 11.2.2 关于OeBPS的一些重要事实

以下一些方面对于理解 OeBPS 在出版过程中的角色以及它最近的发展方向都是十分关键的。

#### 1. 鼓励专用的 XML 词汇

设计 OeBPS 的目的不仅是准许,而且是鼓励使用专门的 XML 编码词汇(标签集,tag sets)。这样就能够保证与内部的 XML 编码,或者与域描述(domain-specific)XML 词汇(如 TEI[3.3.2.3.2],DocBook[3.3.2.3]或 ISO 12083[3.3.2.3.1])保持一致性和连续性,同时又比使用可扩展标记语言(XHTML)和其他预制的通用编码词汇更能促进创新和操作性的提高。为了保证专用的 XML 词汇不降低内容的互用性,OeBPS 有两方面的要求:为 OeBPS 基本文件词汇(Basic Document Vocabulary)以外的所有 XML 元素制定样式规则(style rules);要指定替代性的规则,其中至少有一项应来自 OeBPS 样式语言(基本上是 CSS2 的一个大子集,只有少数例外)。阅读系统在处理专用 XML 标记的时候必须使用这些样式规则,而且所有的阅读系统都要求能够处理 OeBPS 样式语言。这些限制条件保证所有的 OeBPS 内容都能够被 OeBPS 的阅读系统正确显示,即使该内容中含有专用的 XML 词汇。

#### 2. XHTML 得到特别的考虑

除了允许使用各种 XML 词汇[只要提供了 OeBPS 层叠样式表(Cascading Style Sheets)的样式规则]外,OeBPS 还定义了一个庞大的 XHTML1.0 元素与属性子集,它们不需要样式规则就可以使用;OEBPS 处理器必须在没有样式规则的时候根据 XHTML1.1 规范描述的格式语义也能够处理它们。这就保证了出版商只要愿意就可以快速而且容易地利用既有的基于 HTML 的内容、工具和专业知识。此外,也是最重要的一点,它允许使用 HTML 元素——如用于表格的元素——单独使用 CSS 样式规则很难正确地显示其格式。

#### 3. OeBPS 的几种用途

OeBPS 可以很好地胜任出版过程中的 3 种角色:一种可以修改的档案格式;一种交换格式;一种天然的处理格式。也许目前 OeBPS 最受欢迎的商业用途是作为一种交换格式:出版商将自己的格式转换成 OeBPS 格式,然后反过来将 OeBPS 转换成各种专有的电子书格式(如微软的.lit 格式,RCA 电子书的.rb 格式,或者 Palm 的.pb 格式,这些都将在下面进一步讨论[见11.5.3.3.1])。这减少了(from m & times; n to m & plus;n)提供各种不同格式内容时必要的转换次数(m)。它使在不同的内容开发商、出版商、打印社,转换服务提供商,内容授权人和其他合作伙伴之间交流单一格式成为可能。尽管交换格式是 OeBPS 最受欢迎的用途,有些出版商也将它用做内容存档的标准格式,还有,许多阅读设备可以直接处理 OeBPS。

4. 针对阅读系统而非阅读设备的一致性处理

就像上面所描述的那样,OeBPS 内容可以在阅读前转换成另外一种格式。为了兼容所有这些配置,当 OeBPS 定义处理一致性的时候,是将阅读系统(Reading System)而非阅读设备作为对象的。OeBPS 将阅读系统定义为:"接受 OeBPS 出版物,并且让读者可以获得它们的软件和硬件组合"。它将阅读设备定义为:"能够处理出版物的物理平台(硬件和软件)"。阅读系统包括阅读设备,可以等同于阅读设备,也可以超越阅读设备,因为它包括"在读者阅读前或者在远离读者的地方处理和传输数据"。

5. OeBPS 与 Adobe 的 PDF 并不是竞争关系

粗略地来分,当前出版业内有两种电子书策略:基于 OeBPS 的电子书和基于 Adobe 的 PDF 的电子书[11.5.3.2.2]。但是前面的论述有助于澄清这样一个观点,即尽管这种两分法是以当前的实践为基础的,实际上并没有必要。因为现在 OeBPS 的内容在手持式阅读设备上显示之前通常要转换成各种各样的专有二进制格式,其中自然就包括转换成 PDF 文件。事实上,大多数基于 SGML/XML 的出版活动(如 STM 期刊出版)通常以 SGML/XML 内容制作产生 PostScript 或者 PDF 文件,因为它们是排版过程的自然产物,因此这两者之间并没有需要逾越的技术和实践方面的障碍。(Adobe 系统是开放电子书论坛的一个活跃的成员,同时作为论坛的"黄金级赞助商"在董事会中占有一席之地。)

6. 在一定条件下,多媒体和"活"内容是允许的

由于多媒体和"活"内容形式多样、结构复杂而且处理要求较高,对于 OeBPS 来说如何在现有的硬件、软件和数据格式条件下在互用性和可操作性之间取得平衡是一个很大的挑战。

在 OeBPS1.2 版本中定义了一种折衷的"备选(fallbacks)[1]"机制,以便能够包容多媒体和活动的内容而不影响互用性。其工作原理如下:

① OeBPS 出版物可以包括任何种类的多媒体和活动内容,但是此类出版物必须指定以支持格式(如 XML 文本,JPEG 或者 PNG 图像)存在的"备选"的替代性内容。

② 兼容 OeBPS 的阅读系统可以处理多媒体/活动内容,但这并非必要条件——然而任何时候遇到无法处理的多媒体/活动内容时,它们必须能够处理和显示替代性的备选内容。

这是一种折衷的策略。它允许高性能的多媒体和活动内容电子书,同时保证了最基本的互用性;但是它并没有确保最佳的互用性效果,因为它并不保证每一种 OeBPS 阅读系统都能高效地处理多媒体/活动内容。OeBPS 的后续版本将在这方面有所改进。

### 7. 可以从 XML 文件方便地创建 OeBPS 出版物

有时候从现成的 XML 内容制作 OeBPS 出版物是一个极其简单的过程。例如,假设电子书的内容以几个 XML 文本文件的形式存在,它们是用出版社内部的 XML 词汇表,还有一张 CSS 样式表规定了内容的正确格式,其中不包含 OeBPS 子集以外的任何 CSS 元素。那么这个 OeBPS 出版物就仅仅由 XML 文件、包含 CSS 样式表的文件以及一个 OeBPS 封装文件构成。尽管 OeBPS 的确对 XML 文件有所限定,而且并不支持所有的 CSS2,但是仍然很有可能,在将 XML 文件和 CSS 文件转换为 OeBPS 文件的过程中甚少甚至完全不需要任何改动。必须要有封装文件,但是这个文件(它本身是经过 OeBPS 封装 DTD 定义的 XML 文件)只要向现成的空白封装文件模板中添加以下信息就可以创建出来了:

① 唯一的标识符;

② 出版物名称;

③ 出版物使用的语言;

④ 组成出版物的文件清单及其 MIME 媒体类型(在上述例子中,该清单由几个 XML 内容文件和 CSS 样式表单组成;媒体类型可能文件就是,CSS 样式表则是"text/x-oebi-css");

⑤ 显示 XML 文件的默认顺序。

---

[1] 即当用户代理不能处理某种类型的内容时,可将备选内容作为显示结果——译者注。

其他信息可选,但是上述信息则是不包含不支持的媒体类型和样式规则的 OeBPS 出版物所必备的。更加复杂的出版物,如它包括 OeBPS 不支持的样式规则和媒体类型,要将其转换成为 OeBPS 出版物也并非太复杂的工作。如假定出版物的参考文献中列举了一个文件,其中含有不被支持的媒体格式(如视频片断)内容,那么包含替代性内容而且格式可以被 OeBPS 支持的备选文件(如 JPEG 图像)就会被包括在 OeBPS 出版物中,而且两个文件都将被列在封装文件之中,而关于不被支持的媒体格式的条目中将指出哪个文件是它的备选文件。同样的,如果使用了不被支持的高级 CSS 元素样式表,那么就必须正确地对其加以标识,而且在出版物中包括 OeBPS 支持的替代性 CSS 样式表备选。当然,要找到格式被支持而且效果令人满意的备选内容,或者制定能用于不被支持的元素的备选 CSS 样式规则并非易事,但是 OeBPS 格式本身并不给这一过程增加麻烦。简言之,OeBPS 出版物的制作对于已经创建了 SGML 或者 XML 内容的出版商来说是一件简单的事情。

### 8. OeBPS 1.2 极大地提高了显示格式方面的能力

OeBPS 1.2 对 OeBPS 1.0 和 OeBPS 1.0.1 最初试用的两年间对出版商提出的需要优先考虑解决的问题做出了反应:对显示格式加强了控制能力。为此 OeBPS 1.2 选用了更多 CSS2 属性值和选择器组成了自己的词汇集。此外,它还扩大了基于 XHTML 元素和属性的 OeBPS 子集(同时去掉了一些没有用的元素和属性),改进了对名域(namespace)[1]的支持。

### 9. OeBPS 在出版业中广泛应用

OeBPS 已经在出版业中得到了广泛的应用,也许可以被视为“行业标准”。这种优势得到了当前各种转换工具的支持,这些工具用于完成 OeBPS 格式和其他各种电子书格式之间的互相转换。当然,不是所有的电子书内容制作都以 OeBPS 为基础,有些工作流程直接将非 XML 格式的内容转换成电子阅读设备所能够识别的格式。

### 10. OeBPS2.0 将有更大的提高

OeBPS2.0 将在以下几个方面有所改进:

**元数据**:允许 OeBPS 出版物包括封装文件以外的元数据源的机制。

---

〔1〕 是用 URI 加以区别的,在 XML 文件的元素和属性中出现的所有名称的集合。有了名域,用户就可以保证在他文件中使用的名称是独一无二的——译者注。

**国际化:** 额外的支持为必需的象形字符集和书写系统提供信息。

**内部和外部文件连接:** 更加强大的基于 Xpointer 的超文本链接。

**导航:** 封装文件之外的,基于 Xpointer 的更加广泛的导航机制,在普通的高性能的导航能力(这种导航机制已经用在 DAISY 联合体的"Talking Book"标准,NISO z39.86 中)之外允许寻找多语种信息、图表信息和音频信息。

**获得性:** 前述改进(尤其是导航能力)普遍地被用于提高残障读者对电子书的获取能力。

## §11.3

## 电子书概述

### 11.3.1 电子书:历史与未来

众所周知,书面语言是社会的基石,早在现代电子计算机技术发明以前,人们就幻想能有一种设备来帮助阅读。查阅早期的幻想文学和20世纪的科幻文学,就会发现很久以前利用技术来促进阅读就是一个引人入胜的想法,而且其外在形式与电子计算机的形式相距甚远。

利用计算机进行阅读是现代基于计算机的交流传播领域3位巨人的核心工作:范内瓦·布什(Vannevar Bush)、道格拉斯·恩格尔巴特(Douglas Engelbart)和泰德·纳尔逊(Ted Nelson)——他们都想像并设计了(后两者并且真正地建造了)有影响的电子阅读系统。后来,有先见之明的《网络国家》(Network Nation, Starr Hiltz 著,1978)一书也提出电子阅读是"基于计算机的传播"的重要优势,并描述了许多我们已经习以为常的特点和做法,并且还提出了今天仍然具有启发意义的比较口头、纸张和电子互动各自优势的分析框架。

最早的计算机阅读系统(如 Augment, FRESS)出现在上世纪六七十年代(远早于微电脑和大规模网络系统的问世),并在本地联网的工作站上开发并进行优化。由于联网工作站很少,而且造价高昂,系统的量产版

(Production Version)[1]通常部署在拥有远程终端的大型主机上。此类开创性的工作贯穿整个80年代,发展了原创性的模型如Notecard[2]和Intermedia[3],以及Microcosm[4]。最后,到了80年代中期和90年代,我们今天认为理所当然的超文本和多媒体系统的技术与特色有了很大发展,包括OWL的Guide,Apple[5]的Hypercard[6]和EBT的DynaText[7]。

也是在70年代晚期和80年代,研究兴趣转向了开发与图书类似的手持式电子阅读设备(Kaye和Goldberg,1977;Yankelovich等,1985)。

到了90年代早期,万维网出现了。拥有超链接可以大量存取各种资料的计算机阅读系统突然广泛地流行起来了。遗憾的是,此前20年间的研究成果,反映了最佳的实践和基本原理的大量相关知识全部被置之脑后了,从某种程度上来说,万维网也是设计拙劣的典型。这些败笔包括链接功能上的,如单向性、不具型别(Untyped)、点对点和嵌入式等,和底层的标记系统——它忽略了要把内容及其显示分离开来。

随着阅读软件、硬件和内容纷纷出现,90年代电子书从实验室走进了市场,这有助于研究人员在开发过程中思考并吸收实践经验。但是60年代到80年代的经验被忽视了,没有被好好地加以利用,这表现在早期的电子书令人失望的功能上。当然,基础的软硬件缺陷同样应该加以弥补。

---

〔1〕 与测试版相对——译者注。

〔2〕 NoteCards由施乐公司于1985年开始开发。最初只能在施乐的Lisp机器上运行,其商业版在Sun工作站上运行——译者注。

〔3〕 Intermedia是布朗大学1985年开发的超文本系统,运行在Macintosh机的Unix操作系统下。Intermedia曾经在大学里用来建立教学系统。每个用户可以在使用时建立自己的链和批注;可以保留自己的私有版本——译者注。

〔4〕 Microcosm是英国南罕普敦大学计算机系开发的,是开放超文本系统的一个实例。Microcosm运行在MS Windows 3.1上,且正在Apple Macintosh上开发,它也有X-Window版。Microcosm不在信息上强加任何标志,所有的数据都可以自由访问、编辑。应用系统还可以建数据。所有与链有关的信息被存在Microcosm指定的链库中——译者注。

〔5〕 1982年英国Kent大学开始了Guide的研究与开发。1986年由办公工作站公司OWL推出商业版本,有Unix版、Machintosh和Windows版。Guide 3.1仍旧是目前软件市场上的几个超文本创作工具之一——译者注。

〔6〕 HyperCard是20世纪80年代末期世界上最流行的超文本系统。从1987年到1992年Apple公司随每一台销售出去的机器奉送一套HyperCard。HyperCard的流行使超文本的基本的概念得到了普及,结束了超文本仅仅作为研究主题的状况,被广泛接受为一种新技术,并且在应用开发特别是教育系统的开发方面起到举足轻重的作用——译者注。

〔7〕 一种电子超文本系统——译者注。

时至今日，通过屏幕阅读已经被我们认为是理所当然的事了，也许可以做这样的推测：在发达国家，阅读（如果仅从阅读文字的数量来衡量的话）也许已经电子化了。而随着各种硬件、软件，经销系统和各种类别内容的广泛出现，类似阅读图书的电子阅读行为成为一种飞速增长的商业现象。

### 11.3.2　本体论与范围：什么是电子书

目前存在一些明显的术语学方面的概念问题。

首先，有关“电子书”（electronic book）的确切概念。我们是用它来指硬件、软件、数字化内容，还是这三者的特定组合？现在，由于“电子书”（包括 eBook 这个新词）其概念的模糊性是有用的，而且在上下文中其意义也是明白的，因此我们并不急于把它的意义固定下来。

除了术语上的不确定性，我们似乎对于电子书的阅读前景有了大致的共同理解，即：中学生在手持式电子设备如 PDA 上面阅读《大白鲨》。因此典型的案例是被研究人员称为“沉浸式”地阅读：读者主要以一种线性的方式（从左到右、从上到下）阅读以文字为主的材料，而且聚精会神地深入到所阅读的内容中去。

这是一种关于电子书阅读的重要看法，而且由于大众出版市场（浪漫小说、“技术惊悚小说”、科幻小说、恐怖小说、神秘小说、流行小说等）巨大的商业吸引力，最近主宰了有关的商业思维。此类阅读似乎总是全神贯注式的，而且对技术的要求不高（不需要多媒体和超文本），故其获利潜力也比获取信息和指导的阅读更大。

显然，电子书的内容并不必然是小说和“审美性”的读物。历史或者物理教科书也可以成为电子书，邮购商品目录当然也是如此。

电子书能够包含多媒体内容和互动内容吗？当然可以——而我们还没有提到有人认为没有辅助性文字材料的纯粹的音频和视频内容（电影和音乐）也是电子书，而不管这些内容是出现在笔记本电脑、书本大小的平板设备还是 PDA 上。如果是一部附带少量文字材料的电影，提供关于人物、事件和时间的说明等，那又该如何看待呢？

你觉得艺术品目录的和财务数据的电子书如何？台式计算机是（被视为，或者被用来阅读）电子书吗？可以利用网络实时地提供电子书内容吗？如何划分界限将会影响到我们如何看待出版物及其发展战略，但是利用定义来消除其他的可能性并无益处,因此我们还是给这些问题留下开放的空间,直到我们必须提供精准的定义那一天。

### 11.3.3 电子书的优势

与纸质图书相比,电子书有许多优点。

#### 1. 大容量

一个人拿一打纸质图书很费劲,但是拥有可擦除储存介质的电子阅读设备可以收纳成千上万种图书,而且方便携带。

#### 2. 生产制造

通常来说,大规模纸质图书的生产是一个昂贵而且复杂的过程,但是电子书的生产过程却是廉价而迅速的,只要将数字文件拷贝到另一个物理介质上就可以了。而且正因如此,图书已无绝版之虞。

#### 3. 经销

经销图书必须经过物理运输、仓储和上架。电子书则可以通过互联网迅速而廉价地传播,这对于那些远离图书生产地点的地区来说尤其重要,对当地无法支持面对面交易的地区,以及缺乏高效、可靠的储运能力的地区来说同样如此。

#### 4. 成本

以上的优势说明对于消费者而言,电子书的总成本可能低于纸质图书。有很多因素决定着电子书的价格,从传统的组稿、编辑成本,到整个行业因为担心净利润下降而抵制任何价格变动的复杂商业考虑。

#### 5. 智能化浏览

用电脑显示文本支持智能化的、定制的浏览行为。用可扩展的条目来组织大纲是一个熟悉的例子,但是另外还有许多其他的可能性。例如,教科书的提高部分,或者使用手册中与正在修理的产品无关的部分就可以隐藏起来(也许用可点开的图标标记,而且能够在适当的地方展开);也可以在剧本中只显示男演员以外的其他角色;可以有选择地运用颜色、缩排和字体等因素来系统地凸显当前感兴趣的内容;读者(也可以是教师、经理或者其他人)可以根据自己的特殊需要来确定各种变化。

#### 6. 智能化导航

导航能力也有很大改进,它允许读者根据文本的自然逻辑单元(章节、段落、句子、方程式、问题和过程等）展开阅读，而不受限于页、栏这样的载体单位。

### 7. 超文本

尽管超文本可以被视为导航或者浏览的一种方式，但是它功能强大而且独具特色，值得单独对它进行讨论。今天所有万维网的用户都很熟悉循着网页提到的地点、人物和参考书目等进一步阅读。在 STM 出版领域，最常用的链接服务 CrossRef[4.5.5.1]对于科学家使用期刊的方式有很大的影响。目前网页上以及阅读系统中的超链接功能仍然是十分原始的，但它对读者还是非常有价值，无论如何在接下来的几年中，随着 Xlink[3.3.5.1]和 Xpointer[3.3.5.3]技术的广泛应用，超文本功能还会快速改进。

### 8. 检索

所有当代电子读物的读者都很熟悉，而且也很推崇字处理软件、万维网浏览器和几乎所有的电子书阅读系统的全文本线性搜索方式。有时候可以用模板匹配（pattern-matching）技术如正则表达式（Regular Expression）[1]来进一步加强检索功能，另外特殊语言处理技术如确定语形学的词根（如去除所有格、数字等）或者与词典中语义相当的词进行匹配等都是很有用的。但最重要的是，数据库的字段尽量使用 XML 词汇以提高检准率，这样只有当字符串被标记为人名、地点、化学式、疾病，或者出现在标题、引号、警告或者诗歌当中时才会被检索出来。

### 9. 更新

电子书很容易更新。不难想像利用有线网络或者无线网络对内容进行日常的同步更新，可以每天更新，也可以每天在固定的时段周期性地更新，以便反映内容的变化：错误订正、增加的警告、统计数据更新以及增加新信息。

### 10. 多媒体

电子书可以广泛地应用音频和视频内容。例如，操作手册中一段指导性的视频内容，语言教科书中的一个发音示范，历史课本中的纪录影片以及前卫的多媒体小说。尽管关于高性能阅读的研究集中于教科书和使用手册

---

〔1〕 正则表达式是一个字符模板，用来在搜索过程中匹配相同的字符。在大多数程序中，正则表达式是括在正斜杠中间的。例如，"/中国/"就是一个以正斜杠为分隔符的正则表达式，其中的模板"中国"将用来搜索所有与它匹配的字符——译者注。

领域,大众市场的商机也同样巨大。

11. 互动性和特殊处理

计算机处理技术导致了许多有用的互动功能。例如,读者可以调整方程式,图片和图表也是“活动”的,读者可以更改其中的数据、系数、公式和轴的位置,并且可以很快地看到结果。练习和辅导的结果将被自动地加以分析和评分,读者可以直接查看出错的部分。这一领域正在进行许多研究,STM 和教育出版对此更加关注,因为它有潜力提供非常独特的产品优势。

12. 可访问性

纸质图书对于有视觉障碍的人来说存在很多问题。但是电子书可以轻易地调整字体大小、颜色和用户界面。而且,设计精良的内容非常适合高性能的音频演示,并具有结构、超文本提示和其他导航功能。“可访问性”[7]一章将讨论所有这些问题。

## §11.4

## 清晰地思考电子书

### 11.1.1

由于期望电子书出版业很快获得商业上的成功,在 1999 到 2000 年间出现了许多有关的商业活动和行业新闻。有一种感觉认为改进后的硬件、软件、标准、用户界面、后端工作流、连接性、内容的临界质量、出版商的兴趣、消费者的兴趣和权利管理等因素及其奇妙的组合已经出现(或者即将来临),因此发展将会是爆炸性的:电子书取代纸质图书,整个社会将从这种变化中受益,而处在先锋地位的公司将获得商业上的成功。

对于有见识的、客观的观察家来说,考虑到技术问题以及出版行业的复杂性,这种电子书即将成功的预言是不可能实现的。但是企业家成功的核心就在于尝试看似不可能的事物,但是对于满怀疑虑的人士而言,所能做的也仅止于表示保留意见并祝愿其成功。随着投资增加,新公司不断成立,老公司越来越大张旗鼓地启动新项目,从早期充满信心的预言中撤退的损失更大了——于是这些预言尽管无法证实却持续流传。最后,从 2001 年底开始,早先雄心勃勃的预言所导致的激进说法("图书之死!")言犹在耳,一些行业记者已经开始走向另一个极端("电子书之死!"),宣告希望的破灭。

事实是,这些戏剧性的表演与技术的长期发展趋势无关,而与企业家的市场工作,促进投资的因素,提升个人职业生涯的因素以及大众和行业报刊中吸引读者注意力的因素有关。

仍然真实的一点,是导致了电子出版业兴旺的预言的基础在不久的将来仍是如此。而且,证实了这一分析基础的经验证据同样清晰:在失败被投机分子夸大的同时,真正的电子书出版规模也在扩大,而纸质图书的发展则持平或略有下降。要对电子书是否、何时以及如何取得商业上的成功作出合理的预测,必须冷静地关注所有的证据——必须警惕那些只根据有力证据笼统地预测。还必须避免为分散注意力而提出的不相干事实或论点,它们本身是真实的,但是与迫切需要回答的问题相关度不高,因此容易误导人们。对于理性地思考电子书问题尤其具有破坏性的此类观点如下:

### 1. 替代说

宣称纸质图书将要(或者将不会)完全被电子书所取代。在可见的将来的任何时候纸质图书都不会消失——但是这一断言从未被任何严肃的行业分析人士所证实,而且它与电子出版是否将很快取得商业上的重要地位,其地位甚至超过纸质图书这一问题无关,更不必说回答这样的问题,即,是否只有电子书将取得商业上的成功?将是什么样的成功?

### 2. 床-海滩-浴缸说

Tom Peters 在那篇关于电子书与图书馆的富有洞察力的文章中形象地说明了这一观点(Peters,2001),即没有人想要在床上、浴缸里和沙滩上阅读电子书。情况是否如此,在何种程度上情况如此,而退一步说,即使情况如此,这也是一个不相干的说法:从商业的观点来看,床、沙滩和浴缸都不是重要的阅读地点,因此它们与电子书的未来无关。自鸣得意地说他们无法想像带着电子书去上述地点彰显了评论者既无视真实的阅读行为,也没把出版业放在心上——因此他们才宁愿先行提出引人注意却又有误导之嫌的分析。赞成这种看法的评论家也许会反驳说那无非是要表明纸质图书具有总体审美优势的开玩笑的说法——但这无疑证明了该种说法的不相干性。

### 3. 诸多优点说

这种看法认为,纸质图书沿用了这么久,有其坚实的理由:人们天生就会使用它,视觉上的愉悦性,不需要电,很便宜,不会摔坏等。纸质图书与电子书相比有许多优点——但是电子书与纸质图书相比也有许多优点。我们关心的问题不在于是否一种技术比另一种技术优点更多，而是说随着技术与阅读习惯的改变，什么时候某种电子书的竞争优势在一些出版领域导致其获得商业上的成功。尽管纸质图书的确有许多优点，电子书也还有其缺陷，但是大多数发达国家的读者已经把大量的时间而且还会将更多时间用于电子阅读。

## 11.4.2　为什么我们认为电子书会成功

大部分出版商都有一个共识，就是总有一天电子书会成为具有重要商业价值的出版物。阅读显然越来越电子化了（实际上，对发达国家的人来说阅读几乎就是电子化的），而来自出版商的数据表明尽管电子书的销售额还很小，但是它与纸质图书不同的是增长很快。最重要的是，上面列举的那些特别的优点一如既往，而且用以兑现那些优势的技术和基础设施也在不断地发展、成熟。尽管对电子书何时能够取得成功，将以何种形式出现，将在哪个出版物市场上最先出现以及将会采用何种行业结构等问题并无确切答案，但即使有也必将只有少数出版商会质疑电子书在我们的阅读生活中的重要意义。

### 1. 硬件改进

储存能力、处理速度、大小、重量、屏幕分辨率、电池寿命在过去10年间都有了长足的进步，并在不断地进步之中。某些方面如储存能力和处理速度的改进速度令人惊讶，总体设计、工效因素（erogonomics）[1]和审美方面的考虑都有很大的提高。而以前这些方面都还被作为电子书消极的一面被提及。

### 2. 软件改进

新型的、经过仔细设计的用户界面、导航技术、信息检索、注解功能、特殊处理等吸引人的新功能在STM和教育出版领域都十分重要。近来出现的能够导致与翻阅印刷品相媲美的阅读体验的文本处理技术则在大众图书市场的竞争中尤显重要。

---

〔1〕 在人类工程学中为降低人员的疲劳度与不适感以达到最高生产率需要设计的因素，如工作环境等——译者注。

### 3. 阅读设备无处不在

今天在发达国家，手提电脑、手机和 PDA 等几乎无处不在，它们中大多数都已经用于某种形式的阅读，这就为电子阅读设备提供了潜在的阅读者。此外，还出现了更多的平板电脑和专门的电子书设备。

### 4. 内容的临界点

尽管直到最近，电子传播都仅仅意味着将印刷材料或者排版文件转换成新的数字格式，但是现在文本的创作几乎从一开始就完全数字化了（生来就是“数字化”的），而且大多数内容在准备阶段都同时考虑了电子和印刷两种传播方式。结果，最有商业价值的内容、新内容几乎总是以电子的形式出现，而且适于或者基本适于电子传播。

### 5. 数据标准和互操作工具

出版社越来越多地采用 SGML/XML 作为内部存档和外部交流的语言格式，这大大改善了内容的功能和互操作性，促进了新型软件工具的开发，并且提升了内容的创作、管理和传播水平。（现在固然还有很多内容采用功能和互操作性较低的桌面出版和页面描述格式，但是它们被 SGML/XML 取代或与后者相结合只是迟早的问题。）

### 6. 电子阅读文化

主要是由于万维网的出现和电子邮件的广泛应用，阅读革命不是即将发生，而是已经基本上成为事实，至少在发达国家情况如此。显然在各行各业的工作场所，利用计算机进行读写是主要的工作形式，这一点你只要到现代化的办公大楼里面走一遭就不难发现。在各级学校的确仍然有许多非电子化的阅读，但是基于计算机的阅读正在经历爆炸性的增长，就像典型的大学课程大纲那样在网上发布，而且其中充满了外部阅读任务的链接。最后，我们所有人——成人、儿童和青少年——都在工作或学习之余花了大量时间在计算机上（网上冲浪、购物、听音乐、聊天和阅读电子邮件等）。实际上，人们已经在担心他们的孩子——或者配偶——花太多时间在电脑上了。2002 年与 1992 年不同，电子阅读的独特优势（迅速地存取众多的信息源、超链接、用关键词或更加复杂的方式检索、导航功能、多媒体以及与其他活动相结合等）几乎为每一个人所熟悉和推崇。

### 11.4.3 我们不知道它们将如何发生

现在看来电子书将会很快取得商业上的成功,我们只是对成功具体会是什么样子还不确定。

#### 1. 形式因素

最受欢迎的形式是什么——是PDA样式的、图书大小的还是平板式的设备?专门的设备无法与无所不在、功能强大而且又被广大用户所习惯了的手提电脑相比吗?平板式阅读器的特殊使得我们愿意再多携带一种设备吗?PDA的便携性可以弥补其屏幕大小和分辨率方面的不足吗?电子纸不重,而且屏幕可卷,以此是否可以解决屏幕大小和可读性难以两全的难题?也许不同的出版物市场上将会流行不同的电子阅读设备——杂志是平板设备,教材和STM出版物是手提电脑,大众市场是PDA。这一点从当前市场上各种丰富多样的设计上很容易看出来,而专家们关于这个问题并没有统一的看法。

#### 2. 出版市场

电子书将在哪个出版市场最先成功地进行商业渗透:是大众市场的虚构出版物?杂志?教科书?技术文档?STM出版物?商业文件?参考著作?哪个市场又将抵制电子书的渗透呢?

#### 3. 行业结构

由出版商、经销商、打印社、内容开发商、软件制造商和硬件制造商组成的行业生态圈将会如何改变呢?出版商和经销商的角色会互换吗?内设排版机构是否会重新流行?转换服务将变得必不可少……或是将变得比以往任何时候都更加重要吗?谁将会兴旺发达?谁又会被“非居间化”呢?[1]

#### 4. 商业模式、知识产权、数字权利管理与安全问题

内容是销售还是授权?如果是后者,是采取逐次收费、按月收费还是终身制的收费方式?权利是否可转移呢?是向集成商逐件销售还是大宗销售?什么是数字权利管理的基础设施?内容将被加密吗?如果是,以何种方式加密呢?

---

〔1〕 指某些组织的桥梁作用被新兴网络零售商的非居间化(disintermediated)所弱化——译者注。

## §11.5

# 格式问题

### 11.5.1 引言

除了以上描述的不确定性以外,出版商和整个出版行业还面临着另一类型的、也许是最严重的问题:在从内容开发到传播的每一个阶段都有许多功能性差而且互不兼容的格式。

内容格式可以进行不同的分类。最先的也是最关键的区分是在逻辑(结构)格式和显示格式之间,这一区分也是所有合理的出版战略的基础。然后,考虑到生产策略,尤其是如何将现有的电子生产步骤应用到可能的数字内容来源,同样必须理解二进制文件与文本文件(binary vs. text files)、可修改文件与不可修改文件(revisible vs. nonrevisable files)的不同特点。下面我们会概述有关的看法。(为简化问题起见,我们所允许使用的"格式"、"文件"和"内容"等词的含义稍有含混,我们所指的"二进制"和"文本"尽管与通行的说法并无冲突,但也不是非常准确和清晰的。)

然后我们根据是否在电子书生产过程开始之前就用到了,来讨论第二个独立的格式大类。如果是之前用到的,我们再将它们区分为是应用于印刷过程之前还是之后。这些格式类别是根据不同的标准划分出来的,它们能够帮助刚开始从事电子书出版的出版商在整合电子书出版项目和现存的印刷出版项目时,很快地挑选出直接结果(immediate complexity)。

在这个讨论的基础上,我们继续考虑出版商和整个出版行业在内容格式方面面临的挑战:应付原始内容及其传播过程中的多种相关格式;在不影响互操作性的前提下取得功能和创新方面的竞争优势;在影响当前实践活动的同时寻找将来的发展机遇。

接下来我们要描述应对这些挑战的整体解决方案。

之后我们将要演示这些解决方案的具体事实:开放电子书出版结构。

### 11.5.2 格式种类

#### 1. 逻辑的与呈现的

在设计工作流系统的时候，逻辑/呈现两分法是受到广泛认可的，它主要用于选择文件格式，发展商业战略以及合理地推断总的出版生产过程。其区别在“标记”[3.1.1]中有详细的讨论，其中提到的材料的有关知识将出现在本章的剩余部分。

但是，我们将会重申几个关键的观测意见，即：

(1) 区分结构与呈现的符合逻辑的方法。符合逻辑的做法是这样来组织出版的生产过程，即通过标识和描述所谓的内容逻辑(或者说结构)元素(如标题、作者、章、节、段落、摘要、目录、技术术语、方程式、引文等)，以及按照各种规则运用显示特征(如字体、字号、标线、分页以及字距和行距)来反映内容的逻辑关系，而非孤立地去处理每一个单独的元素。

如果内容是以印刷品的方式呈现，或者主要被设计成用于传统线性阅读的数字内容，那么通常只需标识传统的“编辑”逻辑元素，因为只有这些元素需要印刷效果上的差别。但是，如果是支持先进功能的内容，那么就必须标识多种元素(也许包括某一专门领域非常细分的类别，如历史书中的人名、地名和国家，医学书中的疾病、有机体、药物、器官、骨骼和治疗法)，无论它们是否将被赋予不同的格式，以便支持信息检索、导航、链接、特殊处理等功能。(有时候以印刷品为目的的出版活动也会应用非常详细的标识，以便综合管理各种来源不同的信息，并将之用于校验、索引和二次利用。)

(2) 以描述性标识(descriptive markup)贯彻逻辑方法。可用描述性标识贯彻逻辑方法。描述性标识用于识别内容中出现的逻辑元件(logical component)类型的实例，并进一步描述其特点。描述性标识与程序性标识(procedural markup)相反，后者表明如给内容赋予一定的格式，而非赋予何种格式。

(3) SGML 和 XML 定义描述性标识语言。SGML 和 XML 是为了支持机读描述性标识语言的严格定义而设计的“元语言”，以便减少各种标识语言之间的差异。XML 是 SGML 的简化，目前广泛用于出版和信息处理领域。SGML/XML 标识语言的例子是 HTML/XHTML、TEI、DocBook 和 ISO

12083。(请再次参见“标记：XML 及相关技术”[3],以了解更多关于 SGML 和 XML 及其相关标准的内容。)

(4) 逻辑方法为出版带来了许多益处。以内容的逻辑方法为基础的出版系统与纯粹基于呈现方法的系统相比,通常拥有许多优越的性能、互操作性强、使用效率高、成本效益好。很容易看到这种方法使文件的创建和全球传输更加简单了,此外还能很好地提升功能的互操作性。(参见“标记：XML 及相关技术”[3],了解其原因及应用的方式。)

(5) 显示格式仍然重要。尽管总体来看,基于逻辑方法的出版系统有优越性,但逻辑格式并非出版周期每个阶段的必然选择——各种从逻辑格式演变而来的显示格式,在显示给读者看的时候也许效果更佳。

(6) 折衷战略也许是必要的。此外,出版实践的复杂性也许要求折衷的解决方案。导致折衷方案以及在生产过程选择次优格式的条件包括:财务限制;内容以历史遗留格式存在;所安装的软件;能获得的专门技术;改变生产过程的困难性;硬件限制;营销时机;ROI 时机和商业战略;对于安全性和数字权利管理的需要。但是,本章的作者认为,抵制基于逻辑方法(哪怕是有条件的)的生产系统的开发,必然会增加成本,而且将丧失商业机会。

### 2. 可修改与显示

我们要在此说明,接下来使用的“格式”、“文本”和“二进制”等术语,尽管与一般现行用法并无冲突,但还是不太准确和清晰。我们不想加深已有的困惑,但是要在此处提出并且使用缜密的定义只会使讨论复杂化。本章的在线版本包含了许多例子,可以进一步澄清这些术语的含义。

(1) 可修改和不可修改的格式。采用可修改的格式无论是内容还是格式都比较容易修改和订正。显然字处理程序和排版软件都能产生可修改的格式。如微软的 Word 文件、QuarkXPress 文件(都是二进制文件,见下)、LaTeX 文件和 SGML/XML 文件(都是“文本”文件,见下)。

不可修改的格式不容易编辑。它主要用于输出。如光栅图像文件和与专门的设备相匹配的排版文件如 Linotron 202 的数据(二进制文件),和页面描述文件如 Adobe 的 PostScript(文本文件)和 PDF(二进制文件)。

(2) 文本格式与二进制格式。文本格式表明数据是标准字符编码。如 ASCⅡ,每个字符用一个字节表示;还有就是 Unicode,每个字符用不止一个字节表示。尽管这里“文本”一词的用法在信息处理领域很常见,但仍然容易引起混淆:它并非指文件的文本,也并不与图表或其他媒体如音频和视频等相对。“文本”在这里仅仅表示所显示的信息——而无论这些信息是用于表示一段指令、一幅矢量图、一篇自然语言写成的散文、地点索引、元数据还是超链接——是用离散的字符如ASCⅡ码或者Unicode码编写的。ASCⅡ文本文件很容易被通用的编辑软件读取，而处理多字节字符的编辑软件都可以读取Unicode文本文件。文本格式如SGML/XML，微软的RTF，Adobe的PostScript。显然文本文件应用广泛，而且特点各不相同：它们中的有一些是可修改的，有的不行；有的是逻辑性的，有的是用于呈现的。

二进制格式是没有用ASCⅡ和Unicode等标准字符编码的格式。二进制格式通常不能用通用的编辑软件读取，而只能由产生它的开发商的应用软件读取，或者专门开发的所谓“暗箱”转换应用软件。无论是用于创建原始内容的创作软件，还是用于页面排版的排版软件，它们所产生的内容都是二进制的（如微软的Word文件、QuarkXPress文件）。

### 11.5.3　生产电子书的上游和下游

很自然可以想像，电子书生产过程从创作和识别内容的“上游”开始，然后才到“下游”将内容转换成各种格式，包括页面版式和内容显示等。

当然，河流的比喻是一种简化。首先，这是一个内容从上游到下游不断订正、修改的循环往复的过程——而本章的作者所创作和传送内容的技巧以及内容本身，对于出版社工作流的效率都有重大影响。而且，为了实现下面描写的“单一来源，多种产品和格式”的战略构想而向上游延伸的订正与修改活动是很有必要的，同时要管理好这个充满挑战性的过程也非易事。

我们也要说明大多数格式在生产过程中几乎随处可见，所以当我们说它是上游的格式或者下游的格式时，只是相对而言的。

最后也是最重要的一点，我们主张整合电子书出版与现存的印刷图书出版的生产流程，这就意味着从印刷出版的观点来看的上游也许是电子书工作流的下游。这种主张反映了一个事实，即电子书出版上并没有白手起家地设计一种独立于所有其他出版活动的出版工作流程，而是更多地将之与现有的出版工作流相结合。

但是，即使是从头创建生产过程，或者重构了现有的生产过程以反映当前的最佳实践，我们的比喻仍然是有道理的。理想的出版生产战略，包含多种内容输入格式，然后把通用的交换格式转换成多种传输格式（下面将详细描述)——仍然可以用河流作比:一条有两条支流和一个三角洲的河。在接下来的部分,我们要根据各种格式在生产过程中主要出现的阶段来分别展开讨论。

在电子书和印刷图书生产流程上游出现的格式如下:

* 可修改的二进制格式及其派生的可修改文本格式;
* 可修改的文本格式(通用的)。

在电子书生产流程的上游和印刷生产流程的下游出现的格式如下:

* 可修改的二进制格式及其派生的可修改文本格式;
* 不可修改的文本格式和二进制格式。

在电子书生产流程的下游出现的格式如下:

* 不可修改的二进制格式;
* 可修改的文本格式。

### 1. 在电子书和印刷图书生产流程上游出现的格式

(1) 可修改的二进制格式及其派生的可修改文本格式。一开始的时候,在使用由字处理软件或者排版软件生成的可修改二进制文件作为数字内容的来源方面有很多问题。因为二进制文件文法用纯文本编辑软件加以编辑。许多可修改的二进制文件是由专有的应用软件生成的,没有公共文档(public documentation),通常只能在开发商开发的应用环境中才能使用。除非开发商预先设计了转换功能,二进制文件很难转换成其他格式。

通常二进制文件除非能够转换成可修改的文本文件,否则就不可能被其他软件读取。而这种文本文件是否可用则进一步取决于原始的可修改二进制文件是否包含结构逻辑信息,这一信息是否以复选文本格式储存以及可修改的文本格式是否有很容易实施进一步转换的编码文件。

遗憾的是,大多数常用文本处理软件和页面排版软件都没有为文本创作和出版的逻辑方法提供足够的支持,而且很少能够像 SGML/XML 那样生成非专有的、易于转换的表示方案(representation schemes)。这些程序生成的文本文件使用开发商专用的编码系统,只适用于该开发商的单个或者整套应用软件,并作了适于交流的优化处理。典型的例子如微软的丰富文本格式(Rich Text Format RTF)[1]。尽管以文本为基础的格式(假如有公共文档)明显要比没有文档的二进制格式更加容易使用,但是各种专有的、可修

[1] 是一种在应用程序间转换格式化文本和图形简易编码的方法——译者注。

改的文本格式文件作为电子书出版的内容来源,其适应性千差万别。也许它能够从开发商专用的文本文件中抽取一些结构信息(如果它本身有的话),但是需要特别的程序来完成这一工作,因此将会导致昂贵的转换成本。

(2)可修改的文本格式(通用的)。有些可修改的文本格式可以说是"通用"的,因为它们并不来源于特定的、可修改的二进制格式以便支持交换。众所周知的例子是教育和 STM 出版领域的 TeX 和它的派生格式 LaTeX。

决定可修改文本格式电子书内容适应性的关键因素通常就是这些格式是否包含逻辑结构信息。描述性标识通常在标识系统中占有优势。例如用 LaTeX,IBM 的 DCF/GML 以及 Scribe 直接转换成电子书格式,或者利用 SGML/XML 交换语言转换成电子书格式都是很好的选择。只有通过观察和分析才能够了解结构信息的编码情况。即使设计精密、结构严谨的标记语言,也完全有可能被粗心大意、心不在焉的开发人员糟蹋。

对电子书出版尤其重要的基于文本的可修改格式,以及各种专门的 SGML/XML 语汇、如 TEI、DocBook、NewsML、XHTML 和 ISO 12083 及其派生物,还有各种当地的或者各个公司内部的 SGML/XML 格式,它们在 STM 出版领域的应用都很广泛。就像前面说明的那样,SGML/XML 通过既严格又灵活的元语言来定义描述性标识语言在出版过程中采用"逻辑的"或者说"结构的"方法,在设计和指导思想上都反映了最佳的实践成果以及信息组织根本的、科学的原理。这就有可能获取之前提到的各种功能优势和互操作优势,同时提高转换(使用像 XSLT 那样的转换语言,而非专门的程序)成各种其他格式的能力——这样就可以降低成本。此外,与专用的、可修改的二进制格式及其派生格式不同的是,许多 SGML/XML 语汇通常既支持电子出版也支持印刷出版。确认上游的 SGML/XML 内容对电子出版商而言是很有价值的,其中最主要的一点是能够相对容易地生成下游的格式。对于寻找数字内容来源的电子出版商来说,发现用 SGML/XML 词汇精心设计而且一贯以来在使用方面也非常仔细和严格的资料,简直是无价的宝藏。

### 2. 在电子书生产流程上游和印刷图书生产流程下游出现的格式

(1)可修改的二进制格式及其派生的可修改文本格式。在商业出版领域,通常先用字处理应用软件创作和开发文本,然后再用排版软件将内容安排在一定的版面内,当然有时候也有例外,即用同一种应用软件完成从创作到印刷的全过程。无论如何，在生产流程下游出现的可修改的二进制格式文件涵盖了从排版、插图、做索引、标线到分页的全部准备工作。它们是富有吸引力的内容来源：一方面，与各种流程上游的二进制文件相比，它们可能包括更多的勘误、修正和有价值的改进；另一方面，与出版商和排版机构处理原始的可修改文件不同，排字机更有可能保留最后确定下来的版面内容。（尽管也经常发现保留下来的文件与最后印出来的书籍并不完全一致的现象——因为在照相原版甚至胶片上都有可能再进行订正。）

遗憾的是从内容创作软件（如字处理软件和 SGML/XML 编辑软件）向页面排版软件传输内容的时候，通常导致对结构信息的系统转换，这一点现在大约已经不需要了，因为格式编码和其他专门的编码倾向于只支持内容的格式编排，而不支持内容的开发、转换等其他用途。而从这些格式（即使可以获得文本文件）向其他格式的转换几乎总是不经济的，而且通常还几乎是不可能的。这些格式通常适用于某种特殊的应用软件，它们是高度专门化的，难以进行语法分析和转换。但是最重要的是，无论在原始的可修改版本中可以获得何种结构信息，它们现在都丢失了，并被代之以专用的处理代码。而无论是要有效地创建专用的新处理代码，还是通用的交换格式都需要这种结构信息。从专用的处理编码来重建文件逻辑元素的结构信息，即使该种信息存在于原始的可修改文件中，那么这种做法在经济上也不可行，即使除去二进制格式和通常未予纪录的语法数据也是如此：编码与其所代表的元素之间是“多对一”的关系（可以因为很多原因而进行大写和缩排），这种关系的具体涵义要视已经缺失的原始文件中的上下文而定。内容在向下游流动的时候既可能增加信息也可能删减信息，到最后排版确定下来的时候很多关键信息可能都丢失了，而且难以恢复。

（2）不可修改的文本格式和二进制格式。下游作为数字内容来源引起电子出版商特别兴趣的不可修改的文件格式是 Adobe 的 PostScript 和 Adobe 的 PDF，前者通常是文本格式的，后者通常是二进制格式的。PostScript 是一种强大的编程语言，可以利用全点可定址（all points addressable）设备如激光打印机等创建具有矢量图形和高质量字体的排版页面。它是 20 世纪 80 年代中期出现的桌面排版系统的重要组成部分，如今几乎所有的字处理软件和页面排版软件都生成 PostScript 文件（同时包括 PostScript 命令和数据），它通过 PostScript 打印机的处理就可以制作格式化的页面。Adobe 的 PDF 是一种与 PostScript 关系密切的页面描述语言。

PDF 可以直接从 PostScript 生成,而且更加适用于电子传播。

PDF 和 PostScript 作为可能的内容来源是非常具有吸引力的,几乎所有的出版商都用它们来创建并存档文件,它们定义准确、记录公开而且通常包含很多修正内容。遗憾的是,通常的 PDF 和 PostScript 文件都几乎不包含原始结构信息,即使这些信息存在于原始的可修改格式的文件中,而它们所包含的格式信息也无法较为容易地用于丢失信息的重建。这样的文件只包括重建页面的视觉格式,而非逻辑格式所需要的信息——字体、字体大小和位置、颜色、图形等。(尽管 PDF 和 PostScript 作为页面版式语言的特点使其不可能成为可修改的通用数字内容的来源,PDF 本身是一种颇受欢迎的电子书格式,很容易用 Adobe Acrobat 和 Adobe Acrobat 电子书阅读器来直接加以处理,这一点将在下面关于电子出版下游格式的讨论中涉及到)。

然而,尽管这是人们今天遇到的大多数 Adobe 的 PDF 文件的典型状况,最近的 Adobe PDF 拥有更为强大的能力("被标记的 PDF"),因为它包含如 SGML/XML 标识那样的结构信息。如果这一特性得到基于 SGML/XML 的文本处理和页面排版软件的广泛和充分的支持,PDF 文件将成为可修改和重复利用的内容的重要来源。

### 3. 在电子书生产流程下游出现的格式

在大量的出版格式中,有许多是专用、僵化和没有互操作性的,这是电子出版商试图实施某种出版战略来整合现存的基于印刷的工作流程时所面临的一个主要问题。但更加糟糕的是,已经开发和还在开发的全部新内容的格式都是某种电子书阅读设备所专用的。电子出版商不仅要处理各种格式的数字内容源,而且如果他们希望各种现存的电子阅读设备都能读取其产品,他们还需将产品转换为不同的格式。

(1) 不可修改的二进制格式。这些新格式包括:". lit"(用于微软阅读器)、". rb"(用于 Gemstar 电子书)、". pb"(用于 Palm)和". pdf"(用于 Adobe Acrobat 电子书阅读器)。它们都是为专门的电子书设计的不可修改的二进制文件,与专门的软件开发商关系密切。除了这些众所周知、应用广泛的电子书格式,还有许多其他的同类格式,而更多此类格式也许正在开发过程中。

除了刺激内容标准产生的商业战略以外,还有其他许多关于二进制格式的技术诱因和商业诱因。

* 更快捷、更简洁的二进制格式。

* 二进制文件应该能够成为传递创新和功能性的载体，直接处理 OeBPS XML 内容无法支持此种创新和功能。
* 无论能否通过直接处理 OeBPS XML 内容创新，二进制文件要能够保护创新和其他一些特殊功能，并可以借此获得竞争优势。
* 要既能方便地保护内容安全又能提供数字权利管理的二进制文件。

(2) 可修改的文本格式。有些阅读设备可以处理和显示 HTML 文件和无标记的 ASCⅡ文本文件。但是，对于电子出版商而言，可修改的文本格式的重要之处在于 OeBPS 本身。如 ION 系统（eMonocle）、Mobipocket 和 GlobalMentor(Mentoract) 等开发的电子书阅读软件可以直接处理 OeBPS，而无需将其转换成其他的格式。

## 11.5.4 与格式有关的挑战

### 1. 功能、创新、竞争优势与互操作性

要选择内容的出版格式，必须要解决两个问题，而它们似乎是无法同时加以解决的：

(1) 支持互操作。内容应该能够在多种阅读系统中阅读，而阅读系统应该能够阅读多种不同的内容。显然，这一点在出版 B to B 业务中是很有价值的，但是它对于消费者的信心，对于内容尽可能稳定、可靠并能广泛传播就更加具有重要的意义。1980 年代字处理软件的经验——当大多数软件生成无法通用的格式时，来自其他开发商的软件无法编辑那些文件，第三方的工具软件无法处理它们，更有甚者不是任意的打印机都可以打印它们——不应该在电子书行业重现，更何况人们总是将电子书的互操作能力与印刷图书相比。

(2) 支持创新。内容开发商和阅读系统都应该提供一些新特色，对顾客提供新价值，同时也为自己赢得“竞争差异”。当实验系统中的先进性能不断趋于完善而且具备了商业上的可行性，那么电子阅读的美好前景就可以全面实现了。格式的问题不应该阻碍创新的扩散。

但是怎样才能让这两件事情同时发生呢？如果为了互操作的目的选定一种电子书格式作为行业标准，那么这种格式应该是各种能力的特定组合。例如，它支持某些格式特点、某些媒体类型、某些图形特点、一定水平的互动功能等。内容提供商如果在这个范围之外进行一些创新，就无法保证其内

容能够被正确的处理。除非在内容创新者和阅读系统开发商之间有某种特殊的协议，那么后者无法保证其系统能够阅读新内容。在这样的情形下，互操作无从谈起，而基于格式之争的商业战略将进一步打击消费者和行业的信心，危及电子书行业可能的繁荣发展。

### 2. 功能与当前的现实

如今出版业拥有众多以各种遗留格式存在的毫无前途的内容，与电子出版不相适应的生产系统（有人会说用有效的印刷出版的标准来衡量也是不适应的），具备专门技能的工作人员，某种财务上的脆弱性和现有的商业战略。除非有大量的资金，而且能够支撑到投资回报的一天，打算马上改变一切来实施理想系统的公司不大可能获得商业上的成功。这无论对于单个公司还是对整个行业来说都是问题：我们如何才能既包容，或者更进一步说，利用当前的实践经验，来为行业充分地利用明天的机会做好准备？

### 3. 格式转换的问题

电子出版商必须决定为他们的电子书选择何种格式：HTML、XML、. lit、. rb、. pb、. wap、PDF……每一种都各有其优缺点。而最令人烦恼的是，每一种的市场都局限于能够利用该种格式的设备。

此问题的解决办法之一是指定一种格式，至少指定传播格式。但是这也无望实现。由于商业战略的原因，由于不同的技术取向，也由于对最佳格式的看法不同，出版商和阅读系统制造商都不可能会同意使用一种单一的格式。退一步说，即使他们同意，那么这也可能对电子书功能的提高和创新产生消极的影响。

还有一种办法是允许百花齐放，假定只要有必要，将一种格式转换成另一种格式的转换软件将被开发出来。但是这种办法也有问题，就像简单的组合数学显示的那样。有一种转换程序可以将每一种格式转换成其他格式当然很省心，但是通过基本的计算原理就可以推论，$n$ 种格式就需要（$n^2-n$）种转换程序：对于上述的 7 种格式，就需要 42 种转换程序。格式越多，这个数字增长越快。

当然要实现格式之间完全的互操作，即使可能（有些转换在任何情况下都是没有意义的），也没有必要——我们真正关心的是生产流程上游常见的可转换的格式转换成下游的格式。但是尽管这样得到的组合计算的结果会更好，但是从实际的观点来看，它们仍然是行不通的。要将每一种相关的上游格式转换成电子书格式所需要的转换程序的数量是输入格式的数量乘以输出格式的数量。这一任务不像前者那样具有挑战性,但其增长也是非常迅速的。例如,有 20 种上游格式和 10 种下游格式,那么就需要 200 种转换程序,而且以后每增加一种输入格式,就需要 10 多种转换程序。如果要了解其真正的现实涵义,还必须清楚格式是经常升级的,每一种新版本都会要求更新相关的转换程序。

### 11.5.5 解决格式问题

OeBF 开放电子书出版结构设计的初衷就是要专门解决这些问题。基本的思路是要定义一种居于出版商格式和各种阅读设备格式之间的交换格式。这样出版商只要关注将内部格式转换成交换格式就可以了。

这个唯一的交换格式就可以成为电子出版中的通用货币(common coin)。下一步就是将交换格式转换成各种阅读设备、经销商或者其他作者可以读取的格式。这样可以大幅度地减少步骤:现在所需要的转换程序数量只是输入格式的数量加上输出格式的数量。

很多输入格式是专有的,它们中的大多数都没有办法实现互操作——也就是说,能够读取一种格式的软件通常不能读取其他格式。此外,不可修改的格式不仅难以编辑和更新,而且在很大的程度上难以适应各种不同的阅读设备和传输形态。几乎所有的格式都是为支持印刷出版而设计的,通常没有为全面实现高性能的电子阅读所需要的功能(如上所述)。因此出版商很难将内容制作成为适合所有电子出版的格式,尤其难以将内容制成具有高性能电子阅读功能的格式。从行业的观点来看,这些问题意味着难以达到能够促使电子书行业兴旺发达所需要的临界量(critical mass)的能够互操作的功能强大的内容。

出版商面临着许多令人烦恼的问题:是否有某种专用设备格式将一统天下?如果是,是哪一种?还是会存在许多彼此竞争的格式?也许格式的数量将持续增加,由于创新的驱动。从出版商的观点来看,情况让人泄气:将内容转换成每一种可能的电子书设备格式的成本巨大,这使得看起来有利可图的电子书业务在财务上似乎是前途黯淡的。

从整个行业来看,情况就更为糟糕。即使不考虑单个格式的特性,随着上下游格式的增加,所需要的将原始内容格式转换为每种设备格式的完全不同的程序数量也将呈几何级数增长:所要求的程序式输入格式的数量乘以输出格式的数量。

同样重要的是消费者的想法:如果顾客认为购买某种专门的设备将使其只能阅读某种格式的内容,或者当他们换用新设备时,原来购买的内容可能会过时或者无法读取——那么促使行业成长的消费者信心就不可能存在。

## §11.6 OeBF 开放电子书出版结构

在这个部分,我们假定读者对于基本的 XML 概念(如 DTD、document instance、validity、well-formedness、元素、属性、属性值、实体等)已经有一个总体的了解,而且大致熟悉了与 XML 有关的一些规范如 XHTML 和 CSS 等的性质与目的。要了解更多有关 XML 和与 XML 相关的各种标准的知识,可参见《标识:XML 以及相关技术》一章。

### 11.6.1 历史

#### 1. 开发 OeBPS 1.0

1998 年 10 月美国国家标准与技术研究院(National Institute of Standards and Technology)的第一届电子书会议发布了《开放电子书倡议》(Open eBook Initiative)。此后,当时正在生产或者打算生产电子书阅读系统的三家公司(NuvoMedia、微软和软书出版社)起草了建议书,倡议在全行业展开讨论。1999 年 1 月,在一次出版业和软件制造业代表广泛出席的会议上,非正式地发起成立了开放电子书先导组织,同时成立了"创作小组"负责开发相关的规范与标准。一直鼓励和支持开放电子书倡议的 NIST 技术部经理 Victor McCrary 成了创作小组的"促进者"。

1999 年的整个春天直和初夏,创作小组对规范进行了实质性的扩展和提炼。9 月份 OEB 先导组织的成员批准了该规范,也就是现在被称为开放电子书出版协议 1.0 (OeBPS 1.0)的规范。OeBPS 创作小组因为其出色的工作受到了美国商业部的嘉奖。

### 2. 开放电子书论坛(OeBF)的形成

2000 年 1 月开放电子书先导组织正式更名为开放电子书论坛,成为与出版人利益攸关的非赢利协会,其宗旨如下:

……为电子书系统建立通用的规范;开发有利于内容创作者、阅读系统制造者,尤其是消费者的应用软件和产品;促进电子书的使用;鼓励全世界的论坛成员、相关行业和公众采用这些规范;提高对正在出现的电子书出版行业的了解和接受程度。

——http://www.openbook.org/aboutOeBF.htm

OeBF 的成员包括主要的出版商、硬件制造商、软件开发商、经销商、服务提供商如数字转换公司和排版公司、重要的行业协会、公共部门代理机构、公益组织和其他的相关组织包括大学和图书馆等。它在整个出版业中获得了广泛的支持,并与许多重要的行业组织如美国出版商协会、美国图书馆协会等建立了牢固的合作关系。

除了出版结构工作小组(如下),现在 OeBF 在元数据和标识符、数字权利管理等领域还有许多活跃的工作小组,在商业开发、教育、存取等领域有特别兴趣小组,有收集和分析行业需求的系统基础设施,以及确保技术产品满足特定需求的结构性工作小组(系统工作小组)。

### 3. 成立出版结构工作小组(PSWG)

2000 年 5 月在重新成立的开放电子书论坛的第一次会议中,论坛成员通过了 OeBF 第一个工作小组 PSWG 的工作纲领,并赋予其"维护和促进"出版结构的使命。

PSWG 的成员包括所有主要的电子出版的支持者,如公益组织、重要的电子书软件开发商等,这可以从标准附录的贡献者名单中看出来。PSWG 通过每周的电话会议、电子邮件讨论列表和定期的面对面讨论开展工作。OeBF 成员单位的正、副负责人都可以成为 PSWG 的成员,成员中还有有限的"特邀专家",OeBF 成员和特邀专家都可以看到小组会议的记录。OeBPS 最新版本的草稿在递交 OeBF 之前被广泛地散发给公众征求意见——PSWG 对所有的评论都有书面回复,无论它们是否来自论坛成员。

### 4. OeBPS 发布和采用的历史

1999 年 9 月:OeBPS 1.0 发布。

2000 年秋季:OeBPS 广泛地用于出版行业,并且被众多创建设备各式的软件工具消化利用。由布朗大学学术技术小组(STG)开发的 OeBPS 兼容验证软件通过 STG 和 NuvoMedia 的努力成了公用软件。

2001 年春季:OeBPS 组织出版物内容的"包装文件"系统被 DAISY 联盟的有声书标准采用,也就是现在的 NISO Z39.86。由于此次合作 OeBPS 和 DAISY 一起获得了国际存取工程师和专家联合会的奖励,理由是"在存取工程技术领域做出了重大的、创造性的技术革新"。

2001 年 6 月:OeBF 发布了 OeBPS 1.0.1,这是改进了一年半的使用过程中发现的错误和不一致现象的版本。

2002 年春季:除了直接从非 XML 排版格式生成的 PDF 文件之外,大多数商业电子书出版都以 OeBPS 为基础。

2002 年 9 月:发布了 OeBPS 1.2 版,在格式和显示方面有所加强。

2002 年秋季:继续 OeBPS 2.0 的工作,这是一个包含众多新功能的重要版本,尤其在导航与链接、国际化和元数据等方面有良好表现。许多新的导航和链接功能已经开发完成,这是与 DAISY 联盟的有声书标准项目的成员合作开发的,就同当时的 NISO Z39.86 的情况一样。

## 11.6.2 OeBPS的目标与性能

### 1. 正式的宗旨与工作范围

在一开始考虑目标与宗旨的时候,就很好地定义了开放电子书论坛出版结构本身。正式的目标和工作范围见 OeBPS 章程[1.1]。

为了使电子书技术能够在市场上取得广泛的成功,阅读系统应该能够让读者方便地阅读到各种各样数量庞大的图书。OeBPS 是一种显示电子书内容的规范。尤其是这种规范旨在为内容供应者(如出版商、作者和其他拥有内容资源者)和工具供应商提供最起码的和最通用的指引,这将能够确保高保真度、准确性、可存取性以及在各种电子书阅读平台上充分显示电子内容的能力。本规范试图反映现有的内容格式标准。本规范的目的是为电子书制造商(出版商、经纪人、作者等)定义内容描述的标准方式,以便其提供的内容能够适用于多种阅读系统。

### 2. 关于宗旨的补充说明

前述关于宗旨的描述简洁而清晰,但是它没有交代规范的作者们所看到的环境与背景。通过概括观察到的工作小组的活动情况,我们在这里补充了一份关于其工作目标与范围的清单。根据以往的经验,以下所列的是指导 OeBPS 工作小组的决策、推断以及据此确定工作轻重缓急的特定目标。

(1) 在电子书及其阅读设备的性能与互操作性方面支持消费者的信心。在考虑购买阅读设备的时候,如果对于它是否能够读取他们已有的和即将购买的电子书这一点没有信心,那么消费者就会打消购买的念头。同样的,如果对于要购买的电子书能否被他们已有的或即将购买的阅读设备正确处理和显示这一点存有疑虑,那么消费者最终也不会购买这些电子书。这两种情形之下面临的问题是相同的(购买电子书或者购买阅读设备),忽视它对于电子书出版业的发展而言绝对是致命的。因此,在开发规范的过程中必须优先考虑支持消费者对于性能和互操作性方面的信心。

但是,重要的是要意识到 OeBPS 的目标并不是要确保一种在任何阅读设备上都能正确显示的内容格式(如一种数据文件)。实际上,其目标在于每一种内容格式都能被与 OeBPS 相容的阅读设备读取,于是在任何阅读设备上都能正确显示的内容成了具有兼容性的阅读系统的一部分,这导致了前述功能上的互操作性。关于这一点,我们还将在以后详细说明。

在设备层面的互操作性是电子书有关各方的期待,因此 OeBPS 的目的就是要使设备层面的互操作性成为可能——而 OeBPS 就是这方面的主要成就。但是要求数据文件实现在设备间的互操作性与当前的电子书出版商业战略并不一致。幸运的是,在阅读系统层面的内容互操作性为消费者提供了很高的(如果不是最高的话)功能互操作性。

(2) 建立临界量的内容。成功的电子书业要求能够迅速地获得大量有价值的内容,尽可能便宜,而且电子书的持续生产在经济上具有可行性。消费者不会购买他们不感兴趣的电子书,而且除非确信可以买到大量的电子书,他们也不会购买电子书阅读设备。

(3) 减轻内容供应商的负担。内容供应者如出版商必须能够容易地创作电子书,无论他们是将现有的内容转换成电子书格式,还是创建新的内容。因此,OeBPS 会尽可能地利用现存的内容格式、生产工具和人员技能,从而从总体上支持简单的、易于管理的电子书生产战略。

(4) 用高质量的可靠性能支持内容供应商的需要。内容供应商要求阅读系统具有可以预期的高质量的性能,他们必须确信阅读系统的处理能力,这样他们才对所设计的图书能够精确地显示在电子书阅读设备上有信心。当前万维网的情况对于高质量的商业出版来说是完全无法接受的,其浏览器的处理能力良莠不齐。

(5) 减轻阅读软件开发商的负担。同时,开发电子书阅读系统的软件公司需要易于管理的格式。现在许多电子书设备仍然在处理速度、内存、屏幕大小、分辨率和色彩等方面有重大的限制,在这样的情形之下要求实现高级格式和浏览系统的软件工程是很困难的。例如,目前就不可能在典型的手持式阅读设备上完全实施 CSS2。此外,从工程的角度来看可以实现的功能也许可能招致商业上的不利后果,如开发成本高、开发工期长等。因此一种内容格式必须对于处理和显示能力方面的要求加以限制,以便减少软件开发者工程方面的负担,此外还要为内容开发商提供可预见的性能。

(6) 支持独特的新功能。数字文件和计算机资源为阅读和写作提供了新的可能性:提高导航能力、检索功能、注释、更新与流通、多媒体和互动等,而且这些特色与消费者从万维网获得的经验是吻合的。电子书必须尽可能快地提供这些功能,以便履践其提供更优越的阅读性能的承诺。(但是与此同时他们不应该牺牲性能的稳定可靠性和互操作性,或者向软件开发商提出过多的要求。)

(7) 保持竞争差异。基于专有格式的喧嚣的竞争将会延迟或阻止电子书的发展,降低互操作性,打击消费者的信心,从而最终在功能上无所建树。但是完全消除竞争,也将会危及电子书出版业长期的社会和商业价值,阻碍新生力量的进入和创新的出现。因此,规范必须在一定程度上支持创新和竞争差异,同时防止阻碍电子书阅读系统功能的提高。

(8) 与不断出现的标准保持一致。随出版和信息处理的发展趋势和不断出现的标准而加以调整是十分关键的。即使努力利用现有的实践经验提供能很快实现其价值的内容格式,这种格式也必须与正在显现的趋势和标准保持一致,这样电子书出版的实践才能随整个出版业实践和标准的发展而演化。

(9) 提供令人满意的阅读美学经验。尽管许多种类的图书和文献能够马上从强大的导航、搜索、注释和互动功能中受益,但是还有其他种类的图书——如大众市场的浪漫小说、技术惊悚小说和其他畅销小说——的美学享受和传统上被称为"迷失在书中"的感觉是更为重要的。无论如何,针对不同种类的文本提供满意的阅读经验有助于电子书获得成功。

(10) 支持其他语言和写作系统。市场的全球化,以及在浮现中的电子阅读世界中确保所有文化都有平等机会的道德要求,要求电子书的内容格式必须支持世界上的各种语言和写作系统。

(11) 支持残障人士获取图书。随着世界越来越电子化,有知觉障碍的人不应该被排除在社会与文化之外。不仅不能让电子书的内容格式成为残障人士获取图书的障碍,而且该内容格式还应该利用电子信息的强大资源和计算机处理能力来增强其获取能力,保证残障人士能够充分地参与当代的文化与社会。

(12) 对于建立兴旺发达的电子书出版业产生迅速而直接的影响。要促成一个兴旺发达的电子书出版业,需要健全的内容标准而且根据需要随时更新。如果需要的时候无法获得可用的标准,就会阻碍行业的发展。或者更糟糕的是,次优的发展战略也许会阻止功能更强大、技术更先进的产品的问世。而且,除了时间因素之外,支持行业发展的战略必须避免太广泛地依靠其他的项目和创新活动,而且也不能依赖太长和太复杂的效果链(chains of effect)。

(13) 支持性的次级目标:协调重要目标之间的冲突。看一下上述的目标就会发现它们中有许多是互相冲突的(高保真度与易于管理的软件),还有一些反映了此前提到的根本相反的目标:互操作性和功能与创新;利用现有的实践经验和为将来的发展做好准备。对 OeBPS 最根本的挑战是或者开发创新的解决方案以协调各种冲突,或者在权衡各种因素以后做出明智的选择。理解这些冲突将使 OeBPS 的许多特色,无论是现在还是将来都保持正确。

### 3. OeBPS 的总特点:现有标准的综合应用

人们也许会理性地发问,已经有了那么多标准,为什么还有必要再开发一个呢?答案对于理解 OeBPS 的根本特点是十分重要和必要的。

已经有许多与电子出版相关的信息处理标准,如 XML、XHTML、CSS、Xlink/XPointer、XML Schema、RDF、Dublin Core、Unicode、图像格式、声音和视频格式等。实际上有几百种相关的标准,主要由标准组织如 IEEE、IETF、W3C、ISO 和 NISO 制定。这些标准往往功能强大、定义详细、表达清晰、设计精巧,而且以坚实的信息处理原理为基础。每一种都详细地覆盖了某一领域的各种需求,而且从总体上看,它们包含了电子出版所有的、或者说几乎所有的方面。

但是,要为本章前面提到的各种问题提供真正有效的解决方案,仅仅求助于现有的几百种相关的"纵向"标准显然是无济于事的,无论这些标准本身多么完备和合理。必须要让所有的参与者了解实际上应用了哪些标准，而且他们还应就每种标准应在多大程度上获得支持达成一致——因为不可能指望受到专门硬件和处理技术限制、同时又要满足实际的工程需求的软件制造商总是执行所有选定的标准。现实的局限性，以及对于高水平的可以预期的表现能力的需求，要求必须预先进行选择并明确限制条件。

4. 小结：OeBPS 的目标与特点

考虑到 OeBPS 正式的宗旨与工作范围，以及我们凭经验观察到的工作目标，我们将用一句话来加以概括 OeBPS 的主要目标：

通过为数字内容提供一种通用格式来促进具有商业价值和社会价值的电子出版业的发展。

从行业整体来看，通过同时提高内容和阅读系统的互操作性和功能，这种唯一的通用格式将会增强消费者的信心和满意度，降低整体的开发和处理成本，支持创新和竞争差异的产生——而这都是兴旺的、具有较高社会价值的电子书行业所需要的。

从单个出版商来看，在其产品的互操作性和功能方面也能收到立竿见影的效果，而且有机会与合作者建立更加有效的合作关系，以及提高生产过程的效率，这在整合现有的内部工作流以支持多种产品和多种传播模式方面尤其显著。

在当前电子出版的实际环境中，必须有一种规范来满足上述“观察到的”目标所陈述的各种功能要求（functional requirements）。

最后，我们注意到尽管 OeBPS 从头至尾严格地遵循信息处理的基本原理，而且定位准确以便随着不断出现的发展新趋势和新标准而改进，但无论从哪方面来看，它终究是针对电子出版当前问题的现实的解决方案。显然，这是 OeBPS 作为运用现有标准的综合性规范这一根本特性背后的基本原理。此外，在设计的初衷、对交易过程中各种因素的权衡、对于优先考虑因素的判定中，OeBPS 总是将现实的出版实践活动、商业环境以及当前促进行业发展的动力等因素考虑在内。因此，它的产生是要为电子书出版问题提供一种现实的解决方案，而非仅仅是可能的解决方案。

## 11.6.3 术语

用于描述电子出版各个部分和各个方面的各种通用词汇在用于普通对

话的时候也常常含义模糊甚至歧义丛生——就以早前提到的“电子书”(cBook)一词为例——更不要说能够准确地用于技术规范之中。因此，就如同所有的技术规范一样，OeBPS 一开始就仔细地定义了各种技术术语。实际上这些术语是大致了解 OeBPS 特点的很好的起点，不仅因为规范的正文经常使用这些术语，而且它们加在一起就是 OeBPS 本身的起始方向。

以下是在 OeBPS1.2 的“定义”部分列举的定义。在规范中这些定义是按照字母顺序排列的，但是我们根据其意义的相关、相反情况作了重排(最后一个定义除外)，而且遵循从一般到特殊、从数据到现实的顺序，以便大致体现术语之间的逻辑联系。

### 1. OeBPS 出版物

指 OeBPS 文件的集合，一个 OeBPS 包裹文件，还有其他文件，通常以各种媒体类型存在，包括结构化的文本和图形，构成用于出版的集合单位。

**评论：**这是规范中的一个基本概念。为了总结 OeBPS 的处理模型：出版物经过阅读系统处理，读者就可以在阅读设备上读取内容了。阅读系统、阅读设备和读者的定义将在下面加以解释。OeBPS 规定了成为 OeBPS 出版物、OeBPS 文件和 OeBPS 阅读系统的条件。

如同在本书的其他部分提到的那样，OeBPS 出版物在通过阅读设备传播以前可以转换为其他格式，因此消费者接触到的并不一定是 OeBPS 格式。

至于 OeBPS 出版物，它表示所出版的智力内容大致与“电子书”等价；尽管从内容和意义上讲，如果 OeBPS 出版物在通过出版系统进入阅读设备之前转换了格式，那么把派生的格式叫做“电子书”也仍然是合理的。(在这里我们也注意到“电子书”就和“书”一样，很难说清是指我们能够购买、使用和遗失的实体书还是蕴含在其中的抽象作品。)

### 2. OeBPS 包裹

指描述 OeBPS 出版物的 XML 文件。它确定出版物中的所有其他文件，并且为它们提供描述性的信息。

**评论：**OeBPS 包裹确定 OeBPS 出版物的各个部分并加以组织，为阅读系统处理出版物提供必要的信息。该 OeBPS 项目的重要内容将在“关于它的部分”[11.6.6]中讨论。

### 3. OeBPS 文件

指与规范相一致的 XML 文件——通常包含 OeBPS 出版物的文本内容。

**评论：**有两种 OeBPS 文件，分别是基本的和扩展的，就像在下面的两个定义里定义的那样。OeBPS 定义了与 OeBPS 文件保持一致的条件。

**4. 基本 OeBPS 文件**

指局限于在本规范中定义了的标识概念的 OeBPS 文件。

**评论.**重要的是仅仅使用基本 OcBPS 文件词汇表中的元素名、属性名和属性值，该表示 XHTML 的子集。（此外，基本文件和所有的 OeBPS 文件一样，必须满足 OeBPS 通用要求和 OeBPS 通用文件要求。）在下面的要素标准部分，将更加详细地讨论基本文件。

**5. 扩展 OeBPS 文件**

指使用本规范以外的标识概念的 OeBPS 文件，但是遵守于此定义的扩展机制。

**评论：**扩展 OeBPS 文件是使用基本 OeBPS 文件词汇表以外的 XML 词汇表的 XML 文件，如 TEI、DocBook，或者内部的 XML 词汇表，或者混合使用基本 OeBPS 文件词汇表和其他一种或几种 XML 标识词汇表。（扩展文件和所有的基本 OeBPS 文件一样，必须满足 OeBPS 通用要求和 OeBPS 通用文件要求。）在下面的要素标准部分，将更加详细地讨论扩展文件。

**6. OeBPS 核心媒体类型**

指所有阅读系统都支持的多用途网际邮件扩充协议（MIME）的媒体类型。

**评论：**OeBPS 规定了 6 种核心媒体类型，其中 2 种由规范加以定义，还有 4 种是现存的 MIME 媒体类型。在下面的要素标准部分，将更加详细地讨论核心媒体类型。

**7. 阅读系统**

指接受 OeBPS 出版物并将之提供给读者的软件与硬件的组合。在阅读系统的体系结构中存在多样性。阅读系统可以在一种设备或者多台计算机上实施。尤其是，作为阅读系统组成部分的阅读设备不必直接接受 OeBPS 出版物，但是所有的阅读系统必须能够接受。阅读系统可以包括超出此规范范围的额外的处理功能，如压缩、索引、加密、权利管理和传输。

**评论：**这个概念极其重要而且容易被误解，它被精心地定位于涵盖全部现有的电子出版的可能的战略。阅读系统处理 OeBPS 出版物并且在阅读设备上向读者显示它们，但是完全没有这一切如何发生以及在何处发生的假定。因此阅读系统可以在最终显示于阅读设备上“之前，或从远处”进行内容的处理和转换。因此在一个出版过程中，如 OeBPS 被出版商转换成了一个专有的二进制格式，这一格式被传到了具有处理和显示功能的阅读设备上，阅读系统中同时包括了出版商的硬件和软件，而这里的硬件和软件就是阅读设备；而且系统还包括了内容从 OeBPS 到二进制格式的中间转换。当然，不需要在时间和空间中传递阅读系统，它也不是必然要包含中间的转换过程——阅读系统可以包含在阅读设备之内，如果不转换成过渡格式的话，它可能可以也可能不可以处理 OeBPS 出版物。考虑可能的网络传播战略就可以发现存在多种可能性，而它们之间的许多差异是消费者看不到的。阅读系统的概念将在以下的“OeBPS 处理模型”部分讨论。

**8. 阅读设备**

指显示出版物的物理平台（硬件和软件）。

**评论：**OeBPS 规范没有定义阅读设备的一致性需求（conformance requirements），阅读设备只是阅读系统的一个部分。就如前面所描述的那样，阅读设备既可以包括也可以不包括整个阅读系统。阅读设备的概念将在以下的“OeBPS 处理模型”部分讨论。

**9. 内容提供者**

指为本规范定义的一个或多个阅读系统提供出版物的出版商、作者或者其他信息提供商。

**评论：**尽管这一术语主要是指出版商，但其外延还可以更宽泛，在不同的场合可以用它来指称作者、转换服务提供商、经销商等。

**10. 读者**

指阅读出版物的人。

**评论：**在 OeBPS 规范中，读者（reader）是指人。但要注意在其他地方，它被用来指称 OeBPS 所谓的阅读系统和阅读设备。

**11. 过时的类、方法和属性（deprecated）**[1]

指本规范允许，但是并不推荐的特征。将来修订的时候也许会去除。

**评论：**它是我们这里 OeBPS 定义列表中的最后一个定义。与其它定义不同，它不属于 OeBPS 体系的关键特征，而是对规范的重要术语的强制性定义。

---

〔1〕 已经过时，但是为了向前兼容起见仍然保留的类、方法和属性。这些方法可能会在以后取消支持——译者注。

### 11.6.4 OeBPS处理模型

尽管还没有正式定义的 OeBPS“处理模型”,以下非正式的描述表明 OeBPS 处理的相关概念是如何组合在一起的,具体为:

(1) 一本书或者其他出版物特定的智力内容由 OeBPS 出版物具象地表示出来(由包裹文件组织起来的文件集合)。

(2) OeBPS 出版物由 OeBPS 阅读系统处理。

(3) OeBPS 阅读系统包括 OeBPS 阅读设备,OeBPS 出版物的处理结果就是在阅读设备上向读者演示内容。

(4) OeBPS 为内容(OeBPS 出版物及其元素)及其处理(OeBPS 阅读系统)规定的一致性标准。

### 11.6.5 元素标准

就如前面强调的那样,OeBPS 主要是其他标准的协同运用。这一部分列出了 OeBPS 所应用的最重要的标准,并且介绍使用它们的方法。与此同时,我们将概要地介绍 OeBPS 本身。

1. XML

XML 是一种元语言,由 W3C(World Wide Web Consortium)组织开发和维护,用来定义描述性标记语言。关于 XML 的更多信息请参见“标记:XML 及相关技术”[3.3]一章。

对于 OeBPS 来说,XML 在两个方面是根本性的:OeBPS 是组织和支持 XML 内容的传递和显示的框架;OeBPS 用 XML DTD(包裹 DTD 将在后面进一步讨论)来实施其框架。简言之,OeBPS 是为 XML 内容设计的 XML 框架。

XML 在 OeBPS 中的特别应用包括:

(1) 所有的 OeBPS 阅读系统都必须是在 XML 1.0 标准中定义的 XML 处理器。

(2) 所有的 OeBPS 文件都必须是组织良好的 XML 文件。OeBPS 也可以是,但不必一定是用 XML DTD 作为其特殊的标记词汇表的“合法的”XML 文件。尽管 XML 合法性并不是一个必要条件,本章作者强力推荐内容提供者保证其 OeBPS 文件用 XML DTD 来衡量是有效的。(OeBPS 文件也必须与 OeBPS 通用要求和 OeBPS 通用文件要求保持一致。参见 OeBPS 部分的[1.4]相关条件。)

(3) OeBPS 扩展文件可以使用任何 XML 词汇,如 TEI、DocBook、ISO 12083、XHTML 或者一个由单个的内容提供着定义的专用 XML 词汇表。但是,对于所有 OeBPS 基本文件词汇表之外的 XML 元素,就必须提供至少一种样式规则,而所提供的样式规则中必须至少有一种是 OeBPS 样式语言。通过禁止缺少居中样式规则的 XML 元素(除非他们包含在 OeBPS 基本文件词汇表中)格式直接产生以及至少一种应用的样式规则来自 OeBPS 样式语言,OeBPS 保证了即使对规范之外的 XML 元素也可以保证较高的互操作性——同时不阻碍创新和性能的提高。

(4) OeBPS 基本文件使用 OeBPS 文件词汇表,(以 OeBPS 文件词汇表 DTD 标准衡量合法的 OeBPS 文件在 XHTML1.1 中也是合法的)的子集。尽管合法性并非保持一致性的必要条件,我们再次强烈推荐,OeBPS 基本文件应该具有合法性而且组织良好。

(5) OeBPS 包裹文件是合法的 XML 文件。(在 OeBPS 包裹 DTD 中定义了 OeBPS 包裹词汇表,这将在后面进一步讨论)。

(6) W3C 规范与 XML 有关,如名域、CSS 和 XHTML 广泛地用于当前的 OeBPS 规范中,未来 OeBPS 版本还有望利用其他的相关标准(如 XPointer)。

我们再次强调尽管 OeBPS 不要求 OeBPS 文件根据相关的 XML DTD 来判断是"合法"的(就像在 XML 1.0 中定义的那样),出版商最好还是做到这一点。因为他们创建的文件很可能最终会遭遇互操作性、转换、格式、改编和使用第三方工具方面的问题。要解决这些问题成本很高,而且可能会限制在新产品和新特点方面的机会。XML 允许这种降低一致性要求的"组织良好",以便在较为随意的万维网出版中采用低于 DTD 标准的通用处理方式,这种较低的一致性要求对于商业出版高水平的经济持续性而言是完全不够的。

### 2. XHTML/基本的 OeBPS 文件词汇表

XHTML1.1 是一种 XML 文件标记词汇表,由 W3C 开发和维护,在标记元素和格式语义学方面与万维网上广泛应用的 SGML 标记词汇表 HTML4.0 大致对应。关于 XHTML[3.2.4.2]和 HTML[3.2]的更多信息参见"标记"一章。

OeBPS 定义了一个 XHTML1.1 的子集,并将之命名为 OeBPS 文件词汇表。所有的 OeBPS 处理器都要求能够识别和处理 XHTML 子集,内容供应商允许使用该子集而不提供元素的样式规则。这样方便内容供应商利用当前的 XHTML 内容、工具和工作经验,同时将 XHTML 元素用作文件元素。例如表格,要通过 CSS 样式规则来定义格式是很困难的。所有的阅读系统都要求能够根据 XHTML1.1 规范的相关部分来处理基本的 OeBPS 文件词汇表。

只有使用 XHTML 这一子集的 OeBPS 文件被称为基本文件。使用该子集之外的标记的 OeBPS 文件是扩展文件。

基本 OeBPS 文件词汇表不包括所有的 XHTML 1.0 元素、属性和属性值。这部分是为了减少阅读系统开发商的负担以及表明硬件和软件方面的限制,同时也是为了将 OeBPS 基本词汇表与 HTML 的发展方向联系起来,而后者正远离基于格式的标记而转向基于内容和结构的标记。同样的原因,在 XHTML1.1 过时的所有元素在基本词汇中或者被标记为过时或者已经被去掉——它们是典型的基于显示的元素,大多数情形之下 OeBPS 样式语言可以利用 CSS 样式规则提供同样的格式效果。与 W3C 的 HTML 的发展紧密相连提高了互操作性和兼容性。

### 3. CSS/ OeBPS 样式语言

层叠样式表单(Cascading Style Sheets,CSS)标准由 W3C 开发和维护,规定了 XML 文件显示的机制。

OeBPS 定义了一种用于 OeBPS 出版物的样式语言,它主要是由 CSS 二级元素构成的庞大子集。并非所有的 CSS2 属性都包含在 OeBPS 1.2 样式语言之中:这是为了减少阅读系统开发商和阅读设备制造商的负担,就如前面所说的那样,他们必须利用有限的资源提供设备的可靠的性能。除了这个 CSS2 子集,OeBPS 样式语言也包含一些额外的属性和属性值,它们提供了图书出版上迫切需要的一些功能特点——例如页面版式、标题和注脚——但这些都是 CSS2 所没有的。

为了实现更加高级和先进的功能,OeBPS 出版物允许使用 OeBPS 样式语言之外的 CSS2 样式元素。如果是这样,就要求提供来自 OeBPS 样式语言的备选样式规则,以保证所有的 OeBPS 文件能够达到基本的互操作性——因为所有的 OeBPS 阅读系统无论支持何种其他样式规则,都必须支持 OeBPS 样式语言。

为了保证互操作性，样式规则或表单也许会在各种内容和处理技术的限制条件之下以各种不同的方式与 OeBPS 文件相联系。

### 4. XML 名域

XML 名域标准由 W3C 开发和维护，定义了一种明确表示一个元素或者属性名来自哪个 XML 词汇表的方法，以及避免文件中包含不同元素或属性和同一名称可能产生的歧义。

在某些限制条件下，OeBPS 可以使用链接名域和 URL 的 XML 名域前缀（namespace prefixes）和名域声明（namespace declarations）。OeBPS 阅读系统允许根据名域规范处理这些声明和前缀，尽管这并不是必须的。但是，如果 OeBPS 阅读系统“不识别名域”，那么就要求它将元素或者属性名作为“合法的名字”处理，包括区分前缀和“本地部分”的冒号分隔符。在一般情况下这也是任何时候都期望发生的事情：代表合法名称的字符串（即前缀、分隔符和本地部分的串联）仅仅被视为有这些字符组成的元素或者属性名识别，并做出相应的处理。

为了最大化互操作性：除了 XHTML 名域之外，没有其他名域可被称为“默认名域”（非 XHTML 名域必须仅在前缀中声明），XHTML 名域不可以在前缀中声明，而只能作为默认的名域。这两个限制条件一起，保证了 OeBPS 不是名域处理器的阅读系统仍然能够可靠地识别所有的 XHTML 元素和属性——通过其规范的 XHTML 1.1 名称——无论文件何时使用这些元素和属性。

总而言之，尽管 OeBPS 既支持同时也限制名域的使用，但是对于任意的 XML 词汇表而言，对用于 OeBPS 出版物的名域也没有一般的、普遍的要求。

### 5. MIME 媒体类型

MIME 媒体类型系统是由 IETF 开发和维护的，是确定内容的“媒体类型”技术，同时也负责新媒体类型的创建和登记。

OeBPS 定义了一系列 OeBPS 核心媒体类型，所有兼容的阅读系统都必须支持它们。OeBPS 出版物也许同样包括其他的媒体类型（如矢量图形、视频、声音、scripted content 等）。但对于每一种非 OeBPS 核心媒体类型的媒体类型资源而言，OeBPS 出版物中必须同时包含其属于 OeBPS 核心媒体类型的转换资源。这一规定保证了创新性的、高性能的内容不会破坏操作性的基石。但是，PSWG 意识到这并非是希望用多媒体和其他内容制作图书的出版商所满意的解决办法。要了解更多的 OeBPS 的媒体类型“后备”策略,参见以下的“后备”部分。

OeBPS 核心媒体类型见表 1。

**表 1　OeBPS 核心媒体类型**

| MIME 媒体类型 | 数据类型 | 定义出处 |
|---|---|---|
| 在 OeBPS 1.2 中定义的 MIME 媒体类型 | | |
| 文本/x - oebi - document | OeBPS 文件 | OeBPS 1.2 |
| 文本/x-oebi-css | OeBPS CSS 子集样式表单 | OeBPS 1.2 |
| 在其它地方定义的 MIME 媒体类型 | | |
| 图像/jpeg | 光栅图形 | RFC 2046 |
| 图像/png | 光栅图形 | RFC 2083 |
| 应用/xml-dtd | XML DTDs | RFC 3023 |
| 应用/xml-external-parsed-entity | XML “external parsed entity” | RFC 3023 |

### 6. Unicode, UTF-8, UTF-16

统一字符编码标准 Unicode 为世界上几乎所有的语言和书写系统定义了一个庞大的字符编码的集合(与 ISO 10646 的 3 级执行标准一致)。UTF-8和 UTF-16 是表示以特定的字节顺序进行物理转换(UTF-8 将 ASCⅡ字符及编码作为一个子集)的 Unicode 编码技术。Unicode 广泛地应用于计算机行业。

为了促进国际化和支持多语言文件,允许 OeBPS 出版物使用用 UTF-8 和 UTF-16 编码的整个 Unicode 字符集,要求所有的 OeBPS 阅读系统能够正确地分析这些编码。但是到目前为止,不要求 OeBPS 阅读系统提供所有字符的字形(适当的视觉形象)。

OeBPS 2.0 版将为字形显示提供更多的支持。

### 7. 都柏林核心

都柏林核心是一个简单的电子资源元数据系统。它是由图书馆界开发的,提供“类似目录卡片”的元数据,以支持检索和索引。它的应用很广泛。

OeBPS 要求 3 种都柏林核心元数据元素(标识符、标题和语言),但是允许并且支持都柏林核心[1.1]的所有元素,同时为满足出版商的特殊需求提供了一些额外的属性。但是,并没有因此假定都柏林核心元数据就可以满足上述所有目标，或者说 OeBPS 出版物就只能使用都柏林核心元数据。OeBPS 也允许包含其他出版物一级的元数据（要么与其他现有的标准一致，要么是由内容提供商定义的专有系统）。

OeBPS 2.0 版将会为 OeBF 出版物提供一种辨别和链接外部的专有元数据资源的机制，这些资源包括为出版物的某一部分或者某一方面（字体、权利管理等）提供元数据资源。在 OeBPS 2.0 的说明性文件里，这种支持被称为“元数据模块化”。

## 11.6.6 包裹

每一种 OeBPS 出版物都包含一个 OeBPS 包裹文件，它规定了 OeBPS 文件、图像、其他组成 OeBPS 出版物的对象，以及后备机制、元数据和其他信息。包裹文件定义了 OeBPS 出版物，它是合法的 XML 文件，遵循 OeBPS 包裹 DTD。

### 1. 包裹的组成部分

以下是对 OeBPS 包裹文件每一个组成部分的描述。要更好地了解它们，读者可参见“包裹文件案例”[11.6.6.2]。

(1) 包裹身份。出版物的唯一标识符。包裹根元素（<package>）中的“唯一标识符”属性的属性值，指在元数据部分的都柏林核心标识符元素（要求的），其内容被认为是出版物的主要标识符。也可以用可选方案的属性来表示所使用的标识系统，如 ISBN、DOI 等。

(2) 元数据。元数据部分包含了所要求的都柏林核心元数据记录（<dc-metadata>），还可能包含了可选择的后备元数据记录（<x-metadata>）。就如之前提到的那样，OeBPS 支持所有的都柏林核心元数据元素，而且其中的三个（标识符、标题和语言）是必备的。参见后面的元数据案例[11.6.6.2]。

(3) 名单。这是组成出版物的所有文件（文件、图像、表单等）的清单，以及其媒体类型和后备机制的声明，如果有必要的话。名单也列出了其他包括不被支持的媒体格式的文件或对象的后备文件和对象。名单支持出版物中所有文件的标识、收集和验证（以支持，比如下载、读取内存或者打包一个物理转换格式）。

(4) 主线。主线是出版物默认的线性阅读顺序。由于 OeBPS 一开始的宗旨和随后的主要目标是要支持与图书类似的出版物，因此要求确定一个线性的阅读顺序（对包含的媒体类型加以限制）以鼓励阅读系统之间基本水平的共同行动。只有 OeBPS 文件可以列在主线中，其他媒体类型的文件必须参照它们。例如，通过主线中所列文件中的 <object> 和 <a> 这样的 XHTML 元素，或者通过一系列始于主线中所列文件的文件。当然出版物的主线中也可能只有一个文件。

（5）漫游。20 世纪七八十年代对超文本系统地研究开发了初具规模的“跟踪”功能，漫游于是成了阅读出版物的另一种可选的替代方式。它们可用于支持主题导航、读者的专业知识水平等。OeBPS 1.2 中只有基本的漫游功能；OeBPS 2.0 将会加强对这方面的支持。

（6）导引。一种选择性的文件列表，包括出版物基本的结构组成部分，如目录、图表列表、前言、参考书目、索引等。将其分组以便更好地处理一些额外的特殊处理。

## 2. 包裹文件的例子

```
<?xml version = "1.0"?>
<!DOCTYPE package
PUBLIC " + //ISBN 0 -9673008 -1 -9//DTD OEB 1.2 Package//EN"
http://openebook.org/dtds/oeb -1.2/oebpkg12.dtd/>
<package
    unique-identifier = "DA00042A"
    xmlns = "http://openebook.org/namespaces/oeb-package/1.0/"/>
<!- Metadata Section -->
    <metadata>
<!- Dublin Core Metadata Section -->
<dc-metadata xmlns:dc = "http://purl.org/dc/elements/1.1/">
        <dc:Title>Fish Food</dc:Title>
        <dc:Language>en</dc:Language>
        <dc:Identifier id = "DA00042A" scheme = "ISBN">
123456789X</dc:Identifier>
        <dc:Creator role = "aut" file-as = "Eisner, Ariel"> Ariel
Eisner</dc:Creator>
        [Other Dublin Core elements as desired]
```

```
</dc-metadata >
<! -- Uscr Dcfined Metadata Section -->
<x-metadata >
    <meta name = "commissioning_editor" content = "Bilbo"/ >
</x-metadata >
</metadata >
<!-- Manifest -->
<Manifest >
<!--Stylesheets --! >
<! -- Stylesheet with unsupported style constructs -- ! >
    <item id = "Soi" href = "fishbookstyles, css3" media-type = "text/
css"/ >
<! -- Stylesheet with unsupported style constructs -- ! >
    <item id = "Soi" href = "fishbookstyles, css3" media-type = "text/x-
oebi-css"/ >
<! -- Major structural components --/ >
    <item id = "intro" href = "introduction. xml" media-type = "text/x-
oebi-document"/ >
    <item id = "co1" href = "chap1-appetizers. xml" media-type =
"text/x-oebi-document"/ >
    <item id = "co2" href = "chap2-starters. xml" media-type = "text/x-
oebi-document"/ >
    <item id = "co3" href = "chap3-entreess. xml" media-type = "text/
x-oebi-document"/ >
    <item id = "co4" href = "chap4-sidedishes. xml" media-type =
"text/x-oebi-document"/ >
    <item id = "toc" href = "contents. xml" media-type = "text/x-oebi-
document"/ >
<! --other content, including media -- >
<! --linked from each deep fry recipe -- >
<item id = "wi" href = "deepfrycaution. xml" media-type = "text/x-oebi-
document/" >
```

```
<!--linked from frontispiece and turbot reape -->
<item id = "ap1" href = "authorpicture. png" media-type = "text/image/
png/" >
<!-- example of short fallback chian ... / >
<!-- unsupported media type; falls back to next item -- >
<item id = "vv32" href = "fishingclip. fli" media-type = "video. x-fli"
fallback = "v19" / >
<!--which is also unsupported, but with a fallback -- >
<item id = "v19" href = "fishingclip. mpeg" media-type = "video/mpeg"
fallback = "p13"/ >
<!-- the chain ends in an OeBPS supported media type -- >
<item id = "p13" href = "fishingpicture. png" type = "image/png" >
     </manifest >
     <!--Spine -- >
     <spine >
          <itemref idref = "toc" / >
          <itemref idref = "intro" / >
          <itemref idref = "co1" / >
          <itemref idref = "co2" / >
          <itemref idref = "co3" / >
          <itemref idref = "co4" / >
          <itemref idref = "co3" / >
     <spine >
<!-Tours -- >
<tours >
<tour id = "tour 1" title = "Salmon Dishes" >
     <site title = "Poached Salmon" href = "entrees. xml#poached" / >
     <site title = "Salmon Cheeks in Bacon" href = "appetizers. xml#
salmoninbacon" / >
     <site title = "Broiled Salmon Steaks" href = "entrees. xml# broiled
salmon steaks" / >
[and so on with more salmon recipes]
```

```
</tours>
<!--Guide -->
<tour id="tour 2" title="Heart Healthy">
    <site title="Broiled Flounder" href="entrees.xml#e6"/>
    <site title="Poached Striped Bass" href="entrees.xml#e39"/>
    <site title="Mixed Sashi " href="entrees.xml#e9"/>
    <and so on with more with more heart healthy recipes>
    </tour>
[and so on with more tours of carious kinds]
</tours>
    <guide>
    <reference type="toc" title="Table of Contents" href="toc.html"/>
    <reference type="front_matter_table" title="Illustrations" href="toc.xml#illustrations"/>
    <reference type="other.trails" title="Helping You Plan Your Meal" href="toc.xml#tours"/>
    </guide>
</package>
```

## 11.6.7　迈向OeBPS 2.0

写作本书的时候，OeBF 开放电子书出版结构工作小组正在开发 OeBPS 2.0。这个在 OeBPS 1.0.1 基础上开发的版本和1.2版一样，反映了出版界最迫切的需要。

### 1. 元数据模块

OeBPS 1.2 全面支持都柏林核心 1.1 的元数据元素，以及其他一些出版商专用的元数据。但是许多出版商、经销商和消费者（尤其是图书馆）因为其特殊的目的，或者为了要与某一特定市场的主流标准保持一致，所以要求应用其他一些更加强大和表达能力更高的元数据标准。此外，因为1.2要求在包裹文件中包含元数据，所以在内容的生产、传播和使用中显得有些笨重而且限制太多。针对这种情况，OeBPS 2.0 允许出版物使用某种外在于包裹文件的专有元数据元素的。这将允许出版物利用 MARC、ONIX、SCORM 等其他出版商希望使用的元数据标准,而且能够使单一的元数据记录被不同的出版物所分享,同时允许修改和增加元数据而不必改动包裹文件。从 2.0 开始,在 OeBPS 出版元数据领域将由 OeBF 元数据和标识符工作小组负责正在进行的工作。

同样的模块机制也将用于出版其他领域的元数据,如数字权利管理、设备压型(profiling)、国际化、书写系统支持和导航等。

#### 2. 国际化

有强大的商业和道德动机促使电子出版支持全世界所有的语言和书写系统。例如,一开始的时候中国的电子书市场可能比美国的还要大。OeBPS 1.2 允许使用 Unicode 的整个字符集,要求所有的系统都能够接受 UTF-8 和 UTF-16 编码,而且要能够正确地解释 Unicode。但是这仍然不是国际化的最优选择,主要原因是识别这些编码并不意味着阅读系统(或者其阅读设备)必然能够正确地处理这些字符。OeBPS 2.0 将在这一领域提供额外的支持,包括制定字形资源规范(为了字符的显示,尤其是非罗马字符的显示)以及改进书写系统功能特点,如提供另外的书写方向控制以涵盖从右向左阅读和书写语言文字。将使用上面提到的元数据模块机制实现这种功能,允许在字形要求等国际资源的开发、管理和共享等方面提高灵活性。

#### 3. 出版物内部和出版物之间的链接

超文本链接是电子阅读过程中最成功和最有价值的特点。OeBPS 1.2 支持 XHTML <a ... >元素的使用(在基本文件和扩展文件中都是如此),它提供基本的、相似的链接功能。但是,更强大的链接,在过去 30 年里用于研究型超文本系统的,长期以来一直是读者的强烈要求,随着 W3C 的 Xlink[3.3.5.1]和 Xpointer[3.3.5.3]标准的最后定案,这一先进的功能将很快出现在万维网上。当然,读者会期望他们的电子书能够拥有同样的甚至更强的功能。因此 OeBPS 2.0 将以 Xpointer 为基础,在提供高性能的链接方面将有一个实质性的提高,无论这种连接是在出版物内部还是在出版物之间。

#### 4. 导航

和超链接一样,计算机支持的导航和浏览功能也是当代电子阅读最有价值的特点之一。而且和超链接一样,这一领域持续的戏剧性的变化有望在不远的将来出现在万维网上。OeBPS 2.0 将会在包裹文件之外提供基于 Xpointer 的功能强大的导航机制,以支持各种各样的目录、索引、特殊视点

(special views)以及其他各种导航工具;同样,它还提供多语言的、图形的声音支持。这个系统与 DAISY 联盟开发的在有声书标准 NISO Z39.86 中发布的是基本相同的。

### 5. 包裹与兼容性

近来 PSWG 正在讨论修改包裹文件,以期改善模块功能,并且为前向和后向兼容提供更加有效的支持。

## §11.7

## 结　论

考虑到电子书的潜在优势,当前的技术发展优势,以及在电子出版领域发生的重大事件,电子书最终将成为我们的社会与文化生活的一个重要部分这一点是毫无疑问的。但是,我们也不能肯定地说电子书行业将会是什么样的:软件、设备、内容、市场分类、传播机制、数字权利管理和行业的总体结构都还有许多不确定的因素。

但我们可以充满信心。其中之一是行业的兴旺也许不是由大众市场驱动的,而是由那些可以充分利用计算机环境优势的内容目标市场促进的。显然,这就是指教育出版和 STM 出版,当然也包括杂志、报纸的出版和某些大众内容的出版。尽管让电子书发展并被广为接受的驱动力来自于能够充分展示电子出版和电子阅读优势的那些内容,而最初的价值也是由它们来创造,但是大众市场的虚构类图书能构成功地实现电子出版——这是那些万维网已经成为日常生活一部分的公众所热切盼望的。因此,对于未来电子书特点的最佳预测,不是通过思考当前的电子书并且想像其如何改进而作出,而是应该通过回顾30 年来在大学和行业实验室中开发的高性能的、试验性的阅读系统,通过检验当代企业家目前雄心勃勃的努力来作出。困难一如其旧,即不是设计高性能的阅读系统来向读者传递独特的价值,而是下一步的工作:如何形成能够支持这种性能水平的持续发展的电子书行业。

与整个电子出版业一样,电子书行业几乎同样肯定地要以内容和生产过程为基础。只有 SGML/XML 方案能够同时支持一个兴旺发达的行业所需要的功能性和互操作性。SGML/XML 系统已被广泛应用。接下来的 5 ~

10 年，现有的生产流程将基本完成向基于 SGML/XML 的生产流程的转化。

那 OeBPS 怎么办？它将为所有的电子书出版提供通用的整合格式吗？我们认为答案是肯定的。仅有与 SGML/XML 相关的标准，无法在实践中既保证互操作性和强大的功能，同时还能做到在经济上可持续发展。对这些标准的选择和应用还应该有进一步的协议，在允许创新的同时不牺牲互操作性方面也需要更进一步的协议。而这正是 OeBPS 所做的。OeBPS 1.2 已经广泛地用于电子出版了，也许更加重要的是，出版行业似乎可以推进 OeBPS 的演进，以支持不断出现的新的需要和发展方向。

## §11.8

## 对电子出版商的一些建议

你是准备直接跳进电子书的漩涡，还是在考虑作出某种选择，或者仅仅只是等待直到电子书成为出版业稳定的组成部分呢？你可以而且也应该马上行动以便让你的过渡期尽可能的平稳、高效而且所费不多。

### 11.8.1 你必须知道的

第一步是要了解以下一些事情：

* 了解你当前的生产流程。你的设计人员、编辑、美术工作者、排版人员和索引人员使用何种工具？他们生成了何种电子格式（如提供给印刷商的格式，为了促销目的放在万维网上的样章的格式）？如果可能的话，与第一线的工作人员而不是经理和监管人员进行交谈。

* 了解你当前的存档过程。你保存何种电子文件？如果你的印刷制作是外包的，你的承包商给你的是什么样的电子文件？这些文件是二进制的还是文本的？它们可以被修改吗？它们保留印刷引号、结构信息、版式和设计信息了吗？如果要在最后一刻进行修改，可以同时在电子文件和印刷图版上改动吗？

* 尽可能地了解关于电子书格式与生产的内容。出版商需要大量有关印刷制作的背景知识，以便可以作出明智的决定，没有模拟技术的相关知识却要作出有关电子书的决策是很危险的。

### 11.8.2 你必须做的

一旦清楚了身在何处、将往何处去,你就可以确定工作流的目标了。

*应该尽可能地将内容制作成 SGML/XML 格式,同时应该重新组织你的工作流程和出版战略以充分地利用 SGML/XML 内容提供的机会。你也许想采用现有的 SGML/XML 元素词汇表如 TEI 或 DocBook,或者,你想为你的科技期刊在几种广泛应用的 SGML/XML 词汇表中进行挑选。你也许想开发自己的 SGML/XML DTD,就像其他许多出版商所做的那样。尽管你创建自己的 SGML/XML 词汇表时,为了要保证互操作性因而会导致一些成本,但只要精心设计、正确应用,实际上你不会损失任何重要的优势——而且一个完全符合你需要的系统将同时提高你的效率和产品的功能。尽管一开始采用 SGML/XML 方案的投资要比采用基于显示的方案的投资更大,基于 SGML/XML 的生产战略将实现更高的效率、更强的互操作性和更优越的功能。这就意味着在其他一切相等的情况之下,SGML/XML 工作流能够真正更加经济和有效地生产当前出版物,更不用说生产未来的电子产品的优势了。但遗憾的是"其他一切"通常都不相等。

*尊重出版所固有的困难和复杂性,以及在当前的生产过程中积累的智慧和经验。尤其是,你必须抵制任何声称能够轻易、快速地解决所有问题并且能够带给你最大利益的软件和策略(即使是基于 SGML/XML 的)。尽管以 SGML/XML 为基础的工作流从理论上来说有巨大的益处,但是要实施 XML 工作流通常是很困难的,尤其是在当前工具不足而且缺乏专业经验的环境中。

*尽可能将生产转入一个简单的工作流。你的工作流程越一致,就越能从中得到有用的终端产品,而且越能够协调各种变化以提高效率。顺便说一下,这并不必然意味着要建立庞大的终端对终端的内容管理系统,而是要去除不必要的、令人迷惑的工作流程的变动,别给你的生产方式套上紧箍咒。

*为编辑和排版工作建立公司风格指南。如果已经建立了自己的风格指南,那么要确保在短期内遵守它,而且目前不需要修改和增订。这一指南必须包含编辑和设计人员用的 Keymarking 缩写,而排版人员则应将它加入样式单中。同时还要有一种方案,方便生产制作人员对风格指南进行必要

的改变。

* 要将印刷生产过程中产生的电子文件存档。当转向电子书出版时，转换现成的文件要比重新创建的成本低。而且，电子文件档案越丰富，就越可能从转换服务提供商那里拿到好价钱。

* 将二进制的、专用的和不可修改的文件格式转变为基于文本的、开放的和可修改的格式。如果这不太可能的话，尽量从生产流程的下游挽救基于文本的可修改的文件并存档。例如，要求使用.rtf文件而不是微软的.doc文件（或者除了.doc文件之外），或者要求使用QuarkXPress标签或RoustaboutXT XML文件而不是Quark二进制文件（或者除了Quark二进制文件之外）。

* 要小心避免损坏的电子文件，仅仅因为它们是文本文件。例如，输出有问题的HTML文件可能（并非必然）丢失重要的信息如字体、引号、破折号等。如果对所创建和收到的电子文件的质量不确信，可以亲自检查或者让有这方面专门知识的人代你检查。

* 将转换和排版工作外包通常来说是一个好主意，但是必须全面地了解整个生产过程并拥有其中产生的所有产品（包括过程文件），而且要坚持拥有关于文件格式、标记词汇表和转换的完整记录。不是这样深入其中并且适当地加以控制，最终的成本将远远超出实际的需要。此外，新产品和创新的机会也会在不经意中溜走。别让公司成为“低技术”（deskilled）的公司。

* 如果需要就请求帮助！找一个专业知识丰富的顾问或教练来解释你的选择，并且为你制定发展方案。雇佣项目管理或者生产方面的人才，或者留住现有的雇员。（有标准意识的万维网开发商将更容易转向基于OeBPS的电子书生产）。考虑保留对标记非常熟悉的顾问，让他来检查你的承包商所做的工作。

* 不要把开发工作流程和方案的责任都推给顾问。如果公司里的员工对正在开展的工作知之不多，顾问完成项目后离你而去，那你又该怎么办呢？

§11.9

# 更多信息

## 11.9.1 开放电子书论坛

开放电子书论坛的网站是:http://www.openebook.org.

## 11.9.2 开放电子书出版结构

关于 OeBPS 的更多信息参见:

*The Open eBook Publication Structure—Version* 1.2. *Open eBook Forum*, 2002

http://www.openebook.org/OeBPS/index.htm.

*Salo, Dorothea. OeBPS FAQ: Introduction to OeBPS-based eBooks.* http://www.textartisan.com/oebfaq/.

## 11.9.3 当前的研究和分析:功能

关于电子书功能发展新方向的适当的解释如下:

Schilit, Bill N., Morgan N. Price, Gene Golovchinsky, Kei Tanaka, and Catherine C. Marshall. "As We May Read: The Reading Appliance Revolution." IEEE Computer, 32(1), January 1999, pp. 65-73

关于微软 ClearType 技术的描述:

Betrisey, C., J. Blinn, B. Dresevic, B. Hill, G. Hitchcock, B. Keely, D. Mitchell, J. Platt, T. Whitted. *Displaced Filtering for Pattered Displays.* Proc. Society for Information Display Symposium. pp, 296-299 (2000)

一个"带标签的 PDF"项目的最近报道:

Hardy, Mathew, and David Brailsford. "Mapping and displaying structural transformations between XML and PDF." *Proceedings of the 2002 ACM*

### 11.9.8　更广泛的问题

Lynch, C. "The Battle to Define the Future of the Book in the Digital World." *First Monday: A Peer-Reviewed Journal on the Internet 6*, 6 (June 2001) http://www.firstmonday.dk/issues/issue6_6/lynch/index.html.

尽管作者们参与了开放电子书出版结构的开发工作，但他们的观点并不应被视做与 OeBF 有关的职务行为。尤其是本章的任何部分都不应理解为 OeBPS 规范本身的权威解释。该规范的文本是其作者和 OeBF 对其意图的唯一正式表达。最后，作者要强调的是本章是对规范的概要性的介绍，目的是要通过对规范简单和清楚地介绍来为预期的读者服务，最后，我们要赞扬 OEB 创作小组（1999—2000 年）和 OeBF 出版结构工作小组（2000 年—现在）成员的辛勤工作，他们为文化交流提供了更好的工具。

# 12 存 档

黑泽·马洛(Heather Malloy)

保持拥有不同商业价值数字资产的所有权正在变得越来越重要。数字文件已成为使用和再使用印刷和电子版本的产品的实际标准,成为图书馆和出版商联手创造一系列的存储和保存数字资产的方式。出版商愿意创造存储他们的数字材料的过程和框架还有别的原因:这样能降低操作的费用并通过可重复使用的内容增加获利,还可从许可证、销售方面增加收入。本章将重点介绍出版商所面临的问题,同时也会提及和存档相关的周边问题。

## §12.1 存档的重要性

### 12.1.1 商业需要

出版商拥有并销售内容,这是他们商业的核心。内容能够被重复使用证明了管理并保存数字资产的重要性。现在面临的挑战是创造一个长远的商业可行的过程来加速连续并有效地使用那些文件。数字内容可以以一种有效的方式保存,同时不妨碍再次使用(如用特定的形式存储的话需要特殊的软件才能打开,这就是获取的障碍)。

#### 1. 资产的所有权

出版商不仅仅拥有印刷产品,CD 或网站的目录——这些产品的可发行的内容才是他们主要的资产。存储物理资产是很浪费的并且是昂贵的。创造数字资产的仓库不仅能够创造新的产品，这也是管理和保护公司主要资产的一种方法。特别是在公司合并、出售和生产合作时，如果公司资产能很容易地被管理，则提供了极大的便利。

### 2. 再使用

存档使文件再使用变得更有效。有效地存储数字资产能够减少为重复使用而去检索文件所需的时间，从而将会增加生产力。为了使重复使用的收益最大化，决定哪些被存档的时候需要考虑一系列的问题。

* 什么是内容最初或原始的使用？
* 是否有其他的或潜在的用途？
* 是否档案（或部分档案）只给内部使用，还是像商业产品一样，外部也能获取？
* 内容需要存档多长时间？
* 文件存取需要多快的速度？
* 如果内容不再有商业价值该如何处理？如何定义内容是商业上可行的？
* 如何使内容被创造或改变的过程转变成最后的存储和再使用？
* 内容重复使用的时候是以最初的形式还是以不同的形式？
* 如何确保重复使用数字内容的安全性和版权问题？

并不是很容易预测到重复使用的可能性，许多未来的使用也很难设想到。然而这种可能性将会增长，相比那些对重复使用已有的内容有限制的出版商来说，那些计划继续存取电子文献的出版商会占据非常有利的位置。把印刷的内容进行数字化是非常耗时和花费很高的事情，而一开始就有数字拷贝，并能获取数字化的内容将会驱使新产品使用的发展（Reid，2002）。

### 3. 直接的收入

出版商的数字化的文件可以被重复使用来取得最大的收益，包括以下方面：

* 辅助的权利许可；
* 按需求印刷产品；
* 电子增加或打印产品；
* 学术期刊的电子版本；
* 电子书籍；

＊电子产品。

虽然所有的渠道是常用的商业出版的一部分，但一个公司如果能够控制其数字文献，将在使用已有内容上有更多的灵活性。例如，如果一本书的内容能够在外国销售，它就能够产生额外的收入。当出版商不再生产、发布大量印刷书的时候，可以根据需求印刷少量产品。

### 4. 间接的收入

也有通过使用数字资产来间接地支持最初印刷品和电子产品的销售。例如：

＊提供公司网站的内容；

＊支持销售和市场努力；

＊增强产品信息的发布；

＊帮助加快出版循环。

产品的内容是这些可能性的一个重要部分，但是额外的信息源以及出版内容以外的部分对支持主要产品的销售也是有作用的。封面图像、营销拷贝、以及题目元数据都是额外的但有用的信息。

### 5. 未来的使用

虽然不太可能知道存档的数字文件所有潜在的用途，但是使文献数字化是耗时并花费很高的事情。当我们发现数字文档有新的生命力却找不到可用的数字文献的时候会很失望，更有甚者，重新生成内容所需的花费可能比预期的收益还要高。

## 12.1.2 长远的保存和存取

长久以来，对图书馆来说，保存并提供长远的数字信息的存取是必须考虑的事情。虽然出版商也参与了这个过程，特别是电子期刊，大部分的努力都放在了保存和存取图书馆的收集方面。图书馆关注的是出版商可能会因为市场或是内部的决定而停止存取。另外，对于商业化的企业来说，许多出版商相对于图书馆来说都固有的不稳定性，他们有可能歇业。

然而，除了商业因素外还是有很多原因使得保存数字内容成为必需。比如维护学术存取、提供冗余存取以及提供私人所有允许范围外的更广范围的存取。虽然这些看上去并不像严格意义上的商业需求，不过维护和用户的合作关系明显是有经济好处的，所以出版商和图书馆有兴趣去解决这些问题。拥有文献的出版商承担一部分保存和存取的责任(Meyers and Beebe, Archiving from a publisher's point of view, 1999)。这对于仅仅以电子出版的产品来说尤为重要。

## §12.2

## 存档的其他问题

对于存档来说,并不是所有的文献都受到了相同对待。除了考虑需要存档的产品的类型之外,出版商还要考虑文献类型和形式。这就需要考虑创造产品的工作流。事实上,不仅要考虑出版的文献是如何产生的,还要考虑它们怎样用于创造其他类型的文献集。如,创造的文件或存储的文件以特殊的页排版程序可能会限制其内容被完全不同的产品使用。

### 12.2.1 商业需求与学术保存是互相排斥吗

如果出版商必须考虑数字内容的商业使用的话,那么对于更多的公益的长远的保存和存取怎么办?出版商如何在不同的优先级中取得平衡?有作者建议,"保存是对未来的服务,并不能依靠经济上的回馈"(Arms, 1999),因为它涉及到的内容不一定能够为出版商产生足够价值,虽然它们的社会和文化历史价值是不可被贬低的,但是维护这些文献所需的花费可能无法与经济价值平衡。如果一个事物有价值并且长远来说都是有用的,数字文件可能会以不同于最初产生时的形式保存。由于形式独立性的原因,XML或文本文件通常是最好的,但是当这些文件不是以最后的发行格式归档,或者没有创建该格式的方式,那么这种归档就是不可接受的,因为出版物的外表和内容都有可能丢失。如果出版商有意保留着出版物的原始资料或是正式版本和存贮内容,那么应该利用几种不同的形式归档并保存。

从商业的角度看,重新利用内容作为一种产生额外收入的方式将会成为焦点,出版商也有责任来保证他们的电子内容对所有用户都是可用的,特别是在只有电子版的情况下。长远保存和存取以及商业重用不需要相互排斥,虽然建立相应的有效存档需要考虑内容的生命周期,从文件和元数据的创建到商业用途的短期存贮再到内容的长期保存(Burke et al., 2001)。此外,对于那些只有电子版本的出版物,商业和保存之间有着很重要的联系:如果不能保证该内容可无限期地使用,购买者对购买的电子版的内容表示怀疑(Burke et al. ,2001)。其他有关只有电子版的出版物的注意事项还包括以下内容:

* 版本。如果一种产品以多种版本出版,或交互使用,或不断更新,哪一个才是确切的产品呢? 每一种版本都需要存档吗? 还是要将它们之间的区别记录在文件中?
* 内容之间的链接。怎样来保存它们呢? 与外部资料之间的联系也要保存吗?
* 订购管理。对于订购产品,订购者对出版物具有实际所有权。电子产品可能取决于服务器而不在订购者的控制中。如果订购终止,其后的副本又会出现什么状况呢? 如果出版商停止生产也会出现这样的问题。
* 格式。产品的组成是只有内容,还是有详尽排版或介绍的内容呢?
* 内容。印刷品出版物包括的内容不只是章节或文章。前言、附录、出版信息和其他信息也需要正确存档,这项工作在电子框架中更复杂,因为在电子出版框架中,出版物的部分信息可能独立于印刷出版框架之外存在。
* 所涉安全问题。保存数字内容与提供存取之间的平衡在哪里? 许可发行与再利用之间怎样联系呢?
* 元数据。材料的外部用户需要什么样的元数据? 怎样保存和存取元数据?
* 成本。谁来支付存档材料的成本,特别是在不是由出版商来存档的时候?

这些问题可能超出了存档的范围,但是和存档有着内在的联系,因为数字存档的一个主要目的就是使得新的发行路线和销售成为可能——特别是电子产品。

### 12.2.2 出版商和图书馆合作

类似 OAIS 参考模型[12.4.5.1.2]或开放文献预研的元数据互操作协议 [12.4.5.1.4](见下文)标准有助于数据仓库之间的交流。此外,图书馆和出版商正在为探讨非现场存档或图书馆控制性存档的实际可行性而联合实施试验性计划。

对于大多数的存档计划也有同样的基于商业和图书馆的问题。图书馆存档计划提供了对大规模存档计划挑战和潜在结果的洞察力。

### 12.2.3 任何东西都需要存档吗

在谢瑞丹(Sheridan)出版社出版的白皮书中,芭芭拉·梅耶斯(Barbara Meyers)和琳达·比博(Linda Beebe)指出,不是所有的东西都需要存档,出版商建议考虑以下几个方面:

> 著作是否对知识的发展有贡献?它是否在将来仍然有智力价值?大众对著作的整体会有什么反应?以电子形式的存档是否会为已有的著作增加价值?以另外一种格式出现的著作可能有读者吗?二级产品或类似产品有可能满足读者的需要吗?将该著作与其他著作相结合有创造更广阔,更有用的产品的潜在可能吗?
>
> ——Meyers 和 Beebe,*Archiving from a publisher's point of view*,1999

最后四个问题对用于商业性内容重现用途的档案可能是最重要的,它们应该既影响档案的结构又影响内容的格式。包含可重用内容的档案应以能够促进重用过程的结构进行组织,其中的内容也应使用比其原始格式更有利于重用用途的格式。最前面两点也很重要,因为即使这两个问题的答案在整个过程开始时是未知的,但如果决定了某些文件不必存档,那么它们也就被排除在后续的过程之外。

## §12.3 存档的位置

数字内容仓库并非存在于真空中,但却是数字内容管理系统中很重要的一部分。档案的作用是一个中转站——内容被储存在那里,然后经过产品生产和发布的工作流程后又循环回到档案,而不是在内容以纸质形式出版后就失去了价值。怎样实现档案是一个复杂的问题,特别是在资产回收之前可能会有大量的财政投入。存档对大多数的出版商来说是典型的“购买还是建设”的困难选择:是在内部做工作,然后移交给外部供应商,还是(最初很有可能)和其他人合作而保留适当的控制和参与?

### 12.3.1　第三方供应商

对出版商而言,印刷厂和排版公司常常发挥商业案卷保管的作用。它们将最终确定的文件用于印刷出版,并为重新印刷和某些形式的再利用提供了便利途径。有些商家已经开始了对出版商数字文件的档案存储服务,且一般为 PDF 格式文件[12.4.3.1.1]。这种服务形式的优点在于,出版商不需要开发基本设施或内部存档资源,如果他们再利用的模式取决于存储在商家那里的文件类型,或是如果大多数参与再利用的选择权取决于原始印刷出版物的外观和感觉的维护,这可能是一个易被接受的选择。

但是,这样做也存在缺点。文件不在出版商的直接控制之中,因而在安全性、备用性以及可存取性方面受第三方供应商的影响;出版商不能控制,甚至有时无权获取全部的文件;文件可能在几个供应商之间丢失,因而给跟踪文件和保证质量增加了困难。在这些服务中存储的文件格式可能会局限于合成文件(可能是私有格式,因而出版商缺乏资源来操作内容)或者是打印文件(如 PDF),这对保持出版印刷品的外观和感觉是有利的,但却限制了用其他形式来再利用的机会。可能还会因修复或转换文件而增加额外费用,因而又限制了再利用的选择权,或损害其衍生出版物可能带来的收益。

### 12.3.2　非商业性存储库

另外一个选择就是将文件交给如图书馆之类的非商业性存储库保管。这种选择可能会有助于减少对出版内容长期存取的问题,也减少了出版商有关内部存储和内部文件管理的费用,但它对用来创建印刷品的数字文件却不是很好的选择。它更适合于电子期刊。有些图书馆,如耶鲁和哈佛,就是和出版商一起维护他们的电子期刊内容档案(http://www.diglib.org/preserve/ejp.htm)的。

采用这种方案的典型项目就是 JSTOR(http://www.jstor.org),它是一个免费提供过期杂志数字档案的非赢利组织机构,其时间设定就取决于“滞后期”许可协议。实际上这也意味着出版商会许可其期刊的内容有一个三年的过渡期,每一年都有三年前的期刊被存档。这种指导思想既要保证内容的完整性和可存取性,又要使电子期刊存档与印刷期刊获利途径或其他协议的可能冲突最小化。

但是,作为一种孤立的选择,第三方存档既排除了商业用途文件再利用的可能性,又没有解决当前内容或是商业上仍可行的旧内容再利用的问题,并且要求作出这种选择的出版商创建额外的基本设施来管理内部内容,并执行内容和元数据交换的标准。

### 12.3.3 内部数字档案

内部数字档案对出版商有很多优点。在内容管理的框架下,如果有意越过原出版物来对内容再利用,那么内容存储库是必要的。它便于灵活地根据对内容的重新组织来设计工作流程和内容创建结构,并且允许快速存取,同时也便于对出版商的内容直接管理。

自建和维护内部档案的缺点包括创建和维护系统、重建工作流程、培训使用者以及管理和维护系统的费用。另外要考虑的是,系统除了要担当商业上可利用内容的存储库之外,还要作为已经出版内容的最终档案保存。

### 12.3.4 结合性选择

也许上述选择没有一个可以立即使用或单独使用的,这就可能需要根据出版商和内容使用者的需要,将各种方法相结合。例如,某个出版商可能在内部保存现期材料,而将过期文件移交给第三方或是非商业存储库。图书馆能保留电子刊物,此外,出版商的存档策略和机制也会随时间发展。因此,最初可能很有必要利用第三方资源发展内部的解决方案,即使是初步的档案也比根本没有档案要好。

另一个方案就是发展分布式档案,其成本和有关问题都能由几个组织机构分担。分布式档案有多个存储位置,并运用相应得技术来允许不同的规模、冗余性以及从存贮媒介中分离内容的方式。有些项目就是基于这个思想的,且在大多数情况下涉及图书馆或研究机构,而不是出版商。但是,原理对出版商来说也是适用的——出版商能将他们的资产在公司内部和外部的合作者之间分配。采用这种方案的一个项目例子就是基于 OAIS 模型发展的 Cedars 分布式档案原型(http://www.leeds.ac.uk/cedars/archive/

archive. html)。

## §12.4

# 技术问题

以不易存取的格式存档数字文件，或者需要软件或硬件才能读取的方式已经不可行，这只能浪费时间和精力。另外，文件自身的质量和结构可能会影响其作为再利用数字资产或作为长期保存的资源的能力。

### 12.4.1 过时问题

技术状况是不断改变的。很多数字文件在创建后较短时间内无法读取（如 Martin et al.,1999；Meyers and Beebe,Unsettled,1999），不如将其打印出来。

无论是对基于保存目的的图书馆存档还是对出版商的内部存档，都是对存档的主要挑战。

数字信息存档特别工作组（http://www.rlg.org/ArchTF/）在 1996 年发起了确保连续存取的建议，包括更新媒体和格式以发展更稳定的平台，创立标准和协议来存储和转移数据（Meyers and Beebe，Unsettled，1999）。一般认为处理技术过时问题的两个主要方式是：转移和仿真。

**1. 转移**

转移是指当原始环境变得陈旧时，将数字文件转换成当前格式和标准，以及当存储媒体太旧而不能安全保存数据时替换存储媒体。这样的转移成本消耗很大，体现在设备和人力资源方面（不管是内部制作还是从卖方购买）的消耗。此外，转移对某些固有格式和媒体的文件来说可能不可行。

**2. 仿真**

仿真需要在当前软件和硬件的基础上模拟原始环境，这意味着产生原始内容的软件也必须保存（National Library of Australia N. D.）。仿真通常是作为保存的一种选择，但是很少有证据表明它是一种可行的保存或存档技术。

一个结构完整的 XML 文件可能是孤立的,但是通常会用文档类型定义(DTD)来正式定义文档的元素(Kasdorf,2002)。没有 DTD,文件可能正确,但是也有可能不一致,从而导致交换或转换文档更加困难。

单一的 DTD 不一定对所有类型的文档都需要用到,所采用的通常是针对产品的 DTD,如对于期刊论文用一个 DTD,而对教材用另外的 DTD 等。但是,文件越一致,文件后期的重新组织和利用也就越容易,内容的"包装"就会不那么重要了。XML 不要求特殊的平台和系统,因而不需要特殊的硬件和软件,这就减小了文件过时的可能性,这就是将内容以 XML 格式存档的主要优点(Kasdorf,2002)。

XML 的缺点包括潜在的格式和直观信息的丢失——尽管有类似可扩展样式表语言[3.3.3.3](XSL)的相关技术,它能有助于定义和保存有关外观和内容的信息,也有助于填补缺口——开发和实施 DTD 时所消耗的费用和时间,并能在实际操作中作必要的改变。

总之,推广 XML 作为存档格式是有益处的,特别是当 PDF 格式和排版文件也被存档的时候。

### 2. 页面编排和排版程序

页面编排软件已广泛应用于印刷产品的创建中。依靠这种软件,通常可以创建一个合并印刷页面的外观和结构的文件。这个程序可能是私有的,因而不能非常成功地将内容从格式中分离,所以限制了它在数字转换和存储中的应用。

存档排版文件的原因如下:当文件需要以相同的格式修订和重新出版时,应用创建原始页面的同一软件将会更容易编辑,且对于未改变的部分也不需要重新进行格式编码。PDF 文件就不是同样可编辑的:如果只有 PDF 文件,就需要把文本从中抽取出来再加工处理,重新排字来组成页面(除非改变很小并没有影响换行和页面组成——例如只是调整了价格)。

但是排版文件存在不少问题,如果它们只是单独保存而没有相关文本文件或 PDF 文件和它们一起保存,那么在存档系统中是不可接受的。

专有的排版文件主要问题就是不能获得创建它们的软件,也没有支持文件(例如字体或是图表),甚至可能需要通过创建文件的硬件来获取它们。此外,如果文件存档的目的就是要在多种环境中再度利用它们,那么以限制灵活性的方式来保存文件会导致金钱、时间和精力的消耗。

### 3. 制图软件

很多图形格式被应用在可出版的产品的创建中，所采用的格式取决于所创建产品的类型。当有些图形需要用于新的用途或是在新的环境中出版时，它们的格式可能不再适用。例如，最初为印刷出版创建的图像都是典型的为胶印设计的高分辨率的文件，但是这样产生的文件很大而不能在线出版。如果为在线出版而存档的是相对低分辨率的图像，那么它们很可能对后续印刷出版不适用。即使保存了用于最初印刷出版的高分辨文件，它们可能已经针对特定的印刷环境进行了优化（例如，针对万维网出版中非覆膜纸印刷的网点扩大和色调范围而进行了调整），因此并不适应不同的环境（从在涂布纸上的单张印刷到数码印刷机上的数字印刷）。

此外，很多图像是由专有软件创建的，有着和所有专有文件一样的问题。普通的图像文件格式包括：GIF，主要用于基于网络的产品；JPEG，普遍用在照片和更复杂的图像的网络应用中的另一种格式（Luna，1999）；TIFF是一种工业标准化格式，它能容纳大量复杂且高分辨率的图像，因而普遍应用于印刷品。

### 4. 其他软件及其应用

随着新的出版物越来越依赖于多媒体增强技术和新型电子产品的开发，档案也必须进行相应的改变。潜在格式的数量和需要存档的文件类型将会增多，且每一个都会有它自身存在的问题。例如，假如出版物中包含一个得到第三方许可的软件程序，出版商可能没有该软件的所有权，也没有在其他媒体中再使用该内容的权利和许可。这就是有关图像的普遍存在的问题，即：先前出版的原材料已经存档，出版商常常会发现他们只得到了对原始印刷出版物中图像的利用的许可，而得不到对在线或其他形式图像的利用的许可。另外，很多类似的文件在像图书文本这样的模拟环境中就不存在。音乐文件或是数字电影在本质上是同电子格式相联系的。

## 12.4.4 存储介质

存储媒体（介质）经常在改变：缩微胶片、只读光盘、网、网络硬盘存储、网页服务器——数字文件存储技术的变化是无情的。这意味着不仅出版商要同这种变化保持一致，某种特殊的存储媒体（介质）在“更好”的技术出现的时候，，或者某种介质实际上不能达到其预期设想时（例如，缩微胶片，参

Reid, Calvin. "A Little DAB Will Do at Simon & Schuster." Publisher's Weekly (August 5, 2002)

Research Library Group. *RLG and OCLC. Trusted Digital Repositories*: Attributes and Responsibilities. Mountain View: RLG, Inc, 2002. http://www.rlg.org/longterm/repositories.pdf

Sidman, David, and Tom Davidson. "A Practical Guide to Automating the Digital Supply Chain with the Digital Object Indentifier (DOI)." Publishing Research Quarterly 17, no. 2 (Summer 2001): 22 - 23. http://www.contentdirection.com/materials/PRQ-CDIPracticalGuide.htm

Walsh, Norman. "What Is XML?" O'Reilly XML.com. October 1998. http://www.xml.com/pub/a/98/10/guide1.html#AEN58

# 13 法律框架：版权和商标

威廉·S. 斯奘(William S. Strong)

本章主要目的在于综述和数字出版相关的各类法律条款，使相关概念和基本条例尽可能容易理解。本章不是为读者可能遇到的一些事情提供法律方面的建议，而是帮助读者提高警惕性，成为一个熟悉各种法律服务的消费者。本章同样也不可能谈到出版商将遇到的所有法律问题。出版商也是商人，他们也必须接触与所有商业相关的法律，但本章的重点并不在于讨论网络出版商可能遇到的各种问题，比如关于消费者隐私、电子商务等的法律规定，而是重点讨论版权问题。也将讨论知识产权的相关原则以及其他一些问题，如诽谤罪，这是只有出版业才需要特别注意的问题。

## §13.1 版权

### 13.1.1 综述

本章标题并非随意而定。许多出版业和娱乐业以外的人士，以及这些行业的许多业内人士都认为版权法和交通法规一样是外在附加的权利，但实际并非如此。法律，尤其是版权法是出版业赖以存在的法律框架。

顾名思义，版权(copyright)源自一种复制权，这种权利又只适用于书籍的复制。实际上，版权早在18世纪早期就出现了，用来代替当时迅速衰败的皇室特许的出版体系。版权也从那时开始一直发展到现在。而随着技术的进步,市场的变化,公众(至少是立法机关)对于合理使用的理解也随之转变。

### 1. 版权范围

版权包括可以用来保护多种出版物的一系列权利,比如文字作品、二维或三维媒体的图像、音乐作品、动画、录音制品、电脑程序等。任何符合一定标准的人类智力产品都能够受到版权保护,相关标准参见“版权性的标准”[13.1.2]。

### 2. 版权期限

过去在美国受版权保护的年限不超过56年,但现在年限已经远远超过受版权保护的作品创作者的寿命。由一人或多人创作的作品,其受版权保护的最短期限是作者的寿命(或共同创作者中最后死亡的人的寿命)再加上70年。如果作者匿名或者以假名出版,版权保护期限是从第一次出版发行算起的95年内或者从创作结束开始算起的120年。如果将创作者姓名告知版权局,期限可以转换为作者寿命再延长70年的形式。如果作品是雇佣作品,期限则为自一次出版发行日算起的95年,或者是创作结束之后的120年,选择两者中先到期的时间(针对美国1978年之前的作品的版权保护规则更复杂)。尽管采用这些规则使得美国与其欧洲贸易伙伴的法律在某种程度上更加和谐,并得到进一步发展,但其中也存在着不尽如人意之处。有国外生意或资产的网络出版商因此很有可能在国外出现侵权行为,而这些行为在美国并不算侵权。

### 3. 版权是国内的,也是国际的

正如上面的内容表明的,版权保护既是国内的,也是国际性的。严格来讲,每个国家决定自己国内的版权保护法。但是,基本上世界上所有的国家都是伯尔尼公约的成员国,此公约使得各个国家的版权法在很大程度上达成了协调一致。各个国家现在都像保护其本国公民的作品一样保护外国作品。尽管法律实施的力度在不同的国家会有很大不同,但在本质上全世界版权法的基本原则都是一致的。不同国家的版权法都有各自的特点。除非特别注明,本文所讨论的法律专指美国的版权法。

### 13.1.2 版权性(copyrightability)的标准

作品要符合下列规则才能受到版权保护：

**1. 表达性**

作品必须实实在在地表达某些思想或者信息，思想或者信息本身不能受到版权保护。

**2. 原创性**

作品必须是作者的原创。此处的“作者”不是通常意义上的作者。具有讽刺意味的是，“作者”在版权法中的现代意义实际上是从古老的拉丁文中得来的，即促成某种事物出现的那个人。因此，任何一个制作出可受版权保护的作品的人(或者这个人的雇主)都可被称为“作者”，而在日常生活中我们会称之为画家、电影制作人或者作曲家。“原创”在版权法里也有特殊含义，它不是指“以前从未见到过的事物”，而是指“作者自己创造、而非抄袭他人的作品”。理论上讲，两个人可能创作出一样的作品，但只要两人都没有抄袭对方，那么两人的作品都将受到版权保护。需要注意的是版权法所指的抄袭并非一定是有意抄袭。如果“作者”是从其他渠道抄袭的，即使是无意的，其作品也不能受到版权保护。

**3. 创造性**

作品必须具有一定的创造性，这个要求实际上比较简单，因为版权法所要求的创造性的程度实际上是非常低的，这和我们日常生活中所说的创造性极为不同。在具有里程碑意义的菲斯特出版公司(Feist)和乡村电话服务公司的案件中[Ⅲ S. Ct. 1282(1991)]，美国最高法院规定电话白页不受版权保护(与某些级别较低法院的判决不同)。但是随后的案件中电话黄页、汽车转售价格汇编以及其他一些我们通常不认为具有创造性的事物都受到了版权保护。就数据库而言，或者其他一些更小的作品的汇编，如诗歌选集，版权在于作者对包含在数据库或者其他汇编作品中的内容的“选择和排列”。这些作品中肯定包含了作者一定程度的个人判断，而不仅仅是作者对某些事实的简单集成。(这句话的含义还有待研究，例如，顾客清单的出现是由于顾客本身而非商家的创造，那么顾客清单是否应该得到版权保护呢?)

4. 存在多种可能的表达方式

同一个想法或者信息必须要有多种可能的表达方式,如果没有,法律会认为这个想法和其表达方式是一体的。例如,牌类游戏规则的表达方式就不多,因此对任何一种牌类游戏规则,版权法将只保护那些真正体现作者判断力的表达方式,否则将完全不受版权保护,这样做的目的在于避免造成对某一想法作品的垄断。

5. 作品表达的媒介固定

作品必须在一段时间内有固定的有形的表达媒介。“有形的表达媒介”包含面广,版权法也不偏向于某种媒介。对于数字媒介,“固定”的要求仅仅是作品经过保存之后可以重新找到。当你往电脑里输入一篇流芳百世的文章时,它只是被保存在了电脑的临时记忆系统中,还没有“固定”。只有当文章被存在电脑硬盘或软盘上时,它才变为“固定”的,从而可以受到版权保护。

6. 作品数量较大

作品在数量上不能太小,因此版权通常不会保护很短的短语、标语等。

7. 作品不仅仅是功能性的

作品必须不仅仅是功能性的。不管功能型机器或设备的创造性和原创性有多高,都只能受到专利权或者商业秘密权的保护,而不能受到版权保护。以前这种区分界限分明,但因为版权法运用于电脑软件而变得非常模糊。在数字革命的早期,不顾那些认为软件的价值仅仅在于其完成某些功能的反对意见,版权法的元老级人物坚持认为既然软件的开发最开始时是文字作品,理所当然应该受到版权保护。这一决定如今已深深融入到版权法精神中,因此在处理软件侵权案件时法院有义务区分某一程序中出于功能性考虑的部分和另外表达性的部分。当然要区分起来很困难。

在出版业,不对功能性的创造进行版权保护就意味着,不管一本书的排版或者网站设计如何具有原创性,都不能享受版权保护。但独立于排版的图表本身的内容(如插图)和正文一样都受到版权保护,图表的外观排列不能受到版权保护。部分欧洲国家的法律给予页面和版式一定的版权保护,但在美国就完全没有。

8. 美国政府部门的作品

假设作品符合上述标准,通常就可以享受版权保护,但唯一的例外是美国政府部门的作品,即由美国政府部门的职员创造的其职责范围之内的作品不能受到版权保护，因而任何人都有权利使用这些作品。

### 9. 版权是自动获取的

受版权保护的作品可自动享受此权利。通常有人会问："我需要怎样做才能保护我的文章、诗歌或者照片呢？"答案是什么都不用做。

问题的答案在1978年以前却不是这样的。电子出版商若需使用1989年3月1日之前出版的材料，他必须去查询某种已经公开出版的适用法律的技术性细节。因为对于怎样做才能取得版权这个问题的误解已经深入人心，所以必须就版权公告和版权注册两个问题说几句。

(1) 版权公告。申请版权以前要求要遵循某些程序，对于出版商来讲，其中最重要的就是附加版权公告。此告示——以"© 1965 约翰·琼斯"或者其他可接受的形式——必须在作品第一次发行及以后都一直附上，否则相关作品将成为公有作品。（世界上很多国家没有此规定，但美国在1989年3月1日加入《伯尔尼公约》之前一直有此规定）。此规则鲜有例外，甚至连弥补版权公告缺失的机会都很少。尽管自1989年3月起对版权公告不再有要求，但版权公告仍然是值得推荐的，它既可作为"不容侵犯"的标志，也可避免侵权者可能的"无罪申辩"（例如有的侵权者可能会说"我当初找了看有没有版权公告，但没有找到，所以我以为是可以拷贝的"）。在电子出版中版权公告应该至少出现在第一屏上面，这样所有用户可以在访问此作品时看到版权公告。

(2) 版权登记，即版权注册。版权登记并非只是为了尚未公开发行的作品，除非其目的在于取得联邦版权而不是州（即所谓"共同法"）版权。作品一旦发行，登记对于维护版权就十分必要。1978年前，美国版权首先是自第一次发行之日算起的28年内，之后可以续一次，即最开始是28年，之后得到延期。如果版权没有登记，或者如果在第一次发行后的28年之内没有登记延期，作品将在第一个版权期限到期后变为公有作品。很多绝版作品最后都是这种结果，出版商不愿去延长版权期限，而很多作者都不知道有这样的规定。1992年，版权延期变为自动的。因此1978年之后创作或者第一次印刷的作品不必考虑这一规定。

尽管在美国版权局的版权登记对于作品不再似以前那么关键，但登记仍有必要。如果登记及时，在任何反侵权案件中，作品所有者将有权利要求对方支付律师费用以及法律损失。相关细节参见版权登记[13.1.4]。

## 13.1.5 版权所有者的权利

版权通常被描述为“一系列的权利”(a bundle of rights),其中主要有以下权利:

1. 复制权

即以复制的方式复制作品的权利,这种权利以及所有其他版权的相关权利,都不仅适用于整个作品,并且也适用于作品中可以单独成为版权保护对象的任何部分。

2. 作品派生权

即基于本作品而创作派生作品的权利。如果原作品被彻底改动、转换或改编,那么改变后的作品被称为派生作品。某种意义上来讲,这属于复制权下的一种权利,因为派生作品必须从原作品中复制一部分内容。在出版界,最常见的派生作品是新版本、原作删节本和翻译版。已出版作品通常授权许可其他行业创作派生作品,如动画,在创作此类派生作品的过程中,可能唯一保留的只有原来的故事情节。

允许印刷出版物以电子版形式出版本身并不是作品派生权。法律认为数字文件只是“复制”,并非派生。但是如果某作品的数字文件已有了很大的改变,如添加了超链接或者删除了图表等说明材料,那么此数字文件就可以被看做是派生作品。

3. 发行权

即公开发行作品的权利。通常所说的发行权指的是复制权和发行权的结合。数字环境下的发行指以任何形式的电子脉冲传输方式使文件在接受方电脑中复制下来。

4. 公开表演权

即公开表演作品的权利。在出版业内不存在这样的权利,但出版商经常允许他人通过录音磁带、现场舞台表演、动画等形式对其作品进行演示。需要注意的是派生作品的表演,比如动画,通常被认为是表演派生作品中所体现的原著内容。

5. 公开展示权

即公开展示作品的权利。此权利在过去价值较低,但在当今的数字社会中非常关键。当读者网上浏览一个已发行作品时,版权所有者就已经行使了公开展示作品的权利。

在电子化的社会中，发行权和演示权相互联系。如果用户登录某出版商的网站，浏览某一作品，然后下载该作品，那么出版商行使的是复制权、流通权还是展示权呢？还是同时行使这三种权利？在很多情况下这仅仅是哲学争论，但如果发行权和展示权由不同的人享有，这个问题就变得很重要。从逻辑上讲，似乎三种权利都涉及到了，电子出版商因此应该跟作品原版权所有者签订合同，确保获得该作品的流通权和展示权。

6. 进口权

在美国境内发行权的享有者也有权利禁止将作品出口到美国。尽管没有通过网络"进口"作品的案例，但这是符合逻辑的，即禁止进口作品到美国也包括禁止通过网络把作品传输到美国，尽管传输者在他所在的国家内有使用此作品的权利。若电子复制行为在其他国家是合法的，但在美国是侵权的话，通过网络传输该作品到美国的行为是完全被禁止的。如果作品的复制得到了版权所有者的同意，进口作品在某种条件下是允许的，条件是进口作品只用于个人政府，或者仅限于图书馆及其他非赢利机构使用。

### 13.1.6 版权交易：转让和特许

律师通常所说的转让是指将全部或大部分版权转让的交易；特许通常指版权所有者授予其他人一种或某几种权利的行为。特许多指期限较短的授权，尽管对于授权的期限长达整个版权期限的授权行为我们也称为特许。版权法采用较为宽泛的说法"转让"来指所有的授权交易，即将版权或版权下所有权利由一个人授予另外一个人的交易。

系列版权中的各种权利可以以不同的组合方式被转让和特许，可以是单独的也可以是全部的。书籍合同中通常以这样的要求开始，即"全世界范围内的权利、所有权和利益，包括但不局限于版权，都将被特许并受到保护"。但在实际谈判过程中，有些权利如电子出版权、非英语版本权、北非之外的权利、表演权、初次连载权(即在书籍出版之前授权杂志连载)等可能会区分开来，部分由原作者保留。之后作者或者出版商可能将出版权特许给某种特定语言的出版商或者某个国家的出版商。他们可能将电子出版权特许给某专业网络出版商，表演权给某好莱坞制片人，连载权给某周报。权利特许也可以有不同的期限。例如，外国版本权的特许很少有一次超过

10年的，电子版本权的特许通常一次只有2~3年，但动画权的特许通常是永久的。简言之，系列版权中各种权利的划分，其唯一的限制来自市场所能接受的内容的限制。

### 1. 必须以清晰、准确的书面形式表达

在特许权利时明确表达所转让的权利以及转让的期限是非常重要的。在电子权利的交易中，就必须明确标明某种特定的技术是否包括在内，或者标明“此特许针对所有目前以及今后可能出现的电子和数字媒介”，或者标明“所有媒介”或表达同样意思的其他语句。在特许电子权利时，还有必要说明接受特许者只能整体出版该作品，还是全部或者部分都可以，或者接受特许者是否有权将作品加入到数据库之类的汇编作品中。除非有其他的方式表示此特许在作品整个版权期限内有效，所有特许的期限都必须明确说明。如果独家特许，这点也必须明确说明，没有明确说明是独家特许的都将被视为是非独家授权的。

（1）再转让或再特许。明确表明独家特许权是否可以再转让或者再特许也是非常重要的。在Gardner和Nike案的第九次巡回审判（Gardner v. Nike, 279 F.3d 774; 9th Cir. 2002）中宣布除非特许人同意，独家特许不可再转让。审判法院和上诉法院一致认为除非合同明确表明独家特许，一般不能再转让许可权。这些规定和行业惯例不一致，版权方面的学者认为这样的规定是错误的。然而，除非上述判例逆转，或者法律趋势明显倾向另一方向，人们在签订特许合同时都必须充分考虑法院在Gardner和Nike一案中表明的态度。

实际操作中，这就意味着在任何特许协议中，接受特许者必须坚持在协议中写入以下或类似意思的语句：“本协议授予的特许权可由接受特许者自由转让或再特许。”即使特许人同意这种做法，他们仍然希望这样做的前提条件是接受特许者负责支付特许者应得的报酬，并对接受再转让和再特许的人的行为和疏忽负责。

（2）塔斯尼（Tasini）案。关于纽约时报集团和塔斯尼公司的案件[533 U.S. 483(2001)]，有必要在这里简单说几句。那起案件中几位自由职业作家因几家期刊出版社未经授权便以电子方式发行他们的文章而提起诉讼。出版社根据版权法中的某条款为自己的行为辩解，该条款规定了期刊出版社在没有书面协议的情况下对其期刊中的文章有何权利。该条款规定在此情况下出版社“有权以某特定文集一部分的形式优先复制和发行其中

的文章，此优先权同样适合于该文集的修订版以及同一系列中的后续版本"[17 U.S.C. §201(c)]。该案件中的出版社称，既然他们将期刊整期包含在电子数据库中，这种行为应该受到法律保护。但最高法院的判决并非如此，他们认为把期刊录入更大的数据库中，其中的文章可以被单独摘录出来，这样原文集的整体性就受到破坏，因此出版社将文章录入数据库的行为侵犯了原作者的版权。奇怪的是，尽管有反对方的努力，最高法院却没有区分将不同出版社的期刊录入同一数据库的行为和将同一期刊的不同刊期录入同一数据库的行为。

为了结案，最高法院判决《纽约时报》以及其他期刊由于被录入电子数据库而失去了其作为独立文集的身份。但是最高法院却没有指出在同样的情况下由单个作品汇集而成的电子出版物是否也会丧失身份。塔斯尼案件并不意味着从版权意义上来说原文集和它的电子版本有本质上的不同。其他许多案例认为某作品的电子版本和印刷版本应该受到同样的版权保护。但最高法院据以判决的逻辑引向了一个出乎意料的方向。(另一个类似的较为奇怪的案例是格林伯格和国家地理协会案，该案例认为，在档案汇编基础上增加图像索引软件创造出的是新作品，而非仅仅是对老汇编作品的改编[244 F.3d 1267(11th Cir. 2001)])。为了安全起见必须保证，在任何关于期刊稿件的特许中，接受许可的人有权利将文章录入期刊的印刷版/电子版和电子数据库中。

有趣的是，塔斯尼案件中的最高法院并没有考虑出版社是否获得案中所涉及文章的展示权。依据这点法院就应该可以做出有利于作者的判决。因为此案中所讨论的数据库不仅公开发行了，还发表在网上，因此原告的文章被公开展示。版权法中201(c)部分完全没有提到期刊出版社有权公开展示期刊中的文章。因此谨慎的出版社同样应该确保他们是否获得了公开展示的权利。

最高法院也没有讨论另外一个小问题，即是否任何出版社所获得的权利都可以再特许给与联商律讯(Lexis - Nexis)相类似的单位。本章[13.1.6.4]将提到，非独家特许不能再次被转让或再特许，依据这点可以做出有利于作者的判决。但最高法院明显对作出更为宽泛的判决感兴趣。

(3) 罗塞塔(Rosetta)案。最近另外一个案件是兰登出版社和罗塞塔书局的案例，该案中兰登出版社的签约作者授予该出版社以书籍形式独家出版某些作品的权利，兰登出版社认为罗塞塔的电子书侵犯了它的权利，而电子书出版商罗塞塔只能陷入辩解"电子书不是书"的尴尬境地。但是法院却初步判决罗塞塔获胜。

(4) 塔斯尼案和罗塞塔案的影响。这两个案件可能对出版业产生长远的影响。塔斯尼案的判决结果提醒出版社要从作者那里争取包括电子版发行权和录入数据库的特许权利,这的确也是塔斯尼案中的出版商目前的做法。至于罗塞塔书局案,有争议的合同语句是在 1961 年出现的,当时人们还没有预料到会出现电子书。塔斯尼案提醒了那些不以书面形式明确界定特许范围的合同是不可取的,罗塞塔书局案则提醒大家,由于特许合同签订之后新技术的出现,法院可能会很狭隘地去理解特许合同中的语言。

塔斯尼案同样也让大家意识到电子出版商在从印刷出版商那里获得特许权时可能遇到的风险。《纽约时报》和其他印刷出版界的被告过去被起诉的原因是因为他们行使了实际上并未获得的权利;电子数据库方面被告则是因为发行了某些文章,因为他们相信时代报等出版单位有权同意他们发行这些文章。因此电子权利特许中的担保和赔偿条款是很关键的,特许者通过这类条款保证他们有权颁发此特许证,并承诺如果有人对此特许有异议,他们将出面为接受再特许者辩护和赔偿相关损失。

### 2. 特定语言的特许

在印刷出版领域,在书籍的特许中通常英语版本书籍的出版权利有一定的地域限制(例如局限在北美、英国或者英联邦国家)。报刊文章的特许则通常不受地域限制。此类地域限制在有些情况下也同样适用于 CD－ROM 的出版。但是网络出版却不存在此种限制。网络发行权的特许应该是世界范围的,至少就任何特定的语言来说是如此。

### 3. 关于特许战略的思考

(1) 作者还是出版商保留电子出版权。当作者和出版商进行书籍合同谈判时,需要考虑到底是由作者还是出版商保留电子出版的权利。当然很多大规模的出版商都具备了电子出版能力,他们都希望掌握电子出版权,原因很简单,就是为了不让该权利被其他具有印刷出版权的竞争对手获得。出版商通常在此类谈判中获胜,有时他们会同意如果 3 年内未行使,此电子出版权自动归还给作者。版税的问题却通常被忽略,因为没人愿意预测两三年之后市场不断变化的电子出版的版税会是多少,因此关于这个问题,通常的做法是根据行使电子出版权时的行业情况来确定版税。

应该记住的是,以电子方式出版整个作品和以电子方式出版部分作品时需要考虑的问题是不同的。出版商应该一直有权利特许书籍部分内容的电子出版，因为这是额外收入的一种无风险的来源。

(2) 外语电子版权。和其他附属版权相比，书籍出版商通常更愿意放弃外语版权，因为他们很少出版超过一种语言的书籍，并且不同语言之间的出版商之间不存在真正的竞争。只有能够很方便地找到接受外语版权特许对象的一方才应该获得外语版权。对作者个人来讲，经营和特许外语电子版权并不容易，甚至外语印刷版权也是如此。如果出版商相信自己有能力特许外语版权，他们就应该要求获得此权利，作者也应该考虑授予他们此类权利。(作者必须记住出版商通常会拿走外语版权所带来的版税的20% ~50%。)

原作的出版商在将外语版权特许给他人时，电子版权和印刷版权应该一起特许还是分开特许呢？如果外国出版商同时具备印刷和电子出版能力，电子和印刷版权应该一起特许，接收特许者可以选择是否以及何时获取电子版权。如果外国出版商只具备印刷出版能力，他也许会出于自我保护的考虑要求获得电子版权，但特许商实际上可能不愿意以那种方式将电子出版权浪费掉。(上面提到过，以电子方式出版书籍的一部分和整本书所需要考虑的问题不一样。)

如果外国出版商只是一个电子出版商，问题的答案很大程度上取决于是否电子版就能够占据该作品的整个西班牙语市场，因此印刷版在西班牙语市场中不可能得到很大发展。

(3) 以电子书为创作目的的书籍。创作目的本身就是电子书的情况还不多见，因此关于这点可考虑的问题较少。本章的作者就代表一家电子书公司，该公司坚持要获得书籍的印刷版权和电子版权，理由是这样做可以避免受到印刷出版物的影响，并为自己保留了将来的选择权。

(4) 学术期刊是否该同时获得电子版权和印刷版权。学术期刊合同中的电子版权和印刷版权通常是一起的。期刊出版商通常免费将其期刊的电子版提供给他们的订阅者。有的期刊只有电子版，但是不管什么情况，期刊出版商都不能接受将电子版权和印刷版权分开，因为对于期刊来讲，印刷出版商和电子出版商之间的竞争是很激烈的。

(5) 期刊文章的个人公开。在与期刊出版社谈判时，期刊投稿人是否应该保留在他个人或者单位网页上公开其文章的权利，或者在类似以前的“预印本”的电子版上公开？关于这点有很多不同的做法，也无所谓最好要怎么做。

(6)全世界范围内所有外语语种的版权。电子出版商是不是应该取得全世界范围内所有语言的版权,还是只获得其母语的世界版权,比如说英语或者西班牙语?只要能保证母语的世界独家电子版权,这个问题不管答案如何,不存在竞争意义。换句话说,美国电子出版商完全可以放弃法语电子版权,而不用担心会因此给自己带来竞争。

#### 4. 非独家特许

前面主要讨论独家特许,但很多电子出版是在非独家特许情况下展开的。例如,科技期刊的集成服务公司通常从原期刊出版商处取得非独家发行特许权,非独家特许发行很明显的原因是原出版商因为自己没有能力增加销售量,所以只能通过特许来达到此目的,因此特许不是为了将发行权转让给他人。

出版商当然可能会在接受特许者更多报酬的情况下,承诺不将作品特许给其竞争对手,但并不会因此而使特许成为独家性质的。如果出版商保留了自己不受地域或者其他方面限制的发行权,那么从定义上来讲期刊集成服务的提供者并没有获得独家特许权,但是接受特许者通过这样的协议获得了禁止出版商和第三方进行类似交易的权利。

非独家特许给以消费者需求为导向的网站提供了内容来源。例如,因为是非独家特许,主要提供医药或者商业信息的网站可以通过联合供稿服务购买使用来自报纸书籍的信息,这种信息的次要的、后续的使用更偏向通过非独家特许获得信息使用权,因为这样作品可以在主要用途之外实现进一步的利益。

非独家特许一般较独家特许便宜。非独家特许的接受者所承担的作品推广义务也要小些。非独家特许者有权利寻找其他收入来源,这样他们就可以避免作品被某一前景不明的生意缚住手脚。

如果没有其他协议,非独家特许的接受者通常不能进行再特许交易。和独家特许一样,若特许双方没有另外的协议,非独家特许的有效期为该作品版权的有效期。

#### 5. 许可

出版业中通常提及的一种特殊形式的非独家特许是许可,即出版商授予另外一个出版商使用作品某部分的权利。例如,A 出版商希望将 B 出版商新闻杂志中的一幅阿富汗照片用到他的一本关于反恐战争的电子书中,或者B出版商希望从A出版商某本同主题的电子书中引用一段用在他的一篇文章里。在印刷出版中，这种许可行为时常发生，当然其中牵扯到许可费。

要求得到将印刷文件用于网络的许可，这使印刷出版商极为紧张。他们担心这样的许可会使他们的作品完全失控，这样的担心是可以理解的，特别是对插图而言。对于文章中某个独立的段落失去控制，这样的情况所造成的损失不会很大，但如果一幅图片被转变成电子版放到网上的话，就很有可能出现大范围的未经授权的传播和转用。摄影师对这一点深有体会，出版商希望将他们的印刷作品，特别是期刊和书籍以电子版的形式出版，在出版之前他们通常不得不将插图去掉或者替换掉，因为他们没有获得这些图片的电子版权。

电子出版商之间却不会存在这样的限制，因为他们的作品已经处于危险下，所以再多一次曝光并不会对他们作品的保护造成实质性的冲击。在“数字权利管理”[15]一章中将更深入地讨论有关权利的保护和交易机制。

## 13.1.7 合理使用

并不一定必须得到许可才能使用他人受到版权保护的材料。不管版权所有者同意或者不同意，合理使用时符合相关政策和法律规定即可。

版权法很早就同意合理使用受版权保护的材料，这种使用必须以合理的数量，用于有益于文化的用途，并且不会损害该作品的市场或潜在市场。合理使用的例子不胜枚举，主要包括新闻报道、评论、学术评论、学术引用、模仿等。法律根据使用的性质和目的，原作品的性质，使用的规模（数量方面和质量方面）以及使用给原作品的潜在市场和价值所带来的影响等来决定使用是否为合理使用。很多出版商和作者都希望能有一套公认的原则来规范数字环境下的合理使用，就像为用于课堂教学目的的影印和教育用途的录像带所制定的规则那样，但这样的规则目前完全不存在，在近期内也不大可能出现。

合理使用的判断较为特殊，这取决于各种特殊情况下发生的事实，灵活性是合理使用的优点，不可预见性则是其缺点。

在“许可”[13.1.6.5]一节的例子中，如果A在未经许可的情况下将B的新闻杂志中的插图用于其有关反恐战争的电子书中，这种使用就不是合理的，因为A使用B的照片的目的是为了提升他的书的价值。如果这幅照片和1000个字的价值相当，那么可以这么说，A出版商不可能免费获得这1000字。但是，如果A的书的主题不是关于战争本身，而是关于新闻媒体报道战争的方式，他使用照片的目的只是为了评论新闻摄影师报道战争的方式，在这种情况下使用照片就是合理使用。在第二种情况下，如果必须得到许可才能使用该图片，A的评论水平将会受到影响。但是，A在刊登该图片时必须很小心，以保证图片刊登的方式和图片使用的目的是一致的。如果该照片在被复制使用时的尺寸比原作小，质量比原作差，那么说该图片的再使用是合理使用的理由就会比较充足。但如果该照片的尺寸有整个高分辨率的屏幕大，并看起来完全是一幅插图，或者甚至是该作品存在的理由，那么说该图片的再使用是合理使用就显得理由很不充分了。

### 1. 数字时代的合理使用

已经有很多人讨论过这种类型的合理使用，有兴趣了解更多的读者应该查阅其他方面的资料，但基于本章的目的，有一点必须申明，印刷出版业和电子出版业之间以及电子出版业内部的交易中对合理使用的界定和印刷出版业内部对合理使用的界定是有一定区别的，而这种区别是没有理由的。也许有的版权所有者不同意这点，并指出使用者通过电子方式传播作品加剧了原作品市场所受到的冲击，因为作品的电子传播使得那些潜在的客户不再向原版权所有者申请得到许可了。尽管这种说法不假，但却具有一定的误导性和危险性。说它误导是因为在衡量市场冲击时有关合理使用的法律所关心的只是这种使用是否会取代原作品的市场，而不是另外一个没有意料到的后果，即这种使用是否会导致违法者逃避版税；说它危险是因为逻辑上来讲这种观点会削弱合理使用在文化发展中所起的作用，并带来其他严重后果。还没有法院认为需要这种修正主义思想，我们也希望今后都不要出现这种思想。

如果不让合理使用进入新的领域也是一种错误的做法。1976年议会最终讨论到合理使用时，大家可能都无法想像数字出版能带来的多媒体作品的类型，例如音乐理论方面的作品可以附有某爵士乐表演者的作品的音频剪辑，甚至可以是视频剪辑。在作者看来，印刷出版领域合理使用的基本原则同样适用于数字出版。

(1) 评论。真正意义上的评论包括较为广泛的用途，如对音乐的学术分析，对表演的评论等。当然，一则插播的音乐片断具备几节乐谱都不具备的娱乐价值，不过音乐评论要注意以书面评论为主，其中音乐选段的长度应该以能够实现评论目的为限度。

(2) 娱乐。和评论相对应的是娱乐。咖啡桌上的书籍如果变成电子版就不能免费使用声音和视频文件了，因为其目的只是为了娱乐读者，而不是为了评论或者教育。

(3) 例证。介于评论和娱乐之间的是例证。如果出版的是埃灵顿公爵的生平而不是埃灵顿作品的评论，那么作者的合理使用范围就要窄些。在印刷出版领域，自传的作者通常要争取到他人的许可以后才能使用自传主人公的照片，相类似的，数字视频或者音乐例证通常也需要征得同意才行，但不是所有的情况都得这样。

举个例子，假设有人写了一篇评价 2002 年奥运会花样滑冰丑闻的文章，如果作者在文章中用到了俄罗斯和加拿大选手滑冰表演的部分视频剪辑，并且其目的是为了证明这些滑冰表演该如何评分，难道这种情况不是合理使用吗？尽管受到版权保护的滑冰影像不是作者评论的目的，但视频剪辑的采用支持了作者的评论立场。说得更明确一点，有限地使用受版权保护的材料以帮助解决争端，这种情况下的使用是十分合理的。

(4) 合适的数量和质量。作者和出版商应该尽量保证，任何从受版权保护的作品——不管它是文本的还是图像的——当中提取的音乐或者视频剪辑都应该起到帮助读者理解作品的作用，从而真正推动学术的发展；并且如果没有这些剪辑，读者就不可能很好地理解该作品。当然，若是单纯根据上述标准，使用整个音乐或者视频作品都是可以的，但在法庭上这样辩解是没有用的。因此，另外一个限制就涉及音乐或者视频剪辑的长度应该以能实现作者目的所需要的长度为准。

通常的假设是作品的使用范围不能大到可以在市场上取代原作品。作者要想减少这方面的风险，至少对于图像资料来讲，办法就是作者所采用的材料的质量不至于对原作造成威胁，当然对于音乐作品而言就不存在这样的规定了。

(5) 推广使用。和上述用途不同的是用于新作推广的使用。推广使用被认为是一种不合理使用。例如，尽管在关于埃灵顿公爵的电子书中穿插使用埃灵顿作品的视频或音效剪辑是合理使用，但如果同样的剪辑是用在出版商的网站里为新书做广告，那么使用就是不合理的。同样如果这些剪辑用在了该书电子版的首页上，这跟将一幅受版权保护的埃灵顿照片印在式交易”任何用于对付加密或者其他保护技术的技术;② 将原本合法的技术作为对付加密的技术推广销售。使用反加密技术,未经授权利用加密作品也是违法的。但如果有利用加密作品的合法权利,使用反加密技术复制该作品就不是违法的。受到影响的版权所有者有权起诉那些违反此类法律规定的人。

DMCA 这部分法律规定是很有争议的。有些立场鲜明的案件处罚了一些违法者。例如,破译了某加密 DVD 的密码,并将此密码通过网络公之于众的年轻人。这些案例使得“免费信息”的拥护者集合起来反对版权所有者,尽管到目前为止毫无结果,但斗争仍在进行中。没有利害关系的旁观者可能会认为该事件中的双方都有些不理智,认为版权所有者得到了过多好处的想法也是可以理解的。但真正的问题不在于法律是否符合宪法,而在于法律是否有可能实现其目标。这些案例也许打击了一两个违法者,但并没有完全取缔用于制作和传播地下出版物的解密设备。

(1) 功能失常的保护机制。只有两种类型的作品不受那些反解密规则的保护,其中和出版相关的是那种技术保护出现故障、被损坏或者过期的作品。这种特例范围不大。2004 年版权登记局开始重新评定是否有不受 DMCA 保护的作品,如果有,又是哪些类型的作品。

(2) 其他特例。还有一些可以不受 DMCA 的约束,主要包括以下几种类型:图书馆以及其他类似机构,它们访问作品的目的“只是”为了更好地决定是否要购买该作品的复本;从事加密研究和安全测试的个人;少数和本文无关的人。只是为收集用户信息而进行的解密行为也是法律允许的,只要该功能没有超过数据收集的范围。

(3) 加密情况下的合理使用。一个大家都比较关注的问题是,在这样一个受到各种规则严格管理的体系下是否存在合理使用的余地。换句话说,如果参与未经授权的解密,并将所获得的材料最终用于合理的目的,这是不是属于合理使用呢? 法律对于这点的处理是比较灵活的,具体裁决由法院作出。

### 2. 关闭侵权网站

DCMA 赋予版权所有者的第二个工具是版权所有者有权要求网络服务提供商关闭涉嫌侵权的网站。这种情况下通常会给该网络服务商指定的代理人发送通知,根据版权法中的相关法律程序,网络服务商必须立即移除或者关闭违规网站的入口,并将此情况通知网站主人。如果网站主人有异议,精心设计的争端解决方案就开始发挥作用了。如果网络服务商没有指定代理人来接收通知，或者在收到通知后没有遵守法律所规定的程序，该网络服务商自己可能会被看做是侵权者，并很有可能被起诉。

### 3. 保护版权管理信息

第三个工具是保护版权管理信息。和出版商相关的版权管理信息指那些确定作品、作者和版权所有人身份的信息，有关作品使用的期限和条件的信息，或者上述内容所在网站的链接等。（在使用他人作品时，出版商同样也要注意，不能未经允许就移除这些信息。在使用表演性质的作品时，比如动画或者音乐录音，出版商应该注意不能未经允许就去掉表演者的姓名，因为这也属于版权保护信息。音像作品，比如动画片的作者和导演的姓名也应该受到保护。）尽管这种信息保护没有什么实际依据，但理论上讲如果将这些信息公布在作品中，未经授权的复制就会减少。

依据这条法律，出版商可以阻止故意删除或者更改版权管理信息的行为，或者常见的提供虚假版权管理信息以掩饰侵权的行为，或者发行、进口那些版权信息被删除或者修改作品的行为。除了实际的侵权损失，出版商还可以搜寻违背这些规则所造成的其他损失，侵权的法律损失费不会低于每部作品$2500。

在合理使用作品时是否可以不说明版权管理信息呢？法律没有明确说明这个问题，尽管有人提到在法律允许的条件下版权信息是可以移除的。这里说的法律当然包括版权法第107条款中关于合理使用的章节。尽管那个章节完全没有谈到版权管理信息，但是常识告诉我们在合理使用他人的作品时，将原作的所有版权信息列出来的要求有些矫枉过正了。

### 4. 非法进入他人电脑系统

电子出版商可以利用的第四个工具是《电脑诈欺滥用防止法》（Computer Fraud and Abuse Act，18 U. S. C §1030），该法律用于处理恶意的非法进入他人电脑系统行为。依据该法律，任何在网上发布受到密码保护的内容的人都可以起诉那些“未经授权或者超出授权范围，有意进入电脑并因此获取信息的人”。根据这一法律可以要求的赔偿比较少，其主要的威慑力在于给那些侵权者刑事诉讼的警告。

### 2. 公司名称和 URL 名称不能保证商标名称

出版商,尤其是电子出版商需要记住的是,URL 所有权的取得不同于商标所有权的取得,这两者又和取得公司名称的使用权有所不同。当然,在三种情况下用到的语句可能都是一样的。要证明这一点,我们假设一名刚刚起步的电子出版商想以以太书的商标做生意。当这还仅仅是一种想法时,企业家就开始去所有的网络域名登记处登记和保留 etherbooks. com 和 etherbooks. biz 等域名。随着计划的成熟,他们要求业务代理人帮助成立公司。他/她随即跑到他/她家乡所在州的公司成立管理部门,发现以太书有限公司的名称还可以用,因此成立了以太书有限公司。随后赞助人出现了,资金筹到了,以太书有限公司也轰轰烈烈地成立了。一个星期之后,他们收到了从 IBMC 公司的律师那里寄来的信,来信宣称 EtherBooks 侵犯了 IBMC 独家使用以太书商标的权利,以太书 5 年多以前就已经在美国专利商标局登记过,并且该登记目前仍然有效。如果 IBMC 以以太书为商标销售的产品和 etherbooks. com 销售的产品接近的话,那么公众可能会分不清楚,因此 etherbooks. com 不得不放弃他们才刚创造的名称,重新回到议事桌边来讨论选择一个新名称。

在某种意义上,etherbooks. com 还算比较幸运,因为 IBMC 很快就告知了他们问题所在。假如 etherbooks. com 是在营业一两年之后才收到这封致命的信件,改名所带来的麻烦将会有多大啊?

### 3. 公众困惑问题

顺便提到的是,所谓公众困惑并不是指消费者肯定会认为 etherbooks. com 的产品是由 IBMC 生产的,而是指理性的消费者可能会认为在 etherbooks. com 和 IBMC 之间存在赞助或者其他关系。换句话说,IBMC 不需要在以太书商标下销售书籍或者电子书就可以让 etherbooks. com 关门。例如,如果 IBMC 销售一种软件,该软件的用户可以进行在线出版,那么理性的消费者可能会被误导,以至于认为这两条产品线之间存在从属关系。如果法官或陪审团从消费者的角度考虑,发现存在混淆的可能性,etherbooks. com 将败诉。

## 13.2.2 避免商标冲突

怎样才能避免此类问题的出现呢?登记 URL 和成立公司都不可能很

好的解决此类问题。网络登记处和50个州的公司成立部门规定，只要拟登记的名称不和已经使用的名称完全一样，该名称就可以使用。但商标法所考虑的不仅是商标是否完全一样，而且和已经使用的商标类似的商标都不能登记，因为商标法的目的是为了避免公众混淆。etherbooks. com 的出资人或者律师在采纳某个名称并进行投资之前是应该进行商标搜索的。

的确，因为商标所受到的广泛保护，有必要在尽可能早的阶段就聘请一位商标方面的专业律师。律师对于搜索中所出现的一些比较模糊的问题更加警惕。没有受过这方面培训的人可能不会察觉到潜伏在商标中的问题，比如以太出版（Ether Publishing）或者看似不相干的商标如 etherbooks. com 中所隐藏的问题。

### 1. 不是所有的商标搜索都是一样的

有不同种类的搜索。搜索的层次取决于希望得到的安全程度。

（1）商业搜索。最彻底的搜索不仅搜索注册商标数据库，并且还搜索所谓的"普通法商标"，即那种在使用但没有登记过的商标。如果你想要得到最高的安全度，有两三家从事大型所有权数据库搜索的专业公司，他们可以搜索到某个拟采用的商标在全世界商业领域的使用情况，这种搜索通常比较昂贵。

（2）网络搜索。如果预算紧张，可以自己动手，即通过自己最喜欢的网络搜索工具进行搜索。不过自己搜索没有专业公司进行搜索那样可靠。如果网络搜索结果中出现了相冲突的商标，这种冲突可能比较严重，那么就要考虑使用新名字。但是，如果搜索结果没有出现冲突情况，真实的情况是不一定就真的不存在其他相冲突的商标，也不意味着你就可以采纳你计划采纳的商标。互联网搜索所使用的算法和商标搜索的专用算法不同，因此搜索到法律保护范围内的冲突的可能性就要小些。

（3）搜索官方登记中心。范围较窄的搜索可以只搜索官方商标登记处的商标，包括在美国专利商标局和另外50个州的商标登记处所登记过的商标。这种搜索通过网络服务就能很好地完成，但是这种搜索采用的运算法则可能无法搜索到法庭认为的那些很重要的商标冲突。为避免这种可能性，同时采用登记中心搜索和网络搜索可以提高安全度，但仍低于专业搜索所提供的安全度。（另外需要提到的一点是，图片商标必须通过商业搜索公司才能完成。）

（4）国际搜索。商业搜索可以仅限于在美国国内进行搜索，也可以在全国范围内进行搜索。那么搜索需不需要跨越国界呢?国际搜索肯定要贵很多,而且在很多情况下是完全没有必要的。比如说,如果一家英国公司在英国登记了商标以太书,这不会影响到美国的企业家使用同一个商标。但英国公司有权禁止该商标在美国国土之外的扩张。至于英国公司是否有权禁止美国的 etherbooks. com 接受英国顾客的订单,这个问题的答案取决于法律请求和履行的性质。因此,如果某公司有国际扩张的野心,并且有进行国际搜索的资金,那么国际搜索还是有必要的。但在大多数情况下,美国国内的搜索就足以让主要市场在国内的美国出版商放心。

### 13.2.3 创建商标

我们假设 etherbooks. com 的搜索结果表明没有出现商标冲突,那么 etherbooks. com 的出资人下一步应该做什么呢?

#### 1. 使用、计划使用和登记

以前的情况是必须真正使用了商标才能取得商标权。从某种意义上来讲,现在仍是这样规定的,只是现在可以在商标使用之前就取得商标权,也就是在该商标所涉及的生意仍在准备阶段时就可以取得商标权,这就是通常所说的计划使用商标登记。有人比较幸运,创造了一个不错的同时还没有其他人使用过的商标,但在创造商标和真正使用商标之间还存在一段较长的时间差。在这种情况下商标创造人就应该以计划使用的形式去美国专利商标局申请登记该商标。真正的商标登记要等到商标真正使用之后才行,计划使用商标登记的有效期可以有好几年,但其申请登记费用要比申请登记真正使用的商标稍微高一点。

如果没有以计划使用的形式登记商标,那么商标一旦真正开始在州与州之间的贸易中使用就应该马上登记。尽管登记并不一定能赋予商标任何法律权利,因为权利的出现来自商标的真正使用,但登记可以影响到这些权利。纯粹以使用为依据,而不是以登记为依据的商标权只在商标使用区域内有效,或者在使用区域之外的合理扩展区域内有效;相比之下,联邦登记,即在美国专利商标局的登记在全国范围内自动有效,商标在登记以前的使用不受限制,并且会影响到后来的登记,但那只局限在之前的市场范围之内。因此,在登记了商标之后,登记者就可以在全国范围内适当地扩大生意,而不用担心在进入某个区域前就已经有人使用了该商标。商标注册还可以让商标所有人在起诉侵权人时享有一些程序上的优先权。

### 2. 如何注册商标

商标注册过程比较简单，并且不贵。每个商标的立档费是$325，所有类型的商品都一样。（美国专利商标局将各种各样的商业分成商品和服务两大类，第16类是印刷出版品，第9类是电子出版品。）注册时最好有律师帮忙，尽管这会稍微增加注册的开支，但可以因此避免很多麻烦，因为商标注册的程序是比较复杂的。商标注册需要在第6年确认，并且每10年更新一次，但也可以在10年内不定期更新。

这里再简单讨论一下关于书名商标的问题，为书名申请商标很难，但为书名取得独家URL权一点也不难。出版商出版了名为《钓鱼指南》（The CyberGuide to Fly Fishing）的电子书，也许要去专利商标局为此书名申请商标注册很困难，但要取得"CyberGuidetoFlyFishing. com"或者其他一些相类似的域名（如CyberFishing. com等）就是几分钟就可以解决的问题了，这样至少在网上就建立了此书名的保护区。

### 3. 商标公告

一旦在美国专利商标局进行了联邦注册，商标所有者必须通过使用（®符号来让公众知道该商标已通过联邦注册。过多地使用该符号也许会让顾客觉得很烦，但至少该符号应出现在商标旁边，通常是商标的右下角或右上角，包装、电子书首屏、促销版第一次使用商标时，或者其他能够吸引顾客注意的地方都应该用上该符号。注意只有联邦注册才能使用®符号，非联邦注册时应该使用的符号是TM（或者SM，即服务商标，而不是产品商标），这些符号并没有什么法律意义，但至少可以让其他人知道有人已经取得了此商标权。

在自己的产品或者促销资料中要使用他人的商标时该怎么办？如果只是用于传递信息那是可以接受的。例如，"与[某软件商标]兼容"或者"比[数据库商标]多50%的数据"的说法都是可以接受的，因为使用目的只是为了传递对消费者有价值的信息。在写评论或者分析研究时用到他人的商标也是可以接受的，这种情况和版权法中的合理使用比较类似。不管是哪种情况，应该使用文字商标，而不是图片商标。例如，可以说某产品和Windows 2000兼容，但不能将那著名的飞行状的窗户图像用在这句话中。

使用他人商标的人通常会在其出版物中写上类似这样的话："Windows 2000是微软公司的商标。"这种做法很好，当出现对他人商标的使用是否为

### 13.3.2 隐私权和公开权

隐私问题在数字时代越来越重要。在有些领域，如金融服务、医疗服务和未成年人的网上交易中，都有法律保护公民的隐私。但在出版界，公民只能依靠法律判例才能保护自己的隐私。这些判例很不相同，但只要存在合理的解释证明被公开的信息具有新闻价值，这些判例一般都倾向于站在出版商一边。假设所公布的信息不具备合法的公众关注性，同时被公布的信息关系到个人的私生活，并且信息的公布对于任何正常人来讲都是一种冒犯，并给他造成了如精神压力等伤害，这种情况下公民就可以对出版商进行起诉。

这种信息被公开之后，出版商应该承担什么样的责任，这是一个关键问题，但法院对于这个问题的讨论并不多，他们的意见也经常不一致。有的法院认为，即使是因疏忽导致信息公开，出版商也应该承担责任，但也有法院认为必须是在有意公开信息的情况下才需要承担责任。不管怎样，之前的判例很明确地显示，一旦信息公开，除了最初的出版商，其他人并不需要对该信息的进一步传播承担责任。

#### 1. 公开权

尽管起源于隐私权，公开权已经完全成了一种经济权利。这种权利禁止在未经授权的情况下将他人的名字、肖像，或者其他与个人身份相关的信息用于商业用途。公开权是州属法律的产物，因此在全国范围内很不一致，特别是对身份信息使用权的控制是否在某人过世之后仍然有效这个问题，不同州的法律规定很不一致。公开权不禁止在合法的出版物中使用和身份相关的信息，但它禁止将这种信息用作商标或者作为顾客购买的诱因，或者利用他人身份的商誉获利。但在这两种较为极端的情况中有时候也很难界定。

#### 2. 外国法律

诽谤法是通用的，但是对于什么是诽谤，或者什么样的陈述可以不被起诉，问题的答案会因地域不同而有很大区别。因此，受到美国第一修正案保护的说法，在其他很多国家就变成可控告的。每个国家都会在自己的能力范围之内和在自己的国土范围之内保护本国公民不受任何言语的诽谤。因此，如果一家美国公司在网络上发表了一些关于某英国公民的言论，如果根

§13.4

## 诉讼：有没有全国通行的司法权

不是所有的电子出版商都需要担心会在国外受到法律的制裁，但所有电子出版商在美国国内都会有这样的担心。网络出版商很有可能在原告所居住的任何一个州受到法律的制裁，比如侵犯版权、侵犯商标权，或者诽谤罪等。

要避免这种可能性，唯一的办法就是将促销或者发行活动局限在所谓的"被动"网站范围之内，即仅仅将东西陈列在网站上，虽然任何想看想买的人都可以看到或者买到东西，但网站本身并不怂恿鼓动达成交易。但对于出版商来讲，被动的网站不是有效的销售工具。因此如果出版商通过邮件列表管理程序(listserv)向全国各地发送推广邮件，那么该出版商就将自己置于了所有收到邮件的客户所在州的司法体制的管辖之下。可以想像，如果在某个司法体系下收到邮件的人只占所有收到邮件者的很小部分，如果那个司法体系下完全没有或者几乎没有人订购所推广的产品，出版商可以这样辩护：它和那个州之间所签订的合同数量不足以让它受到该州司法体系的制约。但这样的案子是很难赢的。特别是针对版权问题时，即使只有一本或者少数几本卖到了案件中牵扯到的州，出版商都要受到该州司法体系的制约。

处理诽谤问题时，法院不仅考虑买卖发生的地点，他们考虑更多的是诽谤伤害所发生的地点。例如，哥伦比亚特区的法院发现他们对于最近发生的一起诽谤案有司法权，因为该案中的诽谤伤害主要发生在他们的管辖范围内(原告是该区的高级官员)。对于州际商业的影响在华盛顿会更大，如果原告知道(或者根据权利他应该知道)这一点的话是很有帮助的。

**表 1　全球互联网用户的估计数字(单位:百万)**

| 来源 \ 年份 | 2000 | 2001 | 2002 | 2003 |
|---|---|---|---|---|
| 电子商人公司(eMarketer) | 352.2 | 445.9 | 529.9 | 622.9 |
| 《计算机工业年鉴》(*CIA*) | 413.6 | 538.5 | 673.0 | 825.4 |
| 加特纳数据咨询公司(Gartner Dataquest) | 330.4 | 403.9 | 480.3 | 549.4 |
| 摩根斯坦利-丁威特(MSDW) | | 400.0 | 449.0 | 536.0 |

数据来源:ⓒ 2001 eMarketer, Inc.  www. eMarketer. com

另一全球市场的统计来自辛巴信息公司(Simba Information),在其统计中预测了5年内(2002—2006)全球互联网用户的增长趋势(见表2)。图表细化了每一地区的年度增长情况。

**表 2　各地区互联网及在线用户数量估测**

| 地区 \ 年份 | 2002 | 2003 | 2004 | 2005 | 2006 |
|---|---|---|---|---|---|
| 亚太地区 | 19 400 000 | 42 275 000 | 65 240 00 | 82 810 000 | 96 890 000 |
| 年增长率 | | 117.9% | 54.3% | 26.9% | 17.0% |
| 欧洲 | 30 700 00 | 39 971 000 | 48 645 193 | 56 623 004 | 64 153 863 |
| 年增长率 | | | 21.7% | 16.4% | 13.3% |
| 拉丁美洲 | 2 626 206 | 4 294 892 | 5 995 463 | 7 692 179 | 9 169 077 |
| 年增长率 | | 63.5% | 39.6% | 28.3% | 19.2% |
| 全部核心市场 | 52 736 206 | 86 541 292 | 119 880 656 | 147 125 183 | 170 212 940 |
| 年增长率 | | 64.1% | 38.5% | 22.7% | 15.7% |
| 非核心市场 | 40 709 926 | 71 941 760 | 103 236 084 | 133 921 118 | 160 839 230 |
| 年增长率 | | 76.7% | 43.5% | 29.7% | 20.1% |
| 全部年增长 | 93 446 132 | 158 483 052 | 223 116 740 | 281 046 301 | 331 052 170 |
| | | 74.9% | 40.8% | 26.0% | 17.8% |

数据来源:Simba 信息公司,国际在线市场 2000

注:以上统计信息中的核心市场包括:中国大陆、印度、日本、中国香港、新加坡、澳大利亚、中国台湾、英国、德国、法国、巴西、智利和墨西哥。数据不包括北美地区。全部数据包含拨号上网和互联网订户市场。

第三是总结统一资源定位器(URL)的数目,因为它能唯一地定位万维网信息页面，能够提供世界上不同国家和地区互联网活动的指标。网络魔术师（Network Wizards，http://www.nw.com/）报道了2001年1月排名前20位的国家和地区的URL数目：

* 日本（.jp）:2 636 541
* 英国（.uk）:1 901 812
* 美国（.us）:1 875 663
* 德国（.de）:1 702 486
* 加拿大（.ca）:1 669 664
* 澳大利亚（.au）: 1 090 468
* 荷兰（.nl）: 820 944
* 法国（.fr）:779 879
* 意大利（.it）: 658 307
* 芬兰（.fi）: 631 248
* 中国台湾（.tw）: 597 036
* 瑞典（.se）: 594 627
* 巴西（.br）: 446 444
* 西班牙（.es）: 415 641
* 墨西哥（.mx）: 404 889
* 挪威（.no）: 401 889
* 丹麦（.dk）: 336 928
* 比利时（.be）: 320 840
* 瑞士（.ch）: 306 073
* 韩国（.kr）: 283 459

20个国家和地区小计:17 874 822

全球总计:72 398 092

据互联网软件联盟（http://www.isc.org/）统计，全球互联网服务器数量从1999年7月的56 218 000增加到2000年7月的93 047 785，2001年7月的125 888 197和2002年7月的162 128 493。

### 14.2.1 欧洲

要想更好地了解以上所列出的增长现象，我们有必要从全球的角度转

1999 年到 2002 年全球广告收入如表 9 所示。

**表 9 全球各地区广告收入(单位:百万美元)**

| 国家和地区 | 1999 | 占全球比例 | 2002 | 占全球比例 |
|---|---|---|---|---|
| 美国 | $3,600.0 | 83% | $13,500.0 | 71% |
| 欧洲 | $395.0 | 9% | $2871.0 | 15% |
| 亚洲/太平洋 | $230.0 | 5% | $1,692.0 | 9% |
| 加拿大 | $43.0 | 1% | $304.0 | 2% |
| 其他 | $69.0 | 2% | $627.0 | 3% |
| 总计 | $4337.0 | 100% | $18,995.0 | 100% |

数据来源: The eAdvertising Report, eMarketer Inc. , June 2000. www. emarketer. com

欧洲在总量和增量上都会成为电子商务和在线花费的领头羊。德国占欧洲网上花费的第一位,为 2 亿 5900 万美元,占网上花费的 28%;接下来是英国,以 2 亿 3400 万美元占 25%;斯堪的纳维亚地区以 2 亿 2300 万美元占第三位,占欧洲网上花费的 24%。

2000 年弗雷斯特研究公司(Forrester Research)的报告称日本的网上广告花费为 2 亿 3400 万美元,中国为 1600 万美元,韩国则是 1300 万美元。

在南美,弗雷斯特研究公司的报告称 2000 年巴西的网上广告费用为 6900 万美元,墨西哥则为 2800 万美元。阿根廷和巴西的经济危机与电信设施短缺限制了网上广告的发展。

## § 14.10 互联网上的市场

在开发在线服务和与潜在的全球市场新客户联系之前,出版商应该首先确定自己要开发哪里的目标市场,并且要考虑优先发展的顺序。例如,有 6 个快速增长的市场,分别是巴西、中国、日本、波兰、南非和韩国。我们接下来把这 6 个不同的国家作为案例分析。

### 14.10.1 巴西

人口：174 222 000。

电话：1 760 万条在用电话线，预计 2002 年有 560 万移动电话用户。

互联网服务商（ISPs）：58。

互联网用户：2001 年 7 月 1 190 万，数据由电子商人公司提供。

在线和互联网用户的总数，包含家用和商务，从辛巴信息公司得到的数据是从 1999 年的 1 748 633 到 2001 年的 3 759 000 用户。巴西最大的网络服务商是美国在线拉美分部、Terra 网络、全球在线、Zaz、PSINet 以及星空传媒。

### 14.10.2 中国

人口：1 244 500 000。

电话：2002 年 1 亿 3 520 万条主线，6 800 万移动用户。

网络服务商：2001 年 4 家。

互联网用户或订户：700 万，预计 1999 年家用电脑会达到 1200 万台，据辛巴信息公司估计到 2003 年数量有望达到 3600 万。

中国的信息产业部基本上控制了中国的互联网，并对互联网进行管理。中国电信创建、实施并支持了首都在线和中国科技信息网等最初的互联网存取服务。

### 14.10.3 日本

人口：1 亿 2 650 万。

电话：6 400 万。

与互联网相连的网络：1 847（美国：28 470）。

与互联网相连的主机：160 000（美国：420 万）。

互联网用户：据电子商人出版公司统计 2001 年 7 月的数据是 4570 万。

日本主流的在线服务商是 NiftyServe，用户 150 万。

日本最大的网络供应商之一是 IIJ 或 Internet Initiative Japan。

日本 Tel & Tel 网站有包含几千个日语网站的搜索目录，和雅虎类似

(http://ntt.jp.1)。

第二大网站是朝日新闻集团,在其网站上提供新闻和参考资源(http://www.ashahi.co.jp.1)。

亚洲互联网的接入速度仍是问题。基础设施仍然没有到位。从一个亚洲国家转向另一个亚洲国家往往要通过在美国的线路周转。

在日本20小时的互联网接入费是59.12美元。

### 14.10.4 波兰

人口:38 780 000。

互联网用户:2001年380万(估计),由电子商人公司提供。国际电信联盟的统计也是380万,比PriceWaterhouseCooper的统计760万要低很多。

互联网主机:2001年1月371043。

在波兰每100居民的电话拥有量为55.5部。这一地区的平均值为127.5部,其中:丹麦146.0、德国131.8、希腊128.1。据国际电信联盟2002年3月报道。

波兰电信、科技网络以及环球集团是波兰主要的网络供应商。

波兰20小时的互联网接入费是57.53美元。

### 14.10.5 南非

人口:42 150 000。

互联网服务商:1亿9 400万。

电话总量:5 075 000,移动电话超过200万部。

南非是非洲网络化程度最高而且最发达的国家。

互联网主机:1995年有41 329台计算机连接到互联网;2001年783 000户,至少有一台家用电脑与互联网相连。

互联网用户:2001年7月1 755 000(据eMarketer统计)。

广播:1375万台,14套中波广播和347套调频广播。

电视机:540万台。

### 14.10.6 韩国

人口：46 850 000。

在韩国每100人中有46.4人拥有电话，而在日本则是55.8人，在中国台湾是54.5人。

韩国是亚洲网络化程度第二高的国家。

互联网主机：1999年700万台电脑与互联网相连。2001年7月互联网用户的数目是2660万，在美国和日本之后。

韩国20小时的上网费用平均价是37.04美元。

## §14.11

# 国际信息资源

前文概述了在国际互联网上成功运作与营销时所面临的关键问题(除了建立网站以外)。现在有必要集中精力考虑优先发展问题，因为互联网的威力势不可挡。

精选的网站要在国际市场上提供优质信息，这样才能获得巨大发展。网站分为3大类：

(1) 国际市场的财经信息；

(2) 地区或国家信息；

(3) 国际商贸资源。

以下将给出网站的URL，以便读者进一步研究。

### 14.11.1 国际市场财经信息

专业管理信息研究所(http://starbase.ingress.com/ioma/)提供全方位的商务信息，特别是国际市场机会与国际商务报道等。

国际事务资源(http://www.pitt.edu/~ian/ianres.html)把信息按地区、国家、资源和主题分类。

国家贸易数据库(http://www.stat-usa.gov/BEN/services/ntdbhome.

htm)拥有美国政府全面的世界贸易数据库资源。是国际市场研究和规划过程中所需要的信息源。

世界银行(http://www.worldbank.org/)提供经济和地区报告,按字母顺序排列,包含详实的国家报道摘要。

### 14.11.2 地区或国家信息

亚洲贸易(http://www.asiatrade.com/index.html)提供中国香港、印度尼西亚、马来西亚、泰国和中国台湾的产业集团、公司、金融走向、贸易展览和其他信息。

大使馆网页(http://www.embpage.org)提供全球大使馆和领事馆的网页链接。

我是欧洲(http://www.echo.lu/)网站上提供由欧盟委员会收集的关于欧洲经济共同体的一般信息和电子市场信息,网站包含来自欧盟主机组织的数据库。

商人网摘——欧洲版(http://www.spc.nl/WDFM/index.html)是全球发行的免费市场信息通讯。欧洲市场巨大于是创办了欧洲版。

UT-LANIC(德克萨斯大学,拉美网络信息中心,http://lanic.utexas.edu/la/region.html)。德州大学奥斯汀分校拉丁美洲研究所保留有完整的、最新的拉美学术数据库和所有拉美国家的经济与商务信息数据库。

### 14.11.3 国际商业资源

密歇根州立大学(http://ciber.bus.msu.edu/busres.htm)。密歇根州立大学负责维护的详实的商务信息资源数据库,包含有国际商务和国别指南。

§ 14.12

# 国际出版法

## 14.12.1　版权

美国的联邦法律保护版权，其他国家的版权法则与美国不同。互联网因其电子化和全球化的特性，给版权法带来了挑战。（关于版权的更多细节，见“法律框架：版权和商标”[13]一章。）

电子出版的特性在美国和世界其他国家带来不少问题，因为大部分的知识产权法都是基于“写作”和“署名”的。美国的版权法能保护通过互联网传播的种类繁多的著作，包括但不局限于以下几种：文本、数据库、电子图片、照片、影片、戏剧、音乐录音、电脑软件、公共领域的著作集以及包括目录在内的信息汇编。在全球范围内随时随地传输信息使抄袭变得容易而且失控。在美国，版权法保护“以任何有形媒介传播的作者原创作品”，但是这一原则在其他国家却很不容易实施。

互联网给作者、代理商和出版商带来的另一个问题是全球信息发布，而这与地区限制和大多数法律是矛盾的。很多出版商把购买和销售著作的版权局限在美国和加拿大或是北美地区，而不是发行到英国原有的殖民地、英联邦国家或是中东和非洲地区。但是，如果这一著作是通过互联网传播的，这些地区限制就不能实行了。专业和 STM 出版商已经走在了前面，通过与顾客签订包含版权保护条款的协议在全球范围内保护版权。

美国政府于 1993 年 2 月建立了一个常务委员会来审查“信息高速公路”。这个委员会被命名为信息基础设施维护部队（IITF）。该委员会下又设立了几个小组委员会，包括知识产权工作组。该小组在 1995 年 9 月 5 日发布了名为《知识产权和国家信息基础设施》的报告，建议修改的法律涉及发行权，禁止使用保护知识产权材料的设备和手段，图书馆豁免和权利管理信息系统。应该把报告和建议看做起步，而不能认为是对美国和国际市场中法律问题及其发展的全面解决。1998 年的《数字千年版权法》把旨在破解保护版权作品的技术控制的行为和手段视为非法。2002 年 5 月 3 日，电

Reader,它装有 DRM 插件程序以控制复制、打印和另存为这样的功能。它主要的优势在于许多用户已经拥有了基础软件,而且插件程序又很小(与整个应用软件相比);主要的缺陷是安全性能一般不如独立软件。其他的此类软件有 Netscape 的万维网浏览器和微软的互联网浏览器 IE(Internet Explorer)。

未来的客户端可能会是一系列能够实施 DRM 的应用软件的集合。这些多格式、跨设备的应用软件专门设计来与跨平台的 DRM 管理控制系统通过可靠的界面共同工作。如用于移动音乐设备的 RioPort,IBM 的数字媒体管理系统(Electronic Media Management System,EMMS),微软跨平台的黑盒 DRM 控制管理系统等都在操作系统中内置了 DRM 功能,这也是微软未来的发展策略(代号 Mercury)。

## 15.3.2 DRM功能:身份认证、加密

DRM 系统最重要的功能中有两种是非常容易理解,但是很难正确执行的:身份认证和加密。没有这两种功能,交易就不安全,对内容的保护就不充分,用户的身份也容易被窃取。

### 1. 身份认证

身份认证的首要问题是确定系统要认证什么:是一个特定的人还是一台特定的设备。这个问题很重要,因为它涉及到通俗意义上的许可证和作为法定专门名称的许可证之间的区别,以及数字技术如何模糊了不同实体之间曾经非常清晰的界限。

当一个人购买了一台电脑并安装在家中的书房里以后,通常他是唯一能够使用那台机器的人,因此这个人很自然就会认为电脑就是他本人:我的台式电脑、我的手提电脑、我的 PDA、我的手机、我的 Rio MP3 播放器。所有东西都是我的延伸,都是我用来做事的工具——我并不将它们看成是不同的实体。我从一台机器里取出文件,通过很久以前安装的翻译软件,然后在另一台机器上调阅它们,整个过程几乎不假思索,或者至少在发现问题和故障以前是如此。

由于这些设备使用的文件格式不同,同样很自然的是对于版权所有者而言,他认为用户将内容转换为新的格式时就应该支付费用,就好像在精装本之后出大众纸皮书版本要付费一样。于是他就会很自然地希望对每种新

格式进行授权。目前电子书和数字音乐行业已经这样做了，未来随着数字电视的普及这种做法将会变得更加重要。内容所有者确信他们看到了新的行业机会，可以从销售老电影的数字格式权利中获得收入；而消费者只打算找一个翻译器，然后自己完成转换工作。一些法律上的判例（如1984年索尼与环球音乐的官司）确立了消费者作为个人使用对内容进行空间转换（space shift）的权利，如将密纹唱片上的音乐转录到盒式磁带上，或者让版权所有者更加难以容忍的、将CD音乐转换为更加易用的、而且没有什么成本的MP3格式。

相反的例子是一台设备有许多用户，如共用数据库文件和用于上网的办公室电脑。尽管许多版权所有人都愿意以更高的价格对多用户设备实施站点授权的收费方式，但是他们并不愿意用户从授权站点取走内容并在其他地方使用。

因此明确用户和设备，可以确保版权所有人和用户各取所需、各得其所。

(1) 用户认证。首先是针对一个人的授权，许可他可以在任何设备上使用该内容。顾客的个人身份可以来自几种途径：他们自愿提供的信息如姓名、电子邮箱、住址、用户ID、口令，或者账号如信用卡号、汽车驾照或社安号；来自他们身体本身的部分特征（也叫生物统计学特征），如视网膜扫描、掌纹、面部特征识别，还有很快就会投入使用的特征如DNA；或者来自一些证书的信息，如可以信赖的第三方机构提供的数字证书。

这些途径的可靠性既取决于对于外人而言的可达性，同时也取决于其持久性。姓名和邮箱地址当然最不安全。信用卡号和社安号本应该是保密的，但是它们被频繁地用于身份证明使其成为身份窃贼的首要目标。口令本来也有很好的保密性，但是人们在使用、保存和选择它们的时候都过于随意。

生物统计学信息特别可靠，与人体本身密不可分，但是用于提取它们的设备（如视网膜扫描仪）对于大多数人来说还不具备现实的使用价值。不过数字视频技术不断地小型化，而且性能越来越可靠，有望在不久的将来得到广泛应用。

第三种个人身份认证方式数字证书来源于核证机关（CA），它们尽力核实请求许可的人与此前他们发给证书的人是同一个。传送数字证书的标准技术是安全套接层（Secure Socket Layer，SSL）协议。核证机构通过一些可跟踪的号码如联邦政府公司税务号等来核实申请人的身份,然后为数字证书加密并存放在安全的数据仓储中,这些仓储可以利用 DRM 系统加以检索。商业核证机关有 RSA Security 和 Verisign 等。

(2) 设备认证。确认某台设备并发放许可证,该设备的所有用户都有使用权,这种做法与前者相比各有利弊。

由于硬盘驱动器的制造商(和一些 CPU 制造商)很久以来就在他们的产品上放置唯一的号码,确定一台机器的最简单办法就是读取这些号码。

但是,这么做仍然有一些麻烦。当英特尔公司继承这种做法以后,将它吹捧为政府跟踪恐怖分子、恋童癖者和老大哥主义者滥用互联网行为的有效途径,因此遭到了隐私维护者的强烈抗议。

如果英特尔的公关部门在 2001 年夏季的时候采用一种更合理的电子商务做法,结果又会如何呢?同样引起了一片喧嚣,说明很难同时取悦每一个人。微软想让人们买卖电子书,而不是免费赠送。结果根本不可能在掌上电脑中追踪电子书的使用情况——CPU 中本来应该有一个号码,但是提前一年匆忙上市的结果是根本没有设置这一号码。于是,没有设备跟踪,最高级别的 DRM 也就无从谈起。出版商可以选择为文件设定较低级别的 DRM 保护,或者免费赠送为微软阅读器开发的电子书以进行特别促销,但是出版商不愿意它们的财产遭到可能的盗窃,于是他们仍然为电子书设定最高级别的 DRM——这样做阻止了文本在掌上电脑中间随意流动,内容只能用于台式机和手提电脑。如果你购买了许多电子书,打算用掌上电脑来阅读的话,你可能会觉得失望。

结果,下一次微软发布阅读器软件的时候就必须加上补丁来弥补上述缺陷,或者让用户使用更加昂贵的掌上电脑,这两种措施在几个月内就都被采用了,但是第一批掌上电脑的使用者就没那么幸运了。

可以用来替代硬件身份的是 IP 地址。在互联网早期发展阶段,所有的 IP 地址都是永久性地指派给特定设备的,在全世界都是独一无二的。但是后来,万维网的广泛应用以及硬件设备的迅速更新导致网络技术或者是随机地指派 IP 地址以便随时更改,或者只是保证在某个局域网内地址的唯一性。要解决这个问题,也许应该在现在 IP 地址 4 组数字的基础上增加一组数字作为区号,但是我们也认为 10 位数字就足够了。

近年来,一些实施 DRM 的公司(如微软和 Liquid Audio)尝试将硬件和用户身份结合起来,允许一名用户使用 $n$ 种设备,其中 $n$ 是一个指定的数字。微软的计划为用户创造了一种角色，允许该角色将电子书传送给任何3种设备。3种设备是与出版商谈判的结果，后者一开始打算只允许一种设备。微软了解实际的市场，经常更新硬件，并且期待人人上网，它们希望许可的数字能够变成4或者5。3种设备是一种合理的折衷，目前还不是特别有妨碍，而当用户产生新的要求以后，还是可以通过谈判来扩大这个数字的。

### 2. 测度用户的使用情况以用做市场情报

为了从各种各样的许可中获利，出版商必须测度并且控制内容的使用情况。以电子方式出版一本书时，其使用情况的测度是最简单的，因为内容就在出版社的服务器中，存取多少次以及每次使用的时间长短都很容易测量。对于版权所有人来说，数据库出版的问题就要麻烦得多。

跟踪小甜饼文件(cookies)是在万维网上测度使用情况的最初尝试，获得的信息包括用户的身份信息，访问过的万维网页的信息，购买过的产品等，每次用户访问网站的时候就会自动存放在用户的计算机上。但是，小甜饼文件有两个主要缺点。

第一，由于是从用户的计算机上跟踪身份信息，任何可以使用该计算机的人都可以被认为是该用户，从而产生歪曲的数据。

第二，如果用户在浏览器中不选择“拒绝小甜饼”按钮，那么文件就会自动地存放在用户系统中，作为一种强制侵入文件，它是对个人隐私的侵犯，可能招致用户的抗拒心理。许多顾客的正常反应是一直拒绝小甜饼软件。如果用户的个人信息和营销信息是对出版商有用的，那么就不应该在用户不自愿的情况下获取它，但是这样也并不意味着用户就不愿意共享那些信息。

比较好的做法是向STM出版商学习，对于自动提供准确、广泛的相关信息的顾客给予奖励。万维网上对于电子出版的排斥主要是基于互联网用户“免费信息”的观念，但是实际上，大多数人都意识到有价值的东西几乎都不是免费的，他们也愿意用有价值的东西来交换有价值的东西。

为深度用户信息提供多种折扣可以培养用户的合作感和忠诚度。通过为这种合作支付报酬，出版商可以让用户告诉他们当前产品的缺点是什么，什么样的产品目前市场上还没有但是用户很想要，什么样的产品对用户而言几乎没有任何价值。某个版本是否丢失了一些信息，或者其中包含的信息是否可以更好地加以表示呢？作品应该更长一点吗？信息太多了吗？它们的组织和编辑情况是否很糟糕呢？能够开发一系列类似于当前产品的产品以形成系列吗？

因此，创造性地使用DRM和各种授权方式以产生不同等级的用户，可以让内容所有者更加充分地意识到其内容不同部分的真正价值，从而制作出更加有针对性的产品，制定更加合理的价格，最终导致生意的成功。将DRM用于客户关系管理（CRM），可以使内容所有者成为更好的出版者。

### 3. 加密和DRM

尽管不是所有的DRM都涉及到加密，显然每一位版权所有者都关注的问题之一是保护内容，避免它们被盗版或篡改。而目前版权保护的主要手段就是加密。

总体而言，出版界关于加密的话题引起的争论比启迪要多，关于盗版，谁有权利知道什么，获得知识要付出何种成本等带有感情色彩的争论常常混淆了一些重要问题。通过加密，出版商希望能够做到其授权条款得到满足以后才开放内容，在交易完成以后还能够保证作品的完整性，同时还能够保护交易伙伴的隐私。出版商在这样做的时候所需要知道的是，加密是否真的管用。

（1）加密的好处。加密很像家前门的那把锁：要阻止邻居家的小孩们、偶然的过客和其他没有太大兴趣想要破门而入的人是够了——但是要防止已经在你家附近踩过点意图要得到你价值20 000美金的立体声音响的专业窃贼就无能为力了。你可以对破门而入的行为造成一定的威慑，但是你不能完全阻止它。

各种加密算法的相对优势很多，而人们还在用各种方式来拆分欲加密的文件。由于我们讨论的对象是数字计算机，如今的加密算法通常用到复杂的数学计算过程。

形成加密系统优势的两个主要因素：

一是使用野蛮手段的黑客要花多长时间能够破解密码，也就是说黑客试过所有可能的组合找到正确编码所需要的时间；

二是编码多容易被猜到，那样的话黑客就可以首先尝试那些数字组合。

算法的钥匙就是所使用的数字，猜到了这些数字，你就破解了密码。钥匙的长度（其中的数字）很重要，因为它决定了密码的复杂程度。5位数字组成的密码，只使用0到4中的5个数字，就有5×5×5×5×5即3 125种可能的组合，从00000到44444。你若在密码锁上面一一尝试这些组合要花很多时间,但是对于电脑来说很快就可以试一遍所有这些代码。

如果一个10位数的密码使用10个数字,再加上大、小写字母,那么就有$(26+26+10)^{10}$即839 299 365 868 340 224种可能的组合。据计算,即使是一秒钟能够尝试一百万种组合的计算机,也要花13 000年来试遍所有的组合。

当然,也不能太执著于钥匙的长度。记住这些都是一般情况。对于一名技艺高超的黑客来说,他知道如何运用各种复杂的算术技巧来尽可能地减少找到钥匙所要的时间。也许他一试就找到了,也许试到第10次的时候找到了,也许100万次的时候。要知道现实中没有不可破解的密码。这也没什么关系。最后,通常还很容易猜出人们可能使用什么密码以便记忆。但是尽管有各种警告,还是有太多人使用很容易识别的编码:他们的结婚纪念日,他们喜爱的球类明星的名字等。还记得那部叫《战争游戏》的电影吗?科学家的密码是他死去儿子的名字。

(2) 还不够好。就DRM加密锁而言,你总是能够找到人们愿意破解它们,如果你支付的报酬大于他们为解密所做的努力。这就导致了一个真正的问题:当今高度复杂的加密算法本身几乎从来就不是问题。如果一件事有足够的价值,那么人们就会花必要的时间去得到它。而且越是受欢迎(或者不明智以及傲慢的声明)就越惹人注目。几乎没有人想要去破解单行本《远大前程》的密码。但是如果你宣布能够破解哈里·波特系列新书的密码,并传播100万份,那么尽管恶名远扬,但仍然值得一试。尤其是如果有人事前宣称其加密技术无人能解,那么情况就更是如此。

在几桩有影响的黑客事件中,关于版权保护和《数字千年版权法》的实施有许多负面报道。不规则内容系统(Content Scrambling System,CSS)是一个不太可靠的DVD加密保护系统。黑客杂志《2006》公布了DeCSS代码,用这个系统就可以破解CSS系统,而作者们声称这么做的原因是当前的DVD播放器只兼容视窗系统和苹果的麦金塔系统,而不兼容Linux系统。但是尽管有许多不足,CSS还是得到了应用,因为DVD播放器的制造者拒绝为更加强大的加密技术付账。

美国动画协会越是谴责这种侵权技术为非法,努力关闭这些宣传DeCSS的网站,黑客们就越创建更多的站点来宣传它。到2002年底的时候,尽管该案还在不同的上诉法庭中审理,但是黑客们仍然逍遥自在。不过,就如我们所知的那样,没有一台电脑在销售的时候预装DeCSS软件,因

ICE 在辛迪加组织和及其顾客/订户之间同时开展推式销售(由出版商送出)和拉式销售(由接受者提出请求),并把所有的订阅者分成一到两个大类。若订阅者仅收到他们要求的东西,可能是集合性的,如德鲁·皮尔逊(Drew Pearson)的专栏,也可能是单篇的,如一则则新闻;全订阅者的管道24 小时畅通,接受辛迪加组织发出的所有东西,包括订阅的内容以及促销材料。

利用 ICE,辛迪加组织能够张贴目录,其中包含了他们可以提供订阅的内容,以及关于内容更新的详细说明;他们可以接受潜在订阅者的询问,就版权问题、传送方式和价格进行谈判;他们可以按预定的时间表出版,或者将内容推出去;他们也可以在万维网上进行直邮营销,向订阅者发送他们并未要求关于新产品和服务的信息,以及其他的商务信息。

至于订阅者,他们可以查找辛迪加组织的目录,查找并要求(拉)想要订阅的内容,就订阅条款进行谈判,以及从辛迪加组织接收内容。

关于 ICE 的另一个有趣的细节是:辛迪加组织和订阅者的交流中包含了对权利而非许可的描述。因为它是一个 B-to-B 协议,所以也没有版权保护方案;它假设生意伙伴会为自己购买的东西支付账单,并且不会传播非法的复制品。但是,ICE 会和 DRM 一起解决所有这些事情。

ICE 现在在许多商业产品中发挥作用,它们都是辛迪加服务器的一种。当前万维网出版系统或应用服务器的附加软件包括维涅特辛迪加服务器(Vignette Syndication Server),用来与维涅特的内容管理平台共同工作;因特沃文(Interwoven)的开放辛迪加(OpenSyndicate),用来与他们的 TeamSite CMS 内容管理系统共同工作;惠普蓝石总电子辛迪加(HP Bluestone Total e-Syndication),一个基于 Java 的应用软件。康泰斯媒体(Context Media)的内容集成平台 Interchange Suite、斯代楞特(Stellent)的 Connection Server 和夸克(Quark)的 avenue. quark(现在是 Xpress 5 及后续版本的一部分)等都得到了 ICE 的支持。

关于 ICE 当前发展的详细情况可以登录创意联盟的网站: http://www.icestandard.org。

### 15.4.4 其他DRM标准

还有一些其他的开放标准和标准组织,他们将影响电子出版 DRM 未来的发展，但是总体而言，它们当前的影响力要小于目前为止我们讨论过的那些标准。

1. ODRL：开放数字权利语言（Open Digital Rights Language，ODRL）

ODRL是一种与XML兼容的语言，在某些方面与XrML很相似。事实上，有人认为ODRL的权利元数据模式是一种"轻型XrML"。

尽管ODRL语言的有些概念与XrML很相似，但是ODRL却使用了不同的名字。ODRL的使用、再利用和改变许可就等同于更加常用的显示或输出格式，衍生作品，传播或销售，给予或出借，这些都是施乐公司帕洛阿尔托研究中心的马克·斯戴费克在他20世纪90年代中期的最初研究中列举的。同样的，ODRL的限制（Constraints）与XrML的范围（Extents，也就是时间的长度、存取的次数）对应，必需品（Requirements）与报酬（Consideration）类似，也就是所有者反过来得到什么，比如报酬。

在命名上存在着巨大的差异，ODRL据称并未受到XrML早期形式DPRL的影响。也许这种差异来自该语言的发明者里纳多·伊昂耐拉（Renato Iannella）博士，一名在悉尼澳大利亚太平洋学会系统（IPR Systems）工作的咨询师。

无论如何，尽管美国出版商协会在电子书倡议方面的合作伙伴开放电子书论坛和埃森哲咨询公司，前身为安德森咨询公司（Andersen Consulting）都认为ODRL"有影响"，而且它的一个子集也已经被一个无线行业的标准组织——开放移动联盟（Open Mobile Alliance）采用，但是到写作本书时为止，在环太平洋的国家和地区之外并没有很著名的实施行动。相关的详细说明可以看网站 http://www.odrl.net/0.9/ODRL-09.pdf。

2. PRISM：行业标准出版条件元数据（Publishing Requirements for Industry Standard Metadata，PRISM）

杂志行业在创意联盟的支持下开发了它自己的开放标准PRISM，那是支持ICE的同一个组织。

利用都柏林核心书目元数据集，PRISM包括了可以获得的某一特定内容包的版权的文本说明。这些权利元数据的主题范围，是设计来让人识别而不是让机器识别的，这使得PRISM成为一种与XrML和其他类似语言互补的策略。XrML发明的初衷是让权利交易做到机器可读，以便把人力尽可能地排除在整个过程之外。文本权利主题也许会让某些人感觉PRISM不完备或者不重要。但是，PRISM在期刊领域引起了广泛的兴趣。

**byte** 字节。一组或一系列表达信息的位(1 或 0),多数现代计算机一次按 8 个位分组,产生 8 位字符。参阅 2.2 .2.1。

**cable modem** 有线调制解调器。将计算机与利用了数字电缆(同轴)的广域网(WAN)相连接的设备,这里"调制解调器"这个词有些不太准确,因为有线信号已经是数字的而非模拟的,因此其实不需要调制或解调。参阅 2.6.3.2.2。

**CAD** Computer Aided Design(计算机辅助设计)的缩写。它是将绘图与数据库和电子表格功能相结合的程序或系统,主要被绘图员和工程师使用。参阅 2.3.2.5.2。

**Cascading Style Sheets** 层叠式样式表(CSS)。一种专为万维网和 HTML 而设计的样式表语言。参阅 5.3.3.3, 11.2.2.2, 11.6.5.3。

**CAST** The Center for Applied Special Technology(特殊技术应用中心)的缩写。它是一个非营利组织,通过开发和使用技术来致力于提高残障人士的受教育机会。参阅 7.1.4。

**CBDTPA** Consumer Broadband and Digital Television Protection Act(《消费者宽带数字电视保护法案》)的缩写。它由 Sen. Ernest Hollings 和 Rep. Adam Shiff 于 2002 年向国会推荐和建议立法,它要求在所有的媒体播放设备(例如:计算机、电视、CD 和 DVD 播放机)中使用版权保护技术,以防止非法拷贝有版权的内容。参阅 15.5.1.5。

**CCD** Charged-coupled device(电子耦合组件)的缩写。它是数码相机和扫描仪中的一种传感器,由三个有颜色过滤器的棒组成,它接收光,对图像中的颜色信息进行取样,并用数字形式记录。参见"三线阵列"。

**CD** 参见"光盘"。

**CD-R** 光盘的一种(一种可记录的光盘)。它允许用户写入一次,但可以读多次。参阅 2.5.2.3.2。

**CD-ROM** 只读 CD。这种盘只能写入一次——通常由内容提供商写入,但可以读多次,它是用于软件或大型数据资料发行的一种媒介。参阅 15.1.2.2, 2.5.2.3.1。

**CD-Rw** 可反复擦写 CD。这种光盘可以由消费者通过其光盘驱动器进行写和读,多数这样的盘可以写入多次,而那些写一次和读多次的光盘叫 CD-R 或 CD-ROM。

**central processing unit** 中央处理器。计算机里的芯片或集成电路,通常是最复杂的部分,它处理计算机的核心功能。参阅 2.2.1.1。

**CEPS** Color Electronic Prepress Systems(彩色电子印前系统)的缩写。彩色印刷和页面排版的专门系统,通常这样的系统已经由桌面印前系统替代,尽管有些仍在使用中。参阅 6.8。

**CGA** Computer Graphics Adapter(计算机图形适配器)的缩写。它既指信号传递协议,也指一类显示适配器,这类适配器发送的信号单独映射计算机显示器上每一个像素。参阅 2.4.2, 5。

**CGI** Common Gateway Interface(公共网关接口)的缩写。用于生成动态网页

的一种编程体系，是最早通过网页生成内容和运行程序的这样的体系之一。参阅10.1.2.3.1。

Chafee amendment 查非修正案。1996年对版权法案的修正案。提供版权豁免，允许未授权机构以特定格式为盲人或其他残障人士生产非戏剧性文学作品。参阅7.2.1.1.1。

chip 芯片。专指一块硅板上的一组晶体管的术语。参阅2.2.1.1。

CIM 参见“计算机集成制造”。

client/server 客户机/服务器。一种用于访问远程资源的网络模式，其中客户端程序——一般在一台计算机或工作站上——向一台称为服务器并提供数据的集中式计算机提交信息请求。参阅15.2.2.5, 2.6.2, 2.6.2.1, 2.6.4.2。

CMM Color matching method(彩色调色方法)或color management module(色彩管理模块)的缩写。它是将彩色图像数据从一台设备向另一台设备转换的软件，是一个成功的色彩管理系统的核心。参阅6.9.5.1.3。

CMOS Complementary metal-oxide semiconductors(互补金属氧化物半导体)的缩写。是数码相机和平板式扫描仪中使用的一种传感器。参阅6.11.3。

CMS 参见“色彩管理系统”。

CMS Content management system(内容管理系统)的缩写。可指任何一类在单机、LAN或万维网上电子化管理(创建、编辑、管理、存储)内容的系统。多数这样的系统提供内容的多用途使用，还有一些是标签或编码系统，将文字处理和数据库功能结合在一起。参阅3.3.2.1.1, 10.1.1, 10.2, 10.2.2, 10.5, 10.5.4。

CMYK 在印刷中的减色方法。其中四种单独的透明墨——青、品红、黄、黑——被用来生成其他的颜色，每种色墨用单独的版印刷。它也被称为印刷色。参阅6.9.2.2。

CODEC 由多媒体创作或播放软件应用的一种压缩/解压缩(co/dec)算法。有许多种音频和视频的CODEC正在应用中，每一种有其特点和应用范围，如视频流、视频会议、或三维动画。参阅9.6.6.1。

color correction 色彩校正。广义地来说，可指对数字图像色彩的任何修改。狭义地来说，指在分色过程中对墨水色调错误的修正。参阅6.9.3.4。

color depth 色彩深度。一般指在计算机显示器上可表现的颜色数量，以位或颜色数量表示。8位色深可表现256色，而24位色深可呈现1 600万色(多于人类肉眼可实际区分的颜色数量)。色深也是数码相机的一项指标，对图像中描述每个像素的位的数量进行说明，通常以24、36、或42表示，也称为像素深度。参阅9.3.1.2, 6.11.2.2。

color gamut 色域。在所有可能颜色中的特定颜色范围，或是可由色彩重现系统根据人类肉眼可识别的颜色而描述的色彩。参阅8.2.3.4。

color management system 色彩管理系统。缩写为CMS。任何一种电子化管理数字彩色再现的系统，这种再现是可预见和可重复的。多数这样的系统针对彩色成像硬件和软件的标准配置和性能，如显示器和扫描仪的颜色输出一致性校正系统，以及在设备间转换色彩数据的转换系统。对 CSM 的设想最早出现于 20 世纪 80 年代，现在已经被越来越多的设计者和出版商所采用。参阅 6.9.5。

Color-Atlas 色谱图。使用红、绿、蓝、青、品红、黄和黑这 7 种颜色扩充色阶的方法，用于传统半色调加网。参阅 6.9.2.3。

ColorSync 苹果计算机的色彩管理系统。支持 ICC 色彩描述标准。参阅 6.9.5.3。

communications buses 通信总线。一种处理器与其他计算机组件间相互连接并用位通信的公共通路，一般使用电线。参阅 2.2.2.1。

compact disc 光盘(CD)。一种光存储盘，最早由 SONY 公司开始使用，用于音频录制。当它被用于数据存储用途时，最早是用于软件发行和大型数据资料的存储，并且只能被计算机读，而不能写入，因此它们也叫 CD-ROM，指只读光盘。参阅 15.1.2.1，2.5.2.3.1。

compression 压缩。为了更有效的存储和传输而最小化或去除数字文件冗余的方法，多数压缩技术还支持将多个不同文件压缩为一个文件。参阅 6.8.4。

Computer Aided Design 计算机辅助设计。参见“CAD”。

Computer Integrated Manufacturing 计算机集成制造(CIM)。全部制造过程或整套制造设备完全由计算机自动化控制并且各种制造过程由数字信息集成的印刷或制造。参阅 6.12.1。

computer-to-plate 计算机直接制版(CTP)。图像内容不经过胶片而直接由计算机刻制到印刷版上的印刷方法。参阅 6.9.4。

content management systems 内容管理系统。参见“CMS”。

continuous tone 连续色调。图像(如照片)中不同颜色之间色调的渐变，通常是连续和逐渐变化的，而不是突然明显变化，英文也被简写为 contone。参阅 6.8.6.1。

continuous-inkjet 连续喷墨。一种喷墨技术，通过这种技术打印头所有的喷嘴连续喷出墨滴，其中的大部分发生静电偏离并再循环利用，只有那些没有发生偏离的墨滴才沉积到纸张上，这种技术相对于按需滴墨的打印方式有更快的打印速度。参阅 8.2.2.2。

contone 参见“连续色调”。

contract proofs 合同校样。检查和判定关键颜色的印刷校样，用于检查图像套色、图像的精确尺寸，这种校样通常需要高质量的打印稿。参阅 6.9.4.1。

copyright 版权。一组权利中的一项或多项，赋予所有者控制原创作品及其衍生创作品复制、传播、表演、展示的权利，这个术语被用于指代国内外保护上述权利的法律和法规体系。参见“伯尔尼公约”、“许可”和“合理使用”。参阅 13.1.1，14.12.1。

Core Media Type　核心媒体类型。在开放式电子书出版结构(Open eBook Publication Structure, OeBPS)里规定的所有OEB阅读设备必须支持的MIME媒体类型，OeBPS规定了6种这样的媒体类型。参阅11.6.3.6。

coursepacks　教材汇编。一种定制的出版物或印刷品(通常使用数字打印机)，它是由教师或教授从不同出版物(如:期刊、书)上选择材料并汇编印刷在一起，供学生使用。参阅1.2.3.2。

CP/M　一种用在8位计算机上的操作系统。被一些最早的个人计算机所使用，并作为DOS操作系统的基础而为微软(Microsoft)公司使用，它代表"control program for microprocessors(微处理器的控制程序)"。参阅2.3.1.3。

CRC　Camera-ready copy(照相制版稿)的缩写。为直接转移到印刷版上而制作的内容，一般指实际文稿或作品的照相或扫描稿。参阅4.2.1.1。

creator codes　创建者代码。在苹果计算机操作系统(在OS X之前)中嵌在文件里的文本字符串，它由4个字符组成，标识创建该文件的应用程序，操作系统用它识别用何程序打开该文件，它与文件类型代码一起使用。参阅6.8.5。

CRM　参见"客户关系管理"。

CrossRef　被大多数STM期刊出版商使用的合作参考链接服务。DOI的最早应用主要是在CrossRef里。在CrossRef里，良好的元数据是关键。参阅1.2.1.6.1，3.3.1.3。

crosswalks　元数据映射。两种不同元数据词汇间的映射，如都柏林核心元数据和MARC。参阅4.4.3.2。

CRT　Cathode Ray Tube(阴极射线管)的缩写。它是一种显示器屏幕，如计算机显示器或电视，它主要由阴极(负电极)构成，阴极发射出的电子束(叫阴极射线)撞击玻璃显示屏内的一层荧光涂层而产生在显示屏上生成可见图像的光子。CRT一般大而笨重，主要用于电视和台式计算机显示器。参阅1.3.3.4，2.4.2，2.4.2.1。

CSS　参见"层叠式样式表(CSS)"。参阅3.2.4.1，3.3.3.2，10.1.2.1.1。

CTP　参见"计算机直接制版"。

custom color　自定义颜色。参见"专色"。

customer relationship management　客户关系管理(CRM)。网站用户体验和关系的管理与维护，通过个性化服务、使用过程数据捕获和营销等实现，一般缩写为CRM。参阅10.1.2.3.4。

DAISY　Digital Accessible Information System(数字信息取得系统)的缩写。它是由DAISY联盟开发的一系列数字有声图书标准，最新一版已于2002年3月核准和发布，代号是ANSI/NISO Z39.86-2002。参阅7.2.1.3.1，11.2.2.10。

DAM　Digital asset management(数字资产管理)的缩写。这个术语涵盖了不同的运用数字方式和手段存储、跟踪、检索内容的方法，其管理对象可包括文本、图像及多媒解,它声明该文档中的基本元素、对文档进行定义的DTD文件名称与位置,有效的SGML或XML文件里必须有该声明。参阅3.3.2.5。

document analysis　文档分析。在SGML或XML应用里的初步步骤,在这一过程里需要选择描述的内容类型、描述和命名内容元素、分清元素间的关联、对元素变量进行识别和编码,并确定有用的关于内容元素的非文本信息(元数据)。参阅3.3.2.1。

document instance　文档实例。一个运用了SGML或XML标签的文档,它要符合在该文档开头DOCTYPE声明里指定的DTD或schema。参阅3.3.2.5。

document management system　文档管理系统。管理独立文档文件的系统,尤指网站上的文档管理系统。它与内容管理系统(CMS)不同,CMS管理的文件是文档或网页的一部分。参阅10.2。

document scanner　文档扫描仪。一种专业扫描仪,专门用于大量纸质文档的高速图像捕捉。参阅6.11.1。

Document Type Definition　文档类型定义(DTD)。在SGML或XML里的声明或正式说明,它规定对SGML或XML文档特别类的结构予以定义的规则,包括可用元素的名称、它们的顺序与出现频率、每个元素可用的内容、每个元素的属性(如果有)、以及可以使用的实体。同时参见"XML schema"。参阅3.1.2.2, 3.3.2.1, 3.3.2.2, 4.2.2, 10.4.6.4。

DocuTech　一种单色进纸式数字打印机。由施乐(Xerox)公司自20世纪90年代开始生产,当前(写作本书时)型号的打印速度是每分钟180页。参阅8.4.1.1.3。

DOI　Digital Object Identifier(数字对象标识符)。它是一种用于唯一、永久标识与注册任何内容的国际标准——内容可以是数字的也可是印刷的。DOI系统提供了一种与内容版权所有者链接的发现机制——即使随着时间的推移所有权可能发生改变,并允许版权所有者对链接的一个或多个目标以及其他相关交易进行控制。DOI被广泛用于CrossRef链接方案及其他地方。参阅15.4.2, 1.2.1.6.1, 1.3.1.5, 3.3.2.2.3, 4.3.1.2, 4.5.2。

domain name　域名。一个万维网资源(一般被认为是网站)的顶级名称,通常开头是www。主要的域名后缀有.com、.org、.net、.gov等。参阅4.5.3.1。

dot　点。由一系列小点构成的矩阵,是网板的基本单位,经常用来表示打印设备或计算机屏幕的分辨率精度。参阅6.8.6.2。

dot gain　网点增大。印刷中的一种现象,当一个半色调网点以稍大点的色调值印刷时,印刷出的点会比预期的大一些,这种现象也叫色调值增加。参阅6.8.6.4。

double keying　双重键入。分别键入或录入内容——一般是将印刷版转为电子版——并比较两个版本以发现和修改错误的方法。参阅5.3.1.1.2。

DRM　Digital Rights Management(数字权利管理)的缩写。指在电子内容很容易被复制的环境中对电子内容的访问权限进行管理并对电子内容的版权进行保护的方法。

参阅 7.1.5.3，9.7.3，15.1，1.2.5.2.4，1.3.2.3。

drop-on-demand　按需滴墨。一种喷墨打印技术，当需要打印时墨滴就从打印头的每一个喷嘴中喷出并沉积到纸上。控制墨滴喷出的方法有热方式（热按需滴墨）和压力方式（压电式按需滴墨）。同时参见"连续打印"。参阅 8.2.2.2。

drum scanner　鼓式扫描仪。一种扫描仪，扫描原件被附着在一个在静态光源和扫描头前旋转的鼓状圆筒上，几乎所有的鼓式扫描仪都用光电倍增管（PMT）作为它们的光学器件。参阅 6.11.1。

DSO　对数字数据传输速率或线路的标称。其中 DS 代表数字服务（Digital Service），0 表示它是基本服务或指示速率是 64kbps（千位/秒）。参阅 2.6.3.2.3。

DSL　Digital Subscriber Line（数字用户线路）的缩写。它是一种数字 WAN 技术或通信线路，它有两种运行模式：对称式（计算机接收和发出数据的速率一样）和非对称式（计算机接收数据的速率比发出数据的速率高）。参阅 2.6.3.2.2。

DSSSL　The Document Style Semantics and Specification Language（文档样式语义和规范语言）的缩写。它是一种复杂的 ISO 标准，用于规定 SGML 文档的转换和格式。参阅 3.3.3.3。

DTD　参见"文档类型定义"、"存档 DTD"、"参考 DTD"、"基础 DTD"。

DTV　Digital Television（数字电视）的缩写。使用数字信号而非模拟信号的电视系统，由一系列标准构成，其中包括 HDTV。参阅 2.4.2.5，2.6.3.2.2。

Dual function scanners　两用扫描仪。即可处理反射稿（照片、艺术作品）也可处理透射（透明）稿的扫描仪。参阅 6.11.1。

Dublin Core　都柏林核心。参见"都柏林核心元数据计划"或"都柏林核心元素集"。

Dublin Core Metadata Element Set　都柏林核心元素集。英文缩写为 DCMES，是一组包含了 15 项用于描述电子或实际资源的元数据的词汇集，由都柏林核心元数据计划创建。参阅 4.4.2.3.1。

Dublin Core Metadata Initiative　都柏林核心元数据计划。英文缩写为 DCMI，一组元数据元素集，为描述核心信息属性提供了语义词汇。参阅 4.4.2.1，11.6.5.7，12.4.5.1.3。

DVD　Digital video disc（数字视频光盘）的缩写。一种比常规 CD 有更大容量的光存储介质，最初是由娱乐业为了发行电影而推出，如果用于数据存储或软件发行时，有时也叫数字多功能光盘。参阅 15.1.2.1，2.5.2.3.3。

dynamic Web pages　动态网页。一种网页类型，其中的元素存储在像关系数据库这样的系统中，由软件程序即时采集、组织和发布网页，也叫动态服务支持网页。参阅 10.1.2.3。

eBook　是"electronic book"的简写。中文意为电子书。大部分人认为它是下载到复制规格及其宽容度)的缩写。它是为了提高柔版印刷业中质量控制而制定的规范。参阅6.13.3。

Five-file EPS　五文件 EPS。参见“DCS”。参阅6.8.5.2.2。

Fixed disk　固定磁盘。一种用于永久性地安装在计算机上的存储设备,也叫硬盘。它们通常都密封在与空气隔绝的外包装内。参阅2.5.2.1。

Flash　由 Macromedia 开发的制作多媒体动画的软件包。主要用于制作万维网动画,也用于制作自身动画制作。Flash 播放器作为万维网浏览器的插件可以免费下载。参阅9.4, 9.6.6.1。

flatbed scanners　平板扫描仪。一种扫描仪,其中要扫描的图像文件放在与支持扫描仪的办公桌或桌子表面平行的玻璃板上,光源和扫描头从要扫描的静止物体上移动。参阅6.11.1。

floppy disk　软盘。一种可移动的存储介质,它由装在卡片或塑料外壳中的半硬质柔性磁盘构成。参阅2.5.2.2。

focoltone　是一种定制自定义颜色的配色系统。通过进行色彩油墨的不同搭配来定义色彩,而不是依据某一特定的配方。参阅6.9.2.2.3。

formatting objects　格式化对象。XSL-FO 中的术语,也是可扩展样式表语言(XSL)的一部分。XSL-FO 词汇对一些特别元素进行了定义,用它们规定文档的格式。XSLT 样式表通常被用来将文档从它原有的词汇或标签转换为 XSL-FO 格式化的对象,一些具体的格式化指令与每个产生的格式化对象相关联,以规定描绘引擎如何格式化文档。参阅3.3.3.3.1。

FPO　For Position Only(只描述位置)的缩写。在设计或排版的过程中用占位符来描述低分辨率图像。在印刷前 FPO 图像将被高分辨率图像代替。参阅6.8.5.2.1, 6.12.7.2。

frame relay　帧中继。一种用于 WAN 通信的专用数据线路,它通过标准铜芯电话电缆提供中到高速的传输服务。参阅2.6.3.2.2。

Frequency Modulated (FM) screening　调频(FM)加网。一种半色调加网技术,其中组成图像的点的大小是固定的,但它们的密度和位置却是变化的,以防止龟纹,它不需要使用网线角度,也叫随机加网。参阅6.8.6.5。

FTP　File Transfer Protocol(文件传输协议)的缩写。它是一个被广泛使用的互联网标准协议,用于互联网或万维网上从服务器到客户机的文件传输。参阅1.3.1.1, 2.6.4.2.1, 4.5.3, 4.5.3.2。

galleys　长条校样。一本书或一篇文章录入后第一道打印输出稿,通常打在较大的纸上,用于检查和校对内容的排版,而不用于检查页面排版。页面校样在最终页面设计时显示。参阅6.3。

gamut　域。参见“色域”。参阅6.9.2　。

generated text 自生成文本。在源文档以外创建并根据特定情况添加到源文档里的文本。例如，在一个以数字序号依次排列的清单里的数字可能并不是这个标签以内文本的一部分，而是由一个处理系统添加的。参阅 3.3.3.3.1。

GIF Graphic Interchange Format(可交换的图像文件格式)的缩写。它是一种比较简单的图形文件格式，由 CompuServe 信息服务公司(CIS)于 20 世纪 80 年代推广。它只限于 8 位调色体系(最多 256 色)，被广泛运用于万维网上的网页图形文件。参阅 5.1.1.4.3, 5.5.6.1, 6.8.3.1, 12.4.3.1.4。

glyph 字形。一种独特的字符样式或字符的图形表现。参阅 3.3.2.2.5, 6.7.1.4。

GML The Generic Markup Language(通用标记语言)的缩写。它是 SGML、HTML 和 XML 的前身。它于 1969 年发明，在所有的标记语言里，是它建立起标记语言的基本规则。参阅 3.1.2.1。

GPIB General Purpose interface Bus(通用接口总线)的缩写。是用来连接计算机与更复杂设备(如发动机、医药设备、数据采集设备)的通信通道，标准代码为 IEEE 488。参阅 2.6.1.2.6。

granularity 粒度。说明标记或标签到何种级别或密度的术语。低粒度表示只对主要元素加了标签，高粒度则表示对许多组成内容的单个元素或元素的组成部分都加了标签，这些标签通常是分级嵌套的。参阅 3.3.2.1.2, 4.2.2.3。

graphics 图形。页面或内容的元素或某一方面，或是包含在一种或多种图形文件格式中的插图或照片的表现。同时参见"TIFF"、"GIF"、"JPEG"、"EPS"。参阅 6.2。

gray balance 灰平衡。用来评价好的色彩再现的标准。它反映再现中性灰的水平，即在原有图像基础上在分色中通过平衡青、品红和黄的比例产生完美的中性灰。参阅 6.9.3.1。

grayscale 灰度。一种位图图形或显示，其中的单元或像素包含一系列值(即每个像素有几个位数据)，因此产生亮度或灰暗度。参阅8.2.1.1, 8.4.2.1.7, 2.4.1.3, 6.8.6.2。

grid computing 网格计算。一种计算途径，其中不同的计算机通过网络联结并用来完成一样的任务或一个整体任务的同一部分，也称为分布式计算。参阅 2.3.1.4.1。

GUI Graphical User Interface(图形用户界面)的缩写。一种计算机界面，它使用户可以通过可视的图形化环境与计算机交互。参阅 9.3.4, 2.3.1.2。

Guide 指南。在开放式电子书出版结构(Open eBook Publication Structure, OeBPS)里规定的说明某出版物基本组织结构的可选文件清单，如其中可包括目录、参考文献、索引等。参阅 11.6.6.1.6。

halftone 半色调。在印刷中经过模拟连续色调处理的图形样式，其中图像被转换成由不同大小、不同亮度或不同颜色的点组成的矩阵。参阅 8.2.3.4。

halftone images 半色调图像。经过特殊照相或扫描处理后的图形或图像，它们由不同大小和不同亮度的点组成的矩阵构成,用于制版印刷。参阅 6.3。

halftoning　半色调处理。印刷设备模拟绘图、绘画和照片中连续色调的方法,它将图像表现为一系列可以印刷出或在屏幕上显示的不同灰度与不同颜色的点。参阅 6.8.6。

hard disk　硬盘。参见"固定磁盘"。参阅 2.5.2.1。

HDTV　High Dentition (digital) Television[高清(数字)电视]的缩写。它是一种数字电视标准,使用数字信号而非模拟信号将视频图像传输给电视。参阅 2.4.2.5。

Hexachrome　六色系统。Pantone 公司的高保真度色彩体系,它在色彩再现中运用六色处理,可以产生比传统的四色分色更大的色域。参阅 6.9.2.3。

hexadecimal notation　十六进制记数法。用十六进制表示数值的方法。十六进制是用 16 个数字记录数字的体系,这十六个数字是 0 ~ 9 和 A ~ F(与十进制记数比较,后者是用 10 个数字:即 0 ~ 9)。参阅3.3.3.4。

HiFi Color Project　高保真度色彩计划。于 1992 年开始启动,目的是为了推进高精度色彩处理在要求很高的精确色彩再现中的使用。参阅 6.9.2.3。

high-fidelity color　高保真度着色。指为了实现比四色处理更好的效果而使用多于四种色彩的各种图像再现处理。参阅 6.9.2.3。

hints　字体提示。在使用了 Type 1 字体的 PostScript 文件里,当字体在 14 磅字号以下以小于 600 dpi 分辨率打印时字体提示将维持其合适外观,包括使所有的字母在同一直线上排列、使直线和曲线明显可见并且形状准确、以及保证整体输出质量。参阅 6.7.1.1。

host　主机。连接到网络的一台计算机,有时也称为网络节点。参阅2.6.2.2。

HTML　The HyperText Markup Language(超文本标记语言)的缩写。它是一套标记内容的固定标签体系,以使万维网浏览器可以格式化、显示内容和实行链接。同时参见"XHTML"。参阅 1.2.1, 3.1.1, 3.1.2.3, 3.3.1, 3.3.1.5, 3.3.2.1.3, 4.5.3.1, 5.3.3.3。

HTML proofing　HTML 校对。将内容或文本转换为 HTML 并在线发布供作者校对的方法,通常用在排版和审稿间的流程里。参阅 4.2.1.3。

HTTP　HyperText Transfer Protocol(超文本传输协议)的缩写。它是一个被广泛使用的互联网标准协议,用于传输可以显示的万维网网页和相关文件。参阅 1.2.1, 3.2, 4.5.3.1。

hub　集线器。局域网上的一个中心点或一种设备,通过电缆与其他计算机或节点相连接。参阅 2.6.3.1。

hue error　色调误差。在色彩再现的过程中由于某一颜色的油墨被其他颜色的油墨污染而引起油墨颜色偏差的现象。参阅 6.9.3.4。

HyperCard　一个供超链接文本和多媒体内容的综合工具软件包。它的最后版本号